费雪文集

指数的编制

——指数的种类、检验及可靠性研究

廉晓红 译

商务印书馆
The Commercial Press

Irving Fisher

THE MAKING OF INDEX NUMBERS:

A Study of Their Varieties, Tests, and Reliability

©1922 by The Pollak Foundation for Economic Research

根据 Pollak 经济研究基金会 1922 年版译出

献给指数研究领域的先锋

F. Y. 埃奇沃斯（F. Y. Edgeworth）

和

克雷亚·莫兰·沃尔什（Correa Moylan Walsh）

目　　录

表目录

第 7 章　通过"交叉"来修正公式

第 8 章　通过交叉权重来修正公式

第 9 章　扩大公式系列

第 14 章　融合明显不一致的结果

附录 7

图目录

前　言

　　所有的科学家都会密切接触精确的计量。我们难以想象，如果没有被普遍理解和接受的计量单位，有多少科学家能取得工作进展。要确定蒸气的压力，我们不会进行一次公众投票，而是用气压表测量。想知道一位病人的体温，我们也不会问任何人的意见，而是看体温计上的读数。但是，在经济学领域和教育学领域，虽然也和物理学与医学领域一样，需要大量依赖定量的计量，但是过去我们基本上是被意见和猜测所引导。未来，我们必须用计量代替猜测。要实现这个目标，我们首先必须就计量工具达成一致。因此，对于波拉克经济研究基金会（Pollak Foundation for Economic Research）来说，把《指数的编制》作为它的第一本出版物，似乎是个很恰当的选择。

　　在这本书里，作者逐一检验了每一种有用的方法。不仅检验了正在使用的指数计算公式，还检验了基于合理的理由可能会被使用的公式，并且基于现实的统计记录，通过大量细致的实际计算对它们进行检验。作者费雪证明现在广泛应用的某几种构建指数的方法基本上是不准确的，他还说明了为什么有些公式是精确的，而另一些则远远谈不上精确。他提出了如何节省计算工作的时间，还介绍了如何检验计算结果。从而，他向我们提供了一些方法，可以用来测量实际工资的波动、汇率变动、贸易量的变化、生活成本的变化和美元购买力的波动等比较虚的东西。最后，作者指出，一种好的构建指数的方法一旦被广泛接受，这种工具的有用性将大大提高，并且可以被推广到其他很多需要大量精确计量的领域。

但是，真的可能找到一种计量方法，足够精确，并以此为基础，来确定合同、货币兑换、价格调整和工资规划等所有人都切身关心的事情吗？正是对此存有疑问，迄今为止，指数还没有得到普遍的应用。费雪教授在开始自己的论证之前，必须首先扫除这个疑问。他将证明，指数可以成为一种精确的工具，它的"误差很少达到 800 分之一，就像计算华盛顿纪念牌的高度时只有一只手的宽度的出入，计算一个人的体重时少算了 3 盎司，或者计算 8 美元的成本时多算了 1 美分。"而且他还指出，不管哪种形式的指数，只要通过了他提出的很少的几个简单的检验，都会得到非常近似的结果。所以在大多数实际应用中，使用哪种形式的指数，其实是无关紧要的。其中任何一种形式的指数，其准确性都可以与其他科学领域所普遍地、不受质疑地使用的工具相媲美。

使用 40 种不同的长度标准会导致无尽的混乱，使用 40 种不同的指数也同样如此。如果专家们仅仅在一些非本质的问题上没有达成一致意见，而无法厘清这些混乱，那些觉得数学就像是天书一样的普通人就会觉得，专家们在一些根本问题上也是持有完全不同的意见的。而且，没有适当的计算，指数通常是不足采信的，并会对科学的经济学研究造成阻碍。由于这个原因，我们希望，所有有能力理解这个主题的人，都愿意承认"理想公式"是准确性最高的。

我们进一步希望，他们也都赞同广泛使用非常类似的公式 2153

$$\left(\frac{\sum (q_0 + q_1) p_1}{\sum (q_0 + q_1) p_0} \right)$$

因为就解决现实问题的需要来说，它是计算速度与高准确性的最好结合。不管怎样，如果本书能够让大家放弃那些错误的构建指数的方法，开始普遍采用可靠的方法，从而在可以使用精确计量的场合，逐渐用科学的方法取代人为的意见，那么波拉克基金会已经实现了它出版本书的目的。

威廉·特拉范特·福斯特

波拉克出版社编辑

马萨诸塞州牛顿市

1922 年 12 月 1 日

序

1920 年 12 月我在大西洋城召开的美国统计学大会上发表了一篇论文，本书就是在这篇论文的基础上扩展而成的。这篇论文的摘要已经发表在该学会 3 月号的季刊上了。我还曾于 1921 年 4 月为美国艺术与科学学会（American Academy of Arts and Sciences）对这篇论文进行了更详细的阐述。

听众们立刻接受了这些文章的一个主要结论，即对于一般性的目的而言，本文所说的"理想"公式，是最好的指数形式。本文还进一步提出，这个公式对于所有目的而言都是最好的形式，大多数人都坚决反对这个结论，除了沃尔什先生以外——他也从一个不同的起点独立地得出了同样的结论。

从这样的分歧出发，出现了很多研究指数的作品，比如沃伦·M. 帕森斯（Warren M. Persons）教授 1921 年 5 月在《经济统计评论》（*Review of Economic Statistics*）上发表的文章"论费雪的指数公式"（Fisher's Formula for Index Numbers）；阿林·A. 扬（Allyn A. Young）教授在 1921 年 8 月的《经济学季刊》（*Quarterly Journal of Economics*）上发表了文章"衡量一般价格水平的变化"（The Measurement of Changes of the General Price Level），也认为同一个公式是"衡量一般价格水平的最好的指数"，虽然他也

明确指出了这个公式有一定局限。韦斯利·C. 米切尔（Wesley
C. Mitchell）教授在他的专著《美国与其他国家的批发价格指数》
（*Index Numbers of Wholesale Prices in the United States and Foreign
Countries*，1921 年 10 月作为美国劳工统计局的第 284 号公告发布）
的修订版中也表达了同样的观点。

xii　　　为了解决这个议题中剩余的那些问题，本书在已经进行过大量
计算的基础上，又进行了更多的计算。没有亲自尝试过类似任务的
人绝对无法想象这个过程所耗费的时间、精力和成本。要不是有波
拉克经济研究基金会提供帮助，我肯定会放弃很多工作。

　　本书对可能的公式的研究比迄今为止所有的尝试都完整得多。
虽然对于这样的课题来说，是不可能做到绝对完整的，因为可能的
公式数量是无限的，但是我们对整个课题范畴进行了全面的扫描，
没有留下什么大的空白。本书的目标是尽可能确定，各种不同的可
能的方法所得到的结果会有多大的不同，以及为什么会有这么大的
不同。我们一共研究了 100 多个公式，并把每个公式纳入四个系列
去进行考察和计算。在整个研究中，每个系列都有自己的作用，即
使最后发现这些公式在实践中并没有作用。

　　因此，本书采用的主要是归纳式分析，而不是演绎式分析。在
这个方面，本书与《货币的购买力》（*Purchasing Power of Money*）
第 10 章的附录是不一样的。在那一章中我用演绎式的分析方法比
较了 44 种不同的公式的优劣。而本书写作的出发点，是希望用实
际的历史数据进行计算，从而对那些演绎分析的结论进行归纳性
的检验。但是我还没有对原来的结论进行太多的检验，就惊讶地发
现，用实际数据进行计算的结果不断建议我进行进一步的演绎分

析，直到最后我完全修改了我的结论和理论基础。我需要做的不是认为我在《货币的购买力》中得出的结论有很多是错误的，从而把它们放弃；因为我在进一步的结论中发现的唯一确定的错误，与所谓的"循环检验"有关，我和其他作者原来都认为这种检验是合理的，但是在本书中，我认为它在理论上是不合理的，所以没有采用这种方法。但是在《货币的购买力》一书中提到的其他某些检验方法，虽然是完全合理的，但是却没有多少作为衡量指数好坏的**定量**标准的价值。在早期的研究中，最重要的检验就是"时间倒转"检验。这种检验和新进行的"因素倒转"检验就像两条腿，有了它们，指数才能往前走。

　　我把代数分析全都放到了附录里，在代数分析中我会尽量避免对指数进行过多的数学变形和数学讨论，因为我相信，虽然指数的数学部分非常有趣迷人，但是很多读者对此并不感兴趣，除非它们能服务于实际的目的。由于同样的原因，即使在某些情况下，**我确实**给出了数学分析，我也会把分析尽量压缩，而只给出结果。如果不对不重要的细节进行压缩，附录可能就得再增加100多页。

　　这项研究一个巧合的结果是，它显示出了几种不同的量化研究——指数、离散程度、偏差、相关系数等——之间存在的精确而有趣的关系或规则。因此，这个研究领域在社会科学领域是独一无二的，它真的可以被称为一门精密科学——如果一门有用的艺术的理论基础可以被称为科学的话。

　　这个主题似乎有一点难以理解，因为它既包含了一部分实证的内容，也包含了一部分推理的内容，而且它的这两个方面还没有被协调在一起。但是，虽然现在的内容既有理论论证，也有实践论证，不过理论论证部分完全是为讨论实践服务的。大部分研究指数的作者都是只讨论理论或者只讨论实践，这两类作者都对另一部分内容非常陌生。我希望把这两部分密切结合起来，从而在一定程度上对指数的科学和指数编制的艺术都提供一定的帮助。在我们的经济生活中，这种新艺术已经非常重要了，而且很快会变得越来越重要。

虽然我希望本书能够涵盖过去关于指数研究的所有主要成果，但是本书的主要目的不是总结过去的成果，而是让我们更加了解指数，从而建立明确的标准来衡量指数的准确性，以及它们在不同环境中的稳定性。我得到的很多结果与我从其他人以前的研究中了解到的结果有很大差异，与我自己的预期也迥然不同。

在我为本书的写作做准备的时候，得到了很多人的帮助，特别感谢：加拿大统计专家协会（Dominion Statistician of Canada）的 R. H. 考兹（R. H. Coats）先生，国际劳工办公室（International Labor Office）科学部的主席罗伊尔·米克尔（Royal Meeker）博士，哈佛经济研究委员会的沃伦·帕森斯教授，哈佛大学的阿林·扬教授，哥伦比亚大学的韦斯利·米切尔教授，波拉克经济研究基金会的董事威廉·福斯特（William Foster）博士和哈德森·黑斯廷斯（Hudson Hastings）教授，国家经济研究署（National Bureal of Economic Research）的弗里德里克·R. 麦考利（Frederick R. Macaulay）教授和克雷亚·莫兰·沃尔什，耶鲁大学的数学教员 H. B. 米克（H. B. Meek）先生，耶鲁大学的学生 V. I. 卡普林（V. I. Caprin）先生、L. B. 哈代德（L. B. Haddad）先生和威尔森（M. H. Wilson）先生，我的研究秘书伊尔丝·H. 迪特尔（Else

H.Dietel）小姐，和我的弟弟赫伯特·W.费雪（Herbert W.Fisher）[xv]
先生。黑斯廷斯教授、米克先生、沃尔什先生、迪特尔小姐和我弟
弟阅读了全部手稿。他们提出的宝贵意见和建议既具体又有普遍性。

欧文·费雪

1922 年 10 月

于耶鲁大学

第 240 页—242 页补遗

在本书付梓之时，哈佛大学的阿林·扬教授给我写了一封
信，提醒我注意，我所说的"理想公式"是亚瑟·鲍莱（Arthur
L.L.Bowley）在帕尔格雷夫（Palgrave）的《政治经济学辞典》
（*Dictionary of Political Economy*）第三卷第 641 页中提到的。这本
书完成于 1899 年，早于我在本书提到的所有参考文献。

鲍莱在说到衡量"相对舒适性"（aisance relative）即劳工的相
对福利时指出："在理论上，衡量'相对舒适性'的最佳方法显然是
这样的：用方法（ii）计算这个数量两次，首先取前一年度的预算
中的典型数值，然后取后一年度的数值，用这两年的价格水平对结
果进行调整，得到两个比率。用这两个比率的平均值（可能是几何
均值而不是算术均值）来衡量'舒适性'。"然后他给出了一些公式，
其中就包括"理想公式"。

给读者的建议

一般性建议

罗伯特·路易斯·斯蒂文森（Robert Louis Stevenson）呕心沥血地完成了他的某一篇鸿篇巨制后说，他担心没人会读他的这篇小说。现在的书太多，而我们读书的时间太少了，当一篇小说都必须很短才会有更多的人阅读它的时候，我们可能无法期待一本关于指数的书能成为畅销书。这本书的篇幅是我最初构思的三倍，我花费了大量精力让它对普通读者也具有可读性，这就使它的篇幅更长了。

本书的目标是满足几类截然不同的读者的需求：出身数学专业的指数方面的专家、非数学专业出身的专业人士、将要成为专业人士的大学生、仅仅想了解这个主题的基本原则的大学生、在实践中会用到指数的人，以及普通的读者——他们可能仅仅想对指数有所了解。本书还希望成为经济学家和统计学家，包括企业的统计工作者，能够查阅的参考书。本书也可以作为统计学课程的教材。虽然本书的目标主要是增加读者对指数的了解，为判断指数设定新的标准，但是我的大部分写作时间和精力都是针对那些以前不熟悉这个课题的读者的。换句话说，本书会努力让阐述通俗化，甚至是放在附录中的那些比较复杂的内容也是如此。任何智力水平正常的读者都应该能理解书里说的话，如果跳过小字部分就更是如此。

　　　每一个重要的点都会用图形来说明，全书一共有 123 张图。我相信，之所以到目前为止，指数的编制对大多数人来说都很神秘，就是因为之前没有这样的图的辅助。

具体建议

1. 我只期待指数研究领域的**专家**会阅读书中的每一个字。附录 1 是对正文的注释，读它的时候最好结合它所注解的相关正文。

2. **非数学专业出身**的读者无疑会跳过附录中的数学部分。他们不用跳过正文中一些简单的算术表达式，也不用跳过附录的全部内容。

3. **非专业人士**可能会跳过附录的全部内容，尽管附录中的非数学部分几乎和正文一样易读，把它们放在附录部分，只是因为它们讨论的是细节问题或次要问题。

4. 想花更短的时间阅读的**一般读者**，可以跳过小字部分，去掉 71 页图和 33 页表格，这样需要阅读的部分就只有 216 页了。这些读者还可以跳过每处"**用数字来表示 / 表达**""**用代数式表示 / 表达**"后面的那些段落，加在一起一共有 20 页；除非在阅读了以"**从图形上 / 来看**"开始的那个段落后，觉得需要用数学或算术的表达来补充这些段落。数字、代数式和图形这三种表达方式在全书中都是并行的，表述的内容是相同的。这样会把需要阅读的篇幅减少到 196 页。

5. 只想**蜻蜓点水**地了解一下本书内容的读者可以在本书的最

后一章，也就是第 17 章，找到本书的主要结论。

6. 为了让本书更便于作为一本**参考书**来使用，我给出了表格目录和图表目录，使用这些表格的"钥匙"包括每个章节的标题， _{xix} "用数字来表示""用图形表示"和"用代数式表示"等字样。

7. 当读者发现书中只提到了某个公式的编号时，可以到附录 5 中去查找这个公式。要特别注意附录 5 的第一节和第二节，"基本代数表达式中的关键元素"和"指数公式编号的要点"。花几分钟时间了解这个帮助记忆的简单的编号系统，可以使读者一看到"公式 1""公式 21""公式 53""公式 353"或任何其他编号就能立刻认出它们，并在心里找到它们在系统中的位置。

8. 如果读者希望得到一些用 9 个最基本的公式来计算指数的指导，可以在附录 6 的第二节找到相关的指南。

第1章 引言

第一节 本书的目标

对于那些曾经尝试去参透指数奥秘的人来说，指数似乎有一种经久不息的魅力。因为最近出现的商品价格波动剧烈，人们对于这种衡量价格波动的方法的兴趣迅速扩大。在最近这几十年，指数已经逐渐被经济学家、统计学家和商人普遍使用。一度存在的对指数的怀疑迅速消退。1896 年，荷兰经济学家 N.G. 皮尔森（N. G. Pierson）在《经济学期刊》（*Economic Journal*）上指出了用指数得出的一些荒谬不堪的计算结果，然后说："唯一可能的结论似乎是，所有想计算和代表价格平均变动的尝试，不管是指数还是其他的方法，都应该放弃了。"今天，没有任何经济学家会表达这样极端的观点。但是，对于指数作为一种衡量价格变动的手段的准确性和可靠性，始终存在着质疑。

可以完全肯定的是，不同的计算指数的公式会得出不同的结果。但是有一个重要的问题，迄今为止还没有得到全面的回答，那就是：这些结果有**多大**的不同，以及我们能否找到一些理由来接受某些结果而拒绝另一些结果？

回答指数是否值得信赖这个总体性的问题是本书的两个主要

目标之一。为了得到毋庸置疑的答案，本书基于实际的统计记录，通过实际的计算，对所有曾经被构建出来或有合理的理由可能被构建出来的指数进行了考察和检验。我们会发现，有一些公式虽然被普遍应用，并且被不加鉴别的使用者毫不犹豫地接受了，但实际上非常不准确；还有些公式的精确程度却极高。本书会研究出现这种差异的原因以及影响指数精确性的基本因素。

本书的第二个主要目标是使指数的计算变得更迅速、更轻松。为了达到这个目的，我们会指出哪些公式在理论和实践中是最好的，还会给出一些计算这些公式的捷径。

第二节　指数的定义

大多数人至少都会对"生活成本高"或"价格水平低"有一些模模糊糊的感觉，但是对于生活成本高的"高"和价格水平低的"低"是如何衡量出来的，人们通常就毫无概念了。"指数"被发明出来就是为了衡量这种高低程度的。

如果所有的价格都以完全一致的步调上涨和下跌，我们可以毫不费力地衡量其高低程度，也就不需要用到指数了。但是实际上，不同商品的价格变动有很大差异，我们必须对它们的不同变化进行某种综合或平均。

如果我们认为在某一个时点上所有的价格是从同一点出发的，那么随后它们会像炸弹爆炸后的碎片一样分散得到处都是。但是，就像炸弹的碎片在运动的时候会有一个确定的重心一样，这些分散的价格也会有一个确定的平均变化。这个平均数就是"指数"。而且，就像在物理中往往可以很方便地用重心来代替一系列炸弹的碎片一样，在经济学中往往也可以很方便地使用价格波动的平均值，也就是它们的指数。

价格的指数表示的是从一个时点到另一个时点，价格的**平均百分比变化**。当然，要计算**单一**商品的价格从一个时点到另一个时点的百分比变化，是用它在第二个时点的价格除以第一个时点的价格。这两个价格之间的比值叫做一种特定商品在这两个特定时点上的**价比**（price relative）。**若干**商品的价格**指数**是它们的价比的**平均值**。

为了表达得清楚，这个定义是用价格来表述的。但是我们可以以类似的方式计算工资的指数、进口或出口商品数量的指数，以及实际上，任何涉及一组数值非同步变化的数据的指数。

同时，这个定义也是用**时间**来表述的。但是指数也可以以同样的性质用来比较两个地点的数据，或者实际上，可以用来比较一组要素在任何一系列环境因素下的量与它们在另一系列环境因素下的量。但是在绝大多数情况下，指数其实都是用来说明**价格随着时间的变化**。

第三节 举例说明——数字、图形和代数式 4

指数就是一个平均值。有很多种平均值——算术平均值、几何平均值等，其中只有算术平均值是大多数人所熟知的。因此，在这个预备性的例子中，我们会使用算术平均值，但是算术平均值仅仅是众多平均值中的一种，为了不忽略这一事实，我们会一直强调

"算术"这两个字。

我们首先**用数字来说明**。如果从某个特定的日期开始，比如说 1920 年的 1 月 1 日，小麦的价格上涨了 4%（比如从每蒲式耳 1 美元上涨到 1.04 美元），同一时间牛肉的价格上涨了 10%（比如说从每磅 10 美分上涨到 11 美分），小麦和牛肉的价格上涨百分比的简单算术平均值是 4% 和 10% 的中间值，即 7%（也就是 $\frac{4+10}{2}=7$）。

所以相对于初始日期——我们称之为"基准"，为了方便起见，我们设其价格为 100%——这两种商品当前价格的"指数"是 107%。我们也可以用下面的表格表示：

商品	1920 年 1 月 1 日	当前时间
小麦	100%	104%
牛肉	100%	110%
简单算术平均值	100%	107%

因此，107% 是基于两个价格之比（即"价比"），104% 和 110%，而得出的指数。

我们也可以**用图形来说明**这个过程。图 1 显示了上面表述的数字计算结果。

对两个价比取平均值

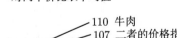

110　牛肉
107　二者的价格指数
104　小麦

100

1920年1月1日　　　1921年1月1日

图 1　两种商品的价格百分比变化和平均百分比变化

还可以用**代数式来说明**这个过程。如果一种商品在 1920 年（1 月 1 日）的价格是 p_0，在 1921 年的价格是 p_1，另一种商品在 1920 年的价格是 p_0'，在 1921 年的价格是 p_1'，则它们的价格之比或"价比"分别为 $\dfrac{p_1}{p_0}$ 和 $\dfrac{p_1'}{p_0'}$，二者的简单算术平均值，即简单算术指数，

为 $\dfrac{\dfrac{p_1}{p_0} + \dfrac{p_1'}{p_0'}}{2}$。我们将计算结果乘以 100，就可以很方便地将它表示为百分数的形式。

当然，当存在两种以上商品的价格时，我们也可以应用同样的方法。因此，如果存在三种商品，比如糖、小麦和牛肉，价格分别上涨 4%、4% 和 10%，那么它们的价格平均上涨了 $\dfrac{4+4+10}{3}$ %，即 6%。如果将取值为 100 的原始价格水平作为比较基础，那么相对于这个原始价格水平的"指数"就是 106。

用图形来表示的话，图 2 显示了刚刚描述的这个简单算术平均的过程。

对三个价比取平均值

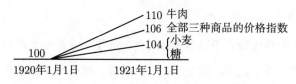

图 2　三种商品的价格百分比变化和平均百分比变化

如果用代数式来表示，三种商品的简单算术指数显然是

$$\frac{\dfrac{p_1}{p_0} + \dfrac{p_1'}{p_0'} + \dfrac{p_1''}{p_0''}}{3}。$$

第四节　加权

6

　　上面的计算把所有商品作为重要性相同的商品来处理，所以我们把这种取平均值的方法叫做"简单平均"。如果一种商品比另一种商品更重要，我们在处理的时候可能要把这种更重要的商品当做两种或者三种商品，赋予它比另一种商品高两倍或三倍的"权重"。

　　假设小麦的重要性是牛肉的两倍。那么小麦和牛肉的平均价格上涨就不是 $\frac{4+10}{2}=7$。因为它是把这两种商品作为重要性相同的商品来处理的，而是 $\frac{(4+4)+10}{3}=6$，就像一共有三种商品一样，所以指数是 106，而不是 107。在这个平均值中，小麦被赋予的权重是牛肉的两倍。相反，如果在计算指数的过程中，牛肉被赋予的权重是小麦的两倍，那么平均价格上涨就是 $\frac{4+(10+10)}{3}=8$，指数将是 108，而不是 107。

7　　**让我们用代数式来表示上述过程**，如果小麦被赋予的权重是牛肉的两倍，即它们的权重是 2 比 1 的关系，那么加权算术指数的公式就变成

$$\frac{2\left(\dfrac{p_1}{p_0}\right) + 1 \times \left(\dfrac{p_1'}{p_0'}\right)}{3}。$$

无论我们取的权重是上面公式中的 2 和 1，还是 4 和 2，20 和 10，还是任何一对一个是另一个两倍的数字，计算的结果都不会变化，因为分母也会同比例地增加。因此，如果我们取的权重分别是 14 和 7，那么公式就会变成

$$\frac{14\left(\dfrac{p_1}{p_0}\right) + 7\left(\dfrac{p_1'}{p_0'}\right)}{21},$$

很显然，我们将分子和分母同时除以 7，它就可以化简为第一个公式。

所以，"加权"显然只能是**相对的**。如果我们赋予小麦和牛肉同样的权重，比如说 10 和 10，得到的结果显然就是**简单**平均值。所以，可以认为简单平均是一种**权重全部相同**的加权平均。因此，严格来说，根本不存在所谓的非加权平均。

用一般的代数符号来表示的话，如果小麦的权重是 w，牛肉的权重是 w'，则加权算术平均值为：

$$\frac{w\left(\dfrac{p_1}{p_0}\right) + w'\left(\dfrac{p_1'}{p_0'}\right)}{w + w'}。$$

用图形来表示的话，给小麦赋予的权重更高，显然会使图 1 中代表指数的那条线更向下，像图 2 那样更加靠近代表小麦的那条线；而给**牛肉**赋予的权重更高，则会使代表指数的线向上摆动，更靠近代表牛肉的那条线。

我们已经举例说明了两种最常见的指数，**简单算术指数**和**加权算术指数**，对它们更准确的称呼可能是权重相同的算术指数和权重不同的算术指数。但是就像上文已经提到的那样，除了算术指数以

外，还有很多种指数公式。事实上，不同的指数公式种类可能和不同的平均值的种类一样多，都有无穷多种。

第五节　指数的性质

而且，指数相互之间的不同不仅仅在于它们的计算公式，还在于一些其他的因素，或者叫"性质"。简单来说，指数一共有 12 种性质，它们可以分为以下三组：

一、关于指数的构建

（1）**指数中所包含的数据的一般特点**，例如商品"批发价格"或"零售价格""股票价格""工资"或"生产量"，等等。

（2）**指数中所包含的数据的具体特点**，例如"食品"，它还可以进一步具体化为"黄油""牛肉"，等等。

（3）**数据的多样性**，例如在数据中肉类的报价所占的比例比蔬菜的大。

（4）**使用的报价数**，例如，（直到最近为止）《经济学人》（*Economist*）杂志计算的指数中包含"22 种商品"，而战争工业委员会计算的指数则包含了"1,474 种商品"。

（5）用于计算指数的**数学公式类型**，例如"简单算术平均值"或"加权几何平均值"等。

二、关于指数应用的具体时间或地点

9

（1）**覆盖的期间**，例如"从 1913 年到 1918 年"，或覆盖的地域，例如比较的是某几座特定城市的价格水平。

（2）**基准**，例如 1913 年。

（3）**连续的指数之间的时间间隔**，例如"年指数"或"月指数"。

三、关于数据来源和权威性

（1）**收集、计算和公布指数的机构**，例如"布莱斯特指数"（Bradstreet's）或"美国劳工统计局"。

（2）**使用的市场**，例如"纽约"的"股票"或"产品"交易市场，或"美国的初级市场"。

（3）**报价的来源**，例如"主要贸易期刊"或商行的书籍。

（4）**发布指数的出版物**，例如美国劳工统计局的公告。

这 12 种性质都从某个侧面描述了一种指数的特点，而本书只详细讨论其中一种性质，那就是**公式**。以前的学者已经对另外 11 种性质做过大量的讨论，我只对他们的结论做一个简要的概述就可以了，这部分内容会放在本书的最后。

第六节　指数的公平性

用于计算指数的公式种类繁多，这给我们一种感觉，指数的计算结果必然也是五花八门的，无法在它们中间做出明确的选择。但是有这种感觉是因为我们没有区分开好的指数、不好的指数和不好不坏的指数。我们可以借助某些检验实现这种区分。

那些最重要的检验的标题中都包含着同一个字样——"**公平**

性"。构建一个指数的基本目的就是只要用一个数字，就能够**公平地代表**在计算它时用到的众多不一样的比例的整体趋势。它应该是相互冲突的因素的"公正的折中"，是"公平的平均"和"黄金分割点"。一个指数如果不能合理的区分数据中的差异，它就是无法令人满意的，甚至是荒谬的。本书将在第 4 章讨论如何检验一个平均值的合理性。

同时，我们首先应该描述一下指数的不同类型；因为到目前为止，我们还只讨论了算术指数。

第2章 六种指数的比较

第一节 个别价格与数量的分散

作为计算各种不同种类指数的一个预备工作，我们可以介绍一下本书在比较中会用到的 36 种个别商品的价格波动情况。

从图形来看，图 [①]3P 显示了这 36 种商品的**价格**波动，我们可以认为它是从 1913 年的同一个起点出发，然后出现了差异。图 3Q 以类似的方式显示了这 36 种商品**数量**的波动。

一个偶然看到这些分散的乱成一团的价格和数量曲线的人，可能不仅会放弃去发现能真正代表这些非常分散的数字的"整体趋势"变化的指数，可能还会怀疑是否存在真正的、明确的"整体趋势"。他会注意到，在这段时期的最后，1918 年，橡胶的价格比 1913 年这个起始点的价格低 32%，而羊毛的价格比起点高 182%。因此，1918 年相对于 1913 年，它们的价比分别是 68.02 比 100 和 282.17 比 100。后者的价比是前者的四倍，另外 34 种商品的价比广泛地分散在这二者之间。对于数量来说，他会发现，橡胶在 1918 年的数量达到了 303.54，而毛皮的数量是 10.45（这个数值太低了，14

---

① 本书所有的图都是"比例图"，本章下文会解释这一点。

图中无法显示出来），所以前者是后者的 29 倍，另外 34 种商品的
销售数量广泛地分散在这二者之间。

12

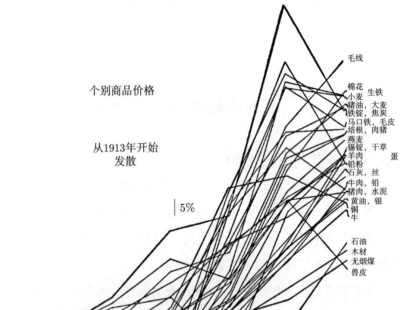

个别商品价格

从1913年开始
发散

| 5%

毛线

棉花   生铁
小麦
猪油，大麦
铁锭，焦炭
马口铁，毛皮
培根，肉猪
燕麦
锡锭，干草
羊肉   蛋
铅粉
石灰，丝
牛肉，铅
猪肉，水泥
黄油，银
铜
牛

石油
木材
无烟煤
兽皮

咖啡

| 5%   橡胶

13   14   15   16   17   18

图 3P 这 36 种商品的价格波动表现出了很大程度的发散。（在这个图和其他
的图中，会插入一些标记着 "5%" 的深色的垂直短线，它们起到了量尺的作
用，这样我们用眼睛就可以判断这些曲线在垂直方向上的相对位置。所以从
图中可以看出，1917 年，咖啡的价格比橡胶高 5%，而石油的价格比咖啡高
20% 左右，无烟煤的价格比石油高 10%。）

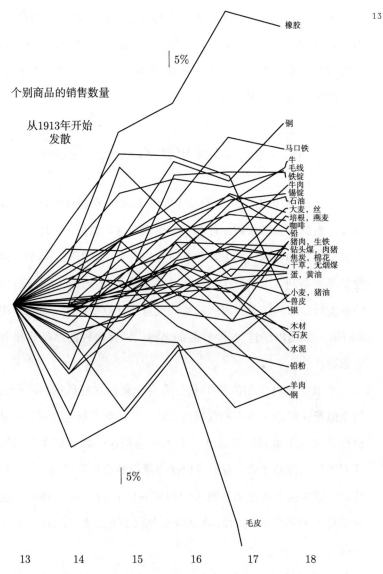

13

图 3Q　显示了 36 种商品销售数量的波动具有很大程度的发散。

价比和数量之比如此分散，怎样才能发现它们的共同趋势呢？对于这样的问题，会不会有多少种计算方法就有多少种答案？这些答案本身是不是就会有50%甚至100%的差异？下面的分析将表明，这样的第一印象有多大的错误。

第二节   比较中使用的统一数据

刚才的图中显示的36种商品的价格波动和数量波动，是我们将要考察的许多种指数在计算中会用到的原始数据。因此我们将使用完全相同的数据，用134个不同的公式来计算不同的指数。这些数据是韦斯利·米切尔为战争工业委员会分析美国的1,474种商品的批发价格和销售数量时所收集的大量统计数字中的一部分。附录6的第一节列出了这36种商品的名称，以及每种商品的价格和销售数量。

本书之所以使用战争工业委员会记录的这些数据，一个主要的原因是这些记录基于的数据集，是唯一一个[①]既包含每种商品的价格又包含了**数量**的数据集。本书将会用这个数据集在不同的公式下进行全部的比较。我们可以确定我们的检验是严格的、无可置疑的，因为这个数据集所覆盖的期间是从1913年到1918年，这段时期价格和销售数量的波动都极端分散（下文将从统计上表明这一点）。

---

① 因为在我现在的工作开始之后，才出现了后面提到的戴和帕森斯对于12种商品的研究。

下文的计算会表明，指数如果不是构建得非常不合理，它们的 15
一致性是非常高的。而考虑到上一段提到了事实，我们可以确信，
我们没有夸大在普通实践中会遇到的指数计算结果的一致性，反而
是低估了这种一致性。

第三节　用固定基准法计算的
相对价格的简单算术平均值

虽然我们会用 134 个不同的公式来计算指数，但是这些公式都
可以归入六大类型：算术类型、调和类型、几何类型、中值类型、
众数类型和综合类型（aggregative）[①]。这是我们计算指数时考虑过
或者可能会考虑的仅有的几种平均值类型；其中有一种类型，众
数，虽然人们在说到计算指数的公式时常常会提到它，但是它几乎
是可以被忽略的，从来没有被认真地提议用于实际应用。

这六大类公式，除了相对价格的简单算术平均值以外，其他类
型的公式都不为大多数人所熟知。实际上，对于大多数人来说，"平
均值"这个词指的就是**简单算术平均值**。因此，让我们先来定义这
种平均值，以便把它与其他平均值区分开来。

若干项数字的简单算术平均值是它们的和除以项数。因此，要
对 3 和 4 取平均值，我们会用它们的和（7）除以项数（2），得到
$3\frac{1}{2}$，这就是 3 和 4 的简单算术平均值。同样，对 5、6 和 7 取平均值，

---

① 关于"综合"这个词可以参考附录 1（关于第 2 章第三节的注释 A）。

我们会得到 $\frac{5+6+7}{3}=6$，对 8、8.5、9 和 9.7 取平均值，我们可以

得到 $\frac{8+8.5+9+9.7}{4}=8.8$。

16　　　为了把这种计算方法应用于指数，让我们列出下面这个基本的价格表，来展示 1913 年和 1914 年这两年 36 种商品的价格：

表 1　用 1913 年和 1914 年 36 种商品的价格来计算 1914 年的简单算术指数

编号	商品	价格（单位：美分）		价比
		1913	1914	$100 \times \frac{1914}{1913}$
1	培根，每磅……………………	12.36	12.95	104.77
2	大麦，每蒲式耳……………	62.63	62.04	99.06
……	……………………………	……	……	……
……	……………………………	……	……	……
36	燕麦，每蒲式耳……………	37.58	41.91	111.52
				3467.36÷36=96.32

前两列数字是**实际价格**，最后一列数字是**相对价格**，是以 1913 年的每个价格作为 100% 计算出来的，它们的平均数就是我们计算出的指数。

因此，以 1913 年为基准，要得到这些商品在 1914 年的价格指数，需要两个步骤：第一步，计算出每种商品 1914 年的价格与 1913 年的价格，或者叫基准价格，之间的关系。这是一个比值。它以百分比的形式表示，称为相对价格或"价比"。因此，培根有一个价比，大麦有另一个价比，以此类推每一种商品都有一个价比。计算出这些价比是计算指数的第一步，这个步骤可以叫做"百分比化"。第二步就是求这些价比的平均值，可以叫做"将百分比平均"。

　　这个表格中的第一种商品是培根，它在 1913 年的价格是每磅
12.36 美分，在 1914 年的价格是每磅 12.95 美分，提高了 4.77%。计　17
算过程是这样的，将培根的价格百分比化，我们会发现，相对于
1913 年的价格，培根在 1914 年的价格是 $100 \times (12.95 \div 12.36)$，即
104.77%。类似的，大麦的价格从每蒲式耳 62.63 美分下降到 62.04
美分，后者是前者的 99.06%。因此，99.06% 就是大麦（以 1913 年
的价格为 100% 而求得的 1914 年）的价比。这样一直计算到表格的
最后一行，我们会计算出，设燕麦在 1913 年的价格是 100，则它在
1914 年的价格上涨到 111.52。

　　将价格百分比化为价比后，我们将对这些百分比进行平均。要
计算这些价比，即 104.77、99.06、…，111.52 的简单算术平均值，
首先是求出它们的和（3,467.36），然后用这个和除以价比的**个数**
（36）。计算结果是 96.32%，我们想求的这个**简单算术指数**给出了
以 1913 年的价格水平为 100，并以此作为比较基础，以百分比的形
式表示的 1914 年的价格水平。基准就是每个价格都被设定为 100
（或任何其他统一的数字）的那一年 [1]。

　　我们可以用同样的方法计算出，相对于基准 1913 年的价格水
平 100，1915 年的简单算术指数是 98.03，即比 1913 年低 1.97%。
对于后面的 1916 年、1917 年和 1918 年，相对于基准 1913 年的
价格水平 100，这三年的简单算术指数分别为 123.68、175.79 和
186.70，也就是分别比 1913 年高 23.68%、75.79% 和 86.70%。

　　有时候设基准年份以外的年份为 100% 会很方便。因此，我们

---

　　① 见附录 1（第 2 章第三节的注释 B）。

可能想把上面这一系列数字（以 1913 年为基准计算出来的 100.00、
96.32、98.03、123.68、175.79 和 186.70）等比例地转化为将 1918
18　年的 186.70 变为 100 的数字。那么这一系列数字就变成了 53.56、
51.59、52.51、66.25、94.16 和 100.00。

但是把 1918 年的数字从尴尬的 186.70 变为更加方便的 100，把
1913 年的数字从原来的 100 等比例地降低到 53.56，并没有真的把基
准从 1913 年改变为 1918 年。1913 年仍然是基准，但是**基数**从 100
变成了 53.56；因为基数是对于所有商品**都相同**的那个数字。显然，
把 1918 年的指数值从 186.70 变成 100，并没有把每种个别商品的
价格都变成 100。在改变之前，这些商品有 36 个不同的数值，平均
值是 186.70；现在它们仍然有 36 个不同的数值，只不过平均值变
成了 100。另一方面，在改变之前，36 种商品在 1913 年的价格都是
100，现在都变成了 53.56；所以 1913 年仍然是基准。因此，我们有
时候必须要区分真正的基准年份和指数被设定为 100 的年份。当一
系列指数被计算出来之后，我们可以很容易地将所有的数值等比例
地缩小或扩大，也可以设我们选择的任何一个年份的指数为 100。

第四节　用"环比"法计算
相对价格的简单算术平均值

在上文的讨论中，所有指数都是相对于 1913 年这个共同的基
准计算出来的。设这 36 种商品中的每一种商品在 1913 年的价格都
是 100%，然后通过百分比化，算出这些商品在另一个年份的价比，
然后取它们的平均值。但是当然，任何一个另外的年份都可以作为

基准。因此我们可以以 1918 年为基准，计算出所有其他年份相对
于 1918 年的价比。我们还可以在一次比较中使用一个基准，而在
下一次比较时使用另一个基准。如果 6 个年份中的每一年都被作为
与所有其他年份比较的基准，我们一共可以得到 30 个指数，这些
指数都是彼此不同的。

　　常见的做法是始终以某一年或某一个时期作为基准来计算价
比——通常是一系列年份中最早的那一年，有时候也可能是几年
的平均值。这种"固定基准"的方法会给我们一系列数字，实际
上，我们不仅可以用这些数字来比较每一年的价格与 1913 年的价
格，还可以用它们来比较每一年的价格与前后年份的价格。因此，
我们看最后两个数字，175.79 和 186.70，它们不仅表明了 1917 年
和 1918 年相对于 1913 年的价格水平，还表明了相互之间对比的价
格水平。但是要恰当地衡量 1917 年到 1918 年之间的价格波动，我
们不应该借助第三个年份为基准，比如说 1913 年。我们应该可以
直接对 1917 年和 1918 年进行比较。通过"环比法"（chain of bases
system），每个年份都被作为计算下一年指数的基准，将由此得到
的数值串联在一起，就构成了一"串"数值。如果我们每次考察一
个环，这个过程就会变得很清楚。

　　首先，我们计算以 1913 年为基准的 1914 年的指数；在这个
例子里，这个步骤与以 1913 年为基准的固定基准法是一样的。这
样我们就得到了链条中的第一环，它是 96.32%。接下来，我们计
算 1915 年的指数，但不是以 1913 年为基准，而是以 1914 年为基
准。也就是说，我们设 1914 年每种商品的价格是 100%，将 1915 年
的价格百分比化，这样我们得到的 36 个价比就与上文用固定基准

（1913年）法计算的结果完全不同；然后我们取36个价比的平均值。现在我们得到了链条中的第二环，它是101.69%，这是1915年相对于1914年为100%时的指数。

20　　但是这个指数（1915年相对于1914年）仅仅是链条中的一个环节。我们必须把它与前面的环节连接起来，从而**通过**1914年得出1915年相对于1913年的指数。这就需要第三个步骤，也就是将第二环（1915年相对于1914年的指数）乘以第一环（1914年相对于1913年的指数），从而有：101.69×96.32%=97.94%。

21　　我们可以用同样的方法计算第三个环节，1916年相对于1915年为基准的指数（即将1916年的价格相对于1915年的价格百分比化，并对得到的价比取平均值）。然后我们用第三环（127.97%）乘以前面的两环（127.97%×101.69%×96.32%），从而把第三环加入整个链条，得到125.33%，这是1916年间接地相对于1913年的环比指数。也就是说，这是1916年相对于1913年作为100的指数，但是是**通过**1914年和1915年这两个中间基准得到的。

22　　简言之，用环比法，或逐步计算法，每一年的指数首先是作为相对于前一个年份为基准的独立环节计算出来的。但是，在像通常那样用百分比化和取平均值两个步骤完成这些逐年独立计算之后，或者说计算出每个环节的指数之后，要用"**连接**"这个第三个步骤将它们结合在一起，或者说通过连乘将它们构成一个"链条"。结果，对于**最终的序列**来说，只有初始的基准，1913年，仍然是100%。之所以要增加第三个步骤，连接，是因为与使用逐年比较的链条，令每一年相对后一年来说都是100%相比，让最终的指数序列中只用一个100%要方便得多。

第五节 用图表来说明环比法

从图形上看，图 4P 和 4Q 显示了对独立的链条取平均值的过程。在这两个图中，不同商品的价格和数量首先在从 1913 年到下

每一年之间价比的分散情况

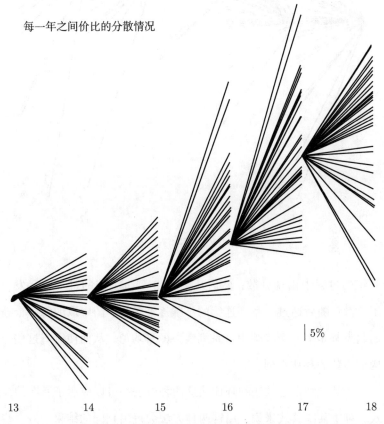

5%

| 13 | 14 | 15 | 16 | 17 | 18 |

图 4P 从 1913 年到 1914 年的这些线条与图 3P 中的相同；代表后面几年的线条与它们在图 3P 中的位置是平行的，但是它们被缩短了，从而从每一个后续年份的新的共同点出发。

每一年之间数量
之比的分散情况

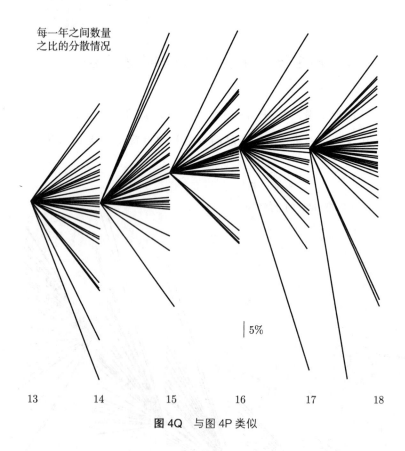

|5%

13　　　　14　　　　15　　　　16　　　　17　　　　18

图 4Q　与图 4P 类似

一年的过程中出现分散；然后从 1914 年到下一年的过程中又发生
了分散；随后通过一系列连续的步骤逐渐类推。图中取的每一个新
的起点都是上一个步骤中一系列线条的平均值，从而使所有这些点
构成指数的环比系列。

　　当然，固定基准法和环比法这两种方法都可以应用于所有的公
式。对于某些公式来说，用这两种方法会得出相同的结果，另一些
公式则不是。在计算简单算术指数的时候这两种方法就不会得到相
同的结果。

第六节 固定基准法和环比法下的 简单算术指数，以数字和图形说明

表 2 显示了用固定基准法和环比法这两种方法计算的简单算术指数，还显示了链条上的每一个单独的环节[①]。

表 2 价格的简单算术指数（公式 1¹） 23
（固定基准法和环比法）

	1913	1914	1915	1916	1917	1918
以 1913 年为固定基准	100.00	96.32	98.03	123.68	175.79	186.70
以 1914 年作为 1915 年的基准		100.00	101.69			
以 1915 年作为 1916 年的基准			100.00	127.97		
以 1916 年作为 1917 年的基准				100.00	140.15	
以 1917 年作为 1918 年的基准					100.00	110.11
上述基准构成的链条 （上述各连续环节的乘积²）	100.00	96.32	97.94	125.33	175.65	193.42

1. 附录 7 给出了用全部 134 个公式计算出的指数的完整表格。附录 5 给出了这 134 个公式。
2. 97.94 是 96.32×101.69 得到的；125.33 是 $96.32 \times 101.69 \times 127.97$ 得到的。在相乘的过程中我们必须记住，所有这些数字都是百分比，100% 就是 1 或者 1.00，而 96.32% 是 0.9632。也就是说，在将这些百分数相乘之前，我们必须将小数点向左移动两位；当然，在得出结果（例如 1918 年的计算结果 1.9342）之后，必须再将小数点移回去（即将 1918 年的数值变为 193.42）。

从图形上看，在绘制价格波动的图表时，我们会根据每个指数的大小用或高或低的点来代表它们。不管每个点是用固定基准法得到的，还是用环比法得到的，每个不同日期的整个系列的点都可以

---

① 此处也许可以参考附录 1（第 2 章第三节的注释 B）。

被连在一起，构成一条曲线。图 5P 给出了以 1913 年为固定基准得到的简单算术指数的图形（标记为"曲线 1"）。间接地相对于 1913 年的"环比"数字用小圆点表示，它们有时在用"固定基准法"计算的原始曲线的上方，有时在下方。图中没有代表 1914 年的圆点，因为这一年两个数字是一样的——当然是这样的。

24

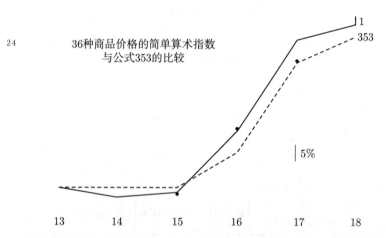

36种商品价格的简单算术指数
与公式353的比较

图 5P 用公式 1（简单算术法）和公式 353（"理想公式"，下文会解释）计算出的 36 种商品的两个价格指数的比较。用线条连接起来的每个点都是直接与固定基准（1913 年）相比较的，而每个小圆点是通过中间年份间接与 1913 年相比较的（即直接以前一个圆点为基准进行比较，前一个圆点与再前一个圆点比较，一直到 1913 年）。

这种图像的方法区分了用同一个指数公式分别采用"固定基准法"和"环比法"计算得出的结果，在下文的讨论中将会一直使用这样的方法，从而我们可以用不同的图表比较所有六种类型的公式——算术公式、调和公式、几何公式、中值公式、众数公式、综合公式。在"固定基准法"和"环比法"下计算出的结果。在计算简单算术指数的时候，用固定基准法和环比法计算出的结果显然有明显的差异。

第七节　有助于解释图表的辅助手段

解释上面的曲线，以及下文将出现的那些曲线，将帮助读者细致地注意到多大的高度代表增加 1%、5% 等。例如在图 6P 中，有一个标记着"5%"的深色的垂直线条（就像在图 3P 下面说明的一样），它的长度提供了一个直观的衡量标准，我们可以通过它清晰地看出在本书的任何一个图中的任何一个点比任何另一个点高出百分之多少，所有这些图都是用同样的比例尺绘制的。图 6P 以另一种方式将这种衡量标尺应用在了直线的斜率上。曲线上方的每一条短线每一年都比曲线中对应的线段多增加 5%，而曲线下方的每一条短线每一年比曲线中对应的线段多增加 1%。

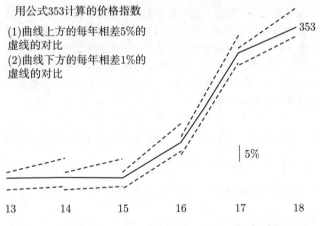

图 6P　在后续图表中能够帮助眼睛判断对比情况的辅助手段

图 7 将有助于在将来解释这些曲线。根据此处使用的描点法

26

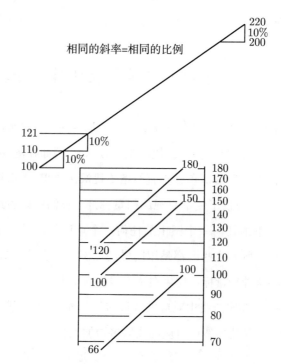

相同的斜率=相同的比例

图 7 显示了整本书中所使用的"比例图法"的基本特征，即方向所代表的统一意义。上面的线条代表的是一系列连续的相同的**百分比**增长（从 100 到 110 是增长 10%，从 110 增长到 121 是增长 10%，从 200 增长到 220 也是增长 10%），所以它是一条直线。下面的三条线条是相互**平行**的，一条代表实际的价格 1.20 美元和 1.80 美元，一条代表以 100% 为起点的价比，还有一条代表以 100% 为终点的价比。

（叫做比例图法①），如果每年以**相同的百分比**变化，比如说每年10%，那么代表它们的线段将会构成一条直线。因此，如果一个

27 指数在第一年增加 10%，即从 100 增加到 110，第二年同样增加

_____

① 要了解对于这种方法的优点的全面讨论，可参见欧文·费雪的"比例图"（The Ratio Chart），《美国统计学会季刊》（*Quarterly Publications of the American Statistical Association*）第 15 卷（1917 年），第 577 页。这种方法还被称为"对数法"。

10%，即从 110 增加到 121，以此类推，每年都增加 10%（最终从 200 增加到 220），图中的一系列短线就会构成一条直线，每年的增加量 10，11，…，20 都是相同的**百分比**增长量（虽然增长的绝对量不同）。

再进一步分析，任何两条代表相同变化百分比的线都是相互平行的。因此，如果一种商品的价格从每蒲式耳 1.20 美元变化到每蒲式耳 1.80 美元，即变化了 50%，代表这种实际价格变化的线，与仅仅代表价比从 100% 变化到 150% 的线是平行的，与代表反向的价比从 100% 向下变化到 $66\frac{2}{3}$ % 的线也是平行的。

（图 6P）中间的那条线可以是任何曲线。实际上，它是利用在本书中编号为 353 的公式得到的（这里的计算以 1913 年为固定基准）。由于我们将发现公式 353 是最好的公式之一——"理想"公式——为了将来进行比较，读者可以从一开始就在脑海中记住这条曲线的样子。

第八节　计算简单算术指数的代数公式

用代数式表达，上文已经给出了用于计算两种或三种商品的简单算术平均值的公式。以 1914 年为第"1"年（相对于 1913 年为基准年份，即第"0"年），这一年 36 种商品的简单算术平均值的公式显然为

$$\frac{\dfrac{p_1}{p_0} + \dfrac{p_1'}{p_0'} + \dfrac{p_1''}{p_0''} + \dfrac{p_1'''}{p_0'''} + \cdots}{36}。$$

　　　为了避免写这么多项，最好把分子表示为 $\sum\left(\dfrac{p_1}{p_0}\right)$，其中 Σ 是

希腊字母中的 S，是 sum（求和）的首字母。它代表的不是一个量，而是"与下面的样本类似的各项之**和**"这句话的缩写。所以上面的表达式可以用这种方便的求和符号来进行简写，表示为

$$\frac{\sum\left(\dfrac{p_1}{p_0}\right)}{36},$$

或者更一般地表示为

$$\frac{\sum\left(\dfrac{p_1}{p_0}\right)}{n}.$$

其中 n 代表商品的种类，它可以是 36，也可以是任何其他的数字。

　　就像 p 代表商品的价格一样，我们也可以用 q 代表商品的数量（蒲式耳等）。因此，36 种商品的**数量**的简单算术指数是

$$\frac{\sum\left(\dfrac{q_1}{q_0}\right)}{n}.$$

类似的，1915 年（第"2"年）相对于 1913 年（第"0"年）的价格的简单算术指数公式为

$$\frac{\sum\left(\dfrac{p_2}{p_0}\right)}{n},$$

数量的简单算术指数公式为

$$\frac{\sum\left(\dfrac{q_2}{q_0}\right)}{n}.$$

同样，将公式中的"2"替换为"3"，就可以得到 1916 年的公 29
式。将"2"替换为"4"和"5"，就可以类似的得到 1917 年和 1918
年的公式。

要把这些固定基准的公式转化为环比公式，我们首先要关注
1915 年的价格相对于 1914 年的简单算术指数，也就是环比链条中
的第二环，其公式显然为

$$\frac{\sum\left(\dfrac{p_2}{p_1}\right)}{n},$$

由于 1914 年相对于 1913 年的指数公式为

$$\frac{\sum\left(\dfrac{p_1}{p_0}\right)}{n},$$

所以 1915 年通过 1914 年相对于 1913 年的公式是上述两个表
达式的乘积；类似的，1916 年在环比法下的指数公式是三个类似表
达式的乘积；以此类推，我们可以得到链条中任意个环节的公式。

第九节　简单算术法——用法和功用

简单算术平均值可能仍然是人们最喜欢使用的一种平均值。它
最早是由卡里（Carli）在 1766 年使用的 [1]。伦敦《经济学人》、伦敦
《统计学家》（连续的索贝克指数）和其他许多指数编制者也都在使
用这种方法。

在本书的阐述中，之所以把简单算术平均值放在第一个，仅仅

---

[1] 参见 C. M. Walsh, *The Measurement of General Exchange Value*, p. 534.

是因为它会很自然地第一个出现在读者的头脑中，是最常见的平均值形式。在指数以外的领域，它往往也是取平均值的最好的形式。

30　但是我们会看到，简单算术平均值也是最糟糕的几种指数之一。而且，即使本书除了让我们完全放弃简单算术类型的指数以外毫无其他效果，它仍然是一本有用的书。

刚刚介绍的简单算术指数作为公式 1 列在了附录之中，下文将经常用这个编号来称呼它。

第十节　简单调和指数

接下来要介绍的另一种简单指数是调和指数，在本书中的编号是 11（编号在 1 和 11 之间的公式将在后面介绍）。

计算简单调和平均值的过程和计算简单算术平均值的过程有一点像，不同之处仅在于前者使用的是倒数。"倒数"这个词是一个数学词汇，任何一个数的倒数，都是用 1 除以这个数得到的商。如果这个数字是用分数形式表达的，那么将分子分母互换就可以得到它的倒数。因此，2（即 $\frac{2}{1}$）的倒数是 $\frac{1}{2}$，3（即 $\frac{3}{1}$）的倒数是 $\frac{1}{3}$，$\frac{4}{5}$ 的倒数是 $\frac{5}{4}$。

要计算任何一系列给定的比值的简单调和平均值，可以分为三个步骤：

（1）将这些比值的分子分母互换；

（2）计算上下倒置后得到的数字的简单算术平均数；

（3）将上一步计算出的平均数再取倒数。

因此，$\frac{2}{5}$ 和 $\frac{4}{7}$ 的简单调和平均数可以这样计算：

（1）将这两个比值上下颠倒，取倒数，得到 $\frac{5}{2}$ 和 $\frac{7}{4}$；

（2）求得上面两个数字的简单算术平均数 $\frac{17}{8}$；

（3）上一步得出的数字的倒数是 $\frac{8}{17}$ 或 $\frac{16}{34}$，这就是我们要求的简单调和平均数。

$\frac{2}{5}$ 和 $\frac{4}{7}$ 的调和平均数（等于 $\frac{16}{34}$）小于 $\frac{2}{5}$ 和 $\frac{4}{7}$ 的简单算术平均 31 数（等于 $\frac{17}{35}$）。

让我们把这个过程应用于指数。这是计算指数的第二个步骤——取平均值，百分比化的过程已经完成了。取上文表 1 中的 36 个价比，104.77%，即 1.0477、0.9906…一直到 1.1152（第 36 个）；然后将它们取倒数，得到 0.9545、1.0095…一直到 0.8967；接下来计算这些数字的简单算术平均数，得到 1.0506；最后将这个数字取倒数，最终得到 0.9519，即 95.19%，这就是简单调和指数。它小于上文已经计算过的相同年份的简单算术指数（96.32%）。

下面给出了所有年份的价格的简单调和指数，包括固定基准法和环比法。为了进行比较，我们也用这两种方法计算了简单算术指数。

公式编号	类型	基准	1913 年	1914 年	1915 年	1916 年	1917 年	1918 年
1	简单算术法	固定基准	100.00	96.32	98.03	123.68	175.79	186.70
		环比	100.00	96.32	97.94	125.33	175.65	193.42
11	简单调和法	固定基准	100.00	95.19	95.58	119.12	157.88	171.79
		环比	100.00	95.19	95.64	117.71	158.47	167.76

我们会注意到，这四种方法得出的计算结果有很大差别，尤其是 1917 年和 1918 年；而且调和指数总是小于算术指数。在这里我们暂时不用考虑其中的原因。

从图形来看，图 8P 和 8Q（曲线 11）给出了调和指数（固定基准）和另外五种简单指数——算术指数、几何指数、中值指数、众数指数和综合指数。就像用环比法和固定基准法计算的算术指数一样，用环比法和固定基准法计算的调和指数也是不同的。

用代数式表示，两个价格比例，$\dfrac{p_1}{p_0}$ 和 $\dfrac{p_1'}{p_0'}$，的简单调和平均值，是这两个数字倒数的算术平均值的倒数，即为

$$\frac{2}{\dfrac{p_0}{p_1}+\dfrac{p_0'}{p_1'}} \text{。}$$

三个价格比例的简单调和平均值公式为

$$\frac{3}{\dfrac{p_0}{p_1}+\dfrac{p_0'}{p_1'}+\dfrac{p_0''}{p_1''}} \text{。}$$

n 个价格比例的简单调和平均值公式为

$$\frac{n}{\sum \dfrac{p_0}{p_1}} \text{。}$$

只有很少的人支持调和指数，其中一个是科格佐尔（F. Coggeshall）[1]。但是我们会看到，简单调和法是简单算术法的一种"对立公式"；当我们用这两种公式得出错误的结果时，我们会发

---

[1]　F. Coggeshall, "The Arithmetic, Geometric an Harmonic Means," *Quarterly Journal of Economics*, vol. 1 (1886–1887), pp. 83–86.

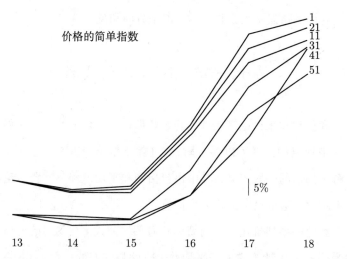

价格的简单指数

32

图 8P　在上面一组曲线中，简单几何指数（曲线 21）必然位于它上方的简单算术指数（曲线 1）和它下方的简单调和指数（曲线 11）之间。在下面一组曲线中，简单中值指数（曲线 31）是与上面一组曲线最相似的，而简单众数指数（曲线 41）和简单综合指数（曲线 51）则各有自己的特点。这两组曲线被分开表示以避免混淆，实际上构成了两个不同的图。

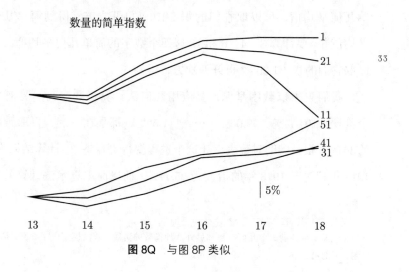

数量的简单指数

33

图 8Q　与图 8P 类似

现，它们的错误是大小相等的，但是方向相反。

第十一节　简单几何指数

我们现在来讨论简单几何指数。那些对平均值的概念只局限于算术平均值的读者可以参考附录1（第2章第十五节的注释A）来了解平均值的一般定义，其中也包括调和平均值和下文要讨论的几种平均值。这里只定义几何平均值。

给定一系列价比，要用简单几何平均公式（在我们的编号序列中为公式21）计算它们的平均数（也就是它们的指数），不是将列出的商品的价比**相加**，再用它们的和**除以**项数（n），而是将价比**相乘**，再开 n **次方**。

因此，要计算2和8的简单几何平均值，可以取它们的积（16），然后再**开平方**，得到 $\sqrt{2 \times 8} = 4$。要计算4、6、9这**三个**数字的简单几何平均值，可以取它们的积（216）再**开立方**，得到简单几何平均值6。要计算3、4、6和18这**四个**数字的简单几何平均值，可以取它们的积（1,296）再**开四次方**，得到6。

我们先来**以数字举例**，要应用几何法计算指数，我们要把36个价比，104.77%、99.06%、…，111.52%，都乘在一起，再取乘积的36次方根，借助对数表会让这个过程变得更容易[1]。计算结果为，1914年相对于1913年的指数为95.77%，而以简单算术法计算的指

---

[1] 要了解辅助简单几何指数和另外八种指数的实践计算的模型应用举例，请参见附录6的第二节。

数为 96.32%，以简单调和法计算的指数为 95.19%。几何法计算的结果介于算术法（它总是高于几何法的结果）和调和法（它总是低于几何法的结果）之间。

从图形上看，图 8 给出了几何指数（曲线 21）以及其他五种简单指数——算术指数、调和指数、中值指数、众数指数和综合指数的图像。

如果用代数式表示，两个价格比例的简单几何平均值由下面的公式给出

$$\sqrt{\frac{p_1}{p_o} \times \frac{p_1'}{p_0'}} \, 。$$

三个价格比例的简单几何平均值公式为

$$\sqrt[3]{\frac{p_1}{p_o} \times \frac{p_1'}{p_0'} \times \frac{p_1''}{p_0''}} 。$$

对于任意数字 n，简单几何平均值的公式为

$$\sqrt[n]{\frac{p_1}{p_o} \times \frac{p_1'}{p_0'} \times \frac{p_1''}{p_0''} \times \cdots} \,（\text{n 项}）。$$

在使用简单几何平均值时，"环比"数字总是与用固定基准法计算出的数字相同[①]。

1863 年，杰文斯（Jevons）[②] 使用了简单几何法，并大力宣传这种方法。有些统计学家也很喜欢这种方法，而且就像我们将要看到的那样，当需要计算简单平均值时，几何法理应在其中占据较高的地位。但是，在这种方法下，环比数字与固定基准法的数字相同，

---

① 证明见附录 1（第 2 章第十一节的注释）。

② 参见 Walsh, *The Measurement of General Exchange Value*, p. 557.

这到底是优点还是缺点，我们将在第 13 章讨论。

第十二节　简单中值指数

简单中值（公式 31）不是用先相加再相除的方法计算的，也不是用先相乘再开方的方法计算的，而仅仅是选出最中间的那一项。因此，3、4、5 这三个数字的简单中值显然就是中间项 4。1、3、3、4、4、4、5、6、6、6、6、7、7 这一系列数字的中值是 5，因为 5 位于这一系列数字的最中间，在这些数字中有 6 项比 5 小，有 6 项比 5 大。51 个士兵**按照身高站成一列**，他们的身高的中值就是最中间那名士兵的身高，即从两端数都位于第 26 位的那名士兵的身高。

当项数是偶数时，最中间就会有两项，而不是一项。如果这两项是一样的，那它们当然都可以被称为中值。如果中间这两项不一样，那么中值就介于这两项中间，没有另外的取平均值的过程就无法确定，例如可以对中间这两项取简单算术平均值或简单几何平均值。

利用固定基准法（仍然使用上文用过的 36 种商品），1914 年（相对于 1913 年）的价比的中值是 99.45，1915 年（也是相对于 1913 年）的价比的中值是 98.57[①]。利用环比法，1915 年（**通过** 1914 年与 1913 年相比）的中值就变成了 99.33。下面的表格比较了用这两种方法计算的中值：

---

① 要了解辅助简单几何指数和另外八种指数的实践计算的模型应用举例，请参见附录 6 的第二节。

公式编号	基准	1913 年	1914 年	1915 年	1916 年	1917 年	1918 年
31	固定基准	100.00	99.45	98.57	118.81	163.81	190.92
31	环比	100.00	99.45	99.33	117.50	155.86	180.07

从图形来看，图 8（曲线 31）显示了中值指数和另外五种简单指数的图像。

埃奇沃斯教授（1896 年）推荐了简单中值。由于他的支持，有几位统计学家使用了这种指数，包括亚瑟·鲍莱和韦斯利·米切尔。

第十三节　简单众数指数

简单众数（公式 41）是像求中值那样将所有项按大小排列，然后不是取最中间的那个值，而是选择**最常出现的**那一项；"众数"这个词就意味着"最常见的"。因此，1、2、3、3、4、4、4、5、5、5、5、6、6、7 这些数字的众数是 5，因为它出现了四次，而没有其他的数字出现了三次以上。

但是，众数比中值更加不确定和模糊，除了其本身的定义以外，还必须借助其他的过程来确定。一般来说，很少有一些项是完全相同的，所以要让众数成为一个有效的平均值，我们不能真的去数那些**完全**相等的项的个数，而是计算落在每一个区间的项的个数，或者更准确地说，落在一个个任意选定的范围内的项的个数。

因此，对于站成一排的士兵来说，我们可能发现没有任何两个人的身高是**绝对**相同的，但是我们可以很容易地将它们归为几组，每组的差异为一英寸。在队伍的一端是个子比较矮的人，比如说是5英尺6英寸到5英尺7英寸之间的人，这组人可能很少，比如说只有两人。为了思考的方便，让我们设想落入这一组的人单独站在一起，与下一组分开一段距离，假设下一个身高稍微高一点的组包含5人，身高在5英尺7英寸到5英尺8英寸之间；他们又与再下一组人（身高5英尺8英寸到5英尺9英寸，人数为20人）站开一段距离。接下来一组（身高5英尺9英寸到5英尺10英寸）比如说有30人；再下一组（身高5英尺10英寸到5英尺11英寸）25人；最后一组（身高5英尺11英寸到6英尺）10人。

显然，最常见的身高是5英尺9英寸到5英尺10英寸这一组（30人），因此这个身高就是众数。要取一个更加精确的点，即将众数值落在一个比一英寸更小的范围里，要么把所有的身高按半英寸为一个区间进一步分组；要么就用数学或图像的方法调整这些数字，使它们形成一条"平滑的"频率曲线，然后取这条理想曲线的最大值来代表众数；要么借助其他的外部辅助手段。

将众数应用于指数的最好的例子是韦斯利·米切尔完成的"战38 争期间价格变动过程总结"（战争工业委员会的一号公告）。确定1918年的众数的过程是这样的：以战争前一年作为基准进行比较，在1,437种商品中，有2种商品的价格为战前的30%到49%，4种商品的价格为战前的50%到69%，17种商品的价格为战前的70%到89%；对于后面每一个以20%为一个间隔的区间，其中包含的商品数分别为61、64、130、212、219、164、135、104、76、54、42、30、31、16、13、7、7、8、4、4、4、5、3、4、1、0、1、0、0、0、0、1、2、1、1、0、1、1、0、0、1。最后一组只包含一种商品，它的价格是战前的

890% 到 909%。这些商品价格的众数在包含商品数最多的那个区间
（219 种）。这个区间的商品价格是战前的 170% 到 189%。因此，众
数介于 170% 到 189%。众数的具体位置多多少少有些虚构的成分。
在这个例子中，我们可以通过图像法得出众数的值为 173。再得到
任何更加精确的值几乎都是没有意义的。

　　因此，中值和众数是两个不太确定的量，当价比分散的范围比
较广并且分布不太规则的时候众数尤其如此，除非项数达到几百或
几千个。

　　用**数字举例**的话，在 36 种商品这个例子中，利用图像得出的
1914 年（相对于 1913 年）的众数指数是 98[①]。另一种方法（根据简
单算术平均值和简单中值进行间接计算）得到的值是 106，另一种
反向应用的类似方法得出的值是 109。但是，当处理 36 种商品这
种项数比较少的情况时，众数非常不确定，以致失去了使用它的价
值。但是为了讨论的完整性，本书的各个表格中也包含了众数（用
图像法计算）这一项，但是大部分图都把它省略了。

　　用**环比法**计算，1915 年**通过** 1914 年与 1913 年对比的众数指数
大约是 95；用固定基准法计算这个值是 98。附录 7 给出了每一年
的众数指数。

　　从图形来看，图 8 给出了简单众数指数（曲线 41）和另外五种
简单指数的曲线。

　　众数从来没有被用于指数，或被建议用于指数。但是韦斯
利·米切尔在美国劳工统计局《第 173 号公告》及其修正版《第

---

　　① 见附录 1（第二章第十三节的注释）。

284号公告》中，以及（前面已经提到过的）他为战争工业委员会做的"价格变动过程总结"中，给出了一些数字来说明众数。这样做的还有另外一些作者。沃尔什先生指出，众数相对于算术平均值和其他平均值的位置，有助于我们选择哪种平均值最适合使用。但是即使是这样的建议也是虚幻的。

第十四节 简单综合指数

最后一种简单指数是简单综合指数（公式51）。这是取给定年份的所有实际价格的综合，即总和，然后除以基准年份的所有价格总和。因此，求算术平均值的第一步是将**相对**价格相加，而求综合平均值的第一步则是将**实际**价格相加。

用数字来举例，1913年所有价格之和（即12.36+62.63+⋯+37.58）是23,889.48，1914年所有价格之和（即12.95+62.04+⋯+41.91）是22,905.24，所以简单综合指数为$\dfrac{22,905.24}{23,889.48}$，即95.88%。

40 很明显，用简单综合公式计算，环比法和固定基准法得到的计算结果是相同的[1]。

从图形来看，图8给出了简单综合指数（曲线51）和其他五种简单指数的图像。

如果用代数式表示，综合指数的公式为

$$\frac{p_1 + p_1' + p_1'' + \cdots}{p_0 + p_0' + p_0'' + \cdots}。$$

---

[1] 见附录1（第2章第十四节的注释）。

或者简写为

$$\frac{\sum p_1}{\sum p_0} \ \text{。}$$

我们已经看到，要计算简单综合指数，第一步根本不是计算价比，我们使用的就是原始价格。实际上，与其他类型的指数不同，简单综合指数是价格之和或综合的比例，是不能**只用**价比计算出来的。这个过程需要的是价格本身。比如说，要计算综合指数，只知道糖的价格是基准年份的两倍是不够的。我们需要知道糖在两个日期的实际价格——例如分别是 6 美分和 12 美分，还是另外一对成同样比例的数字，比如 8 美分和 16 美分。

简单综合指数通常被认为几乎是毫无价值的；除非非常谨慎地选择所使用的单位，否则它也确实是毫无价值。

早在 1738 年，杜托（Dutot）就最早使用了综合形式的指数[①]。唯一一个著名的实用案例是布莱斯特指数，在计算这个指数的时候，先将每种商品的价格化简为**每磅**的价格。

第十五节　六种指数的比较

41

我们前面介绍了六种指数，即简单算术指数、简单调和指数、简单几何指数、简单中值指数、简单众数指数和简单综合指数。我们在上文已经说过，在我们的表格中，这些指数对应的编号分别是 1、11、21、31、41 和 51。

---

① 参见 C. M. Walsh, *The Measurement of General Exchange Value*, p. 534。

　　这六种指数代表了六种不同的计算过程,即(公式1)将价比加在一起,再除以价比的个数;(公式11)将价比的倒数加在一起,再用和去**除**价比的个数;(公式21)将价比相乘,再用价比的个数作为次数开方;(公式31)将价比按大小排列,选择最中间的值;(公式41)将价比按大小排列,选择最常出现的值;(公式51)将每年的实际价格相加,再求这些总和之间的比例①。

　　从图形上看,图8给出了全部六种简单指数的图像,包括价格指数和数量指数,分别对应公式1、11、21、31、41和51。曲线1、11和21从同一个起点出发然后彼此分开,因为它们是相互关联的,曲线21总是在曲线1和曲线11中间②。

　　对于另外三种指数,除了极个别的例外,中值曲线总是在众数曲线的上方。这不是一个法则,但是像我们现在的这个例子这样,由于价格和数量不能低于0,被平均的各项在向下分散时受到限制,所以向上分散得比向下分散更广泛,就会出现中值曲线位于众数曲线上方的情况。

42　　简单综合指数非常独特而且是被随意加权的,所以它有自己的法则。我把它叫做"简单"指数,但是它和其他五种简单指数的简单并不是一个意思。就像沃尔什说的那样,它是"随意的",它的值取决于我们在给列表中的商品定价时碰巧使用的计量单位。如果给银器定价时,我们不是选取每盎司的价格(我们现在选取这个单位,是因为在发布银的价格时,常用盎司这个单位),而是用吨做

---

　　① 要了解能涵盖这六种平均值和其他平均值的一般定义,可参见附录1(第2章第十五节的注释A)。

　　② 参见附录1(第2章第十五节的注释B)。

单位；或者给煤定价时，用盎司做单位，而不是用吨做单位；那么得到的结果就会完全不同。银的价格会主导指数的值，以至于平均值的曲线会几乎与银的价格曲线重合（见图 3），而煤的价格的影响几乎可以忽略不计。

　　我们必须承认，对六种不同的指数类型的第一观感并不能让人感到安心。如果这些指数中的一个和另一个一样好，那么它们肯定都毫无用处；因为无论是用固定基准法计算还是用环比法计算，它们的值都有极大的差异。1917 年，最低的指数（根据公式 41 计算）是 135，最高的指数（根据公式 1 计算）是 175.79，后者比前者高了 30%。虽然这个差距比个别价比本身的差异小很多，但是它仍然太大，不可能具有任何统计上的价值。我们只能说，当价格波动不像战争时期这么剧烈时，这六种平均值就不会有这么大差异。但对于指数科学来说，很幸运的一点是，就像我们将要看到的那样，这六种指数的优劣程度是不同的。

第3章　四种加权方法

第一节　关于加权的概述

我们已经论证了，任何指数的目的都是确定价格的波动或者其他一组量[①]的波动的"合理的平均值"。最开始，**简单**平均似乎是很合理的，因为这种方法对每一项都同等看待。而且，如果我们根本不知道要计算平均值的各种商品的相对重要性，简单平均法也**确实**是合理的。但是，我们也早就意识到，它们的重要性有很大差异。每个人都知道，猪肉比咖啡重要，小麦比奎宁重要。因此，为了让指数更加合理，我们想到了加权这种方法。一开始，加权的过程是因陋就简的，是依靠推测的。亚瑟·扬（Arthur Young）认为大麦的重要性是羊毛、煤炭和钢铁的两倍，他还认为"补给品"的重要性是它们的四倍，而小麦和日间劳动的重要性是它们的五倍。

但是，设定权重的公平基础到底是什么呢？相对于简单指数来说，随意加权后的指数可能会有所改善，但是如果滥用加权，可能反而使指数变得更加不合理。如果我们故意想寻找一种最不合理的

---

① 也包括"购买力"，虽然本书并没有明确地提及它。可参见附录1（第3章第一节的注释）。

加权方式，可以随便给某一种商品一个非常大的权重，让最终计算出的指数完全跟随这种商品的价格变化轨迹而变化。

我们可以举一个极端的例子，选择战争工业委员会经过仔细加权的指数中的 1,366 种商品。根据这个优秀的指数，从战前这一年（即从 1913 年 7 月 1 日到 1914 年 7 月 1 日这一年）到日历年份 1917 年之间，商品价格的增长比率是 100 比 175。这个数字合理地代表了计算时使用的 1,366 个数据，虽然这些数据的分布范围很大，柠檬油的价比最低，只有 35，而高锰酸钾的价比最高，为 3,910。但是，如果我们有意把高锰酸钾的权重设定为其他每种商品的 10 亿倍，那么实际上用这 1,366 种商品计算出的指数就会与高锰酸钾的价格波动完全一致。同样，如果我们把柠檬油的权重设定为其他每种商品的 10 亿倍，计算出的指数实际上就会与柠檬油的价格波动完全一致。显然，在这两种情况下，我们的做法都相当不合理。在一种情况下，指数会给我们一个荒谬的结论，1917 年的价格平均比战前高 39 倍。而在另一种情况下，指数则会给我们一个同样荒谬的结论，1917 年的商品价格平均只比战前的三分之一略高。在这两种情况下，带来麻烦的原因都是，把一种与小麦、钢铁、面粉、棉花以及几百种其他商品相比真的非常不重要的商品，当做比它们重要得多得多的商品来处理。

到目前为止我们还无法说哪一种加权体系是最合理的，在建立起某些检验合理性的方法之前，我们都无法下这个判断。于是我们会得出一个有点奇怪的结论，与一般的想法不同，并没有哪一种加权体系永远是最合理的；比如说，对于算术平均值、调和平均值、几何平均值，最合理的加权方法可能是不同的。我们在这里只能先打下一个基础，介绍四种已经被采用或可能被采用的主要加权方法。

就像我们已经看到的那样，给指数中的任何一项设定权重，实际上就是确定与任何一个只被计算一次的项相比，这一项应该被计算两次、三次还是更多次。对于六种计算平均值的方法都是如此。

但是我们应该根据什么原则给每一项加权呢？亚瑟·扬和其他人对于权重的猜测有意无意地代表了一种想法，即应该用不同商品的相对**货币价值**来确定它们的权重。当然，价值等于每单位产品的价格乘以产品的单位数。这样计算出来的价值是比较商品生产、交换和消费流动的唯一通用的指标，几乎也是迄今为止唯一被郑重提议的加权基础。如果一年在市场中流通的糖的价值是 100 亿美元，而在市场中流通的盐的价值只有 50 亿美元，那么我们显然有理由认为糖的重要性是盐的两倍。

第二节　用基准年份的价值或给定年份的价值加权

但是任何指数都涉及两个日期，在这两个日期，我们用来给两个日期的价格之比加权的价值本身就是不同的。

因此，**固定**加权法（constant weighting，在不同年份给同一个项目相同的权重）仅仅是一个权宜之计，在理论上从来就不是正确的，当价值变化比较大时，甚至在实践中也是不可接受的。在革命时期，蜡烛很重要，但是现在蜡烛贸易的货币总值几乎可以忽略不计。橡胶轮胎的价值在今天很重要，但是在 20 年前并不重要。在比较今天的价格水平与很多年前的价格水平时，我们应该给橡胶轮胎和蜡烛什么样的权重呢？摆在我们面前的有两个很明显的选择。我们可以取前面的年份的货币价值，也可以取后面的年份的货币价值。

第三节　用数字来举例

使用这两种加权方法往往会带来很大的差异。在 1913 年到 1917 年间，有些商品的价格和在市场上销售的总货币价值都大幅上涨；还有些商品则几乎没变。总体上说，在 1913 年到 1917 年间，36 种商品的货币价值大约上升了 100%（它们的总价值从 13,105,000,000 美元上升到了 25,191,000,000 美元）。因此，如果**每种**商品的货币价值都翻了一番，那么它们的**相对权重**将保持不变，所以使用哪一年的货币价值作为权重得到的指数都是一样的。

但是，实际上，不同商品的价值上涨是非常不一样的。有些商品价值上涨得远远超过 100%，另一些商品的上涨幅度则远远低于 100%。烟煤在 1913 年的价值为 1.27 美元 / 吨 ×477,000,000 吨，即 606,000,000 美元；而在 1917 年则是 1,976,000,000 美元，也就是增长到了三倍以上。而另一方面，无烟煤在 1913 年的价值为 35,000,000 美元，1917 年的价值为 44,000,000 美元，仅增加了 25% 左右。那么很显然，与使用 1913 年的货币价值为权重相比，当使用 1917 年的货币价值为权重时，烟煤所占的相对权重更大。

表 3 假设 1913 年为"基准"年份，1917 年为"给定"年份，比较了根据 1913 年的市场价值加权和根据 1917 年的市场价值加权的 ⁴⁷

效果。当然，这个表格中给出的数字是在给各个价比加权时所使用
的乘数。

表 3　某些商品的价值（单位：百万美元）

商品	1913 年 （基准年份）	1917 年 （给定年份）
烟煤	606	1,976
焦炭	140	604
生铁	462	1,502
燕麦	422	1,011
无烟煤	35	44
汽油	1,282	1,848
咖啡	96	123
木材	1,971	2,227

　　表格中的前四种商品都是在 1913 年到 1917 年间价格和市场价
值上升很多的商品，所以如果根据 1917 年的数字来加权，它们的
权重都会非常高。相反，后四种商品的价格和市场价值都上涨得
很少。

　　看一眼这个表格就会发现，在 1913 年，后四种商品整体上比
前四种商品占有更大的优势；而在 1917 年，前四种商品相对于后
四种商品更占优势。这种相对权重的变化，当然是因为上面一组商
品的价格比下面一组商品的价格增长得更多。

　　让我们用两种不同的加权方法来计算一下指数。比如说以算
48 术指数为例，以 1913 年为基准年份，根据 36 种商品的数据来计算
1917 年相对 1913 年的指数。我们首先以基准年份的市场价值为权
重。这种指数的公式为公式 3。在 1917 年，培根的价比（就像前面

已经计算出的那样）为 192.72%，基准年份的价值（12.36 美分每磅 ×1,077 百万磅）是 133.117 百万美元。大麦的价比是 211.27%，基准年份的价值（62.63 美分每蒲式耳 ×178.2 百万蒲式耳）为 111.607 百万美元。根据算术法，我们先将每个价比乘以它们的权重，再除以所有**权重**之和。结果如下：

培根：192.72%×133.117 百万美元 =256.54 百万美元

大麦：211.27%×111.607 百万美元 =235.79 百万美元

全部 36 种商品的价比乘以权重之和为 21,238.49 百万美元，除以权重之和 13,104.818 百万美元，得到 1.6207，即我们要计算的指数为 162.07%。

因此，当以基准年份（1913 年）的价值来加权时，1917 年的算术指数（公式 3）为

$$\frac{\left(\frac{192.72}{100}\right)133.117+\left(\frac{211.27}{100}\right)111.607+\cdots}{13,104.818}=\frac{162.07}{100}。$$

换句话说，从 1913 年到 1917 年，（根据公式 3 的计算）价格水平从 100 上涨到了 162.07。但是，如果使用**给定**年份的价值为权重（公式 9），得出的指数就是 180.72%，比前一个计算结果（162.07）高了 11.51%。

类似地，当以**基准年份**的价值来加权时，1917 年的调和指数（公式 13）为

$$\frac{13,104.818}{\left(\frac{100}{192.72}\right)133.117+\left(\frac{100}{211.27}\right)111.607+\cdots}=\frac{147.19}{100}。$$

49

换句话说，从 1913 年到 1917 年，（根据公式 13 的计算）价

格水平从 100 上涨到了 147.19。但是，如果使用**给定**年份的价值为权重（公式 19），得出的指数就是 161.05%，比前一个计算结果（147.19）高了 9.42%。

同样，当以**基准**年份的价值来加权时，1917 年的几何指数（公式 23）为

$$\sqrt[13,104.818]{\left(\frac{192.72}{100}\right)^{133.117} \times \left(\frac{211.27}{100}\right)^{111.607} \times \cdots} = \frac{154.08}{100}。$$

换句话说，从 1913 年到 1917 年，（根据公式 23 的计算）价格水平从 100 上涨到了 154.08。但是，如果使用**给定**年份的价值为权重（公式 29），得出的指数就是 170.44%，比前一个计算结果（154.08）高了 10.62%。

这里出现了一个新的差异来源。不仅是使用什么**类型**的平均值——是算术平均值、调和平均值还是几何平均值——会带来巨大的差异，采用什么**加权方法**——用基准年份加权还是给定年份加权，或者简单权重（即相同的权重）——也会带来巨大的差异。

如果我们的讨论就到此为止，我们就会更倾向于同意皮尔森的观点，把指数当做一种虚幻和迷惑人的东西而放弃。

第四节　图像形式和代数式形式

从图形上看，图 9 显示了两个加权后的算术指数的对比，以及相对应的两个加权的调和指数和两个加权的几何指数的对比。

50　　我们可以看到，较高的那条调和指数曲线（对应公式 19）几乎与较低的算术指数曲线（对应公式 3）完全重合，而另一条算术指数曲

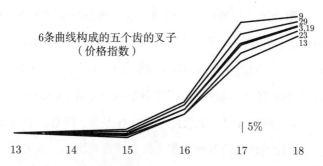

6条曲线构成的五个齿的叉子
（价格指数）

| 5%

13　　14　　15　　16　　17　　18

图 9P　这里显示了三种指数类型，算术指数（3 和 9）、调和指数（13 和 19）和几何指数（23 和 29），每种指数都用两种方法加权，即用基准年份的价值加权（3、13 和 23）和用给定年份的价值加权（9、19 和 29），从而构成了几条曲线，就像一把叉子上相互距离几乎相同的五个齿一样。在每种情况下，用给定年份的价值加权都会使曲线的位置比用基准年份的价值加权更高（不管价值上升还是下降，情况都是如此）。

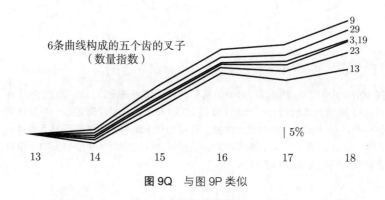

6条曲线构成的五个齿的叉子
（数量指数）

| 5%

13　　14　　15　　16　　17　　18

图 9Q　与图 9P 类似

线和调和指数曲线（分别对应公式 9 和公式 13）分列于中央这两条线的上下两边，分离的距离几乎相同。两条几何指数曲线（分别对应公式 23 和 29）则处于中间状态，一条位于图下半部分的两条调和指数曲线之间，另一条位于上半部分的两条算术指数曲线之间。因此，这三种类型的指数（算术指数、调和指数和几何指数）中的每一种，都像叉子一样分成距离几乎相同的两条曲线；但是每种指数构成的叉子形图像处于等距离的三个位置，最上面那个叉子（算术指数）下面的那个齿几乎与最下面那个叉子（调和指数）上面的那个齿重合，而剩下的一对齿（几何指数）则位于另外两对齿的中间。

51　　　图 10 显示的是对加权的中值（分别对应公式 33 和 39）的对比，与图 9 类似，两种加权方法会使结果存在差异，但是这个差异要小得多。如果绘制众数的对比图像，会发现差异更小；事实上，在本

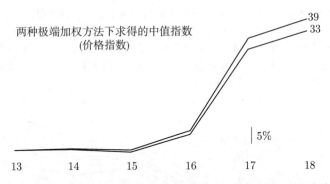

图 10P　显示了中值指数，图中的两条曲线分别以基准年份的价值加权（曲线 33）和给定年份的价值加权（曲线 39），和上文一样，采用后一种加权方法得到的曲线比前一种加权方法高。两种加权方法得到的结果差异不像算术指数、调和指数和几何指数那样大，这说明加权方法对于中值的影响不像对另外三种平均值的影响那么大

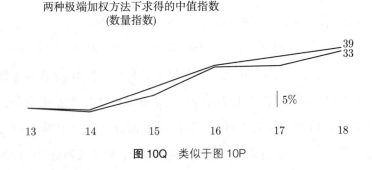

图 10Q　类似于图 10P

图这种大致近似的情况下，几乎可以说是毫无差异的，虽然严格来说，众数会和其他类型的指数一样，用给定年份的价值加权总是会比用基准年份的价值加权得出更高的指数值[1]。

如果**用代数式表示**，那么用基准年份的价值加权的算术指数（公式 3）可以写作任何给定年份（比如说第 1 年）相对于基准年份（第 0 年）的比例

$$\frac{p_0 q_0 \left(\dfrac{p_1}{p_0}\right) + p_0' q_0' \left(\dfrac{p_1'}{p_0'}\right) + \cdots}{p_0 q_0 + p_0' q_0' + \cdots},$$

或者，我们可以将其简写为

$$\frac{\sum p_0 q_0 \left(\dfrac{p_1}{p_0}\right)}{\sum p_0 q_0}。$$

我们可以用类似的方法来表示用**给定年份**的价值加权的算术指数（公式 9）

$$\frac{\sum p_1 q_1 \left(\dfrac{p_1}{p_0}\right)}{\sum p_1 q_1}。$$

52

经过加权的其他类型指数的公式见附录 5。

第五节　用最简单的基准年份的价值来加权

统计工作者更经常使用的是用基准年份的价值来加权，而不

---

[1]　关于如何计算加权的中值指数和众数指数，可参见附录 1（第 3 章第四节的注释）。

是用给定年份的价值加权，因为这样的话，在使用固定基准法的时候，计算整个序列的指数，就只需要计算出一个年份的价值即可。相比于计算每个给定年份的价值，只计算一个年份的价值会更节约劳动力。人们更加经常使用基准年份的价值来加权的另一个理由是，通常只有一个年份的权重是**能够**计算出来的。例如，进行普查的年份可以给出用这一年份作为基准来计算指数所必需的数据，而后续年份的类似数据可能因为普查不是每年都进行而无法获取。

美国劳工统计局一直在使用根据基准年份加权的算术指数。哈佛经济研究委员会在计算"日生产指数"时使用的是以基准年份价值加权的几何指数。帕尔格雷夫（Palgrave）建议在使用算术指数时应该用给定年份的价值加权（例如公式 9）。

第六节　两种中间的加权方法

除了上文描述的两种加权方法，还有另外两种类似的方法，所以一共有四种加权方法。在这四种方法中，基准年份价值加权法被称为"一号加权法"，给定年份价值加权法被称为"四号加权法"。另外两种还有待介绍的加权法（二号和三号加权法）在逻辑上是处于这两个极端之间的。在二号和三号加权法中，每种商品是用混合价值来加权的，权重不是只与基准年份的价值有关，也不是只与给定年份的价值有关，而是部分与前者相关，也部分与后者相关。在二号加权法中，价值是用每种商品在**基准**年份的**价格**乘以这种商品在给定年份的数量得到的。而在三号加权法，权重值则是用每种商

品在**给定年份**的**价格**乘以这种商品在**基准**年份的数量得到的。即

一号加权法：每个权重 = 基准年份价格 × 基准年份数量

二号加权法：每个权重 = 基准年份价格 × 给定年份数量

三号加权法：每个权重 = 给定年份价格 × 基准年份数量

四号加权法：每个权重 = 给定年份价格 × 给定年份数量

如果用**代数式表示**，四种加权方法所使用的权重分别为：

一号加权法：$p_0 q_0$，$p_0' q_0'$，等等。

二号加权法：$p_0 q_1$，$p_0' q_1'$，等等。

三号加权法：$p_1 q_0$，$p_1' q_0'$，等等。

四号加权法：$p_1 q_1$，$p_1' q_1'$，等等。

在下面的权重表格表 4 中，如果我们选取上面提到过的那 8 种商品（见第三节），并采用二号和三号加权法，我们会发现，虽然每个数字都变化了，但是仍然表现出和表 3 中一样的明显趋势。在第一列中，下面一组的四种商品比上面一组的四种商品占据更大的优势；而在第二列**正好相反**。

表 4 某些商品的混合价值（单位：百万美元） 55

商品	1913 年的价格乘以 1917 年的数量	1917 年的价格乘以 1913 年的数量
烟煤	701	1,708
焦炭	172	494
生铁	577	1,203
燕麦	596	715
无烟煤	40	39
汽油	1,835	1,292
咖啡	147	80
木材	1,916	2,290

　　因此，在这两个表格中，**从一列到另外一列**，两组商品的相对重要性有巨大的变化。其中的原因在于，我们是有目的的选择这两组商品来进行**价格**变化（但不涉及数量变化）的对比的。因此，如果我们使用第二列的权重，上面四种价格上涨得更多的商品会有较大的权重，而如果使用第一列的权重，则恰好相反。第 5 章将详细阐述这一点。

　　现在让我们具体看一下四种加权方法的效果。

　　利用算术公式得出的 1917 年相对于 1913 年作为基准的指数为：

　　用一号加权法得出的算术指数（公式 3）：162.07%

　　用二号加权法得出的算术指数（公式 5）：161.05%

　　用三号加权法得出的算术指数（公式 7）：180.53%

　　用四号加权法得出的算术指数（公式 9）：180.72%

　　利用调和公式得出的指数为：

　　用一号加权法得出的调和指数（公式 13）：147.19%

　　用二号加权法得出的调和指数（公式 15）：144.97%

　　用三号加权法得出的调和指数（公式 17）：162.07%

　　用四号加权法得出的调和指数（公式 19）：161.05%

　　利用几何公式得出的指数为：

　　用一号加权法得出的几何指数（公式 23）：154.08%

　　用二号加权法得出的几何指数（公式 25）：152.45%

　　用三号加权法得出的几何指数（公式 27）：170.82%

　　用四号加权法得出的几何指数（公式 29）：170.44%

　　从数字举例来看，以上的计算表明，二号加权法给出的指数结果几乎与一号加权法给出的结果相同，而三号加权法给出的指数结

果则几乎与四号加权法给出的结果相同，但是这两对加权法之间有 56
很大的差异。

就像上文指出的那样，出现这种差异是因为，在一号和二号
加权法中，计算权重时使用的是基准年份的**价格**，而在三号和四号
加权法中，计算权重时使用的则是给定年份的**价格**；在这两种情况
下，价格都不受**数量**的影响。

在加权的中值指数中也可以发现同样的对比（一号和二号加权
法与三号和四号加权法的对比），只不过没有这么明显；但是在众
数指数中，虽然也出现了这样的对比，但是几乎察觉不到。

现在，我们不仅介绍了计算指数的简单算术公式，还介绍了四种
加权的算术公式；同样地，我们还介绍了简单调和公式和四种加权的
调和公式、简单几何公式和四种加权的几何公式、简单中值公式和四
种加权的中值公式，以及简单众数公式和四种加权的众数公式。

第七节　对于综合指数只有两种加权方法

因此，在目前为止，我们已经讨论了五种指数的四种加权方
法。对于第六种指数，即综合指数，我们只讨论过它的"简单"形
式。因为它的构建非常特殊，所以用我们上面的思路来类比，它只
能有两种加权方法。就像我们已经看到的那样，**简单**综合平均值是
一种非常特别的价格比例（价比）的平均值，它是价格本身的总和
的比例。因此**简单**综合指数为

$$\frac{1917\,\text{年所有价格之和}}{1913\,\text{年所有价格之和}}=1917\,\text{年相对于}\,1913\,\text{年的指数。}$$

所以，我们不能对价比加权，而是必须直接对价格本身加权，
57 包括分子中的价格和分母中的价格。当然，在这样的加权方法中，
对于分子和分母中的同一种商品的价格，必须使用同样的权重。

到现在为止，在前面的公式中，**使用的权重都是价值**。但是价
值等于价格乘以数量。但是在综合公式中，价格已经作为唯一需要
加权的东西出现在公式中了。

用价格乘以价值（其中已经包含了价格）是很荒谬的。因此，
在综合公式中，权重只能是数量，而数量要么是基准年份（1913
年）的数量，要么是给定年份（1917年）的数量。如果我们希望能
够与上文介绍的其他五种指数所使用的四种加权方法进行类比，可
以考虑将用基准年份的数量对综合指数进行加权的方法视为一号加
权法（公式53），将用给定年份的数量对综合指数进行加权的方法视
为四号加权法（公式59），完全忽略二号加权法和三号加权法[1]。

第八节　加权综合指数的数字计算

如果**用数字来举例**，我们可以以上文用到过的36种商品为例，
大致说明一下用基准年份加权法（公式53）来计算1914年（相对
于1913年为基准）的综合指数[2]。它被定义为1914年的**混合价值**（因
为是用1913年的数量计算出来的）之和与1913年的**真正价值**之比。

前面已经计算过，这个比值的分母，即1913年的真正价值，

---

① 见附录1（第3章第七节的注释）。

② 要了解辅助这个实践计算过程和另外八种指数的计算过程的模型应用案例，
可以参见附录6第二节。

是 13,104,818,000 美元。我们可以用类似的方法计算出分子。首先是培根，我们计算它的（混合）价值时，不是用它在 1914 年的价格（12.95 美分每磅）乘以 1914 年的数量，而是乘以 1913 年的数量（1,077 磅），得到 0.1295 美元 ×1,077，即 139.47 百万美元。类似地，大麦的价值是 62.04 美分每蒲式耳 ×178.2 百万蒲式耳，即 110.56 百万美元。以此类推，我们可以得到 36 种商品总的混合价值是 13,095,780,000 美元，这就是我们要求的分子。

这个分子与上面已经计算出的分母之比是 99.93%，这就是要计算的指数。这是用公式 53，即一号加权法，计算的结果。

如果使用公式 59，采用"给定年份"的四号加权法，计算过程是类似的[①]。分子是 13,033.034，是 1914 年的真正价值之和，分母是 12,991.81，是 1913 年的混合价值（用 1913 年的价格乘以 1914 年的数量）之和。分子与分母的比例为 100.32%，与用另一个公式（53）计算出的 99.93% 几乎相同。

这两个指数（公式 53 和公式 59）的不同之处仅仅在于是使用基准年份的数量还是给定年份的数量，不像算术指数、调和指数和几何指数那样，当用基准年份数据加权和用给定年份数据加权时表现出明显的差异倾向。公式 53 使用的是基准年份的数量，公式 59 使用的是给定年份的数量，而公式 53 的计算结果没有表现出比公式 59 的计算结果小的倾向。这两条曲线是非常靠近的，甚至是彼此相交的。就像读者可能会猜测的那样，它们之间如此相似的原因是，在以前使用的加权方法中，价格是一个扰动项，而在综合指数

---

① 同样可参见附录 6 第二节。

的加权中，不涉及价格因素，权重只是数量。

第九节　代数公式

用代数式表示，用基准年份加权或一号加权法加权的综合价格指数（公式 53）为

59

$$\frac{p_1 q_0 + p_1' q_0' + p_1'' q_0'' + \cdots}{p_0 q_0 + p_0' q_0' + p_0'' q_0'' + \cdots},$$

或

$$\frac{\sum p_1 q_0}{\sum p_0 q_0}。$$

用给定年份加权或四号加权法加权的综合指数（公式 59）为

$$\frac{\sum p_1 q_1}{\sum p_0 q_1}。$$

相对应的数量指数（用价格来加权）为

一号加权法（用基准年份的价格加权）$\dfrac{\sum q_1 p_0}{\sum q_0 p_0}$。

四号加权法（用给定年份的价格加权）$\dfrac{\sum q_1 p_1}{\sum q_0 p_1}$。

第十节　历史

在两个加权的综合公式中，第一个公式，$\dfrac{\sum p_1 q_0}{\sum p_0 q_0}$（计算价格

指数的公式53）是美国劳工统计局所使用的指数形式。它回归了一种旧的思路，因为这种方法是由拉斯拜尔（Laspeyres）在1864年明确地给出公式并倡导使用的，沃尔什将它命名为拉氏方法[1]。

这种方法在现在之所以非常流行，主要是因为澳大利亚政府统计专家 G.H. 克尼布斯（G. H. Knibbs）对它的大力推崇和强有力的论证。英国皇家统计协会的统计学家们在最近的一次大会上还通过投票正式推荐了它。

这两个公式中的第二个公式 $\dfrac{\sum p_1 q_1}{\sum p_0 q_1}$ (5a) 是派许（Paasche）在1874年提出和使用的。沃尔什把它叫做派氏方法[2]。

60

在下文中会不断出现这两个名字：拉氏公式，公式53（用一号加权法加权的综合指数）；以及派氏公式，公式59（用四号加权法加权的综合指数）。

第十一节 加权综合指数与加权算术指数和加权调和指数的关系

有一个事实是非常有趣的：用基准价值加权的算术平均值（一号加权法，或公式3）化简后，必然会变成拉氏公式（53）——也就是用基准数量加权的综合平均值。而用给定年份价值加权的调和平均值（四号加权法，或公式19）化简后，必然会变成派氏公式（59）——即用给定年份的数量加权的综合平均值。而且，用二号

---

[1] Walsh, *The Measurement of General Exchange Value*, p. 558.

[2] *The Measurement of General Exchange Value*, p. 559.

加权法加权的算术平均值（公式5）可以化简为派氏公式；用三号加权法加权的调和平均值（公式17）可以化简为拉氏公式[①]。

如果**用代数式表示**，要证明上述关系是非常简单的[②]。

从图形上看，从上面的论述可以得出，图9中位于中间的那两条曲线，每一条都有三重含义。它们每一条都同时代表着一个算术指数、一个调和指数和一个综合指数。被标记为3的那条曲线，也可以标记为17和53；被标记为19的那条曲线，也可以标记为5和59。

第十二节　到目前为止我们拥有的公式

于是我们看到，有四种主要的加权方法（一号加权法、二号加权法、三号加权法和四号加权法）可以应用于六种指数中的五种，即算术指数、调和指数、几何指数、中值指数和众数指数；还有两种类似的加权方法（一号加权法和四号加权法）可以应用于第六种指数（综合指数）。现在让我们"检查一下现有的存货"，看看到目前为止我们一共得到了哪些指数。我们可以总结如表5。

有这么多公式，第一眼看去可能只会让我们觉得指数更加混乱和可疑。但是我们会发现区分这些公式的依据。而且，就像上文已经提到的，以及通过观察附录5中的公式会明显看到的，表格中有四个公式只是对其他公式的复制（53＝3＝17；59＝19＝5）。

---

① 同上，pp. 306-307,350,352,511。除了沃尔什说是我首先提出的关系（即公式3和公式53）以外，其他关系都是沃尔什第一个提出的。

② 参见附录1（第3章第十一节的注释）。

表 5　基本公式的编号

加权方法	算术	调和	几何	中值	众数	综合
简单法（或相同权重）	1	11	21	31	41	51
一号加权法。只使用基准年份数据	3	13	23	33	43	53
二号加权法。基准年份的价格 × 给定年份的数量	5	15	25	35	45	
三号加权法。给定年份的价格 × 基准年份的数量	7	17	27	37	47	
四号加权法。只使用给定年份的数据	9	19	29	39	49	59

当然，这个表格中给出的加权方法也不是唯一可以使用的加权方法。在第 8 章中我们会讨论用上面这几种加权方法的平均值或均值构建的加权方法。现在似乎没有其他的建议值得认真关注的了[①]。

---

① 见附录 1（第 3 章第十二节的注释）。

第 4 章　两种主要的倒转检验

第一节　倒转检验概述

我们在上一章的结尾已经提到过，并不是所有的指数都可以同样地被认为能够真实地代表价格的波动情况。它们可能是好的指数、坏的指数、无关紧要的指数，我们接下来的任务就是设立某些标准来区分这些指数。

第 1 章第六节提出了一个基本的问题，就是公平性的问题。对公平性的要求常常被表述为"要换位思考"。这里所说的公平性不是考虑谁的牛被顶伤了这种公平。简而言之，"一个糟糕的规则是不可能对双方产生同样效果的"。这种检验，是用来判断人与人之间的公平性的"金标准"，从某种意义上说，也是判断指数公平性的"金标准"。

一个公平的指数应该对双方产生同样的效果——对任何两个要取平均值的商品，或两个要比较的时点，或两组要计算指数的相关因素（即价格和数量），都应该具有相同的效果。位置改变的规则可以独立应用于以下三组量中的每一组：（a）几种商品；（b）两个时点；（c）两个因素——价格和数量。具体来说，这个位置改变的规则意味着三件独立的事件：任意两种商品互换，两个时点互换，

或价格与数量互换。简言之，我们必须在某种意义上以相同的方式 63
对待：（a）任何两种商品；（b）任何两个时间；（c）两个因素。

第一种检验几乎不会无法通过。本书之所以还要在这里提到这种检验，是为了讨论的完整性，也是为更好地理解后面两种不那么明显的检验提供一个基础。

为了避免混淆，我们将这样区分三种检验：

"基本检验"——商品倒转检验

检验 1——时间倒转检验

检验 2——因素倒转检验

任何一个公平的公式都应该能够通过全部三个检验。关于商品的要求是，商品的**顺序**应该是不会带来影响的——具体来说，任何两种商品都是可以互换的，即它们的顺序**倒转**，不会影响计算出的指数。这个检验非常简单，所以人们从来没有为这种检验发明一个公式。它被认为是理所当然的，是可以直接观察到的。任何对商品取平均值的规则，肯定都能普遍地、可以互换地应用于所有要取平均值的项目。例如，任意地将前面一半商品用算术法取平均值，另一半商品用几何法取平均值，就是不公平的；奇怪地给第 7 种商品赋予权重 7，而给第 10 种商品赋予权重 10，以至于如果将第 7 种商品和第 10 种商品互换就会影响计算结果，也是不公平的①。

---

①　相反，我们也许应该注意另一个思想领域里的平均值的例子，在这个例子中，各项的顺序是不可以互换的。如果德国为战争赔款债务发行了 1,000 亿马克的债券，前 15 年的利息是 10%，接下来 15 年的利息是 6%，第三个 15 年的利息是 3%，那么整个这三段时间的"平均"利率将不是与顺序无关的。例如，如果第一个 15 年的利息是 3%，最后一个 15 年的利息是 10%，那么平均利率就会不一样（见 Irving Fisher, *The Rate of Interest*, New York, 1907, p. 372）。

64　　　上文提到的另外两个检验（我将其称为检验 1 和检验 2），虽然完全可以与基本检验相类比，但是并没有得到那么好的遵守。相反，实际应用中的许多指数都不符合其中的某项检验，而且还没有任何一个指数符合检验 2！

第二节　时间倒转检验

　　　指数这个概念意味着存在一系列商品，同样，它也意味着存在两个时点（或地点）。两个时点中的任何一个都可以被当做"基准"。那么我们选择某一个作为基准会有什么不同吗？肯定**应该没有什么不同**，我们的检验 1 也要求没有什么不同。表述得更充分一点，这个检验要求，**不管用两个点中的哪一个作为基准**，在将一个点与另一个点进行比较时，计算指数的公式都应该给出同一个比例。

　　　或者换句话说，向前计算的指数应该是向后计算的指数的倒数。因此，如果以 1913 年为基准年份，向前计算到 1918 年，我们发现，平均来说，价格翻了一番，那么如果进行反向计算，以 1918 年为基准年份，我们应该发现，1913 年的价格水平是 1918 年的一半。再换一种说法，对于实践操作更有用的表达方法是，前向指数和后向指数相乘应该等于 1。

　　　制定这个规则的合理性有两方面：（1）没有哪个理由只能支持向一个方向进行指数计算，却不能支持向另一个方向计算。（2）这种可倒转性可以应用于任何**个别**的商品。如果糖在 1918 年的成本是 1913 年的两倍，那么它在 1913 年的成本必然是 1918 年的一半。

65　通过类比，我们要求，任何的指数公式，如果我们用它计算出 1918

年的价格水平是 1913 年的两倍,它就应该告诉我们 1913 年的价格
水平是 1918 年的一半。

如果我们考察的不是两个时点,而是两个地点,这种要求会
显得更加公平。前向和后向,时间顺序是不同的,这样的事实可能
让我们产生混淆;我们会在某个瞬间搞不清楚,是否存在某些隐藏
的、但是合乎逻辑的理由,让我们选择两个时点中比较早的那个作
为基准,而不是比较晚的那个。但是在比较两个地点的时候,对于
只能选择两个地点中的某一个作为比较的基准而不能选择另一个,
连这种似是而非的理由都不存在了。

第三节　用数字来举例说明时间倒转检验

但是,常用的大多数指数形式都不符合这条倒转检验!例如,
简单算术平均值就不符合。

我们来用**数字举例**,下面的例子就表明了这一点。假设费城的
面包价格是纽约的两倍(分别为 20 美分一条和 10 美分一条),相反,
纽约的黄油价格是费城的两倍(分别是 60 美分一磅和 30 美分一磅)。
用价比或百分比表示,设纽约的价格是 100%,那么:

面包:　　　　纽约 100%　　　　　　费城 200%

黄油:　　　　纽约 100%　　　　　　费城 50%

费城的简单算术价格指数是 $\dfrac{200+50}{2}$,即 125%,这表明费城
的面包和黄油平均比纽约高 25%。但是如果我们设费城的价格为
100%,那么:

66

面包:	费城 100%	纽约 50%
黄油:	费城 100%	纽约 200%

由此得出 $\frac{50+200}{2}=125\%$，即纽约的价格比费城高 25%。因为不可能每个城市的价格都比另一个城市高 25%，所以计算出这种荒谬结果的公式肯定有什么错误。没有哪个支持这个公式应该以纽约为基准的理由，却不能同样支持应该以费城为基准；我们也找不出哪个支持以两个年份中的一年为基准的理由，却不能同样支持以另一年为基准。

同样，我们假设在 1913 年到 1918 年间面包的价格从每条 10 美分上涨到 15 美分，即价比或百分比从 100 上涨到 150；黄油的价格从每磅 20 美分上涨到 50 美分，即从 100 上涨到 250。那么，1918 年相对于 1913 年为基准的指数为 $\frac{150+250}{2}=200\%$。但是，如果反向比较，以 1918 年为基准年份，我们会发现 1913 年面包的价比为 $66\frac{2}{3}\%$，黄油的价比为 40%。二者的平均值不是检验 1 的规则所要求的 50%，而是 $53\frac{1}{3}\%$。因此，这两个相反的指数的乘积不是检验 1 的规则所要求的 1，或 100%，而是 $200\times53\frac{1}{3}=106\frac{2}{3}\%$，比规则所要求的高了 $6\frac{2}{3}$。

我们再取 1917 年相对于 1913 年的 36 个价比的简单算术平均值，即 175.79%，以及相反的，36 种同样商品 1913 年相对于 1917 年的价比的简单算术平均值，即 63.34%，将这两个值相乘得到的不是 1 或 100%，而是 111.35%。显然，这里存在着 11.35% 的**误差**。

也就是说，通过本身在时间上向前和向后计算来检验，简单算术平 67
均值的误差恰好是 11.35%。这个 11.35% 的误差肯定存在某个来源。
可能是 1917 年相对于 1913 年的指数 175.79% 高了 11.35%，也可能
是 1913 年相对于 1917 年的指数 63.34% 高了 11.35%，还可能是这
两个数字（175.79 和 63.34）要共同分担这个误差，分担的份额可
能相同也可能不同。我们无法知道答案。我们知道的是，175.79 和
63.34 这两个数字不可能同时是准确的，它们之间的总误差，或叫
净联合误（net joint error），恰好等于 11.35%。

同样，我们会发现，36 种商品的简单算术指数表明，当以
1914 年为基准时，1915 年的价格水平比 1914 年高 $1\frac{2}{3}$%；而反过来，
当以 1915 年为基准时，1914 年的价格水平比 1915 年高 $\frac{1}{2}$%。换句
话说，这就是一个实际的例子，用算术指数代表的每一年的价格都
比另一年高！

简单调和指数也无法通过检验 1 的检测。

另一方面，简单几何指数符合检验 1 的要求。用简单几何指数
计算，1917 年相对于 1913 年的指数是 166.65%，而 1913 年相对于
1917 年的指数是 60.01%，二者的乘积恰好是 100%。对此的一般性
证明将在第 6 章推导。

当然，通过了检验 1（时间倒转检验）并不能证明几何指数就
是正确的。它只能表明，当在时间上反向应用时，简单几何指数是
自洽的。有可能两个数字都有误差，但是它们的误差在相乘的时候
互相抵消了，所以乘积没有净误差或净联合误。我们能够确定的就 68
是，我们**知道**简单算术指数无法给出真相，而我们还没抓住简单几

何指数说谎的证据。我们还必须等到用检验2对它进行检测之后才能得出结论。

简单中值指数、众数指数和综合指数都满足检验1的要求。对此的一般性证明将在第6章推导。但是上文已经描述过的加权指数都不满足检验1的要求。因此，到目前为止介绍的28种指数中，只有四种满足检验1的要求。

第四节　用图像说明时间倒转检验

我们已经看到，向前计算的指数应该是向后计算的指数的倒数。这种协调的关系在我们的图中表现为平行线。但是对于算术平均值来说，两条线不是平行的；也就是说，后向的算术平均值不是前向的算术平均值的倒数。

从图形来看，图11P和图11Q说明了这种情况。这两个图与图3P和图3Q一样，给出了从1917年到1918年36种个别商品的价格（和36个数量）的分散情况。在表示从1918年到1917年的反向分散的时候，为了不让这两组射线互相干扰，也为了更简单，我们让它们与向前的射线从**同一点**出发，只不过方向是向左的，而不是向右的。因此，我们实际上是有两个独立的图；在右边的图中，公共点代表的是1917年，而在左边的图中公共点代表的是1918年。

现在，由于我们绘图时使用的是比例法，所以任何一种个别商品向后的线必然与同一种商品向前的线在同一个直线上，所以左侧的这组射线就是右侧这组射线向后的延长线。

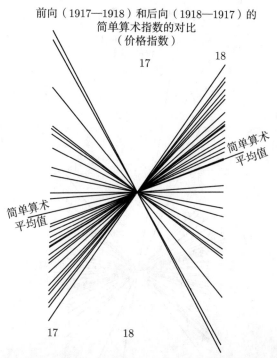

前向（1917—1918）和后向（1918—1917）的
简单算术指数的对比
（价格指数）

图 11P　每条向前的线都代表一种商品在 1917—1918 年的价格变化，这些线向后的延长线代表从 1918 年到 1917 年的变化，它是前者的倒数。但是，这两组线各自构成的扇形的简单算术平均值不是彼此的延长线

但是（需要注意的一点是），虽然**分别来看**，这 36 个价格向前和向后的线都是互为延长线的关系，但是代表它们的算术平均值（算术指数）的两条方向相反的线**不是**互为延长线。两条深色的长线分别代表了前向和后向的算术指数；向前的算术指数表明，从 1917 年到 1918 年，价格从 100 上升到了 110.11，而向后的算术指数却表明，从 1918 年到 1917 年，价格仅从 100 降低到了 94.46。这两条线在原点（公共点）那里发生了弯折，肯定有一端甚至两端的数值太高了。这种过高的倾向是算术指数的一个特点。

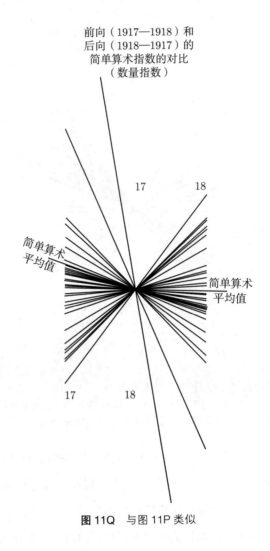

前向（1917—1918）和
后向（1918—1917）的
简单算术指数的对比
（数量指数）

图 11Q　与图 11P 类似

第五节　用代数式表达时间倒转检验

如果**用代数式表示**，可以用下面的一般性表达式来表达检验

1（时间倒转检验）。我们设两个日期（或两个地点）分别为 0 和 1，设 P_{01} 为**向前**的价格指数，即日期 1 相对于日期 0 为基准的指数。那么 P_{10} 就是**向后**的指数，即日期 0 相对于日期 1 为基准的指数。确定了这样的标记后，我们就可以用代数式将检验 1 表示为：$P_{01} \times P_{10}$ 应该等于 1。这与以下说法是同一个意思：P_{01} 的公式必须满足如下条件，如果下标 0 和 1 互换，新公式的计算结果必须是原来公式计算结果的倒数。

如果从代数表达式看，可以很明显地发现简单算术指数无法通过检验 1。如果我们以标志为 "0" 的年份为基准，则年份 "1" 的简单算术指数为

$$\frac{\sum\left(\dfrac{p_1}{p_0}\right)}{n},$$

相反，如果我们进行反向比较，以年份 "1" 为基准（也就是将角标互换），则年份 "0" 的简单算术指数为

$$\frac{\sum\left(\dfrac{p_0}{p_1}\right)}{n}.$$

这两个表达式与检验 1 不一致，相互之间不是倒数关系。也就是说，它们的形式不能使它们的乘积必然是 1。 72

第六节　因素倒转检验

因素倒转检验与时间倒转检验类似。我们的公式应该允许两个时间互换而不会得出相互矛盾的结果，同样，它也应该允许价格和

数量互换而不会给出相互矛盾的结果，即两个结果相乘应该等于真正的价值比例。

只要存在任何东西的交易价格，就意味着存在它的交易**数量**，或生产数量、消费数量，或涉及的其他方面的数量，所以**价格**指数的问题就意味着**数量**指数相对应的问题。因此，某种商品的批发**价格**指数与这种商品的批发销售**数量**指数是并肩而行的。同样，我们会发现在纽约证券交易所交易的工业股票价格指数和数量指数是一对儿；工资指数与以这个工资提供的劳动数量指数是一对儿；贷款折现率指数与以这个折现率提供的贷款金额指数是一对儿。

第七节   用因素倒转检验简单算术指数

在目前讨论过的 28 个公式中，没有一个能通过检验 2！

我们先**用数字来举例**。以公式 1 简单算术指数为例，因为它足够简单，又可以让我们进行详细的讨论。假设培根在 1918 年的价格是 1913 年的两倍，橡胶在 1918 年的价格与 1913 年的价格相同；再假设培根在 1918 年的**销售数量**是 1913 年的一半，橡胶在这两年的销售数量相同。显然，1918 年销售的培根的**价值**与 1913 年相同（因为以两倍的价格销售出了一半数量的培根），同样，橡胶的销售价值也保持不变（因为它的价格和数量都保持不变）。因此，两种商品的总价值也保持不变。（在这个例子中是这样）一个好的价格指数乘以这两种商品对应的数量指数应该等于 100%。

让我们在头脑中记着这个数字，然后对价格和数量取简单算术平均值，来检验简单算术平均法是否能通过检验 2。利用简单算术平均值的公式，1918 年相对于 1913 年的价格指数为

$$\frac{200+100}{2}\% = 150\%,$$

数量指数为

$$\frac{50+100}{2}\% = 75\%。$$

将这两个结果相乘等于 $112\frac{1}{2}\%$，而不是真正的价值比例 100%。这里有 $12\frac{1}{2}\%$ 的误差，它可能存在于价格指数里，也可能存在于销售指数里，还有可能是价格指数和销售指数共同承担这个误差。

同样，假设面包的价格翻了两倍，数量翻了三倍，所以价值一共翻了六倍；黄油的价格翻了三倍，数量翻了两倍，价值也翻了六倍；那么它们的总价值肯定也是翻了六倍。但是简单算术指数给出的结果是，面包和黄油的价格增长是 $\frac{2+3}{2}$，即 $2\frac{1}{2}$ 倍；数量增长是 $\frac{3+2}{2}$，也是 $2\frac{1}{2}$ 倍。因此它们的价值增长了 $2\frac{1}{2}\times 2\frac{1}{2}$ 倍，即 $6\frac{1}{4}$ 倍，而不是真正的数值 6 倍。

与价格指数或数量指数不同，**价值**的比例不是估计的，而是一个事实。关于它没有什么模糊不清的地方，也不会像指数那样，因为使用不同的方法计算它而产生什么问题。因此，在 1913 年，销售的培根的价值等于它的价格 12.36 美分每磅，乘以它的销售数量 1,077 百万磅，即 133 百万美元。用同样的方法可以计算出销售的

大麦的价值等于 62.63 美分每蒲式耳 ×178.2 百万蒲式耳 =112 百万美元，还可以用同样的方法计算出另外 34 种商品的价值。这 36 种产品的总价值，即 1913 年的综合价值（$\sum p_0 q_0$）是 13,104.818 百万美元，不可能是任何别的数值。同样，对于后面的年份，1918 年，综合价值（$\sum p_5 q_5$）是 29,186.105 百万美元，也不可能是其他数值。因此，1918 年的总价值与 1913 年的总价值之比为 $\dfrac{29,186}{13,105}$，即 222.71%，不可能是其他数值。关于价值比例的完整表格如下：

表 6　36 种商品在 1913—1918 年的价值比例

年份	价值比例
1913	100.00
1914	99.45
1915	108.98
1916	135.75
1917	192.23
1918	222.71

如果我们愿意的话，可以把它们叫做总价值或综合价值的"指数"。但是，虽然我们可以用许多种不同的方法计算价格指数或数量指数，可以在本书中讨论每一种方法的相对优势，但是价值的"指数"是确定无疑的和无可置疑的。因此，它们这些真实的数值构成了一块固定不动的"巨石"，我们可以依据它们来估计不同的价格指数和数量指数的漂流路线。那么我们面临的问题就是找到一种指数形式，它可以同样应用于价格和数量，并能够将任何价值比例正确地分解为价格指数和数量指数两个因子。

　　因此，我们可以绝对肯定地说，1918 年的总价值是 1913 年的总价值的 223%。但是如果我们问，从 100 增加到 223 的过程中，有多少增加体现为价格的增加，多少增加体现为数量的增加，就要进入到指数这片泥潭之中。我们想找到一个公式，当它应用于价格时，能够真正衡量出价格的增长；而应用于数量时，能够真正衡量数量的增长。而且，用这个公式计算出的两个结果是相协调的，结果的乘积等于检验 2 所要求的 223%。

　　检验 2 的合理性来自于两个方面：（1）没有哪个理由能够支持两个因素中的一个使用某个给定的公式，却不能支持另一个因素使用这个公式；（2）每**对个别的价格**和数量比例都具有这样的可倒转性，所以从逻辑上来说，用来代表价格和数量比例集合的指数也应该具有这样的可倒转性。

　　我们知道，如果面包在 1918 年的价格是 1913 年的两倍，在 1918 年的销售数量是 1913 年的三倍，那么面包在 1918 年的销售总价值就是 1913 年的六倍。以此类推，我们可以合理地推测，当指数代表的是价格时，平均来说，它应该是两倍，而数量指数应该是三倍，所以六倍可以正确的代表总价值的增长。

76

　　如果**用代数式表示**，检验 2 可以表示为

$$P_{01} \times Q_{01} = \frac{\sum p_1 q_1}{\sum p_0 q_0} = V_{01} \,。$$

第八节　用图形说明因素倒转

　　从图形上看，图 12 显示了符合检验 2 的指数的关系。它说明

了下文将讨论的某个指数（公式 353）如何满足检验 2。当将这个
公式应用于 36 种商品的价格时，可以得到 1918 年相对于 1913 年作
为基准的指数为 178%，当它应用于这些商品的数量时，得到的指
77　数为 125%；这两个数字相乘将正确地给出真实的价值比例 223%，
和表 6 中得到的结果相同。

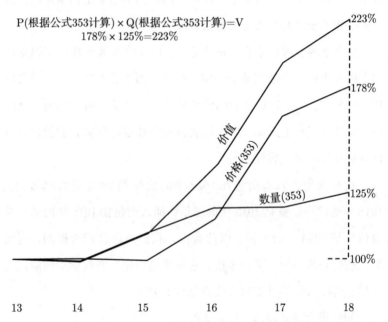

P(根据公式353计算) × Q(根据公式353计算)=V
178% × 125%=223%

图 12　用同一个公式（公式 353）计算出的价格指数 P 和数量指数 Q 的乘积，
等于正确的"价值比例" V（因此，在这个比例图中，在图中标记为 223 的
点超过原点 100% 的总高度，等于标记为 125 和 178 的两个点超过原点的高
度之和）。

　　另一方面，图 13 表明用公式 9 计算的指数是不正确的。公式
9 计算的是加权算术平均值，其中权重为给定年份或当前年份的
价值。

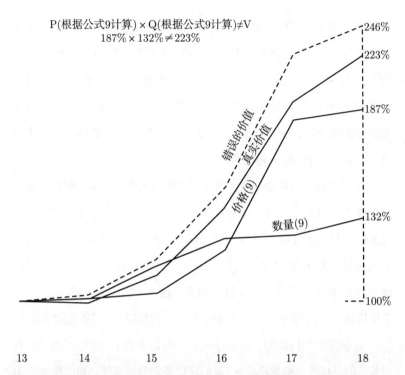

P(根据公式9计算) × Q(根据公式9计算)≠V
187% × 132%≠223%

图 13　与图 12 类似，只不过两个指数的乘积不像应该的那样等于价值比例。虚线代表的是乘积，超过了真实价值一个百分比，这个百分比代表了两个指数（价格指数和数量指数）的联合误。

第九节　因素倒转检验将揭示出一个联合误

在讨论检验 1 时，我们考察了所有类型的指数，观察向前计算的指数与向后计算的指数的乘积与 1 相差多远。同样，在讨论检验 2 时，我们也会考察**价格比例**（价格指数）与对应的**数量比例**（数量指数）的乘积与**价值比例**相差多远。

为了说明这种误差可能有多大，我们将再次借助前面用到的 36

种商品。我们知道，1917 年这 36 种商品的总价值为 25,191,000,000
美元，1913 年的总价值为 13,105,000,000 美元，所以真正的价值比
例就是这两个数字之比，即 192.23%。但是 1917 年相对于 1913 年
的简单算术价格指数（公式 1）是 175.79%，相对应的同一个日期
的数量指数是 125.84%。这两个数字的乘积是 221.21%，比真实的
价值比例（192.23%）高出了 15.08%。

这个指标可以精确地衡量两个算术指数与真实情况对照时表现出
的相互不一致程度。因此，简单算术法又一次显得自己很愚蠢。这里
有来自于某个地方的 15.08% 的联合误，就像在进行检验 1 时我们发现
了来自某个地方的 11.35% 的误差一样。而且和前面一样，我们无法
确切地指出这个误差来自于什么地方。这个 15.08% 的误差可以来自
于价格指数，也可能来自于数量指数，还可能应该由二者共同承担。

至于简单几何指数，我们还记得，根据检验 1，我们不能说它有
误差；但是现在，根据检验 2，我们可以说它有误差了。1917 年相对于
1913 年的价格简单几何指数是 166.65%，数量简单几何指数是 118.75%，
二者的乘积是 197.90（而不是它本应该的 192.23），高了 2.95%。

通过这种方式，根据检验 2，按照目前的构造形式，我们可以
判定我们表格中的每一对价格和数量指数都有一定程度的误差。当
然，有些公式比另一些公式更接近于符合检验 2。在目前列出的
公式中，联合误最小的是公式 53。根据这个公式，1917 年相对于
1913 年的价格指数是 162.07%，数量指数是 119.36%，二者的乘积
是 193.45%，仅比检验 2 所要求的 192.23% 高 0.6%。顺便说一句，
我们会注意到 53P 与 53Q 的联合误，与我们通过检验 1 发现的 53P
与 59P 的联合误一样，也与 53Q 和 59Q 的联合误一样。

第十节　将因素倒转检验与另外两种
倒转检验类比

用代数式表达，要了解不同的可倒转性，最好的方法就是以某个特定的公式做例子。本书以公式 53（拉氏公式）为例。对于前向价格指数，公式 53 可表示为

$$\frac{\sum p_1 q_0}{\sum p_0 q_0}。$$

对于后向价格指数，同样的公式 53 就变为

$$\frac{\sum p_0 q_1}{\sum p_1 q_1},$$

其中"0"和"1"倒转了，或者说互换了。上面两个公式 53 的应用是完全相同的，只不过一个在时间上是向前的，另一个是向后的，每一个都是**价格**指数。

接下来，我们仍然先讨论

$$\frac{\sum p_1 q_0}{\sum p_0 q_0},$$

对于这个前向价格指数，我们这次互换或倒转的不是"0"和"1"，而是"p"和"q"。这样我们将得到

$$\frac{\sum q_1 p_0}{\sum q_0 p_0}。$$

公式 53 的这两个应用也是完全相同的，只不过一个价格指数，另一个是**数量**指数，每一个都是**前向**指数。 80

因此，两个检验唯一的区别就是，例如，以应用于前向价格指数的公式 53 为起点，

$$\frac{\sum p_1 q_0}{\sum p_0 q_0},$$

对于检验 1，我们将公式中的每个 "0" 擦掉，写上 "1"；反过来，把公式中的 "1" 擦掉，写上 "0"。而对于检验 2，我们是把公式中的每个 "p" 擦掉，写上 "q"；反过来，把公式中的 "q" 擦掉，写上 "p"。

检验 1 告诉我们，将指定的符号倒转后，得到的新公式乘以原来的公式应该等于 1，即

$$\frac{\sum p_1 q_0}{\sum p_0 q_0} \times \frac{\sum p_0 q_1}{\sum p_1 q_1} = 1 \text{。}$$

检验 2 告诉我们，将指定的符号倒转后，得到的新公式乘以原来的公式应该等于价值比例，即

$$\frac{\sum p_1 q_0}{\sum p_0 q_0} \times \frac{\sum q_1 p_0}{\sum q_0 p_0} = \frac{\sum p_1 q_1}{\sum p_0 q_0} \text{。}$$

对于这个特定的公式（53），这两个等式都不成立，所以这两个检验都没有通过。

虽然我们现在讨论的是用代数式表示检验 1 和检验 2，但是我们也可以用代数式表示 "基本检验"，即关于任意两种商品的互换或倒转。我们还是先来看

$$\frac{\sum p_1 q_0}{\sum p_0 q_0}, \quad \text{即} \quad \frac{p_1 q_0 + p_1' q_0' + p_1'' q_0'' + \cdots}{p_0 q_0 + p_0' q_0' + p_0'' q_0'' + \cdots},$$

但是这次我们要倒转的不是 "0" 和 "1"，也不是 "p" 和 "q"，而是 "′" 和 "″"（或任何两个代表两种不同商品的上标）。

也就是，我们将公式中的每个 "'" 擦掉，写上 "''"；反过来，81
把公式中的 "''" 擦掉，写上 "'"。结果为

$$\frac{p_1 q_0 + p_1'' q_0'' + p_1' q_0' + \cdots}{p_0 q_0 + p_0'' q_0'' + p_0' q_0' + \cdots},$$

这个新的公式与原来的公式完全一样（只不过表达形式不同），就和 "基本检验" 即商品倒转检验要求的一样[①]。

因此，商品倒转检验、时间倒转检验和因素倒转检验都要求，公式中的符号可以被改变，而不会得出相矛盾的结果。对于商品倒转检验来说，可以倒转的符号是表示商品的符号，是任意两个上标，比如 "'" 和 "''"；对于时间倒转检验来说，可以倒转的符号是两个表示时间的符号，是 "0" 和 "1" 这两个下标；对于因素倒转检验来说，可以倒转的符号是两个表示因素的符号，是 "p" 和 "q" 这两个字母。"不改变结果" 的可倒转性意味着，这种倒转导致的结果是适当的。对于商品倒转来说，新的公式和原来的公式应该是一样的；对于时间倒转来说，新的公式和原来的公式应该互为倒数；对于因素倒转来说，新的公式和原来的公式应该恰好是价值比例的两个 "因数"。

这三种检验是**唯一**可以进行的倒转检验，因为指数的任何公式都恰好包含三组符号——字母、上标和下标。这三个倒转检验（基本检验、检验 1 和检验 2）仅要求，当构成公式的三组符号中的某一组发生倒转时，不会得到相矛盾的结果。

这些可倒转性要求不仅是纯形式的和数学的，它们显然有非常广泛的应用。只要我们有用 "'"、"''" 和 "'''" 这样的上标相区分 82

[①]　本书提到的所有公式都能通过这个检验。如果读者想找到一种无法通过这个检验的情况，可以将某个加号换成减号。也可以参见本章的第一节。

的几个项目，有两个时间、两个地点或其他可以用"0"和"1"等下标相区分的分组，有两个可以用"p"和"q"这样的字母相区分的两个量，那么与我们刚才举的例子相类比，就可以将这三个检验应用于任何指数——批发价格、零售价格、工资、利率、产量和许多其他指标[1]。

第十一节　历史

检验 1，时间倒转检验，似乎是由皮尔森教授于 1896 年首先使用的[2]。沃尔什在 1901 年[3]，我本人在 1911 年[4]都认可了这个检验的重要性，其他许多学者也认可了这一点。

和检验 1 不同，到目前为止[5]，检验 2 都被完全忽视了，这可能是因为人们很少，甚至几乎没有，在计算价格指数时同步计算与其相关的**数量**指数。而且，对三种倒转的类比很自然地落在了人们的关注之外，因为大多数使用指数的人都是用具体的项目来思考的，而不是用代数式来思考的；他们头脑中对时间倒转的印象只是来自于日历，而没有将时间倒转过程符号化地表达为公式中的"0"和"1"互换，也没有看到这样表达的好处。

---

①　见附录 1（第 4 章第十节的注释）。

②　*Economic Journal*, Vol. VI, March, 1896, p. 128.

③　*Measurement of General Exchange Value*, pp. 324–332, 368–369, 389–390.

④　*Purchasing Power of Money*, p. 401.

⑤　这个检验第一次以公式的形式表达出来是在 1920 年 12 月发表的论文里，本书就是由那篇论文扩展而来。这篇论文的摘要是 "The Best Form of Index Number"，见 *Quarterly Publication of the American Statistical Association*, March, 1921。

第5章 有误差的、有偏差的和怪异的指数

第一节 指数间的联合误

我们已经考察了两种主要的倒转检验：（1）前向指数和后向指数的乘积应该等于1；（2）价格指数和数量指数的乘积应该等于价值比例。如果前一个乘积不等于1，则它与1的离差是前向和后向指数的联合误；同样，如果后一个乘积不等于价值比例，则它与价值比例的离差是价格指数与数量指数的联合误。

表7和表8各对应一种检验，并显示了28个公式的联合误。例如，取1913年和1917年之间的价格指数和数量指数。对于检验1，显示的是用任何一个给定的公式计算的 **1917 年相对于1913 年**的指数与 **1913 年对于 1917 年**的指数的联合误；对于检验2，显示的是用任何一个给定的公式计算的**价格指数**与**数量指数**的联合误。

表 7　向前和向后应用每个公式（即检验 1）形成的联合误
（价格指数）

举例：第一个数字，+1.19，是用以下过程计算得出的：前向指数 × 后向指
数（都用公式 1 计算）=96.32%×105.06%=101.19%，与实际值 100% 相比，
得到 +1.19% 的误差。

公式编号	1914（%）	1915（%）	1916（%）	1917（%）	1918（%）
1	+1.19	+2.56	+3.83	+11.34	+8.68
3	−0.39	−0.43	−0.24	+0.63	+0.25
5	+0.39	+0.43	+0.24	−0.63	−0.25
7	+0.90	+3.73	+6.08	+24.53	+12.07
9	+1.68	+4.59	+6.56	+22.78	+11.03
11	−1.17	−2.50	−3.69	−10.19	−7.99
13	−1.65	−4.39	−6.15	−18.55	−9.93
15	−0.90	−3.60	−5.73	−19.70	−10.77
17	−0.39	−0.43	−0.24	+0.63	+0.25
19	+0.39	+0.43	+0.24	−0.63	−0.25
21	0.	0.	0.	0.	0.
23	−1.01	−2.42	−4.14	−9.60	−4.99
25	−0.26	−1.59	−2.80	−10.75	−5.53
27	+0.26	+1.62	+2.88	+12.05	+5.85
29	+1.02	+2.48	+4.32	+10.62	+5.26
31	0.	0.	0.	0.	0.
33	−0.41	−0.58	−1.75	−4.71	−5.04
35	−0.13	−0.24	−1.29	−2.23	−10.15
37	+0.13	+0.24	+1.30	+2.29	+11.30
39	+0.41	+0.58	+1.78	+4.95	+5.31
41	0.	0.	0.	0.	0.
43	0.±	0.±	0.±	0.±	0.±
45	0.±	0.±	0.±	0.±	0.±
47	0.±	0.±	0.±	0.±	0.±
49	0.±	0.±	0.±	0.±	0.±
51	0.	0.	0.	0.	0.
53	−0.39	−0.43	−0.24	+0.63	+0.25
59	+0.39	+0.43	+0.24	−0.63	−0.25

表 8　用每个公式计算价格指数和数量指数（即检验 2）形成的联合误
（前向指数）

举例：第一个数字，-3.85，是用以下过程计算得出的：价格指数 × 数量指数
（都用公式 1 计算）=96.32%×99.27%=95.617%，与实际的价值比例 99.45%
相比，得出误差是实际值 99.45 的 -3.85%。

公式编号	1914（%）	1915（%）	1916（%）	1917（%）	1918（%）
1	−3.85	+2.19	+12.73	+15.08	+5.40
3	−0.39	−0.43	−0.24	+0.63	+0.25
5	+0.39	+0.43	+0.24	−0.63	−0.25
7	+1.55	+4.53	+5.67	+18.44	+11.92
9	+2.26	+5.53	+6.47	+16.62	+10.58
11	−8.01	−5.66	+3.27	−8.27	−29.50
13	−2.51	−4.46	−4.96	−12.58	−11.18
15	−1.67	−3.80	−4.81	−14.02	−11.90
17	−0.39	−0.43	−0.24	+0.63	+0.25
19	+0.39	+0.43	+0.24	−0.63	−0.25
21	−5.84	−1.86	+7.79	+2.95	−7.22
23	−1.40	−2.57	−3.62	−6.53	−5.22
25	−0.61	−1.79	−2.46	−7.81	−5.61
27	+0.60	+1.87	+2.51	+8.74	+5.91
29	+1.35	+2.81	+3.19	+7.40	+5.08
31	−0.66	−3.55	+2.41	+1.02	+4.02
33	−0.85	−5.04	−8.85	−5.69	−7.05
35	−0.49	−4.42	−8.72	−3.21	−7.15
37	+0.04	−2.37	−6.83	+3.80	+4.74
39	+0.23	−1.78	−6.65	+2.46	−1.23
41	−5.77	−9.26	−13.60	−19.16	+3.83
43	−1.94	−5.66	−18.18	−16.33	−6.67
45	−1.94	−5.66	−18.18	−16.33	−6.67
47	−1.94	−5.66	−18.18	−16.33	−6.67
49	−1.94	−5.66	−18.18	−16.33	−6.67
51	−1.28	−0.92	−5.98	−7.41	+4.61
53	−0.39	−0.43	−0.24	+0.63	+0.25
59	+0.39	+0.43	+0.24	−0.63	−0.25

　　我们可以看到，联合误在 0 到 30%（公式 11，1918 年，检验 2）之间；公式 7、9、13、15 有很大的联合误，而公式 3、5、17、19、53、59 是联合误最小的。在 28 个公式中，没有一个公式能完全避免这种或那种联合误，只有四个公式（21、31、41 和 51）能够避免两种误差中的一种。这四个公式都能通过检验 1。（每个加权众数公式 43、45、47、49，在检验 1 中的联合误都非常小，无法用我们现在使用的粗略的计算方法衡量出来。）换句话说，就像这两个检验所揭示的那样，这些公式中的每一个肯定都是有误差的；当然，它们的误差可能比这两个检验所揭示出来的更大，因为我们计算联合误的两个指数，可能有两个程度很大但是可以互相抵消的误差，而它们的净效果表现为一个比较小的联合误。我们会发现为什么我们相信对于众数来说尤其如此。

第二节　在检验 1 下，算术型公式和调和型公式所固有的偏差

　　但是，在很多情况下，我们不仅可以确定一个公式在检验 1 的测试下是有误差的，还可以确定它在检验 1 的测试下是有独特的**偏差**的，即具有可预测的**在某个特定的方向**上出现误差的倾向。根据检验 1，有四个公式能够通过检验（21、31、41、51）；有六个公式（如果去掉相互重复的公式，就是两个公式）仅仅是有误差的（3、5、17、19、53、59）；还有 18 个公式是有偏差的。在这 18 个公式中，有 9 个具有**向上的**偏差：1、7、9、27、29、37、39、47、49，还有 9 个具有**向下的**偏差：11、13、15、23、25、33、35、43、45。

上述所有可证明的偏差都是针对检验 1 的。让我们首先从公式 1 开始讨论。可以证明，前向和后向应用这个公式，得到的结果的乘积不是检验 1 所要求的 1，而必然总是大于 1。

从数字举例来看，在任何给定的情况下都是如此，只要稍微试一下就知道了。因此，假设两种商品前向的价格比例分别是 100% 和 200%，那么后向的价格比例就分别是 100% 和 50%。我们会发现

$$\frac{(100+200)}{2} \times \frac{(100+50)}{2}$$

大于 1。它等于 150% × 75%，即 113%，比 1 大 13%。

用代数式表示，附录 1 给出了"前向算术指数乘以后向算术指数必然总是大于 1"的证明过程[①]。

因此，公式 1，简单算术平均值，**必然有一个正的联合误**。我们无法进一步指出，在任何给定的情况下，这个误差有多少来自于它的**前向**形式，有多少来自于它的**后向**形式，因为我们任何理由说一种形式的误差超过另一种形式；但是我们有理由认为这两种形式的误差是同等的。我们因此而假设的每一种形式应该在总的必然存在的误差中所承担的份额，叫做这种形式的"偏差"（bias）。在表 7 中，利用公式 1 计算的 36 种商品在 1917 年的价格指数偏差，是 11.34% 的一半，也就是 $5\frac{1}{2}$% 左右[②]。也就是说，算术平均值表现出了一种夸大的**内在倾向**，一种"偏差"，所以在我们上文提到的那

---

① 见附录 1（第五章第二节的注释）。

② 有数学背景的读者可能更愿意把这个相等的份额计算得更加精确一些，也就是使用相等的比例，而不是相等的数值（即使用 $\sqrt{1.1134}-1$）。但是当然，计算结果是近似于相等的。

个例子中，它得出的结果可能高了 $5\frac{1}{2}\%$ 左右。

不管使用什么样的加权方法，算术平均值的这种内在倾向总是存在的。只要前向和后向的计算使用同样的权重，前向和后向的算术指数的乘积就会大于1。上文提到的附录[①]中的推理过程，可以同样应用于简单算术指数和加权算术指数。通过类似的推理过程可以发现，无论是否经过任何特定的加权，调和指数都具有向下的内在偏差。也就是说，前向和后向的调和指数相乘之后，得到的结果必然总是小于1。其联合误就是1与前向调和指数和后向调和指数的乘积之间的差值。

从图形来看，算术偏差和调和偏差之间的密切关系（二者实际上是相等的）可以从图 14P 和图 14Q 中清楚地看出来，而这两个图是根据图 11 得出的。图中的虚线代表的是后向简单算术指数，将这条虚线调转方向，得到的是这个指数的倒数。但是这个倒数恰好等于前向简单调和指数。因此，这个图表明，前向算术指数和后向算术指数不是彼此的延长线（上文已经指出过这一点），这与前向算术指数和前向调和指数彼此不相互**重合**，说的是同一件事情。使用调和指数使我们可以放弃所有后向的线，而只需要对比前向的线。因此，上文曾经将算术指数的联合误（即前向与后向的算术指数的乘积与1的差值）在图中表示为两条本应该是彼此延长线的线却出现了弯曲，现在则可以将这个联合误表示为两条本应该重合的前向直线之间有一个夹角。这个差异的一半代表算术指数的向上偏差，另一半代表调和指数的向下偏差。

---

① 见附录 1（第 5 章第二节的注释）。

公式1的类型偏差
（价格指数）

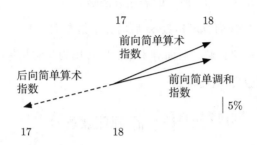

图14P　将前向简单调和指数用和后向简单算术指数一样的方法倒转，偏差就是右侧的缺口的一半。

公式1的类型偏差
（数量指数）

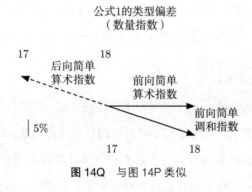

图14Q　与图14P类似

第三节　可以用积或商表示的联合误

　　因此，不管是算术指数的联合误还是调和指数的联合误，都可以用两种方式表示。原来的表达方式是1与前向算术指数和**后向算术指数的积**之间的差值。新的表达方式是1与前向算术指数除以**前向调和指数的商**之间的差值，我们已经说过，前向调和指数是后向

算术指数的倒数。这两种表达联合误的方式都非常重要，需要用数学公式表达出来。即，原来的表达方法是

前向算术指数 × 后向算术指数大于 1。

但是我们可以将"后向算术指数"替换为与它相等的"前向调和指数的倒数"，从而得到

$$前向算术指数 \times \frac{1}{前向调和指数} 大于 1。$$

或者更简洁地表示为

$$\frac{前向算术指数}{前向调和指数} 大于 1。$$

类似地，调和指数的联合误也可以表达为两种方式，即

前向调和指数 × 后向调和指数小于 1，

$$或 \frac{前向调和指数}{前向算术指数} 小于 1。$$

新的表达方式，或者说用商来表达的方式，是在所有的情况下都更方便的方式，它使我们不必再使用任何后向指数。

90　　但是，虽然商的形式更容易处理，其计算和制图也方便得多，但是积的形式能够更加有说服力地证明偏差的存在。如果只提及商的形式，那么我们将向上的偏差归因于算术指数、将向下的偏差归因于调和指数的唯一理由，就是前者比后者大，这显然是非常草率的。但是我们的论据其实深入得多。我们的论据不仅是两个指数中的一个比另一个大。重点在于，调和指数本质上就是一个后向算术指数。我们把向上的偏差归因于算术指数，唯一的根据是算术指数本身的表现——因为前向算术指数乘以后向算术指数总是大于 1。在用**积**表达的形式中，推理过程不需要引入调和指数或者算术平均

值以外的其他任何形式的平均值。哪怕我们从来没听说过算术平均值以外的其他任何平均值，仍然能够根据算术指数本身判定它的误差。当然，同样的论证也适用于调和指数，而不需要引入算术平均值。简言之，调和指数其实是一个隐藏的算术指数，非常容易消失，让位于算术指数。

第四节　类型偏差的图形概述

从图形来看，图 15P 和 15Q 对比了三种基本的指数类型。每个图中都有五组曲线，每一组都是从一个单独的起点出发的：一组（最上面的那一组）代表了简单指数，另外四组分别代表在四种不同加权方法下得到的指数。每组曲线都包含全部三种指数类型，所以整个图一共反映了 15 个公式。我们可以从每一组曲线中看到，几何指数总是位于算术指数和调和指数的中间；无论用环比法得到的指数（用圆点表示），还是用固定基准法得到的指数（用曲线本身表示），这个结论都成立。在每一种情况下，算术指数的向上偏差和调和指数的向下偏差都显示得非常清楚。每组内部的三条曲线都使用相同的加权方法：1、11、21 采用简单加权法；3、13、23 采用一号加权法；5、15、25 采用二号加权法；7、17、27 采用三号加权法；9、19、29 采用四号加权法。每组内部的三条曲线的唯一区别就是指数的类型，而且在每一种情况下，算术指数总是最高的，调和指数总是最低的。在每一种情况下，算术指数和调和指数之间都存在着巨大的缺口，这个缺口代表着它们的联合误（用商的形式表达），所以衡量了算术指数的向上偏差和调和指数的向下偏差。

91

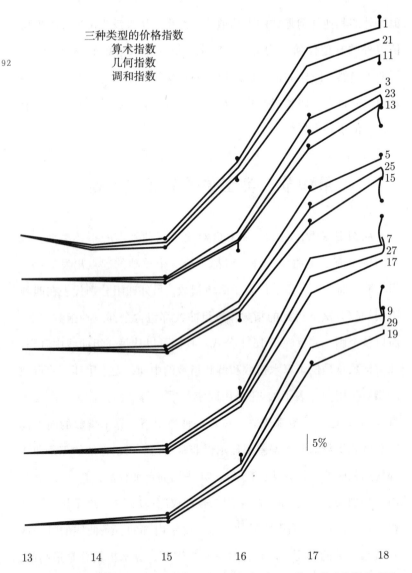

图 15P 不管用固定基准法还是环比法，几何指数总是位于算术指数和调和指数中间。为了避免混淆，我们将五组曲线分离开了，实际上构成了五个不同的图。每一组中的算术指数与调和指数与它们的中点之间的缺口，构成了它们各自的类型偏差

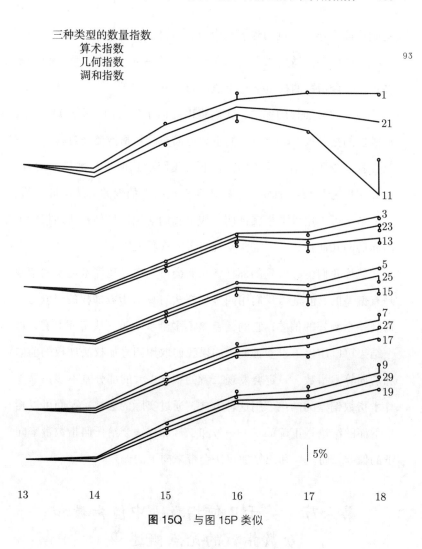

三种类型的数量指数
算术指数
几何指数
调和指数

93

图 15Q　与图 15P 类似

第五节　加权中的偏差

　　刚才描述的偏差是算术平均值和调和平均值这两种平均值**类型**所固有的。但是还有一种偏差是使用的**加权方法**所固有的，会影响到目前为止介绍过的除了综合公式以外的所有加权的公式。也就是说，加权偏差适用于任何用价值加权的指数。当然，我们已经解释过，综合指数的权重不是价值，而只是数量。

为了解释加权的偏差，我们将以几何指数为例。我们知道，几何**类型**的指数没有偏差，我们也记得**简单**几何指数能通过检验1(它只在检验2下是有误差的)。但是当我们给几何指数**加权**的时候，比如用四号加权法加权，立刻就会发现向上的偏差。从实证上看，这个结果可以用以下事实证明，如果我们取用四号加权法加权的前向和后向几何指数，一定会发现二者的乘积大于1。

就像我们已经看到的那样，我们会再一次发现算术类型的指数是有偏差的。但是当我们用四号加权法对算术指数**加权**的时候，会得到一个额外的偏差；它的偏差差不多翻了一番。从实证上看，这个结果可以用以下事实证明，如果我们取用四号加权法加权的前向和后向算术指数，一定会发现二者的积比1大的部分差不多是简单算术指数偏差的两倍。用这种方式，通过实际的尝试，我们可以相信下面的结论是正确的——一号和二号加权法会给任何指数带来向下的偏差，而三号和四号加权法会带来向上的偏差。

第六节　关于几何指数、中值指数和众数指数的论点概述 ①

除了这种实证的证据以外，也可以通过逻辑推理证明加权偏差

---

①　要了解本节和下面一节的详细论述，可以参见附录1（第5章第六节的注释），

的存在；但是这些推理不像证明算术指数和调和指数的**类型**偏差的推理那么简单，这主要是因为我们现在要处理的加权偏差和上一节处理的类型偏差不一样，它们仅仅是一种**可能性**。在研究加权偏差的过程中，首先采用商的表达方式会更加方便，我们会看到：

（1）对于任何给定的用**价值加权**的公式类型来说，用一号和二号加权法得到的指数在整体上小于用三号和四号加权法得到的指数；

（2）这些不等关系有些是必然的，有些仅仅是可能的。用一号加权法加权的指数（简称 I）小于用三号加权法加权的指数（简称 III），以及用二号加权法加权的指数（简称 II）小于用四号加权法加权的指数（简称 IV），这两个不等关系在数学上是必然的。但是我们无法证明 I 小于 IV 以及 II 小于 III 是绝对必然的，只能说它们是非常可能的；

（3）那么，由于 IV 大于 I，III 大于 II，所以 IV 除以 I 的商大于 1，III 除以 II 的**商**也大于 1。我们可以暂时把超过的部分叫做联合误。这种**联合误以**同样的比例分配给 I 和 IV，或者分配给 II 和 III，就构成了每种指数的偏差；

（4）在加权的几何指数、中值指数和众数指数中观察加权偏差是最简单的，因为这些指数**只有加权偏差**，不会被类型偏差把问题搞复杂。在这些情况下，可以很容易地从**积**的形式推导出**商**的形式，反之亦然。例如，我们取用一号和四号加权法加权的几何指数，即公式 23 和 29，然后表达公式 29 的加权偏差。这个偏差的商的形式是商 $\frac{公式\,29}{公式\,23}$（两个指数都是前向或者都是后向）超出 1 的

95

最好在阅读了正文之后再阅读附录部分。

部分的一半。我们会发现，这个超出的部分等于前向的公式 29 ×
后向的公式 29 的**积**超过 1 的部分的一半。同样，如果我们取公式
25 和 27，公式 27 的加权偏差是 $\dfrac{\text{公式}27}{\text{公式}25}$ 超过 1 的部分的一半，它等
于前向的公式 27 × 后向的公式 27 的积超过 1 的部分的一半。

　　就像上文说明的那样，在逻辑分析中，使用积的形式更好，因
为它只用到了一个公式。因此，只要让公式 29 和它自己在玻璃中
的倒影站在一起，**它自己**就能让错误一目了然。

　　上述关于四种加权方法的说明适用于几何指数、中值指数和众
数指数。几何指数的加权偏差的大小，与算术指数和调和指数的类
型偏差的大小非常接近。

第七节　关于算术指数和调和指数的补充说明

　　对于加权的算术指数和加权的调和指数，情况更加复杂。以用四号加权
法加权的算术指数，即公式 9，或称帕尔格雷夫公式，为例。用四号加权法
加权的（前向）算术指数除以用一号加权法加权的（前向）算术指数，即公
式 3，不等于用四号加权法加权的前向算术指数乘以用四号加权法加权的后
向算术指数，因为类型偏差使情况变复杂了。前面提到的积（用四号加权法
加权的前向算术指数乘以用四号加权法加权的后向算术指数）等于用四号加
权法加权的前向算术指数除以用一号加权法加权的**前向调和指数**（公式 13）
的商。也就是说，前向 A IV × 后向 A IV（即前向 9 × 后向 9）不等于 $\dfrac{\text{A IV}}{\text{A I}}$（即
$\dfrac{9}{3}$），而等于 $\dfrac{\text{A IV}}{\text{H I}}$（即 $\dfrac{9}{13}$）。但是我们从对类型偏差的研究中知道，用一号加
权法加权的调和指数在用一号加权法加权的算术指数下方，而且实际上，**它**

96

们的联合误就是用一号加权法加权的算术指出除以用一号加权法加权的调和指数的商超过 1 的部分。因此我们发现，根据现在对加权偏差的研究，用四号加权法加权的算术指数大于用一号加权法加权的算术指数；而根据上文对类型偏差的研究，用一号加权法加权的算术指数大于用一号加权法加权的调和指数。由此得出，用四号加权法加权的算术指数会双倍地超过用一号加权法加权的调和指数。因此，用四号加权法加权的算术指数除以用一号加权法加权的调和指数大于 1 是加倍正确的。但是这就相当于说，用四号加权法加权的前向算术指数乘以用四号加权法加权的后向算术指数大于 1 是加倍正确的。

　　因此，我们可以根据用四号加权法加权的算术指数本身判定其是有误差的，虽然在推理的过程中，有一个步骤是考察用一号加权法加权的算术指数和用一号加权法加权的调和指数的**类型**联合误。也就是说，用四号加权法加权的算术指数、用一号加权法加权的算术指数和用一号加权法加权的调和指数，这三个值是呈降序排列的，第一个值比第三个值大一个联合误，这不仅是在商的意义上，也是在积的意义上；同样，第二个值也比第三个值大一个联合误，这不仅是在商的意义上，也是在积的意义上；但是，第一个值大于第二个值一个联合误，则仅仅是在商的意义上。也就是说，从积的意义上说，用四号加权法加权的算术指数超过用一号加权法加权的调和指数的量，可以分为类型偏差和加权偏差两部分；在总的超出值中，用一号加权法加权的算术指数超过用一号加权法加权的调和指数的那部分，是从积的意义上说的类型偏差；因此，剩余的那部分超出值，也就是用四号加权法加权的算术指数超过用一号加权法加权的算术指数的那部分，就**间接地**等于从积的意义上说的加权偏差。因此，用四号加权法加权的算术指数有双重的向上的偏差，一部分偏差是因为它是算术类型的指数，另一部分偏差是因为它采用了四号加权法。对于用三号加权法加权的算术指数也同样如此；而用一号和二号加权法加权的调和指数则有双重的向下的偏差。

第八节　用数字、代数式和图形来论证

我已经简单列出了推理的步骤，这样做的部分原因是帮助那些愿意阅读附录[①]中的详细论证过程的读者；还有一部分原因是让那些不愿意这样做的读者可以不必这样做。在这里，为了简练起见，我将只用实际数字来说明这些结果。

那么，从数字来看，我们将在这里再次给出所选商品在四种加权方法下的权重，从而可以看出上文的结论是如何得出的。

97

表9　对1917年的价比，$\frac{p_4}{p_0}$，$\frac{p_4'}{p_0'}$ 等，的四种加权方法

商品	一号加权法 p_0q_0	二号加权法 p_0q_4	三号加权法 p_4q_0	四号加权法 p_4q_4	III/I 和 IV/II 和 $\frac{p_4}{p_0}$
	（单位：百万美元）				（单位：%）
烟煤	606	701	1,708	1,976	282
焦炭	140	172	494	604	352
生铁	462	577	1,203	1,502	260
燕麦	422	596	715	1,011	170
无烟煤	35	40	39	44	111
汽油	1,282	1,835	1,292	1,848	101
咖啡	96	147	80	123	83
木材	1,971	1,916	2,290	2,227	116

---

① 见附录1（第5章第六节的注释）。

因此，烟煤的价格从 100 上升到了 282，在一号和三号加权法下的权重分别为 606 和 1,708，这两个数字的比例也是 100 与 282 之间的比例（或者，在二号和四号加权法下的权重分别为 701 和 1,976，其比例也等于 100 与 282 之间的比例）。因此，对每一种商品来说，最后一列不仅给出了价比，或价格的升高，也给出了权重的升高（即 III 与 I 的比例，以及 IV 与 II 的比例）。

从代数式来看，可以很明显地看出上一段最后一句话所说的那个结论的原因。就像每一列的标题显示的那样，在三号和一号加权法下的权重分别是 p_4q_0 和 p_0q_0，二者的比例为 $\dfrac{p_4q_0}{p_0q_0}$，通过上下消去公因子可以化简得 $\dfrac{p_4}{p_0}$，与价比是相同的。因此，价比越大，（与一号加权法相比）在三号加权法下被赋予的权重就越大，而且就是以价比的比例增大。在三号加权法下，（与一号加权法相比）规则是"给它应得的权重"——也就是高的价比被赋予较高的权重，而低的价比被赋予较低的权重。结果，与一号加权法相比，高的价比对最终计算出的指数（它是所有价比的平均值）有更大的影响，因此使计算出的指数比在一号加权法下计算的指数更大。类似地，四号加权法与二号加权法相比也有同样的效果。

那么很明显，在三号和四号加权法下高的价比会被赋予较高的权重，所以会在平均值（指数）中占据更大的比重，即，使平均值更大；或者，如果我们愿意换个角度说，在一号和二号加权法下，低的价比会被赋予更高的权重，所以会在平均值中占据更大的比重，即，使平均值更小。加权过程等于进行了一次洗牌，结果是一号和二号加权法将指数拉低，或者三号和四号加权法将指数提高，或者两种效果同时存在。前面的两种加权方式是看跌的，后面的两种加权方式是看涨的，或者这两种效果会同时存在。而且在没有任何其他数据且没有理由认为误差完全在于某一个方向时，我们形容 100 这种倾向的最好的方式就是把它叫做加权"偏差"；对于 III 和 IV 来说是向上的偏差，对于 I 和 II 来说是向下的偏差。

因此，在一个**价格指数**中，权重中的**价格元素**对于结果的影响远远大于数量元素的影响。我们不需要费大力气去讨论数量元素，但是必须花一点精力确定价格元素取了它所应该取的值。我们不用"同时关心 p 和 q"，只需要留意"p"！但是对于数量指数来说，情况则恰好相反。

从图形来看，图 16P 和 16Q 的三组曲线中的每一组都清楚地显示出了加权偏差。在每一组中，四条曲线都是同一种类型的，不 101 同的只是加权的方法。我们会注意到，编号以 3 和 5 结尾的曲线（用一号和二号加权法加权）实际上总是重合的，编号以 7 和 9 结尾的曲线（用三号和四号加权法加权）也是如此，虽然在三种不同的指数中，前面一对曲线和后面一对曲线之间会有很宽的缺口。这个总会出现的缺口代表的是联合误（用商的形式表示），它的存在是因为 III 和 IV 有明显的向上的偏差，而 I 和 II 有明显的向下的偏差。

图 17P 和 17Q（的上半部分图）显示了中值指数（它的偏差与图 16 中的偏差种类相同，但是偏差程度更小）而且与图 10 中的两个中值指数是类似的。但是我们会注意到，与显示算术指数、调和指数和几何指数的图 16P 和 16Q 相比，这两个图有一个有趣而重要的差异。在上文讨论的三种指数中，编号以 7 和 9 结尾的曲线几乎是相互重合的，但不是完全重合，随着加权方法的轻微变化也会

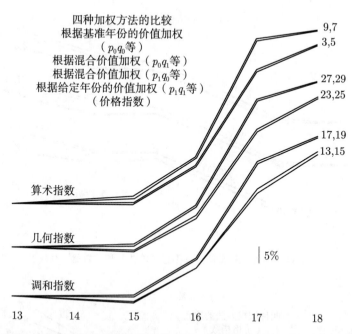

四种加权方法的比较
根据基准年份的价值加权
（p_0q_0 等）
根据混合价值加权（p_0q_1 等）
根据混合价值加权（p_1q_0 等）
根据给定年份的价值加权（p_1q_1 等）
（价格指数）

图 16P　当权重中的价格元素变化的时候，指数也会在可以预见的方向发生很大的变化。当数量元素变化的时候，指数只会发生较小的变化，而且变化的方向不可预测。权重偏差是缺口的一半（改变价格元素，会使曲线 3 变化到 7，13 变化到 17，23 变化到 27；或者从 5 变化到 9，15 变化到 19，25 变化到 29。改变数量元素，会使曲线 3 变化到 5，13 变化到 15，23 变化到 25；或者从 7 变化到 9，17 变化到 19，27 变化到 29。这幅图表里相当于有三个独立的图。从这里往后，我们希望读者可以根据每个图有独立的原点这一事实，自己区分同一个图表里独立的图）。

产生相应的轻微变化。但是在中值指数中，加权方法带来的变化是断断续续的。在大多数情况下，曲线 37 和 39，甚至比 7 和 9、17 和 19 或 27 和 29 靠得更加紧密。但是当它们之间出现了裂缝，这个裂缝就会很宽。这是中值指数的特点，因为与算术指数、调和指数和几何指数，它不那么敏感，这一点已经在上文讲过了。用四种加权方法加权的众数指数（没有画图）几乎没有区别。

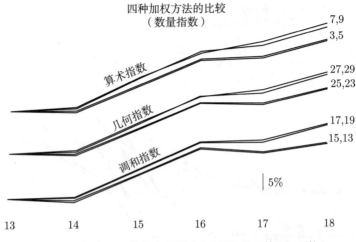

图 16Q   与图 16P 类似（只不过 "价格" 和 "数量" 互换）

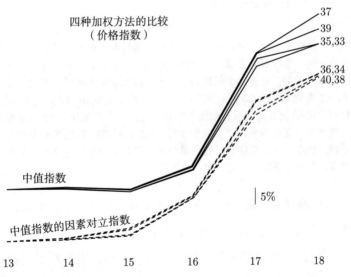

图 17P   在中值指数中，加权方法的改变对指数的影响与算术指数、几何指数和调和指数类似，但是影响更小、误差更大。在某些年份，几种不同加权方法得到的中值指数比算术指数、调和指数和几何指数的一致性更高，但是确实存在差异的时候，这个差异也会显著得多。

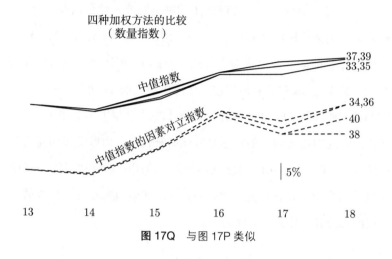

图 17Q　与图 17P 类似

第九节　用数字和图形说明双重偏差

从数字来看，说明双重偏差的最好的例子可能是帕尔格雷夫指数（在我们的编号体系中是公式 9），用四号加权法加权的算术指数，它用给定年份的价值 $p_1 q_1$ 等加权。这个指数在检验 1 下有很大的联合误，我们现在就要分析这个误差。在表 7 中，我们可以发现帕尔格雷夫公式计算的 1917 年相对于 1913 年的指数的联合误是 22.78%；1918 年相对于 1917 年的指数的联合误是 6.99%。也就是说，用前向帕尔格雷夫指数乘以后向帕尔格雷夫指数等于 1+0.0699。6.99% 这个误差的一半，大约是 3.5%，可以分别分配给两种指数形式（前向指数和后向指数）。我们会发现，这个 3.5% 的误差又是由三个部分构成的。

从图形来看，图 18P 和 18Q 显示了整体的联合误，以及它可以分成的三个部分。这些线都标注了对应的公式编号以及字母（A代表算术指数，H代表调和指数，罗马数字代表使用的加权方法）。我们首先看前向的帕尔格雷夫公式（公式 9，用四号加权法加权的算术指数），再取它的后向指数，如图中虚线所示，标记为"9"或"AIV"。前向和后向的帕尔格雷夫公式的结果相乘不等于 1。换句话说，向前的线和向后的线不是彼此的延长线。向后的线向前的延长线是 13 或 H I[①]，9 和 13 之间的差值（即图中 9 和 13 这两条线的右侧端点之间的垂直距离）代表公式 9 的前向指数和后向指数的联合误的百分比，也就是 0.0699。

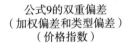

公式9的双重偏差
（加权偏差和类型偏差）
（价格指数）

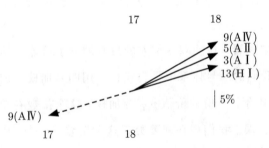

图 18P 这个图显示了前向的公式 9 和后向的公式 9 之间的差值，也就是它们的联合误，这个联合误的一半是公式 9 的向上偏差。这个差值，或联合误，还可以表示为曲线 9 和 13 之间的差值。在这种形式下，它很容易被细分为三个部分，其中中间那个部分是可以忽略不计的。其余的部分（它的一半是9 的向上偏差）包括两个部分，加权偏差和类型偏差（加权偏差是 9 和 5 之间的差值的一半，类型偏差是 3 和 13 之间的差值的一半）。整个联合误中的另外两个四分之一部分也是类似的，构成 13 的双重偏差，但是是向下的。

---

① 证明见附录 1（第 5 章第九节的注释）。

公式9的双重偏差
（加权偏差和类型偏差）
（数量指数）

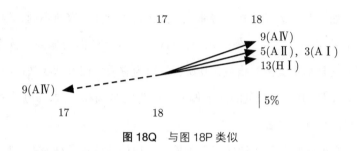

图 18Q　与图 18P 类似

这个联合误包括三个部分。实际上，上半部分，也就是 9 和 5 104 之间的差值，是因为对算术平均值的加权方法从 Ⅳ（公式 9 使用了这种加权方法）变为了 Ⅱ（公式 5 使用了这种加权方法），即从 p_1q_1 等变成了 p_0q_1 等，也就是改变了权重中的**价格**元素。下一个部分非常小，是因为进一步将加权方法从 Ⅱ（公式 5 使用了这种加权方法）变为了 Ⅰ（公式 3 使用了这种加权方法），即从 p_0q_1 等变成了 p_0q_0 等，也就是改变了权重中的**数量**元素。最后，第三部分，也就是下半部分，是应为指数类型从**算术**指数（ＡⅠ或 3）变成了**调和**指数（ＨⅠ或 13），同时保持了同样的加权方法（Ⅰ）。

再总结一下要点，我们会看到三种变化：（1）权重中的价格元素发生了变化，（2）权重中的数量元素发生了变化，以及（3）平均值的类型发生了变化。中间的这种变化几乎总是可以忽略不计的，对指数的影响可能是向上的也可能是向下的。按照我们阅读的顺序，另外两种变化对指数的影响都**肯定**是向下的。第一种变化代表的是 Ⅳ 和 Ⅱ 的算术指数（9 和 5）的联合误，其中一半是四号加

权法的向上偏差,一半是二号加权法的向下偏差。最后一种变化代

表的是算术指数和调和指数的联合误,其中一半是算术指数的向上偏差,一半是调和指数的向下偏差。

如果我们选择另外一些曲线,分析过程可能会有所不同,但是基本的事实始终是,公式 9,即 AIV,有双重的向上偏差,首先,因为它是算术类型的指数,其次,是因为它采用四号**加权法**;而公式 13,即 HI,有双重的向下偏差,因为它是调和指数,并用一号加权法加权。

我们选择的例子说明了**两种偏差**,加权偏差和类型偏差。只有算术指数和调和指数有类型偏差,所以几何指数、中值指数和众数指数所对应的图比较简单,因为没有类型偏差。图 19P 和 19Q 显示了对于几何指数来说一号加权法(23)和四号加权法(29)的对比。

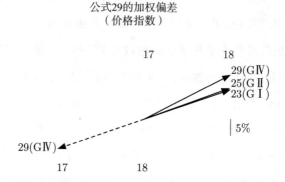

公式29的加权偏差
(价格指数)

图 19P 这幅图通过前向和后向的公式 29 的差值显示了它们的联合误,其中一半是公式 29 的向上偏差。这个差值或联合误也可以被表示为曲线 29 和 23 之间的差值。在这种形式下,我们很容易将差值分为两个部分,下面一部分可以忽略不计,上面一部分的一半是用四号加权法加权的 29 的向上偏差,另外一半是用一号加权法加权的 23 的向下偏差。

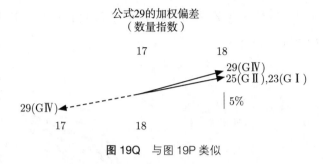

公式29的加权偏差
（数量指数）

图 19Q　与图 19P 类似

然后我们会看到，表 7 和表 8 所显示的联合误不是完全无法解释的，或者我们可以说，不是偶然产生的；在这两个例子中，联合误显然是因为可辨别的原因出现的。首先，算术指数和调和指数都有确定的偏差，分别是向上和向下的；其次，三号和四号加权法这一组，以及一号和二号加权法这一组，同样分别具有向上和向下的偏差[①]。

第十节　五个齿的叉子

106

图 20P 和 20Q（上半部分）从鸟瞰的角度显示了四种加权方法如何影响三种基本的指数类型，即算术指数、调和指数和几何指数，既展示了单一偏差，也展示了双重偏差。我们可以大体上看到与图 9P 和图 9Q（这两个图只使用了一号和四号加权法）相同的五个齿的叉子。但是在图 20P 和图 20Q 中，曲线 5 被加到了曲线 3 中，而且几乎与 3 重合，7 几乎与 9 重合，15 几乎与 13 重合，17 几乎

---

① 读者应该不会忘记，所有这些结果都是具有普遍性的；无论价格上升还是下降，我们都可以得到同样的结论；这些结果也不是因为对商品的选择而导致的（除了一些自我选择机制，例如在给定年份加权法下，高价比会获得高权重）。

107 与 19 重合，25 几乎与 23 重合，27 几乎与 29 重合；同时 3 和 5 又

分别与 17 和 19 严格重合 ①。

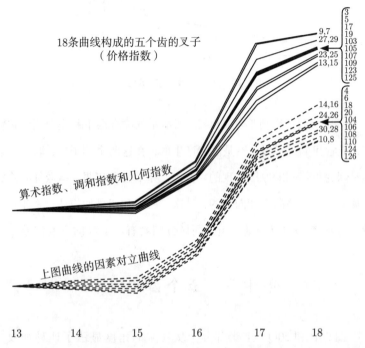

18 条曲线构成的五个齿的叉子
（价格指数）

算术指数、调和指数和几何指数

上图曲线的因素对立曲线

图 20P　这就是图 9P 中给出的五个齿的叉子，又增加了一些曲线，并且增
加了它们的因素对立曲线（下方的虚线），这些因素对立曲线与原曲线的顺
序是相反的。五个齿之间的四个缺口均代表偏差。

　　中间的那个齿是算术指数的最小值（一号加权法，即曲线 3，
二号加权法，即曲线 5），同时它也是调和指数的最大值（三号加
权法，即曲线 17，四号加权法，即曲线 19），而另外两个算术指数

——————

　　① 现在读者可以暂时忽略标号为 103 以上的曲线，以及所有偶数编号的曲线。这
些都会在下文提到。

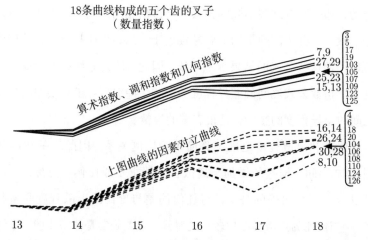

图 20Q　与图 20P 类似。上面的图中的各条曲线之间的间隔与图 20P 下面的图中的各条曲线之间的间隔是大小相等、方向相反的；下面的图中的各条曲线之间的间隔与图 20P 上面的图中的各条曲线之间的间隔是大小相等、方向相反的

（三号加权法，即曲线 7，四号加权法，即曲线 9）是最顶上的那个齿，另外两个调和指数（一号加权法，即曲线 13，二号加权法，即曲线 15）是最底下的那个齿。最上面和最下面的两个齿代表的是有双重偏差的指数。就像图 9P 和图 9Q 那样，只有单一偏差的几何指数，位于中间那个齿的两边。也就是说，用三号和四号加权法加权的几何指数（27 和 29）位于代表算术指数的两个齿的中间，用一号和二号加权法加权的几何指数（23 和 25）位于代表调和指数的两个齿的中间。

第十一节　偏差取决于离散程度

当然，对于任何年份来说，如果这一年所有的价比恰好都是一样的，那么所有这些不同的公式都会得出相同的结果。价比越接近于一致，各种不同的平均值就越接近于一致；价比越分散，我们就可以预期这些公式的结果越不一致。因此，研究原始数据的离散程度对于指数公式之间的差异程度的影响，特别是对于有偏差的公式之间的差异程度的影响，是很有趣的事情。

　　偏差和离散程度之间不是简单的比例关系。因此，在 1914 年到 1917 年间，偏差的增加与离散程度严重不成比例。但是，我们可以给出一个明确的公式，将任何偏差与价比的离散程度联系起来[①]。当价比的离散程度比较小的时候，偏差确实是非常小的。这解释了为什么指数的使用者没有明确地识别出算术指数的偏差。就像附录中的表格所显示的那样，价比大于或小于其均值的平均离散程度必须达到 20% 左右，才会使偏差达到 1.67%。但是，如果价格的离散程度是 30%，也就是离散程度增加了一半，偏差就会翻倍。当平均离散程度是 50% 的时候，偏差会达到 8.34%。当离散程度是 100% 的时候，也就是平均来说，高的价比是价比均值的两倍，而低的价比是价比均值的一半，偏差会达到 25%。（对于任何"均值"都是如此。）因此，如果我们知道了离散程度，就可以确定在任何给定的情况下，一个算术指数的偏差可能是多大，并将它调整到近似正确。

---

　　① 见附录 1（第 5 章第十一节的注释），其中给出了衡量离散程度的方法，包括公式和表格。

第十二节 我们选取的 36 种商品的 价比离散程度异常的大

在战争、危机或其他动荡时期，价格的离散程度可能会非常大。因此，算术指数在这样的时期是最不值得信任的，例如 1861—1875 年，以及 1914—1922 年。我们选取的 36 种商品的价格和数量数据主要来自后面这个时期。因此，与我们在同样时长的和平时期发现的离散程度相比，它们的离散程度非常大。表 10 显示了本书选取的 36 个价比和索贝克研究的 36 个价比（与本书选取的商品最有可比性的 36 种商品的价比）的平均离散程度：

表 10 （1）战争之前和（2）战争期间的 36 个价比的离散程度 [①]
（单位：%）

年份	索贝克的价比离散程度	年份	本书的价比离散程度
1846	基准年份	1913	基准年份
1856	20	1914	10
1866	44	1915	16
1876	29	1916	24
1886	25	1917	58
1896	28	1918	45
1906	35		
1913	42		

我们会注意到：（1）在 1913 年到 1917 年这四年中，价比的离散程度达到了 58%，比 1846 年到 1913 年这 67 年间达到的任何数 110

[①] 就像附录 1（第 5 章第十一节的注释）所解释的那样，它是用（算术法）计算的"标准差"来衡量的。

值都高；（2）在两个系列的数字中，战争都会导致价比离散程度的增加；在美国南北战争后的那一年，即 1866 年，价比的离散程度是左边这一列中最高的；（3）和平的回归会降低价比的离散程度，我们从 1876 年和 1918 年的数字可以看出这一点；（4）一般来说，离散程度会随着时间的推移逐步增加，从 1886 年到 1913 年的数字可以看出这一点。不管我们考察的是哪一段时期，总是可以得到同样的上述结论。

上面的表格只与价格有关。遗憾的是，没有与索贝克的价比数据相对应的数量比。但是戴和帕森斯教授研究了 12 种农作物的数量数据。表 11 显示了 36 种商品的数量比的离散程度和戴和帕森斯教授研究的 12 种农作物的数量比的离散程度[1]。

表 11　36 种商品和 12 种农作物的数量比的离散程度[2]

（单位：%）

年份	36 种商品	年份	12 种农作物
1913	基准年份	1880	38
1914	12	1885	25
1915	17	1890	26
1916	17	1895	25
1917	24	1990	18
1918	27	1905	16
		1910	基准年份
		1915	18
		1920	10

---

① 见 Edmund E. Day, "An Index of the Physical Volume of Production", *The Review of Economic Statistics*, pp. 246–259, September, 1920。

② 用（几何法）计算的"标准差"衡量，加权方法见附录 1（第 5 章第十一节的注释）的解释。

我们会看到，在短短 5 年的时间里，36 个数量比的离散程度就 111
超过了 12 种。农作物的数量比在 25 年的时间跨度里的离散程度。
只有一个例子是 12 种农作物的数量比的离散程度达到了更高的数
值，那就是 1880 年，距离基准年份长达 30 年。

正是因为这 36 种商品的价比和数量比具有异常大的离散程度，
所以这些数据能够严格地检验出本书得出的结论是否正确。我们已
经计算和将要计算的指数，不管是有偏差的、怪异的，还是仅仅是
有轻微误差的，它们之间的相互差异都比在和平的六年中所表现出
的差异大得多。因此，在表 7 中，有偏差的公式 1 有 11.34% 的联
合误，它计算的是 1913 年到 1917 年间前向和后向的指数，间隔只
有四年。但是弗拉克斯（A. W. Flux）教授 ① 指出，索贝克的指数
计算了两个时期之间的前向和后向指数，间隔长达 10 年（一个时
期是 1904 年到 1913 年，另一个时期是 1919 年），二者的矛盾只
有 8%；他还指出，贸易委员会指数计算了 1871 年到 1900 年间的
前向和后向指数，时间跨度为 29 年，矛盾值为 13%，仅比我们在
本书中计算出的 11.34% 略高一点，但是考察的时间长度是本书的
7 倍。

第十三节　公式可能有误差，但是没有偏差

在帕尔格雷夫指数（上文讨论的公式 9）中有两种偏差——类
型偏差和加权偏差。就像我们看到的那样，它们共同使指数提高

---

① *Journal Royal Statistical Society*, March 1921, p. 174.

了，对于公式 7 也是如此。类似的，对于公式 13 和公式 15，两种偏差共同使指数降低了。

另一方面，对于公式 3 和公式 5（对于公式 17 和 19 也是这样）来说，两种偏差几乎恰好是可以相互抵消掉的。因此，公式 3 由于是算术指数，所以有向上的偏差，但是由于它用一号加权法加权，也有向下的偏差；公式 5 也是如此。因为我们没办法确定这两种相反的倾向哪一个更大，所以净结果可以说是没有偏差的，虽然仍然是有误差的；因为偏差是可预测的在某一个方向上发生误差的倾向。

同样，我们可以把这个公式作为调和指数来考虑，我们可以说，公式 19，由于是调和指数，所以有向下的偏差，但是由于它是用四号加权法加权的，所以有向上的偏差；公式 17 也是如此。或者说，我们也可以把这个公式作为综合指数来考虑（因为公式 3 与 53 是一样的，19 与 59 是一样的），我们可以说公式 53 是没有偏差的；因为，虽然它也是向一侧倾斜的，这一侧只包含了一两年的数量，其他的被省略了，但是我们无法预测这个事实会使指数提高还是降低；公式 59 也是如此。但是我们可以说，公式 53 和 59 是有轻微的误差的；因为，就像表 7 和表 8 显示的那样，前向和后向应用这两个公式，结果的乘积不等于 1，但是非常接近 1。因此，加权的综合指数，或其他等价的算术指数和调和指数，都是有误差但没有偏差的；如果我们随机选择的不是现在分析中选择的这些商品，在我们的表格中显示为正的误差的地方可能就会变成负的误差，反之亦然。因此，我们必须明确地区分像公式 51 这样的指数和像 9 或 13 这样的指数，前者仅仅是有误差的，而后者是有很大偏差的。

第十四节 有误差的指数和怪异的指数

可以假设，至少到目前为止，所有的指数都有某种程度的误差。本书的主要目标之一就是指出这个误差到了**多大程度**。

表 7 和表 8 给出了到目前为止讨论的 28 种指数的某些误差。[113] 在这些公式中，有 18 个公式，我们至少能够说出一部分误差存在的原因，也就是被作为"偏差"来描述和讨论的那一部分误差。对于另外 10 个公式，它们表现出的联合误是"偶然的"，因为我们没有理由来预测它们是向这个方向还是那个方向。因此，对于公式 7 来说，表 7 显示在 1917 年它在检验 1 下的联合误是 +24.53%（并且表 8 显示它在检验 2 下的联合误是 +18.44%），在两个表格中一共有 10 列显示为正的联合误，我们可以有信心地预测[①]，不管在公式中输入什么数据，**总是**会得到正的联合误。但是，对于公式 21，在检验 2 下显示出 1916 年有 +7.79% 的联合误，1918 年有 −7.22% 的联合误。我们无法确定，对于其他特定的数据集，联合误是正的还是负的。我们只能说，公式 21 肯定是有误差的。

我们也无法从这些表格中推断出任何公式的总体误差到底是什么，是有偏差的，还是仅仅是有误差的。因此，我们会从表 7 中发现，公式 43 中的众数指数，用基准年份的价值加权，表现出几乎察觉不到的极微小的联合误；公式 21、31、41、51 则完全没有误差。但是这可能是因为向前和向后的误差恰好完全抵消了。表 8 就证明

---

① 根据附录 1（第 5 章第二节的注释）和附录 1（第 5 章第六节的注释）的分析得出。

了这种情况，它发现了所有公式的误差，其中公式 43 在 1916 年的误差达到了 –18.18%。因此，如果用公式 43 计算的 1916 年的前向价格指数的真实误差是 –5.44%，后向指数的真实误差也相同，而前向数量指数的真实误差是 –13.34%，并且后向指数的真实误差相同，两个表格中的数字就得到解释了。事实上，这些误差都是公式 43 的真实误差，无疑只有 1% 的很小一部分。但是我们还没有准备好显示出这种误差。

因此，比较小的联合误，只是两个指数的**净**误差，与两个指数分别存在很大的误差是可以同时存在的。但是，我们除了将表格中的联合误除以 2，还能如何确定个别的误差呢？

我们必须分阶段地或者说逐步地给出这个问题的答案，但是现在，我们可以说，众数指数从来没有可感知的偏差，但是误差是很高的；中值指数很少有较大的偏差，但也是有误差的。证据就是，众数指数和中值指数（程度略低一些）对很多因素**不敏感**，而指数本应该是对这些因素非常敏感的一个晴雨表。

引入新的商品显然应该会在**某种**程度上改变任何价格指数，因为它们自称能够敏感地代表作为计算基础的那些数据（当然，除非新引入的商品的价比与指数值恰好相等）。但是，众数指数和中值指数通常会保持不变，就好像钟表的指针没有与本应该带动指针的齿轮严密地连接在一起一样。

同样，权重的每个变化也会反映为任何真正敏感的指数的变化。但是众数指数经常会保持不变，实际上是通常情况下都会保持不变，即使加权方法有巨大的变化。

从图像上看，这两点都在图 21 中得到了说明。图 21 一个阶段接着一个阶段地追踪了一些连续阶段的中值和众数，最初是抽签选出了三种商品（石灰、生铁和鸡蛋），然后每次根据抽签引入两种新的商品，两个两个地增加，直到 36 种商品被全部引入。我们采用的是简单中值，而众数则是加权的众数。之所以没有采用加权的中值，是因为中值对于加权方法有点敏感，而我们想表明的是中值的不敏感性。

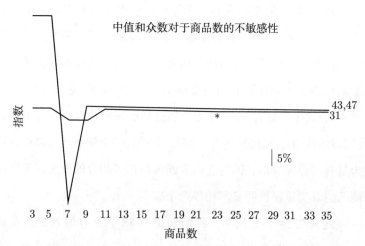

图 21　这幅图表明，当商品数从三种商品增加到 5 种商品、7 种商品时，很少会影响中值（公式 31）和众数，即使是加权的众数（公式 43 和 47 ）。在商品数的 16 次改变中，中值和众数基本保持不变，除了中值有 6 次变化（两次在 * 处），众数有两次变化。当众数发生变化的时候，变化是非常剧烈的。

　　我们看到，在全部 17 个阶段中，中值都应该发生变化，但是中值只变化了 **6 次**，众数只变化了 **2 次**！如果一只钟表一分钟只跳动一次，或者一个小时只跳动一次，它的走时不可能精确到秒。这样的钟必然在大多数时候都是有误差的，虽然只看钟本身，我们说不出它到底错了多少。简言之，图中的水平线暴露了误差的存在，

但是没有吐露误差是多少。而且，对于众数来说，公式 43、45、
47、49 都可以用同一条曲线来表示，这个事实说明众数完全不关
注加权方法的重大变化，从而进一步暴露了误差的存在。当指数有
很大的误差时，我们称它为**怪异的**（freakish）指数。显然，众数指
数，即使是加权的众数指数，都是怪异的；同样，中值指数也是，
虽然怪异的程度比较低。

公式 51 的怪异是因为另一个原因。它不是对本应该影响它的
因素不敏感，而是对本不应该影响它的因素敏感。显然，一个指
数，要成为真正的反映价格的晴雨表，不应该受那些不相关的环境
因素的影响，比如使用的棉花价格是一磅的价格还是一包的价格。
在 28 个公式中，只有公式 51 会受到这样的影响，因此它是不可靠
的，非常错误的，或怪异的[①]。最后，其他每一个**简单**指数都可以被
认为是有一点怪异的，因为它们武断地采用了相等的权重，无视每
种商品的真实重要性明显不相等这个事实。

因此，在 28 个公式中，我们知道有 18 个是有偏差的。在这
18 个中，有 10 个是怪异的（1、11、33、35、37、39、43、45、47
和 49）。除此之外，还有另外四个公式也是怪异的（21、31、41 和
51）。这样就只剩下两个公式没有因为这两个缘故而被判罪。这两
个公式是 53 和 59（或 3 和 5，或 17 和 19）。

公式 53 和 59 是非常接近的。因此我们发现，彼此有很大差异
的全部 28 个公式，有一个很明显的区分它们的理由——有偏差的
或怪异的，而我们找不到任何理由来区分的那些公式，实际上相互

---

① 附录 3 会详细讨论这个特点。

间的区别不是很大。

第十五节　偏差和误差通常是相对的

我们将会发现，"理想的"公式，353，给出了一个衡量误差的几乎绝对的标准。但是目前，不管我们多么不喜欢仅仅依靠"相对性"来做判断，最好都不要去想象任何绝对的标准。例如，当我们说，公式 1 有向上的偏差，11 有向下的偏差，比如说在 1917 年这两个偏差都是 4%，我们的意思仅仅是，**除了任何其他可能存在的误差以外**，它们还有 4% 的误差。因此，我们认为每个偏差都是相对于公式 1 和 11 之间的中点来说的，但是并不一定假设这个中点本身是正确的。我们还不知道，这个中点是否高了 10%；在这种情况下，公式 1 的偏差就是 10+4，即 14%，而公式 11 的**偏差**则是 10-4，即 6%。在这种情况下，公式 11 的偏差仍然是向下的 4%，尽管净误差是反方向的 6%。因此，我们可以说，与任何其他没有可归属的偏差的指数相比，公式 1 有向上的偏差，"其他事情都相同"。

第十六节　历史

鲍莱和其他统计学家在讨论误差的时候一直在用"偏差"这个词。类型偏差的想法是沃尔什提出来的，但是他使用的是其他的词[1]。另外，虽然他没有意识到加权偏差的存在，但是他指出，在使

---

[1] *Measurement of General Exchange Value*, pp. 327–28.

用算术平均值时应该以基准年份的价值加权，而使用调和平均值时应该以给定年份的价值加权[1]。

可能，就像沃尔什对我说的那样，索贝克在被皮尔森引用的一小段文章[2]中稍微提到了一点算术平均值的向上偏差，虽然他没有纠正这个偏差。

---

① 同上，pp. 307, 349。

② *Economic Journal*, March, 1896, p. 128.

第6章 用来发现公式的两种倒转检验

第一节 用来发现公式的时间倒转检验

上文介绍的两种检验不仅能揭示每个公式的联合误，还能提供修正的方法。但是在我们据此修正任何给定的公式之前，我们首先必须找到另外两个与此相关的公式。这两个公式与原来的公式是"对立的"；一个公式的对立是关于检验1的，另一个公式的对立是关于检验2的。因此，任何公式的这两个对立公式分别叫做它的**时间**对立公式和**因素**对立公式。我们接下来的任务和本章的目标就是发现这两个对立公式。

对任何给定公式应用检验1，就可以得到它的时间对立公式。我们知道，检验1涉及两个步骤：

（1）将两个时间互换，从而得到在时间上相反的指数。

（2）用1除以上一步得到的表达式。

如果公式满足检验1，得到的结果**应该**是原来的公式本身。如果不满足检验1，那么得到的公式就不是与原来的公式一致的公式，而是原公式的**时间对立公式**。也就是说，要确定任何指数在一个时点到另一个时间之间的时间对立指数，就是反向地应用同一个公式，然后将结果的分子分母调转过来。

用代数式表达的话，第一步是反向地应用公式，也就是互换下
119 标（比如说 "0" 和 "1"），即将原来的 "0" 擦掉，在那里写上 "1"，
将原来的 "1" 擦掉，在那里写上 "0"。因此，对于公式 7

$$\frac{\sum p_1 q_0 \left(\dfrac{p_1}{p_0} \right)}{\sum p_1 q_0} \text{就变成了} \frac{\sum p_0 q_1 \left(\dfrac{p_0}{p_1} \right)}{\sum p_0 q_1}$$

第二步，上下倒置，即除 1，将分子和分母互换。因此，上面
的表达式就变成了我们想得到的时间对立公式

$$\frac{\sum p_0 q_1}{\sum p_0 q_1 \left(\dfrac{p_0}{p_1} \right)} 。$$

我们为了说明的方便举了一个特定的例子。用最一般的符号表
示的话，这个过程就是：令 P_{01} 代表时间 "1" 相对于时间 "0" 的
任何一个指数。则其 "反向的应用" 的结果是 P_{10}，"上下颠倒" 后
就是 $\dfrac{1}{p_{10}}$，因此 $\dfrac{1}{p_{10}}$ 就是 P_{01} 的时间对立指数的一般表达式。

很容易看到，对立关系必然是相互的，可以用完全同样的过程
从对立公式推导出原来的公式，所以这两个公式都是对方的时间对
立公式[1]。

第二节　时间对立指数的数字说明

让我们再一次从 1918 年相对于 1917 年的简单算术价格指数开

---

[1]　见附录 1（第 6 章第一节的注释）。

始来说明上文提到的两个步骤，这会重复第 5 章的部分内容，但说明方式会略有不同。这个指数值是 110.11%。两个步骤中的第一个步骤是将 1917 年和 1918 年互换，即计算 1917 年相对于 1918 年的简单算术价格指数，结果是 94.46%。但是前向和后向的这两个指数相互是不一致的，不是互为倒数的关系，即它们的乘积不是 1 或 100%。不满足检验 1。

　　但是，到了第二步，我们用两个值中的一个，94.46% 除 100%，即 1，得到 105.86%，这就是 110.11% 的**时间对立指数**。这个 105.86%，是与后向的算术指数 94.46% 相乘等于我们真正要求的 100% 的那个数字。我们会发现它就是简单调和指数。

第三节　时间对立指数的图像说明

　　因此，简单调和指数是简单算术指数的时间对立指数。图 22 给出了这种关系的图像说明。在这里，原指数指的是 36 种商品价格从 1917 年到 1918 年变化的指数，用"前向"算术指数曲线来代

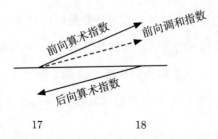

前向 调和指数平行于 后向 算术指数

前向算术指数　　前向调和指数

后向算术指数

17　　　　　　　18

图 22　和图 14P 和 14Q 一样，调和指数可以被认为是经过伪装的后向算术指数，二者是平行的。

表。将下标"0"和"1"互换，或者在这个例子中是将"4"和"5"
互换，即将 1917 年和 1918 年互换，对这个指数的影响用"后向"
曲线来代表。这表明了简单算术指数将如何描述价格从 1918 年到
1917 年的后向变化。这个结果用与上一条曲线平行的前向的虚线
来代表。它也是调和指数。

121

第四节　算术指数和调和指数的
时间对立指数的代数表达式

从公式 1（简单算术指数）开始，并对它经过了两个步骤的操
作，我们得到：

原来的公式 1　　　　　　　　　$$\dfrac{\sum\left(\dfrac{p_1}{p_0}\right)}{n}$$

（1）将"0"和"1"互换　　　$$\dfrac{\sum\left(\dfrac{p_0}{p_1}\right)}{n}$$

（2）上下互换　　　　　　　$$\dfrac{n}{\sum\left(\dfrac{p_0}{p_1}\right)}$$

这个结果就是原来的简单算术指数的时间对立指数。但是，我
们用这样的方式得到的公式显然就是公式 11，即"简单调和指数"。
也就是说，就像上一节提到的那样，公式 1 和公式 11 互为时间对
立指数。因此，（前向）调和指数就是在方向上反过来的后向算术
指数[1]。

---

① 参见 C. M. Walsh, *Measurement of General Exchange Value*, pp. 327–328。

接下来我们考察用一号加权法加权的算术指数。

原来的公式 3

$$\frac{\sum p_0 q_0 \left(\dfrac{p_1}{p_0} \right)}{\sum p_0 q_0}$$

（1）将"0"和"1"互换

$$\frac{\sum p_1 q_1 \left(\dfrac{p_0}{p_1} \right)}{\sum p_1 q_1}$$

（2）上下互换

$$\frac{\sum p_1 q_1}{\sum p_1 q_1 \left(\dfrac{p_0}{p_1} \right)}$$

这就是公式 19，用四号加权法加权的调和指数。因此，公式 3 和公式 19 互为时间对立指数。

类似地，算术指数公式 5 与调和指数公式 17 互为时间对立指数。

类似地，算术指数公式 7 与调和指数公式 15 互为时间对立指数。

类似地，算术指数公式 9 与调和指数公式 13 互为时间对立指数。

122

用表格表示上述关系会更加简单，我们可以用下面的连线来表示互为时间对立关系，加权算术指数与加权调和指数是按照相反的顺序相关联的：

加权方法	算术指数	调和指数
	公式编号	公式编号
简单加权法	1	11
一号加权法	3	13
二号加权法	5	15
三号加权法	7	17
四号加权法	9	19

第五节　几何指数、中值指数和
众数指数的时间对立指数

我们的列表中的其他公式也是相互关联的。

用代数式表示，对简单几何指数采用同样的操作，我们可以得到：

原来的公式 21 $\qquad \sqrt[n]{\left(\dfrac{p_1}{p_0}\right) \times \left(\dfrac{p_1'}{p_0'}\right) \times \left(\dfrac{p_1''}{p_0''}\right) \times \cdots}$

（1）将"0"和"1"互换 $\qquad \sqrt[n]{\left(\dfrac{p_0}{p_1}\right) \times \left(\dfrac{p_0'}{p_1'}\right) \times \left(\dfrac{p_0''}{p_1''}\right) \times \cdots}$

（2）上下互换（并化简） $\qquad \sqrt[n]{\left(\dfrac{p_1}{p_0}\right) \times \left(\dfrac{p_1'}{p_0'}\right) \times \left(\dfrac{p_1''}{p_0''}\right) \times \cdots}$

123　　　结果与原来的公式是一样的。因此，这个公式满足检验1，或者如果我们愿意的话，也可以说简单几何指数是它自己的时间对立指数。

　　类似地，取用一号加权法加权的几何指数，我们会发现它的时间对立指数是用四号加权法加权的几何指数；而类似地，用二号加权法加权的几何指数和用三号加权法加权的几何指数互为时间对立指数。所以几何指数的时间对立关系可以用下面的连线来表示

简单几何指数	21）
用一号加权法加权	23
用二号加权法加权	25
用三号加权法加权	27
用四号加权法加权	29

同样，简单中值指数[①]，公式31，也满足检验1，加权的中值指数与几何指数表现出同样的关系模式，即

31）

33
35
37
39

同样的关系模式也可以应用于众数指数

41）

43
45
47
49

。

第六节　对立的综合指数

接下来分析简单综合指数。

原来的公式

$$\frac{\sum p_1}{\sum p_0}$$

（1）将"0"和"1"互换

$$\frac{\sum p_0}{\sum p_1}$$

（2）上下互换

$$\frac{\sum p_1}{\sum p_0}$$

[①] 如果项数是偶数，则只有当我们取中间相邻的两项的几何均值作为中值时，才满足检验1。

这与原来的公式，公式 51，是相同的。

取公式 53，用一号加权法加权的综合指数，可以得到

原来的公式 53 $\qquad \dfrac{\sum p_1 q_0}{\sum p_0 q_0}$

（1）将"0"和"1"互换 $\qquad \dfrac{\sum p_0 q_1}{\sum p_1 q_1}$

（2）上下互换 $\qquad \dfrac{\sum p_1 q_1}{\sum p_0 q_1}$

这个结果与原来的公式（公式 53）不相同，而与公式 59 相同。因此，我们可以得出

$$
\left.\begin{array}{l}
51\,) \\[4pt]
\left.\begin{array}{l} 53 \\ 59 \end{array}\right\}
\end{array}\right.\,。
$$

第七节　对 28 个公式的回顾

我们现在已经根据检验 1 将全部 28 个公式配对成一对对的时间对立公式了。显然，如果我们从每对公式中的一个开始，可以通过两个步骤的操作发现另一个。例如，如果我们最初的公式清单中没有调和指数，对算术指数进行两个步骤的操作，会引导我们发现调和指数的公式，反之亦然。同样，如果我们最初的公式清单中没有编号以 7 和 9 结尾的那些加权公式，对编号以 3 和 5 结尾的公式进行两个步骤的操作，也会引导我们发现这些公式，反之亦然。

第八节　用来发现公式的因素倒转检验

到目前为止，我们只考虑了用检验 1（时间倒转检验）来发现公式；我们发现的都是已经讨论过的公式。对于算术指数来说发现的是调和指数，对于加权几何指数来说发现的是另一种加权的几何指数，等等。这个检验是倒转时间，然后将得到的公式的分子分母上下颠倒（即除 1）。最终的结果叫作时间对立指数，而且每一次得到的都是原来就有的公式。

但是，当我们应用检验 2（因素倒转检验）的时候，就会发现前面的 28 个公式中所没有的新公式。

比如说，对于任何给定的**价格**指数公式来说，要发现它的因素对立公式，就是对原公式应用检验 2。检验 2 包括两个步骤：

（1）价格和数量互换，从而得到**数量**指数。

（2）用上一步得到的表达式除价值比例。

如果原公式满足检验 2，得到的结果**应该**就是原来的公式本身。如果不满足，那么得到的就不是与原来的公式一样的公式，而是原公式的**因素对立公式**。

第九节　因素对立指数的数字说明

我们以 1917 年为例。1917 年的简单算术**价格**指数是 1913 年的价格水平的 175.79%，相对应的 1917 年的**数量**指数的 1913 年的数量水平的 125.84%。这两个数字中有一个太大了，因为它们的乘积

显然超过了价值比例，当年的价值比例只有 192.23%。用这个价值
比例，192.23，除以**第二个因数**（数量指数），125.84，我们会得到
一个新的价格指数，152.76。我们称它为原来的价格指数，175.79，
的因素对立指数，也就是简单算术价格指数的因素对立指数。当把
这个指数作为因数乘以简单算术数量指数的时候，我们会得到真正
的价值比例 192.23%。

或者反过来，用价值比例，192.23%，除以**第一个因数**（价格
指数），175.79%，我们会得到 109.35%，也就是数量指数，125.84%，
的因素对立指数。即，如果用这个数字作为数量因数乘以原来的价
格因数，175.79，会得到真正的价值比例，192.23%。

公式 1 的因素对立公式编号为公式 2；公式 3 的因素对立公式
编号为公式 4，以此类推。也就是说，每一个奇数编号的公式都有
一个用紧挨在它后面的偶数编号的因素对立公式[①]。

第十节　因素对立指数的图形说明

从图形上看，图 23P 和 23Q 显示了因素对立指数的三种基本
类型，它们根据加权方法被分成了五组。在每一组中，曲线的顺序
与原指数的顺序（见图 15P 和 15Q）是相反的。价格指数的因素对
立指数（偶数编号）以相反的顺序表现出了与原来的数量指数（奇
数编号）相同的偏差。

图 24P 和 24Q 用相反的方式进行归类，显示了对应于四种加

---

① 完整的公式编号方法见附录 5 第二节。

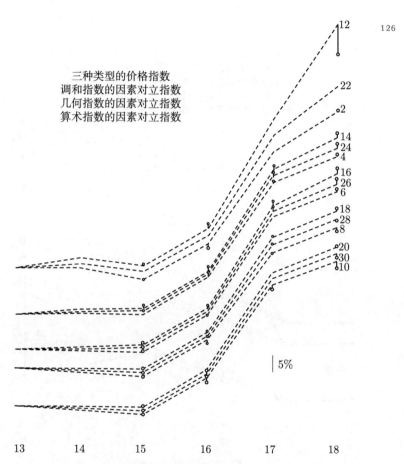

图 23P　对于因素对立指数来说，调和指数的因素对立指数在几何指数的上方，而算术指数在几何指数的下方，这个顺序与原来三种类型的指数的顺序是相反的。

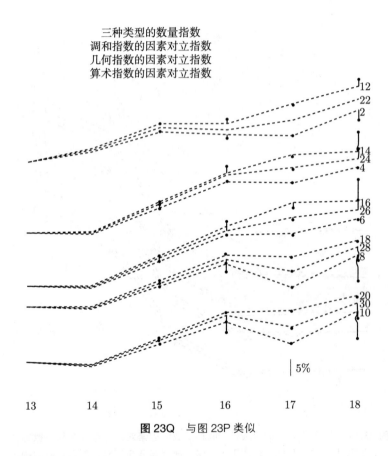

三种类型的数量指数
调和指数的因素对立指数
几何指数的因素对立指数
算术指数的因素对立指数

图 23Q　与图 23P 类似

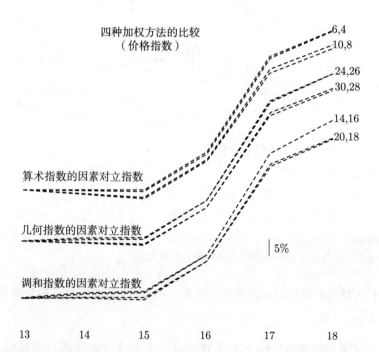

四种加权方法的比较
（价格指数）

6,4
10,8
24,26
30,28
14,16
20,18

算术指数的因素对立指数

几何指数的因素对立指数

5%

调和指数的因素对立指数

13 14 15 16 17 18

图24P 这个图比较了图16P给出的指数的因素对立指数所使用的加权方法。当权重从基准年份的价格（编号以4和6结尾的曲线）变化为给定年份的价格（编号以8和0结尾的曲线），曲线会向下移动。当权重中的数量因素发生变化时，只有非常小的影响。

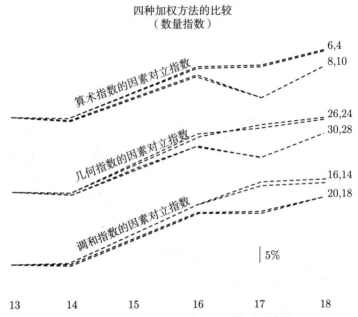

四种加权方法的比较
（数量指数）

图 24Q　与图 24P 类似。与图 16P 中的变化大小相等（方向相反）。图 24P
中的变化与图 16Q 中的变化大小相等，方向相反。

权方法的四种不同的因素对立指数，并按照指数类型将它们分成了
三组。

130　　　　图 20P 和 20Q 中下半部分显示了上半部分的因素对立指数。
它与图 20P 和 20Q 的上半部分是相似的，只不过顺序相反。

　　　　图 17P 和 17Q 的下半部分显示了中值指数的因素对立指数。
它们相互间只有轻微的差异，并显示了 34 和 36（以及 38 和 40）
具有同样的惰性或粘结在一起的倾向，只有在偶然的情况下会分
离开。

　　　　众数指数的因素对立指数（没有用图像展示）相互之间是无法
区分的。

第十一节　因素对立指数的代数表达式

用代数式表达，第一步，将价格和数量互换，在任何公式中都只是将"p"和"q"互换。即，不管"p"出现在哪里，都将它擦掉，在它原来的位置上写上"q"，反之亦然；第二步，用得到的结果除价值比例。

例如，根据简单算术公式，时间 1 相对于时间 0 的指数为

原来的公式 1
$$\frac{\sum\left(\dfrac{p_1}{p_0}\right)}{n}$$

（1）将"p"和"q"互换
$$\frac{\sum\left(\dfrac{q_1}{q_0}\right)}{n}$$

（2）除 $\dfrac{\sum p_1 q_1}{\sum p_0 q_0}$
$$\frac{\dfrac{\sum p_1 q_1}{\sum p_0 q_0}}{\dfrac{\sum\left(\dfrac{q_1}{q_0}\right)}{n}}$$

因此，公式 1 不满足检验 2，但是应用这个检验会得到一个新的公式，即公式 1 的因素对立公式。

同样，对于公式 7，$\dfrac{\sum p_1 q_0\left(\dfrac{p_1}{p_0}\right)}{\sum p_1 q_0}$ 变成了 $\dfrac{\sum q_1 p_0\left(\dfrac{q_1}{q_0}\right)}{\sum q_1 p_0}$。　131

第二步，用上面得到的结果除 $\dfrac{\sum p_1 q_1}{\sum p_0 q_0}$，得到公式 8。

上面是为了说明的方便举的一个特定的例子。在最一般的表达

中，我们可以令 P_{01} 代表任何价格指数。用 "q" 代替 "p"，同时用 "p" 代替 "q"，我们可以得到 Q_{01}，再用它除价值比例，会得到

$$\frac{\sum p_1 q_1}{\sum p_0 q_0} \div Q_{01}，$$ 这就是 P_{01} 的因素对立指数的一般表达式。

价格指数的（用偶数编号的）加权对立指数与原来的（用奇数编号的）数量指数表现出相同的偏差，但是顺序相反。

第十二节　拉氏公式和派氏公式的不同角色

我们可以用完全相同的方法得到所有的其他因素对立指数。对于公式 3（或它的替代品公式 17 和 53）来说，结果非常简单。

就像我们已经知道的那样，公式 3 可以化简为公式 53。让我们由此开始并进行因素倒转检验。

原来的公式 53　　　　　　　　　　$\dfrac{\sum p_1 q_0}{\sum p_0 q_0}$

（1）将 "p" 和 "q" 互换　　　　　$\dfrac{\sum q_1 p_0}{\sum q_0 p_0}$

（2）除 $\dfrac{\sum p_1 q_1}{\sum p_0 q_0}$，并消掉 $\sum p_0 q_0$　$\dfrac{\sum p_1 q_1}{\sum q_1 p_0}$

（按照我们的编号体系）它被称为公式 54。它显然与公式 59 是一样的。

因此，我们会看到，公式 53 的因素对立公式（即公式 54）与它的时间对立公式 59 相同，而我们已经知道公式 59 就是派氏公式。从这里开始，我们通常会把派氏公式称为公式 54，而不是公式 59。

　　为了采用的方法统一，我们将公式 53 的因素对立公式命名为公式 54 [同样地，将公式 3 的因素对立公式命名为公式 4，将公式 17 的因素对立公式命名为公式 18，所有这些公式（54、4、18）都和 59 一样]。同样，我们从公式 59 出发，会得到一个被命名为公式 60 的公式作为 59 的因素对立公式，当然，公式 60 与 53 是一样的。类似地，公式 5 的因素对立公式（称为公式 6）以及公式 19 的因素对立公式（称为公式 20）都与公式 60 是一样的。

　　现在，我们的公式表里有两个公式集合，每个集合中都是 6 个完全相同的公式，这两个集合分别是（3,6,17,20,53,60）和（4,5,18,19,54,59），它们代表了两种公式，L 公式（拉氏公式）和 P 公式（派氏公式）。

　　下面这个表列举了加权的算术公式、调和公式和综合公式的编号，显示了拉氏公式和派氏公式的重复情况（在整个表格中只有这两个公式是重复的）。

算术公式	综合公式	调和公式
		13
		14
		15
		16
3L	53L	17L
4P	54P	18P
5P	59P	19P
6L	60L	20L
7		
8		
9		
10		

因此，拉氏公式和派氏公式总是会属于这三种公式中的一种。

第十三节　包含 46 个公式的列表

我们已经有了 28 个公式，其中包括 4 个一样的公式。我们刚刚通过应用检验 2 添加进来的所有偶数编号的公式都是新的公式，只有公式 54 和 60 以及与它们相同的公式是例外。因此，我们现在不是有 28 个公式，也不是去掉相同的公式以后只有 24 个公式，而是有 56 个公式，去掉相同的公式以后有 46 个。它们是：

算术公式	调和公式	几何公式	中值公式	众数公式	综合公式
1	11	21	31	41	51
2	12	22	32	42	52
3L	13	23	33	43	53L
4P	14	24	34	44	54P
5P	15	25	35	45	
6L	16	26	36	46	
7	17L	27	37	47	
8	18P	28	38	48	
9	19P	29	39	49	59P
10	20L	30	40	50	60L

下面这个表省略了那些重复的公式（公式 53 和 54 被保留下来，但是与它们相同的公式被省略了）。

	算术公式	调和公式	几何公式	中值公式	众数公式	综合公式
简单加权	1	11	21	31	41	51
简单加权公式的因素对立公式	2	12	22	32	42	52

续表

	算术公式	调和公式	几何公式	中值公式	众数公式	综合公式
用一号加权法加权	—	13	23	33	43	53
I 的因素对立公式	—	14	24	34	44	54
用二号加权法加权	—	15	25	35	45	
II 的因素对立公式	—	16	26	36	46	
用三号加权法加权	7	—	27	37	47	
III 的因素对立公式	8	—	28	38	48	
用四号加权法加权	9	—	29	39	49	—
IV 的因素对立公式	10	—	30	40	50	—

这 46 个公式可以被成为**基本**公式。后面章节介绍的其他公式 134 都是从这 46 个基本公式中**衍生**出来的。

在这 46 个相互不同的公式中包括：

6 个简单加权公式	1, 11, 21, 31, 41, 51
6 个简单加权公式的因素对立公式	2, 12, 22, 32, 42, 52
2 个拉氏公式或派氏公式	53, 54

（可以与某些算术指数和调和指数互换的综合公式）

2 个**其他的**加权**算术**公式	7, 9
2 个上面两个公式的因素对立公式	8, 10
2 个**其他的**加权**调和**公式	13, 15
2 个上面两个公式的因素对立公式	14, 16
4 个加权的**几何**公式	23, 25, 27, 29
4 个上面四个公式的因素对立公式	24, 26, 28, 30
4 个加权的**中值**公式	33, 35, 37, 39
4 个上面四个公式的因素对立公式	34, 36, 38, 40

| 4 个加权的**众数**公式 | 43，45，47，49 |
| 4 个上面四个公式的因素对立公式 | 44，46，48，50 |

第十四节　历史

就像前面的章节已经指出的那样，许多以前的学者曾出于各种意图和目的使用过时间倒转检验。也是这些学者提出了公式 23 和 29、1 和 11、3 和 19（或 53 和 59）之间在本质上的对称性，其中最著名的是沃尔什。

至于因素对立指数，卓比奇（Drobisch）和罗森－罗森爵士（Sir Rawson-Rawson）（他的目的是用价值除以吨数来衡量平均的进口或出口价格水平）曾经使用过公式 52。公式 22 是尼克尔森（Nicholson）和沃尔什提出来的。在其他因素对立公式中，公式 2154（后面会介绍这个公式）是沃尔什提出来的，而公式 4154（也会在下文介绍）是莱尔（Lehr）提出的。因为这些公式都是其他公式的因素对立公式，这种对立的原则肯定多多少少是地被有意识地识别出来了。对这种原则的一般应用还衍生出了我们的清单中的其他因素对立公式，它们似乎还没有被表达出来。尽管如此，当任何一系列货币价值（例如进口金额、出口金额、生产值、交割值等）的统计数据通过除以一个价格指数而被"紧缩"，并得到一个对应的数量（进口、出口、生产、交易的物理数量）的大致指数的时候，我们都可以说识别出这样的一般性原则。

第7章 通过"交叉"来修正公式

第一节 交叉时间对立指数

到目前为止，我们已经通过运用检验得到了两个主要的结果。第一，我们已经知道了哪些公式符合这些检验，哪些公式不符合这些检验。在 46 个公式中，只有四个符合检验 1，即**简单几何**公式、中值公式、众数公式和综合公式，而没有一个符合检验 2。第二，我们已经利用检验 1 发现了每个公式的时间对立公式（都是原有的奇数编号的公式），利用检验 2 发现了每个公式的因素对立公式（除了存在一些重复以外，每次都得到了一个新的偶数编号的公式）。

我们现在对这两个检验进行第三次应用，也就是来"修正"公式，即从任意给定的一个不满足某个检验的公式推导出另一个满足这个检验的公式；所以，现在我们就要从 46 个基本公式出发，进入衍生公式的范畴。

这是很容易通过"交叉"（crossing）对立公式实现的，也就是取对立公式的平均值。如果一个给定的公式不满足检验 1，那么它的时间对立公式将也不满足检验 1；但是这两个公式是从两个相反的方向不满足检验 1 的，所以它们的交叉（通过取二者的**几何**平均值获得）将是满足检验 1 的完美的中间值。这在任何情况下都是正确的，不管配对进行交叉的公式是算术公式、几何公式、调和公式、中值公式、众数公式还是综合公式（或任何其他类型的公式）。就像我们将要说明的那样，总是可以用两个对立的指数的**几何**均值来对它们进行"交叉"，不管这两个指数本身是几何指数、中值指数、众数指数、综合指数，还是一个是算术指数另一个是调和指数（算术－调和指数）。如果我们将两个对立的指数**几何**交叉，得到的公式将满足检验。但是，如果我们将它们算术交叉或调和交叉，就不是这样。通过这种简单的（几何）交叉过程，我们可以"修正"任何公式，使它们符合两个检验中的一个或两个。

因此，以简单算术指数为例。它的时间对立指数是简单调和指数。这两个指数都不满足检验1，即时间倒转检验。但是，其中一个指数在一个方向上的不满足程度，恰好完全符合另一个指数在另一个方向上的不满足程度，而且我们会发现，二者的交叉会恰好满足检验1。

第二节　数字说明

以1913年为基准的1917年的简单算术指数是175.79%。以1913年为基准的1917年的简单调和指数是157.88%。这两个指数都不满足检验1，但是它们的交叉是166.60%，**满足**检验1。因为它的倒数是60.02%，在时间上反向应用同样的过程就会得到这个数字。

因此，166.60%，修正的算术指数（当然也是修正的调和指数），与原来未经修正的简单算术指数175.59%不一样，与原来未经修正的简单调和指数 157.88% 也不一样，它是满足检验 1 的，即，它乘以将类似的方法反向应用得到的数字 60.02%，恰好等于 100%，或 1；换句话说，前向和后向计算的结果互为倒数。

另一方面，简单几何指数是自己的时间对立指数，即它满足检验 1，不需要修正（对于检验 1 来说）。对于 1917 年来说，这个简单几何指数是 166.65%，反向计算的结果是 60.01%，是 166.65% 的倒数。

这两个系列，即修正的简单算术–调和指数（101）和简单几何指数（21），的全部指数值如下：

年份	1913	1914	1915	1916	1917	1918
修正的算术–调和指数（101）	100	95.75	96.80	121.38	166.60	179.09
简单几何指数（21）	100	95.77	96.79	121.37	166.65	180.12

比较这两组满足检验 1 的指数，会发现一个意料之外的结果——那就是，它们非常接近于相等。因此，本来会出现在几何指数和算术指数之间的冲突，通过"修正"消失了。

到目前为止，有一种倾向认为，算术指数和几何指数是平等的，虽然算术指数在几何指数的上方，调和指数在几何指数的下方，但这只不过是一件有趣的小事。

另一方面，杰文斯和其他几个人更倾向于偏好几何指数，认为它永远是两个极端之间的中庸之道，但是他们没有对这种偏好给出任何明确的理由。仅仅因为几何指数位于另外两种指数的中间就更偏好于它，这样的理由是不符合逻辑的。

但是，我们发现了拒绝简单算术指数（以及，类似地，拒绝简单调和指数）的一个很好的理由。因为它在时间正反两个方向应用时不是一致的。但是，通过"修正"，这个缺陷得到了弥补，得到的**修正的**算术指数就不再有因为与几何均值有差异而导致的任何问题了。

　　因此，检验 1 可以作为一个试金石，（1）来判断算术指数（和调和指数）自身不满足检验 1；（2）弥补不一致的问题，得到另一个完全没有这种缺陷的公式。

140　　第三节　图形说明

　　从图形来看，图 25P 和 25Q 显示了通过将简单算术指数（1）和简单调和指数（11）交叉得到的修正的指数（公式 101），它与简单几何指数（21）几乎是相等的。

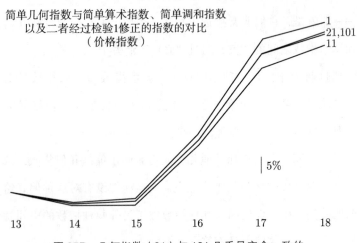

简单几何指数与简单算术指数、简单调和指数
以及二者经过检验1修正的指数的对比
（价格指数）

图 25P　几何指数（21）与 101 几乎是完全一致的，
后者是公式 1 和公式 11 的几何均值。

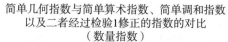

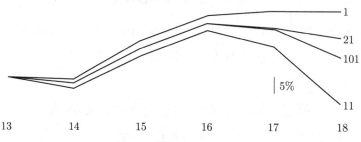

图 25Q　与图 25P 类似。但是在 1918 年，21 和 101 的结果不一致。

第四节　"总是可以通过将时间对立指数交叉来实现修正"的代数证明

用代数式表示的话，完整的证明过程简单得令人发指。设 P_{01} 为任意一个时点 1 相对于时点 0 的价格指数公式。如上一章的第一节所示，它的时间对立公式为 $\dfrac{1}{P_{10}}$。将这两个表达式相乘再开平方，就得到了它们的几何均值，$\sqrt{\dfrac{P_{01}}{P_{10}}}$。这是一个新的公式，我们可以证明它符合检验 1。

我们来应用检验 1。

（1）将"0"和"1"互换，得到 $\sqrt{\dfrac{P_{10}}{P_{01}}}$。

（2）用得到的结果乘以原公式，等于 1，符合检验 1 的要求。

因此，任何两个时间对立公式的交叉公式都符合检验 1。

因此，由于公式 1 和公式 11 是时间对立公式，所以公式 $\sqrt{(1)\times(11)}$ 必然符合检验 1，即时间倒转检验。我们称这个新的公式为公式 101。我们一共可以推导出如下满足时间倒转检验的新公式，因为每一个新公式都是两个时间对立公式的交叉公式。

141

第五节　通过交叉时间对立公式
得到的修正公式

从算术公式和调和公式衍生出的公式：

$$\sqrt{1\times 11}\ \text{即公式 101}$$

$$\sqrt{2\times 12}\ \text{即公式 102}$$

$$\sqrt{3\times 19}\ \text{即公式 103}$$

$$\sqrt{4\times 20}\ \text{即公式 104}$$

$$\sqrt{5\times 17}\ \text{即公式 105}$$

$$\sqrt{6\times 18}\ \text{即公式 106}$$

$$\sqrt{7\times 15}\ \text{即公式 107}$$

$$\sqrt{8\times 16}\ \text{即公式 108}$$

$$\sqrt{9\times 13}\ \text{即公式 109}$$

$$\sqrt{10\times 14}\ \text{即公式 110}$$

从几何公式衍生出的公式：

$$\sqrt{23\times 29}\ \text{即公式 123}$$

$$\sqrt{24 \times 30} \text{ 即公式 } 124$$

$$\sqrt{25 \times 27} \text{ 即公式 } 125$$

$$\sqrt{26 \times 28} \text{ 即公式 } 126$$

从中值公式衍生出的公式：

$$\sqrt{33 \times 39} \text{ 即公式 } 133$$

$$\sqrt{34 \times 40} \text{ 即公式 } 134$$

$$\sqrt{35 \times 37} \text{ 即公式 } 135$$

$$\sqrt{36 \times 38} \text{ 即公式 } 136$$

从众数公式衍生出的公式：

$$\sqrt{43 \times 49} \text{ 即公式 } 143$$

$$\sqrt{44 \times 50} \text{ 即公式 } 144$$

$$\sqrt{45 \times 47} \text{ 即公式 } 145$$

$$\sqrt{46 \times 48} \text{ 即公式 } 146$$

从综合公式衍生出的公式：

142

$$\sqrt{53 \times 59} \text{ 即公式 } 153$$

$$\sqrt{54 \times 60} \text{ 即公式 } 154$$

用公式 153 计算的价格指数的是 $\sqrt{\dfrac{\sum p_1 q_0}{\sum p_0 q_0} \times \dfrac{\sum p_1 q_1}{\sum p_0 q_1}}$

用公式 153 计算的数量指数的是 $\sqrt{\dfrac{\sum q_1 p_0}{\sum q_0 p_0} \times \dfrac{\sum q_1 p_1}{\sum q_0 p_1}}$。

这就是我们下文所说的"理想"公式。它显然和公式154是一样的，因为53和60一样，而59和54一样。同样，公式153和154与公式103、104、105、106也是一样的（这几个公式都是从53和54的不同等价公式计算出来的）。

读者可以看到，在给这些修正公式编号的时候，我们直接使用了数字100，也就是在每一对用来推导的两个**时间**对立公式中，选择较小的那个编号，在它上面加上100[①]。

第六节　对因素对立公式进行交叉

我们现在看看检验2和因素对立公式。与检验2有关的修正，可以通过取任意两个**因素**对立的公式的几何均值来完成。同样，这个证明也非常简单，将在附录中给出[②]。

第七节　通过交叉因素对立公式得到的修正公式

因此，我们可以得到如下符合检验2的公式：

$$\sqrt{1\times 2} \text{ 即公式 } 201$$

$$\sqrt{3\times 4} \text{ 即公式 } 203$$

143

$$\sqrt{5\times 6} \text{ 即公式 } 205$$

$$\sqrt{7\times 8} \text{ 即公式 } 207$$

---

① 完整的公式编号方法见附录5第二节。
② 见附录1（第7章第六节的注释）来了解相关的证明和讨论。

$\sqrt{9 \times 10}$ 即公式 209

$\sqrt{11 \times 12}$ 即公式 211

$\sqrt{13 \times 14}$ 即公式 213

$\sqrt{15 \times 16}$ 即公式 215

$\sqrt{17 \times 18}$ 即公式 217

$\sqrt{19 \times 20}$ 即公式 219

$\sqrt{21 \times 22}$ 即公式 221

$\sqrt{23 \times 24}$ 即公式 223

$\sqrt{25 \times 26}$ 即公式 225

$\sqrt{27 \times 28}$ 即公式 227

$\sqrt{29 \times 30}$ 即公式 229

$\sqrt{31 \times 32}$ 即公式 231

$\sqrt{33 \times 34}$ 即公式 233

$\sqrt{35 \times 36}$ 即公式 235

$\sqrt{37 \times 38}$ 即公式 237

$\sqrt{39 \times 40}$ 即公式 239

$\sqrt{41 \times 42}$ 即公式 241

$\sqrt{43 \times 44}$ 即公式 243

$\sqrt{45 \times 46}$ 即公式 245

$$\sqrt{47 \times 48}\ \text{即公式 247}$$

$$\sqrt{49 \times 50}\ \text{即公式 249}$$

$$\sqrt{51 \times 52}\ \text{即公式 251}$$

$$\sqrt{53 \times 54}\ \text{即公式 253}$$

$$\sqrt{59 \times 60}\ \text{即公式 259}$$

144　　读者可以看到，在给这些修正公式编号的时候，我们直接使用了数字 200，也就是在每一对用来推导的两个**因素**对立公式中，选择较小的那个编号，在它上面加上 200（就像在使用检验 1 的时候，我们用 100 加上两个**时间**对立公式中较小的那个编号一样）。当然，一个公式能满足两个检验中的一个，不一定意味着它能满足另一个（虽然事实上，它有这个倾向）。因此，大多数 200 开头的这一组公式与 100 开头的那一组都是不同的——虽然它们的结果通常非常接近。

在 200 开头的这组公式中，有六个是一样的，就是交叉了拉氏公式和派氏公式的那些公式，也就是公式 203、205、217、219、253、259；这些公式不仅彼此相同，而且通过观察会发现，它们与 100 开头的那组公式中的六个公式也是相同的，即公式 153、154，以及 154 的复制公式 103、104、105、106。这个公式是

$$\sqrt{\frac{\sum p_1 q_0}{\sum p_0 q_0} \times \frac{\sum p_1 q_1}{\sum p_0 q_1}},$$

我们前面提到过它是我们的理想公式，是拉氏公式和派氏公式的交叉公式。这是唯一一个同时出现在 100 开头的组和 200 开头的组的公式。

第八节　对立公式的四重关系

可以很容易地证明①，如果任何两个指数互为时间对立指数，那么它们各自的因素对立指数也互为时间对立指数。因此，公式 1 和公式 11 互为时间对立指数，公式 2 和 12（它们的因素对立指数）也互为时间对立指数。类似地，公式 23 和 29 是时间对立指数，公式 24 和 30（它们各自的因素对立指数）也互为时间对立指数。

类似地，很容易证明②，如果任何两个指数互为因素对立指数，那么它们各自的时间对立指数也互为因素对立指数。

第九节　用两个检验修正简单算术指数和简单调和指数

因此，我们会发现我们的公式都在一个个四重奏乐团里，这个乐团里不仅有两对时间对立指数，还有两对因素对立指数——这些指数都不满足检验，但是可以通过交叉来修正。

因此，以下公式可以构成一个四重奏乐团：

1	11
2	12

水平方向上形成的两对公式，可以通过交叉各自得到一个满足

---

①　用代数式表示，这个定理的证明很简单，在附录 1（第 7 章第八节的注释 A）中给出。

②　用代数式表示，这个证明在附录 1（第 7 章第八节的注释 B）中给出。

检验 1 的公式（即 $\sqrt{(1)\times(11)}$ 得到公式 101，$\sqrt{(2)\times(12)}$ 得到公式 102）；而竖直方向上形成的两对公式，可以通过交叉得到满足检验 2 的公式（即 $\sqrt{(1)\times(2)}$ 得到公式 201，$\sqrt{(11)\times(12)}$ 得到公式 211）。

　　可以证明，在任何这样的四重奏乐团里，两对时间对立公式的交叉公式互为因素对立公式，两对因素对立公式的交叉公式互为时间对立公式。

　　现在我们已经做好准备对所有公式进行完全的修正或双重修正了。其方法就是对交叉公式再进行交叉，不管顺序如何都会得到同样的结果——不管是先对时间对立公式交叉再将结果交叉，还是先对因素对立公式交叉再将结果交叉，得到的结果都是整个四重奏乐团中所有公式乘积的四次方根[①]。因此，这个四次方根，也就是对任何公式构成的四重奏乐团的双重修正结果，必然同时满足两个检验。

　　经过双重修正的公式都用 300 开头来编号，在用来推导的四个公式中最小的那个编号加上 300。我们可以用上文提到的 1、11、2、12 这个四重奏乐团来举例说明所有这些关系。

1	交叉	11	得到　101
交叉		交叉	交叉
2	交叉	12	得到　102
得到 201	交叉	得到 211	得到　得到 301

---

　　① 见附录 1（第 7 章第九节的注释）。

第十节　数字说明

我们可以用 1917 年的数字来说明对公式 1、11、2、12 这个四重奏乐团的全部三种修正。用这四个公式得到的价格指数为：

$$(1) = 175.79 \qquad (11) = 157.88$$
$$(2) = 152.75 \qquad (12) = 172.11$$

两对时间对立指数的几何均值或修正值为：

$$(101) = \sqrt{1 \times 11} = \sqrt{175.79 \times 157.88} = 166.60$$
$$(102) = \sqrt{2 \times 12} = \sqrt{152.75 \times 172.11} = 162.14$$

我们会观察到一件很有趣的事情，即这两个符合检验 1 的结果不像原来那些不符合检验 1 的结果彼此相差那么大了。

类似的，根据检验 2 得到的修正结果为：

$$(201) = \sqrt{1 \times 2} = \sqrt{175.79 \times 152.75} = 163.87$$
$$(211) = \sqrt{11 \times 12} = \sqrt{157.88 \times 172.11} = 164.84$$

我们也会观察到一件很有趣的事情，即这些符合检验 2 的结果比原来那些不符合检验 2 的结果彼此更接近了。

最后，完全修正的结果为：

149

$$(301) = \sqrt{101 \times 102} = \sqrt{166.60 \times 162.14} = 164.35$$
$$= \sqrt{201 \times 211} = \sqrt{163.87 \times 164.84} = 164.35$$
$$= \sqrt[4]{1 \times 2 \times 11 \times 12} = \sqrt[4]{175.79 \times 152.75 \times 157.88 \times 172.11}$$
$$= 164.35$$

第十一节　图形说明

图 26P 和 26Q 给出了简单算术公式和简单调和公式，即公式 1、11、2、12，的修正结果（在这个四重奏乐团里，公式 1 和 11 互为时间对立公式，2 和 12 互为时间对立公式，而 1 和 2 互为因素对立公式，11 和 12 互为因素对立公式）。这四个公式的图像都是从同一个原点出发的（图的上半部分），其中因素对立公式的图像，即偶数编号的公式，用虚线表示。

紧挨着的下面一层是这四个公式经过检验 1 得到的修正公式，深色的曲线 101 代表公式 1 和 11 的修正公式；虚线 102 代表公式 2 和 12 的修正公式。这两个修正公式相互一致的程度比原来的公式高。

另一方面，第三层给出了根据检验 2 得到的修正公式，201 代表公式 1 和 2 的修正公式，211 代表公式 11 和 12 的修正公式。这两条曲线也比原来的四条曲线更加接近。

最后，最下面一层给出了曲线 301，是完全修正的指数。我们可以认为它是根据检验 2 对经过检验 1 修正的一对公式再次进行修正得到的公式，也可以认为它是根据检验 1 对经过检验 2 修正的一对公式再次进行修正得到的公式，还可以认为它是同时根据检验 1 和检验 2 对原来的整个四重奏乐团进行修正得到的公式。

因此，每次修正都会剔除一些差异，最终的曲线所代表的指数是用于推导它的四条曲线的几何平均值。这种通过交叉进行修正的方法是可以普遍应用的。

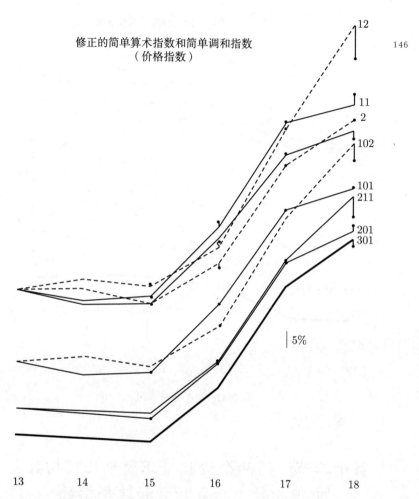

图 26P　最上面一层曲线是相关的公式构成的一组四重奏乐团的曲线。下一层是将每一对时间对立公式焊接，即几何交叉，构成的曲线（从公式 1 和 11 得到 101，从 2 和 12 得到 102）；再下面一层是将每一对因素对立公式焊接得到的曲线（从公式 1 和 2 得到 201，从 11 和 12 得到 211）；最下面一层，是将最上面一层的四个曲线全部焊接在一起（或将第二层的两条曲线或第三层的两条曲线焊接在一起）。最上面一层的公式都不满足任何一个检验；第二层的公式满足检验 1，但是不满足检验 2；第三层的公式满足检验 2，但是不满足检验 1；最后一层的公式同时满足两个检验。

修正的简单算术指数和简单调和指数
（数量指数）

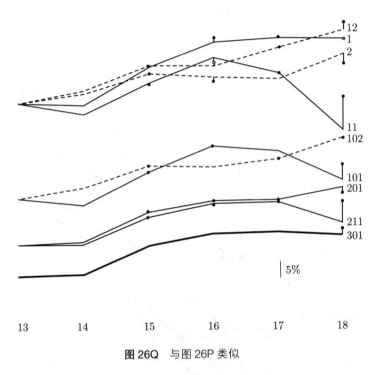

图 26Q　与图 26P 类似

第十二节　用两个检验修正简单几何指数、
中值指数、众数指数和综合指数

从图形来看，图 27P 和 27Q 显示了简单几何均值的修正指数。这个过程比上一节介绍的过程短，因为简单几何指数已经符合检验 1 了，只需要根据检验 2 进行修正。但是，为了保持论证的一致性，我们还是会进行全部四个步骤，只不过在这种情况下，第一步"修正"只是对公式的重复；我们可以认为公式 21 是它自己的时间对立公式，公式 22 也是它自己的时间对立公式。

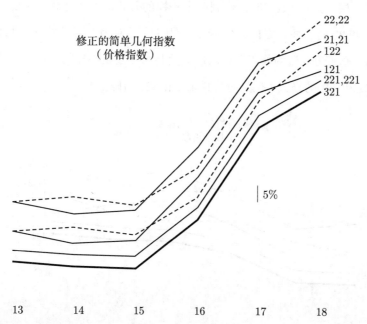

修正的简单几何指数
（价格指数）

22,22
21,21
122
121
221,221
321

|5%

13　　　14　　　15　　　16　　　17　　　18

图 27P 与图 26P 类似；但是公式 21、21、22、22 这个四重奏乐团包含两组重复的公式，所以最上面一层的四条曲线变成了两条；第二层的两条曲线就是重复了上面一层的两条曲线，这两条曲线到第三层就变成了一条。最下面一层只是重复了上面一层。

也就是说，第一层给出了这个四重奏乐团，

　　　　　　21　　　　　　　　21
　　　　　　22　　　　　　　　22

（公式 21 是公式 21 的时间对立公式，22 是 22 的时间对立公式，其中一个公式 22 是一个公式 21 的因素对立公式，另一个 22 是另一个 21 的因素对立公式）。在第二层，公式 121 是"水平方向"对

151

公式 21 和 21 的修正公式, 即它与 21 是一样的; 类似地, 公式 122
是 "水平方向" 对公式 22 和 22 的修正公式, 即它与 22 是一样的。
第三层, 公式 221, 应该代表两个一样的公式, 一个是对一对公式
21 和 22 的 "垂直方向" 的修正, 另一个是对另一对公式 21 和 22
的 "垂直方向" 的修正。第四层显然和第三层是一样的, 是对公式
221 和 221 的修正 (也是对公式 121 和 122 的修正)。

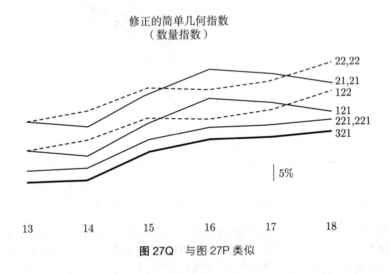

修正的简单几何指数
(数量指数)

图 27Q 与图 27P 类似

要不是我们通常都有四个真正有区别的公式需要修正, 我们就
可以省略两层了 (第二层和最后一层); 因为真正进行的只是根据
检验 2 的修正。

图 28P 和 28Q 显示了用完全相同的方法对简单中值公式的修
正, 图 29P 和 29Q 是对简单众数公式的修正, 图 30P 和 30Q 是对
简单综合公式的修正。

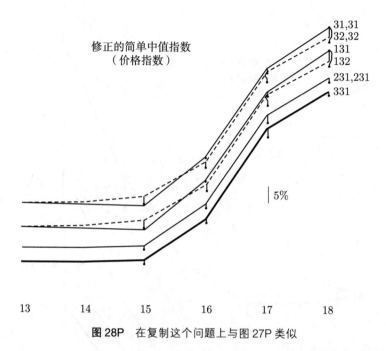

图 28P　在复制这个问题上与图 27P 类似

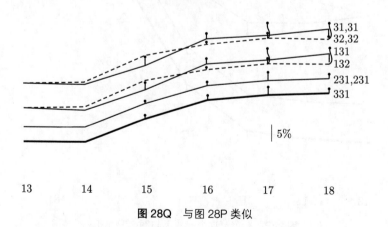

图 28Q　与图 28P 类似

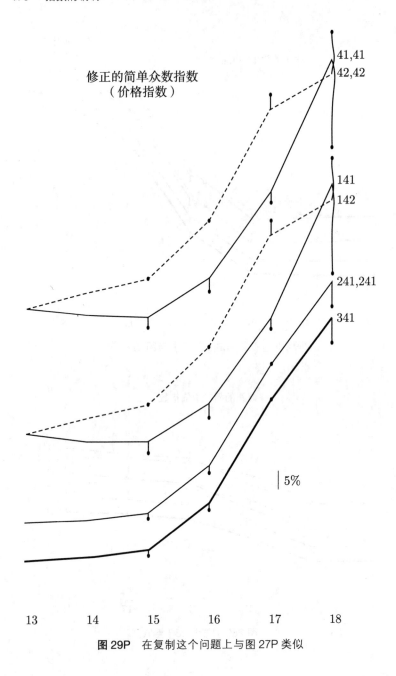

修正的简单众数指数
（价格指数）

41,41
42,42

141
142

241,241
341

5%

13   14   15   16   17   18

图 29P　在复制这个问题上与图 27P 类似

修正的简单众数指数
　（数量指数）

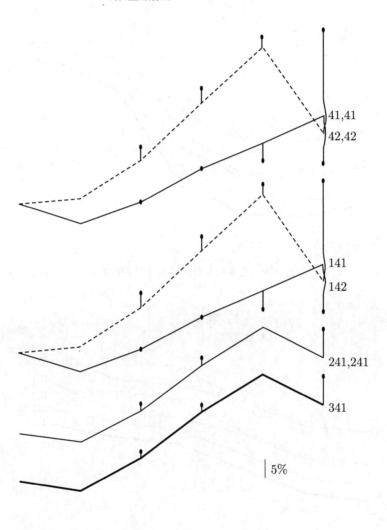

41,41
42,42

141
142

241,241

341

5%

13　　　　14　　　　15　　　16　　　17　　　18

图 29Q 与图 29P 类似

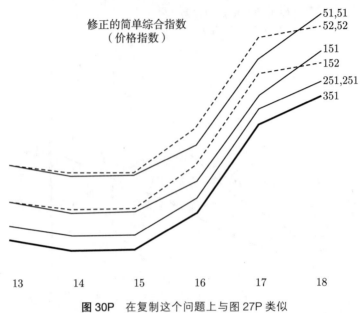

修正的简单综合指数
（价格指数）

51,51
52,52
151
152
251,251
351

13   14   15   16   17   18

图 30P　在复制这个问题上与图 27P 类似

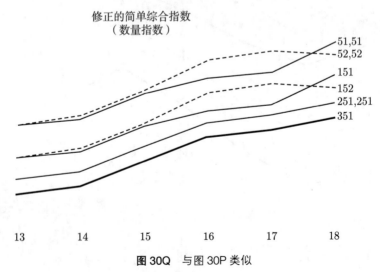

修正的简单综合指数
（数量指数）

51,51
52,52
151
152
251,251
351

13   14   15   16   17   18

图 30Q　与图 30P 类似

第十三节　双重修正简单指数的结果

从图像来看，图 31P 和 31Q 显示了对所有简单指数（省略了众数指数）的修正的概览。最上面一层的简单指数只有公式 1 和 11，因为众数公式（41）被省略了，而 21、31、51 已经符合检验 1 了，所以推迟到第二层显示，并在第二层表示为 121、131、151，第二层还有经过检验 1 修正得到的其他公式。所有经过检验 2 修正得到的公式都显示在第三层；最后一层给出的是经过两个检验修正后的公式。我们会看到，除了 1917 年和 1918 年以外，曲线 301 和 321 几乎是处处平行的；而在这两年，曲线 301（固定基准法）所呈现出的形状，是因为有一种商品（毛皮）的原始价格波动比较异常。这两条曲线都与 331 比较类似，而 351 则与它们明显不同。公式 341（图中省略）与其他曲线也没有多少相似之处。

因此我们可以说，一般来说，通过修正简单指数，我们能够使三个基本公式达到适度的一致，也仅仅是适度的一致。我们没办法进一步提高它们的一致性，因为简单指数采用了几乎无可救药的奇怪的加权方法。对于综合公式 51 来说尤其如此，它采用的是很"随意"的权重，这种权重和其他公式使用的权重都没有任何关系。

158　简单价格指数公式和它们的对立公式及衍生公式
两个检验都不满足
只满足检验1
只满足检验2
同时满足两个检验
（省略了众数指数）

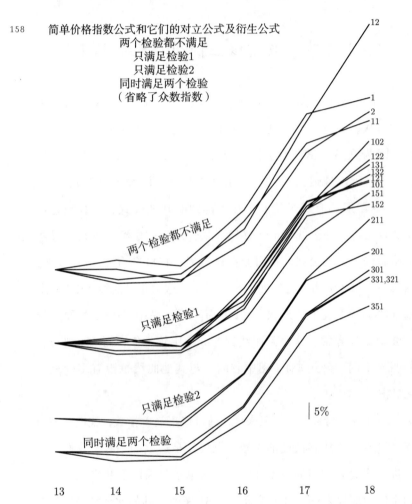

两个检验都不满足

只满足检验1

只满足检验2

同时满足两个检验

| 5%

12
1
2
11
102
122
131
132
101
151
152
211
201
301
331,321
351

13　　14　　15　　16　　17　　18

图 31P　对所有简单指数（其中，在第一层中省略了 21、31、51 以及它们的因素对立指数 22、32、52，并将它们作为 121、131、151 和 122、132、152 插入到了第二层中）的双重修正，结果只具有一定程度的一致性，如最下面一层的曲线所示。

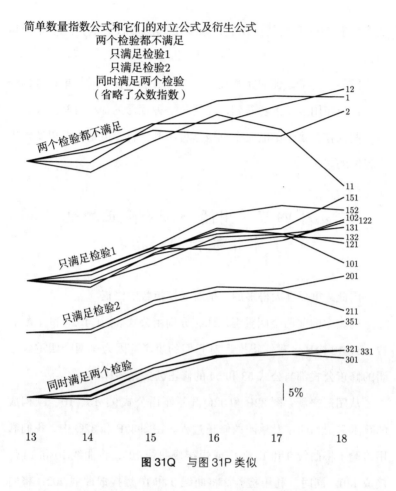

简单数量指数公式和它们的对立公式及衍生公式　　159
两个检验都不满足
只满足检验1
只满足检验2
同时满足两个检验
（省略了众数指数）

两个检验都不满足

只满足检验1

只满足检验2

同时满足两个检验

5%

13　　　14　　　15　　　16　　　17　　　18

图 31Q　与图 31P 类似

　　而且，根据检验 2 对简单公式进行修正其实是很荒谬的。只有 154
当我们不知道能使用什么权重时，也就是不知道 "q"，所以也不知
道价值 $p_0 q_0$ 时，简单价格指数才有存在的理由。但是另一方面，利
用检验 2 对简单价格指数进行修正，需要它的因素对立指数，而因
素对立指数是用对应的简单数量指数除价值比例得到的。这就意
味着，我们知道数量和价值。但是如果我们拥有全部这些信息，在 155

实践中就会一开始就使用它，采取更好的加权方法，而不是简单加权。

　　但是，为了论证的完整性，我在本书中包含了对简单指数的修正。它的作用是让读者看到，即使从一种荒谬的加权方法出发，通过一些操作，哪怕不能完全克服这种不利条件，但是也可以实现极大程度的修正。

156

第十四节　用两个检验修正加权 算术指数和调和指数

　　因此，重要性大得多的，是**对加权指数**的修正。

　　列表中的前两个四重奏乐团，分别由公式 3、19、4、20 和公式 5、17、6、18 构成，我们将推迟对它们的思考。因为这两个四重奏乐团的修正公式都与公式 53 和 54 的修正公式是一样的。

　　从图形来看，图 32P 和 32Q 显示了由公式 9、13、10、14 构成的算术 - 调和四重奏乐团的修正过程。在图 32P 和 32Q 中，我们利用检验 1 将曲线 9 和 13 碾压或焊接成曲线 109，将曲线 10 和 14 焊接成 110。同时，利用检验 2 将曲线 9 和 10 焊接成曲线 209，将曲线 13 和 14 焊接成曲线 213。最后，将全部四条曲线都放进两个碾压器

157 （可以按两种顺序放进去，也可以同时放进两个），我们可以将它们都碾压在一起，成为图最下端显示的单独一条曲线，309。

　　图 33P 和 33Q 显示了同样的过程，在这个过程中公式 7、15、8、16 这个四重奏乐队通过碾压器融合成了完全修正的公式 307。图 33 在每个细节上都与图 32 非常相似。

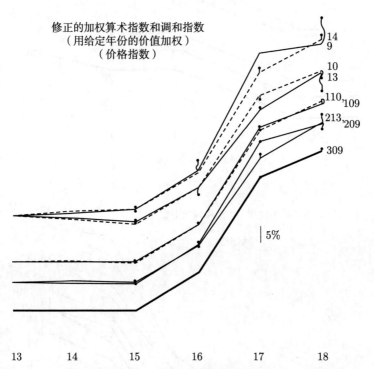

修正的加权算术指数和调和指数
（用给定年份的价值加权）
（价格指数）

14
9

10
13

110,109

213,209

309

5%

13　　　　14　　　　15　　　　16　　　　17　　　　18

图 32P　这个四重奏乐团包含了加权方法差别很大的指数，以及用散点表示的环比指数，经过修正联合成了公式 309。实际上，公式 309 与下面要介绍的另一个修正指数是一样的，而且它的环比指数其实与固定基准指数也是重合的。

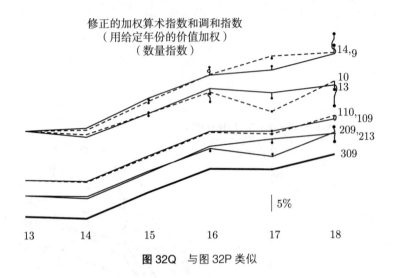

修正的加权算术指数和调和指数
（用给定年份的价值加权）
（数量指数）

图 32Q　与图 32P 类似

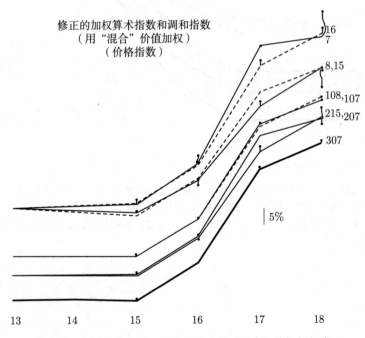

修正的加权算术指数和调和指数
（用"混合"价值加权）
（价格指数）

图 33P　与图 32P 类似，但是采用的是"混合"价值加权法。

修正的加权算术指数和调和指数
（用"混合"价值加权）
（数量指数）

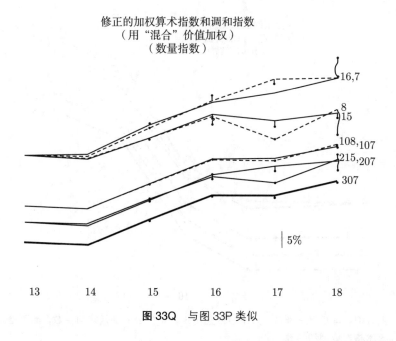

图 33Q 与图 33P 类似

第十五节 用两个检验修正加权的几何指数、中值指数、众数指数和综合指数

从图形来看，图 34P 和 34Q 显示了对几何指数公式 23、29、24、30 这个四重奏乐团的修正。这两个图与图 32 和图 33 相似，只不过起始的四个公式的分离程度只有一半左右。

图 35P 和 35Q 显示了对几何指数公式 25、27、26、28 构成的四重奏乐团的修正，在每个细节上都与图 34 非常相似。

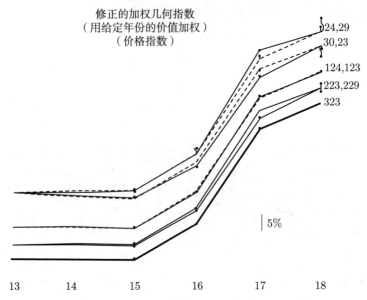

修正的加权几何指数
（用给定年份的价值加权）
（价格指数）

24,29
30,23
124,123
223,229
323

5%

13   14   15   16   17   18

图 34P　与图 32P 类似，只不过四重奏乐团中的公式都是几何指数，而不是算术指数或调和指数。

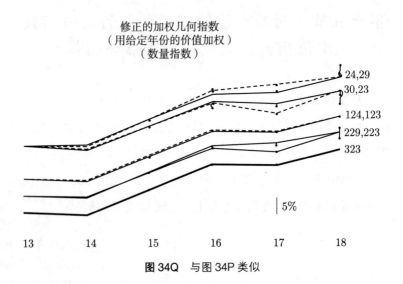

修正的加权几何指数
（用给定年份的价值加权）
（数量指数）

24,29
30,23
124,123
229,223
323

5%

13   14   15   16   17   18

图 34Q　与图 34P 类似

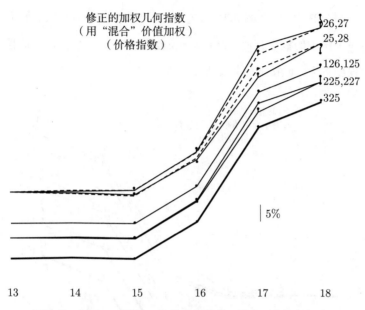

图 35P 与图 34P 类似，但是采用的是"混合"价值加权法。

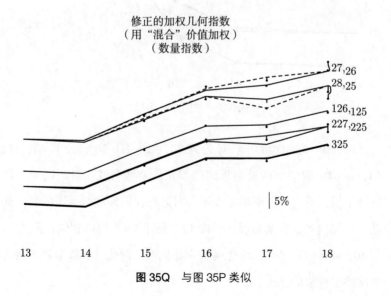

图 35Q 与图 35P 类似

　　图 36P、36Q 和图 37P、37Q 给出了修正的中值指数。它们与
160 前一个图中的数字相似，但是与几何指数相比，它们彼此之间接近
的程度更大，但接近的频率更小。

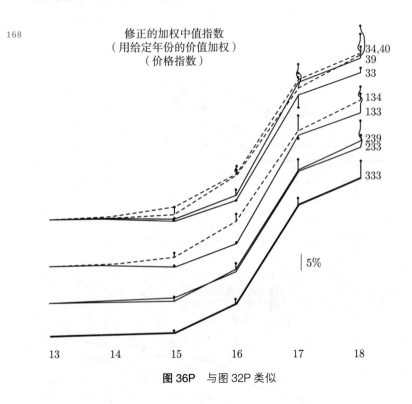

图 36P　与图 32P 类似

　　图 38P 和 38Q 给出了对公式 43、49、44、50 和公式 45、47、
46、48 构成的两个四重奏乐团的修正的众数公式；对于这两个四
重奏乐团，不需要分别用图表示，因为在我们计算的范围内它们都
是完全相同的。也就是说，公式 43 实际上与公式 45 相同，公式 44
与 46，49 与 47，50 与 48 也是分别相同的。因此，众数指数不能明
显反映出权重的变化。

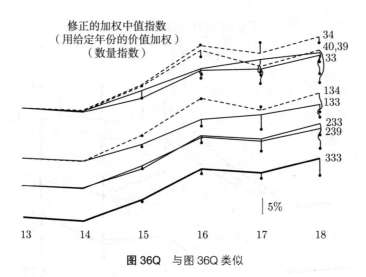

修正的加权中值指数
（用给定年份的价值加权）
（数量指数）

图 36Q　与图 36Q 类似

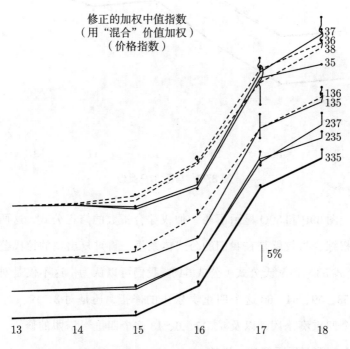

修正的加权中值指数
（用 "混合" 价值加权）
（价格指数）

图 37P　与图 36P 类似，但是采用的是 "混合" 价值加权法。

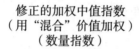

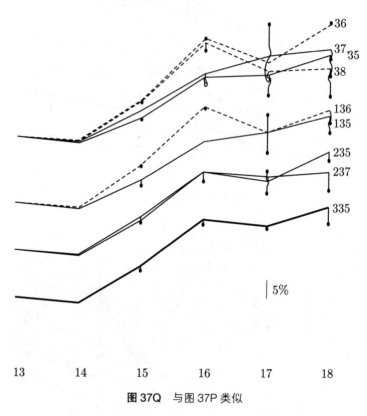

图 37Q   与图 37P 类似

161   图 39P 和 39Q 显示了两个加权综合指数的修正公式，这两个加权综合指数就是在我们的公式体系里一再重复出现的拉氏公式（公式 53）和派氏公式（公式 54）。我们可以认为，这不仅是对公式 53、59、54、60 这个四重奏乐团的修正，还是对 3、19、4、20 这个四重奏乐团，以及 5、17、6、18 这个四重奏乐团的修正，这三个四重奏乐团都是一样的。

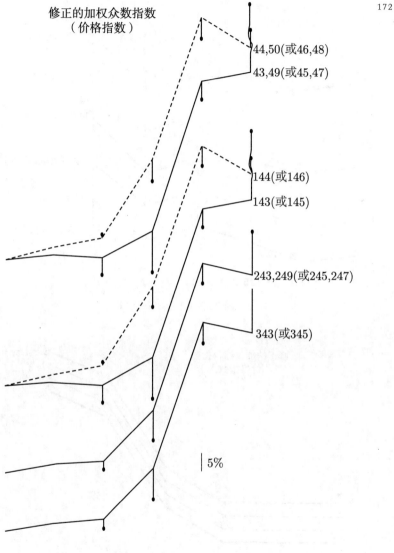

图 38P   与图 32P 和 33P 类似

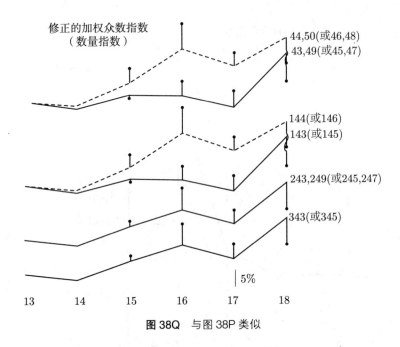

修正的加权众数指数
（数量指数）

44,50(或46,48)
43,49(或45,47)

144(或146)
143(或145)

243,249(或245,247)

343(或345)

| 5%

图 38Q　与图 38P 类似

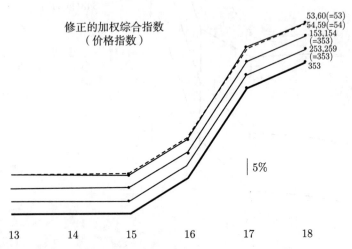

修正的加权综合指数
（价格指数）

53,60(=53)
54,59(=54)
153,154
(=353)
253,259
(=353)
353

| 5%

图 39P　与图 32P 类似，但是 53、59、54、60 这个四重奏乐团中包含两个复制的公式；因此，最上面一层的四条曲线变成了两条；第二层的两条曲线变成了一条；下面两层仅仅是重复第二层的过程。

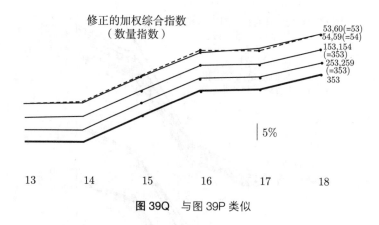

图 39Q　与图 39P 类似

这个修正过程和前面的某些修正过程一样，并不是对四个公式的修正，而仅仅是对两个公式的修正。而且，和其他的修正过程不同，整个过程只有一次真正的修正；也就是说，第一次修正和第二次修正是彼此相同的，当然也是与将两个修正同时放在一起的修正相同的。因此，在下面三层都只有一条曲线。

第十六节　对加权指数的双重修复结果

162

从图像来看，图 40P 和 40Q 显示了对所有加权指数（省略了众数指数）的修正的概览。经过对加权指数进行修正而导致的一致性程度比对简单指数进行修正而导致的一致性程度要大得多。实际上，在实用的目的上，所有修正的加权指数都是完全一致的。如果将中值指数排除在外，用肉眼几乎看不出这些指数有任何差异。只有修正的众数指数（未包含在图中）是真正与其他指数有差异的。

163

图 41P 和 41Q 列出了不同的加权公式（省略了众数指数和中

176

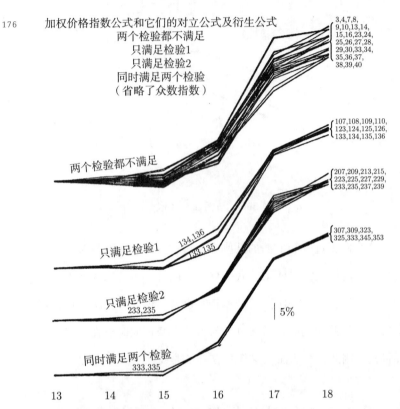

图 40P   与图 31P 类似，但是这些加权指数的双重修正结果比简单指数的双重修正结果的一致性大得多。

值指数）的极限，表明随着两个检验得到满足，指数的极限也收缩了。这个图表明，与要取平均值的原始价比或数量比相比，所有加权指数（省略了众数指数和中值指数）的上下极限要相互接近得多。更重要的是，当至少有一个检验被满足的时候，指数值的范围会大大缩小。最后，那些同时满足两个检验的指数都会落在一个非常小的范围内，这个范围非常小，以至于在实践的目的中是完全可以忽略的。

加权数量指数公式和它们的对立公式及衍生公式
　　　两个检验都不满足
　　　只满足检验1
　　　只满足检验2
　　　同时满足两个检验

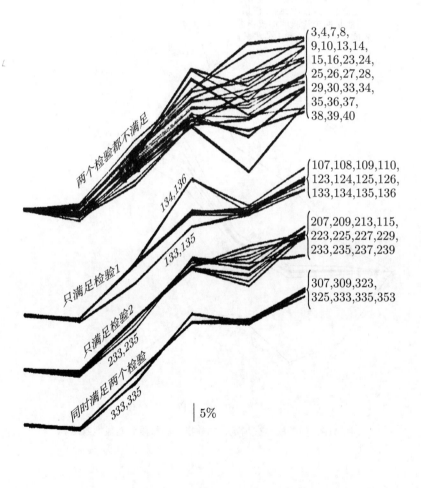

图 40Q　与图 40P 类似

178

价格和三种指数的范围
两个检验都不满足的加权指数
只满足检验1或检验2的加权指数
同时满足两个检验的加权指数
(省略了众数指数和中值指数)

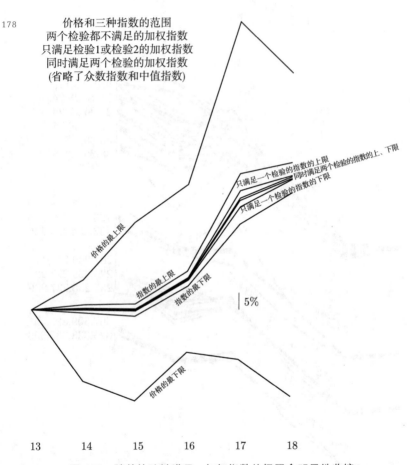

图41P   随着检验被满足,加权指数的极限会明显地收缩。

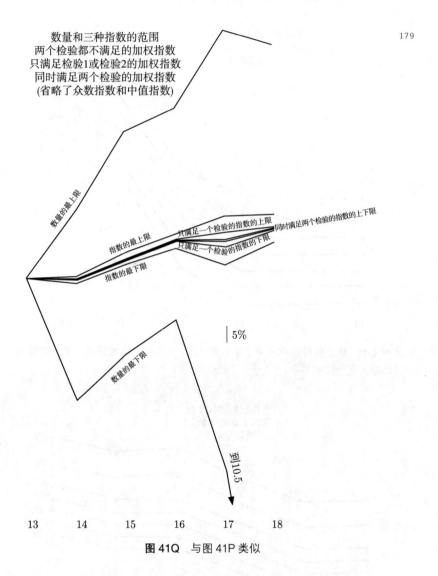

数量和三种指数的范围
两个检验都不满足的加权指数
只满足检验1或检验2的加权指数
同时满足两个检验的加权指数
(省略了众数指数和中值指数)

数量的最上限

指数的最上限

只满足一个检验的指数的上限

同时满足两个检验的指数的上下限

只满足一个检验的指数的下限

指数的最下限

5%

数量的最下限

到10.5

| 13 | 14 | 15 | 16 | 17 | 18 |

图 41Q　与图 41P 类似

　　图 42P 和 42Q 分别给出了双重修正的加权指数（省略了众数 164 指数）。我们会注意到，肉眼几乎看不出这些曲线是不平行的，只有中值指数稍微明显了一点。

180

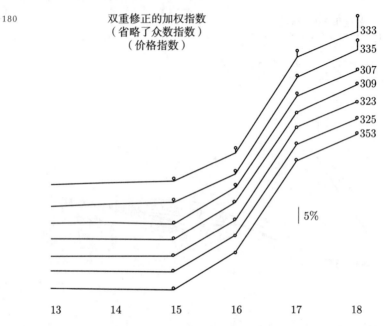

图 42P　这个图将图 40P 中（最下面一层）得出的七条曲线进行了分别显示，还加上了环比的数字。

181

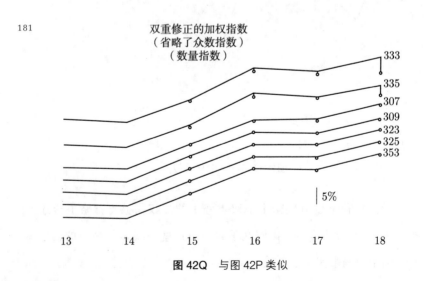

图 42Q　与图 42P 类似

第十七节　四重奏乐团的列表

让我们再一次"盘点一下存货",先列出所有的四重奏乐团,再列出所有的公式。下面是将 46 个基本公式按照对立关系匹配后可以构成的所有四重奏乐团,剔除了重复的部分。

算术公式和调和公式

165

1	11	给出公式 301
2	12	
7	15	给出公式 307
8	16	
9	13	给出公式 309
10	14	

几何公式

21	21	给出公式 321
22	22	
23	29	给出公式 323
24	30	
25	27	给出公式 325
26	28	

中值指数

166

31	31	给出公式 331
32	32	
33	39	给出公式 333
34	40	
35	37	给出公式 335
36	38	

众数公式

41	41
42	42
43	49
44	50
45	47
46	48

给出公式 341

给出公式 343

给出公式 345

167

综合公式

51	51
52	52
53	59
54	60

给出公式 351

给出公式 353

省略掉的重复部分包括：

3	19
4	20

和

5	17
6	18

它们都与

53	59
54	60

相同。所有这些相同的四重奏乐团里都只包含不同形式的拉氏公式和派氏公式。上面的三个四重奏乐团都可以写成

L	P
P	L

这些相同的四重奏乐团再一次提醒我们，拉氏公式和派氏公式 169
互为时间对立公式，也互为因素对立公式，它们既是算术公式、调
和公式，也是综合公式。

在这些四重奏乐团中，读者显然可以观察到，有些实际上可以
化简为二重唱，即那些得出公式 321、331、341、351 的四重奏乐团
（在这些四重奏乐团中，**同一横排的**两个公式是相同的）；以及得出
公式 353 的四重奏乐团（在这个四重奏乐团中，**对角上的**公式是相
同的，分别是拉氏公式和派氏公式）。公式 353，

$$\sqrt{\frac{\sum p_1 q_0}{\sum p_0 q_0} \times \frac{\sum p_1 q_1}{\sum p_0 q_1}},$$

与第七节讨论过的 12 个公式是相同的，从这里开始，我们将只把 170
它称为公式 353。

第十八节　到目前为止获得的公式列表

表 12 给出了完整的公式列表，包括基本公式、满足检验 1 的
公式、满足检验 2 的公式，以及同时满足两个检验的公式，但省略
了重复的部分（只用一条短线代表）。

表 12　主系列公式的编号

	算术指数—调和指数					几何指数				中值指数				众数指数				综合指数			
1	11	101	201	211	301	—	121	—	321	—	131	—	331	—	141	—	341	—	151	—	351
2	12	102	—	—	—	—	122	—	—	—	132	—	—	—	142	—	—	—	152	—	—
—	—	—	—	213	—	23	123	223	323	33	133	233	333	43	143	243	343	53	—	—	353
—	—	—	—	—	—	24	124	—	—	34	134	—	—	44	144	—	—	54	—	—	—
—	—	—	—	215	—	25	125	225	325	35	135	235	335	45	145	245	345	—	—	—	—
—	—	—	—	—	—	26	126	—	—	36	136	—	—	46	146	—	—	—	—	—	—
7	—	107	207	—	307	27	—	227	—	37	—	237	—	47	—	247	—	—	—	—	—
8	—	108	—	—	—	28	—	—	—	38	—	—	—	48	—	—	—	—	—	—	—
9	—	109	209	—	309	29	—	229	—	39	—	239	—	49	—	249	—	—	—	—	—
10	—	110	—	—	—	30	—	—	—	40	—	—	—	50	—	—	—	—	—	—	—

在这个表格中,任何一个在交叉前满足检验1的公式(比如公 171 式21)都被推到了后面显示(显示为公式121);类似地,任何一个进行了一种交叉就能满足两个检验的公式(比如公式221)也被推到了后面显示(显示为公式321)。也就是说,在这个表格里,以"300"开头的公式包含且只包含那些同时满足两个检验的公式;以"200"开头的公式包含且只包含那些同时**只**满足检验2的公式;以"100"开头的公式包含且只包含那些同时**只**满足检验1的公式;而那些编号小于100个公式包含且只包含那些两个检验都不满足的公式。

到目前为止,我们已经一共考察了下面这些公式:

46个基本公式,包括8个(21、22、31、32、41、42、51、52)满足检验1所以被推到表格后半部分显示(显示为121、122、131、132、141、142、151、152)的公式;

19个新推导(通过对基本公式中的时间对立公式进行交叉来推导)出来的满足检验1的公式,包括一个(153)同时也满足检验2所以被推到表格后半部分显示(显示为353)的公式;

22个新推导(通过对基本公式中的因素对立公式进行交叉来推导)出来的满足检验2的公式;

9个新推导出来的同时满足两个检验的公式。 173

这样就一共有96个不一样的公式,其中38个两个检验都不满足,26个只满足检验1,18个只满足检验2,14个同时满足两个检验。这96个公式就构成了我们的主系列公式,包括了大多数重要的公式类型。其他的某些公式将在下文讨论,每一个都与这96个不同的公式中的某一些非常相似。

下一章将系统地比较所有这96个公式和一些其他形式的指数。

但是现在我们面前已经出现了一个重要的结论。这也是我们已经注意到的结论，那就是，经过修正后，我们最初在用不同的公式构建的指数中所看到的那种巨大差异似乎不见了；**除了众数指数和从简单指数推导出的指数以外，目前发现的所有同时符合两个检验的指数彼此都非常一致。**

第十九节　其他交叉方法

在这一章，对任何两个公式的"交叉"都是取这两个公式的**几何均值**。我们已经发现，这个几何均值能够满足所讨论的检验。也就是说，两个时间对立公式的几何均值满足时间检验，两个因素对立公式的几何均值满足因素检验。如果我们尝试取两个对立公式的**算术**均值或**调和**均值，结果就不会满足要求的检验。

从代数表达来看，用我们检验任何公式的常规的两步程序可以很容易地证明这一点。

例如，取公式 53 和 54 或 59。如果我们将这两个公式算术交叉而不是几何交叉，将得到

$$\frac{\dfrac{\sum p_1 q_0}{\sum p_0 q_0} + \dfrac{\sum p_1 q_1}{\sum p_0 q_1}}{2}。$$

从这个公式出发，我们根据常规的两步程序来对它应用检验 1："0"和"1"互换，得到

$$\frac{\dfrac{\sum p_0 q_1}{\sum p_1 q_1} + \dfrac{\sum p_0 q_0}{\sum p_1 q_0}}{2}。$$

上下互换，得到 $\dfrac{2}{\dfrac{\sum p_0 q_1}{\sum p_1 q_1} + \dfrac{\sum p_0 q_0}{\sum p_1 q_0}}$ 。

得到的这个公式**不是**原来的公式，而是一个调和公式。因此，原来的公式不符合检验 1，得到的（调和）公式是它的时间对立公式。

读者可以很容易证明，这个公式也不符合检验 2。在这种情况下，就像我们了解的那样，两步程序包括"p"和"q"互换，以及用结果除价值比例 $\dfrac{\sum p_1 q_1}{\sum p_0 q_0}$。读者可能惊讶地发现，在这个例子中，从这个检验 2 的两步程序得到的公式与上面那个从检验 1 的两步程序得到的公式相同。也就是说，原公式和最终的公式（即 53 和 54 经过算术交叉和调和交叉的公式）不仅是彼此的时间对立公式，还是彼此的因素对立公式。

顺便说一下，我们可能注意到，这两个公式，最终得到的公式和原公式，都列在了附录里，编号为 8053 和 8054，它们互为因素对立公式。

如果我们想检验用调和交叉得到的公式，就是把上面的过程反过来。我们将从 8054 开始，得到 8053[①]。

所有上面这些例子都是综合指数。我们发现，如果对两个综合指数**算术交叉**（或调和交叉），得到的交叉结果既不满足检验 1，也不满足检验 2。

通过对其他类型的指数——算术指数、调和指数、几何指数、中值指数和众数指数——进行类似的检验，我们会发现，对任何两

---

① 见附录 1（第 7 章第十九节的注释 A）。

个时间对立指数（即公式 3 和 19，5 和 17，4 和 20，6 和 18，13 和 9，15 和 7，14 和 10，16 和 8，23 和 29，25 和 27，24 和 30，26 和 28，33 和 39，35 和 37，34 和 40，36 和 38，43 和 49，45 和 47，44 和 50，46 和 48）进行算术交叉或调和交叉，得到的公式都同样不满足两个检验中的任何一个。

因此，我们可以相信，在 46 个基本指数中，没有任何一个可以与自己的对立指数（不管是时间对立指数还是因素对立指数）进行**算术**交叉（或调和交叉），得到能满足某个检验的公式。现在剩下的唯一问题是，在这些指数中，有没有哪些可以用除了几何交叉以外的**任何**其他方法成功地交叉？

我们几乎不用考虑计算指数时已经考虑过的六种平均方法以外的任何其他交叉指数的方法。在这六种方法中，我们已经考察了三种，剩下的三种是中值法、众数法和综合法。

用取中值或众数的方法对两个公式进行交叉显然是不可能的。当只有两项要平均的时候，就像现在这种情况，这两种平均值都是不存在的。

现在只剩下用综合法来交叉两个指数了。这种方法不适合用来对公式 3 和 19 取平均值，也不适合用于对除了几何指数和综合指数以外的任何一对对立指数取平均值；因为，除了对于这两种指数以外，无法确定要平均的各项的合适的分子和分母，并按照要求代入综合公式。

感兴趣的读者可以在附录中找到对于这两种情况的讨论[1]。

183

---

[1]　见附录 1（第 7 章第十九节的注释 B）。

第二十节　历史

公式 353 的历史将在下文专门介绍，除了它以外，似乎以前没有人提出过本章讨论的其他公式的交叉。

以前研究指数的学者不是对公式本身进行交叉，而是对公式的**权重**进行交叉，我们会在下一章介绍这一点。

第 8 章　通过交叉权重来修正公式

第一节　引言

上一章列出了我们到目前为止得到的 96 个公式，最后一个公式是 353，它们构成了一个完整的公式体系，包括基本公式和衍生公式，我称它们为"主系列"。从本质上说，本章介绍的附加公式与主系列只有极其细微的差别。我之所以要将这些附加公式包含在讨论之中，是为了满足其他研究指数的学者的愿望，也是为了让本书的公式列表涵盖所有其他的观点在以前提出过的所有公式。这些附加公式可以称为"补充系列"。

每一个新增加的公式都是加权的，每个权重都是其他两个权重的交叉。这种对两个权重进行交叉的做法，其实只不过是另一种将两种加权指数联合使用的方法而已。为了说明这一点，如果我们从 23 和 29 这两个公式出发，也就是两个几何指数——其中一个是根据基准年份的价值加权的，另一个是根据给定年份的价值加权的，二者互为时间对立指数——我们可以用两种方法将这两个公式联合起来。第一种方法就是在主系列中已经讨论过的方法，将两个指数本身交叉，即将它们相乘再开平方。得到的是主系列中的公式 123。另一种方法就是本章要讨论的方法，同样用 23 和 29 这两个模型来

构建新的公式，新公式中每一项的权重都是 23 和 29 中对应项的权 185
重的交叉。我们将用这种方法得到的公式编号为 1123，就像我们将
会看到的那样，它的计算结果与 123 的结果几乎相同。第一种交叉
得到的公式，比如说 123，可以称为**交叉公式**；而第二种交叉得到
的公式，比如说 1123，可以称为**交叉权重公式**。

　　我们先用数字说明。公式 23（1917 年相对于 1913 年的价格指数）
给出的结果是 154.08，而公式 29 给出的结果是 170.44。用几何均值对
它们进行交叉，也就是根据公式 123，可以得到 $\sqrt{154.08 \times 170.44}$，
即 162.05。这就是对于公式 123、23 和 29 的**交叉公式**，的计算结果。

　　交叉权重公式涉及更细节的问题，因为我们首先必须对 36 对
权重中的每一对进行交叉。对于培根来说，它在公式 23 中的权重，
也就是培根在基准年份 1913 年的价值，是 133.117；而在公式 29 中
的权重，也就是它在给定年份 1917 年的价值，是 282.743。这两个权
重（用几何均值）交叉的结果是 $\sqrt{133.117 \times 282.743} = 193.86$，也就
是我们要找的培根的权重。类似的，大麦的权重是 111.607 和
276.549 的交叉，为 175.68；类似的，牛肉的权重是 1,097.04；以此
类推。接下来，我们要计算新的指数，它的权重是这 36 个新的权
重，但是其他方面都和公式 23 和 29 完全相同。计算结果是 161.62。
这就是公式 1123 的计算结果。

　　用代数式表示的话，公式 123 这个交叉公式等于 $\sqrt{23 \times 29}$。（读
者如果愿意的话，可以用附录 5 中给出的具体的代数表达式来代替
这里的公式 23 和 29。）另一方面，公式 1123——交叉权重公式——
有自己的代数表达式，可以参考附录 5。读者会发现，它与公式 23

和 29 是非常类似的，唯一的区别就是，它的权重不是像公式 23 中
186 的 p_0q_0，$p'_0q'_0$ 等，也不是像公式 29 中的 p_1q_1，$p'_1q'_1$ 等，现在的权重
是 $\sqrt{p_0q_0p_1q_1}$，$\sqrt{p'_0q'_0p'_1q'_1}$ 等。

第二节　交叉权重的几何公式、
中值公式和众数公式

我们已经用公式 1123 作为第一个例子介绍过了交叉权重公式。它的推
导过程是将公式 23 和 29 的权重进行交叉，再根据它们的模式写出新的公
式。我们可以用同样的方法来联合任何两个具有同样模式、只有权重有区别的公
式。但是，有趣的是，如果我们用这样的方法来联合公式 25 和 27，得到的公
式与刚刚联合 23 和 29 时得到的公式是完全一样的；在第一个例子中，交叉权
重是 $\sqrt{(p_0q_0)\times(p_1q_1)}$ 等，而在这第二个例子中，交叉权重是 $\sqrt{(p_0q_1)\times(p_1q_0)}$ 等，
它们显然是一样的。因此，我们可以说公式 1123 来源于公式 23 和 29，也完
全可以说它来源于公式 25 和 27。另一方面，交叉公式，公式 123，只能通过
公式 23 和 29 构造出来；通过公式 25 和 27 构造出来的是公式 125，与 123 有
一点点区别。

同样，我们可以通过交叉中值公式 33 和 39，或 35[①] 和 37 的权重，推导
出公式 1133；通过交叉众数公式 43 和 49，或 45 和 47，的权重，推导出公式
1143。公式 1133 与 133 非常接近，公式 1143 与 143 非常接近。

我们先给出前面讨论的这些公式，即交叉权重的几何公式、中值公式和众
数公式，是因为它们彼此都非常相似，也是六种公式类型中最简单的三种公式。

---

① 原文为 33，应为 35，疑为作者笔误。——译者注

表 13 给出了几何公式、中值公式和众数公式的编号，其中（1）列为基本公式，（2）和（3）列为用两种方法从基本公式中推导出的公式——交叉公式和交叉权重公式。

表 13　交叉公式和交叉权重公式的衍生关系

| 类型 | （1）
要联合的基本公式 | 联合公式 | |
		（2） 交叉两个公式	（3） 交叉公式的权重
几何公式	23 和 29 25 和 27	123 125	1123
中值公式	33 和 39 35 和 37	133 135	1133
众数公式	43 和 49 45 和 47	143 145	1143

第三节　交叉权重的综合公式

通过交叉两个加权的综合公式（我们在这里可以称它们为公式 53 和 59）的权重来推导新的价格指数的过程略微有些不同，因为在这两个公式中，权重不是价值（比如 p_0q_0 和 p_1q_1），而仅仅是数量（比如 q_0 和 q_1）。得到的公式 1153 与公式 53 和 59 具有相同的模式，但是权重（$\sqrt{q_0q_1}$ 等）是这两个公式的权重的交叉。它与公式 153 非常接近。

我们现在已经讨论了交叉权重的几何公式、中值公式、众数公式和综合公式。

剩下的只有算术公式和调和公式，下面将进行简单的讨论。

第四节 到目前为止得到的交叉权重公式的比较

上面给出的所有交叉权重公式都满足检验1。这用通常的方法——将附录5中给出的公式中的"0"和"1"互换——是很容易证明的。而且，除了中值公式以外，每个交叉权重公式与对应的交叉公式几乎都是完全重合的。也就是说，公式1123几乎与123或125相同，1143几乎与143和145相同，1153几乎与153(=353)相同。表14显示了部分相似关系。

表14 通过交叉权重公式（1123、1133、1143、1153）得到的指数与通过对应的交叉公式（123、133、143、153）得到的指数的比较

公式编号	价格指数					
	1913	1914	1915	1916	1917	1918
123	100.00	100.12	99.94	113.83	162.05	177.80
1123	100.00	100.14	99.89	114.17	161.62	177.87
133	100.00	100.54	99.68	108.12	159.93	173.57
1133	100.00	100.52	99.57	108.39	162.63	170.85
143	100.00	101.00	100.00	108.00	164.00	168.00
1143	100.00	101.00	100.00	108.00	164.00	168.00
153	100.00	100.12	99.89	114.21	161.56	177.65
1153	100.00	100.13	99.89	114.20	161.70	177.83

公式编号	数量指数					
	1913	1914	1915	1916	1917	1918
123	100.00	99.30	109.14	118.92	118.85	125.01
1123	100.00	99.34	109.07	118.79	118.82	125.31
133	100.00	98.60	105.58	115.82	118.16	122.94
1133	100.00	98.71	105.46	115.50	118.23	122.27
143	100.00	97.00	103.00	103.00	98.00	124.00

续表

公式编号	数量指数					
	1913	1914	1915	1916	1917	1918
1143	100.00	97.00	103.00	103.00	98.00	124.00
153	100.00	99.33	109.10	118.85	118.98	125.37
1153	100.00	99.33	109.08	118.82	118.86	125.29

为了节约篇幅，这个表格省略了交叉公式 125 和 145，他们分别与公式 123 和 143 非常接近；还省略了 135，它与 133 非常接近，唯一的例外是 1917 年 和 1918 年。在这两年，用公式 135 计算的结果分别是 162.00 和 178.44，而用 公式 133 计算的结果是表中给出的 159.93 和 173.57。

从图形来看，如图 43P 和 43Q 所示，除了对于中值公式以外，代 表交叉公式的曲线和代表交叉权重公式的曲线几乎是区分不出来的。

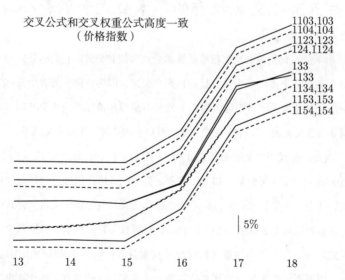

交叉公式和交叉权重公式高度一致 （价格指数）

1103,103
1104,104
1123,123
124,1124
133
1133
1134,134
1153,153
1154,154

5%

13　　　　14　　　　15　　　　16　　　　17　　　　18

图 43P　除了中值以外，每一对实际上都是重合的（1103 与 103 重合，1104 与 104 重合，等等）。全部 16 个公式一对一对地显示为 8 个独立的图，都符 合检验 1，但不符合检验 2。

189

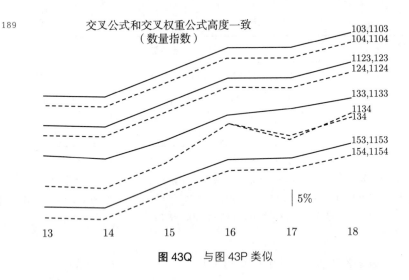

图 43Q　与图 43P 类似

第五节　交叉权重的算术公式和调和公式

188 剩下还要讨论的有交叉权重的算术公式和调和公式。它们的公式编号为1003 和 1013。上面的表中没有显示这两个公式，因为在前面的表中没有它们对应的交叉公式，这当然是因为算术公式不是与其他算术公式交叉的，而是与调和公式交叉的，反过来也是一样，调和公式是与算术公式交叉的。

因此，公式 103 交叉的不是 3 和 9，而是 3 和 19；公式交叉 104 的是 4和 20；公式 107 交叉的是 7 和 15，等等。但是，虽然我们可以这样交叉**两个**公式，其中一是算术公式，另一个是调和公式，但是要交叉两个公式的**权重**，意味着这两个公式具有相同的模式，只有权重存在区别。如果两个公式的模式不同，我们就不知道在构建交叉权重公式的时候该使用哪个模式了。因此，如果我们要交叉一个算术公式和一个几何公式的权重，在计算出权重之后，就不知道要用它们做什么了。交叉算术公式和调和公式的权重同样是没有意义的。

简言之，除非两个公式是同一类型，比如是两个算术公式，或两个调和公式——而不是每个公式属于一种类型，否则交叉权重是没有意义的；当对两个算术公式或两个调和公式进行交叉权重时，得到的交叉权重公式（与迄今为止讨论的其他四种类型的交叉权重公式不同）将不满足检验1。这是关于算术公式和调和公式的单边性的另一个有趣的结果。

因此，用一对算术公式交叉权重得到的公式1003和1004，以及用一对调和公式交叉权重得到的公式1013和1014，在我们的主系列中找不到对应的交叉公式。这就是为什么我们将它们编号为1003等，而不是1103等。如果我们想构建出与新的交叉权重公式1003、1004、1013、1014对应的交叉公式，需要对3和9交叉、4和10交叉、13和19交叉、14和20交叉。为了进行比较，表15给出了这样做的结果。

表15　通过交叉权重公式（1003、1004、1013、1014）
得到的指数与对应的交叉公式的比较
（1913=100）

公式编号	价格指数				
	1914	1915	1916	1917	1918
$\sqrt{3\times9}$	100.43	100.99	116.17	171.14	182.46
1003	100.45	100.93	116.02	170.81	182.54
$\sqrt{4\times10}$	99.51	98.52	112.71	157.98	173.30
1004	99.47	98.60	112.84	158.01	173.03
$\sqrt{13\times19}$	99.79	98.96	112.67	153.96	172.95
1013	99.81	98.91	112.53	153.51	173.02
$\sqrt{14\times20}$	100.87	101.03	115.43	165.19	183.74
1014	100.83	101.10	115.54	165.24	182.94

和前面一样，在这里，交叉权重公式和交叉公式几乎是完全一致的。在本质上，它们代表通往同一结果的两条不同的路径。这两种公式都不满足检验1（也不满足检验2）。

191

第六节　从前面的公式的因素对立公式推导出的交叉权重公式

在权重交叉的过程中，对于几何公式、中值公式和众数公式，我们都只考虑了奇数编号的公式。但是我们也可以以同样的方式对公式 24 和 30 的权重（即分母中的权重）进行交叉，从而按照它们的模式构建一个新的公式。这个公式叫做 1124。它也是从公式 26 和 28 推导出的公式。同样，我们可以从公式 34 和 40 中（或 36 和 38 中）推导出公式 1134，从公式 44 和 50 中（或 46 和 48 中）推导出公式 1144。

我们现在推导出的，有一个奇数交叉权重公式的完整列表：1003、1013、1123、1133、1143、1153，还有我们已经给出的对应的偶数公式的列表：1004、1014、1124、1134、1144、1154。但是除了 1154 以外，这六个偶数编号的公式都不是作为六个对应的奇数编号的公式的对立公式（虽然它们确实是对立公式）推导出来的[①]。它们是直接通过交叉 4 和 10、14 和 20、24 和 30、44 和 50 的权重推导而来的。

第七节　交叉权重的算术公式和调和公式并没有得到真正的修正

上文已经说过，算术公式 1003 与真正修正过的公式 103 是不一样的；1013 也和 103 不一样。没有任何方法，能只通过交叉权重，而只修正算术

---

① 见附录 1（第 8 章第六节的注释）。

公式或只修正调和公式，使其符合检验 1。要得到真正的修正公式，上面的结果（1003 和 1013）还必须相互交叉。也就是说，在这个例子中，交叉权重的方法还必须用交叉公式来弥补。那么，通过交叉 1003 和 1013，我们可以得到一个新的公式，编号为 1103，它满足检验 1，而且是得到与交叉公式 103 类似的交叉权重公式的最近的途径。而且，它们的结果实际上是一致的。类似的，（通过交叉 1004 和 1014，）我们可以得到与 104 对应的新公式 1104。

有了 1103 和 1104，我们可以将它们作为最类似于 103 和 104 的公式插入到图 43 中去。我们在这里会再一次注意到，通过交叉权重来进行修正的结果，和通过交叉公式本身来进行修正的结果，在用于任何目的的时候都是相同的。

现在我们可以在第二节的表 13 中增加以下内容：

192

类型	要联合的基本公式	联合公式		
		交叉两个公式	交叉公式的权重	交叉前一列的两个公式
算术公式	3 和 9 5 和 7	省略 [1] 省略 [1] ⎫⎬⎭	1003	⎫ ⎬ 1103 ⎭
调和公式	13 和 19 15 和 17	省略 [1] 省略 [1] ⎫⎬⎭	1013	
算术公式和调和公式	3 和 19 5 和 17	103 105	不可能	

1. "省略"意味着没有给这些交叉公式编号，因为它们不是主系列中的任何公式的补充公式。但是，我们计算出了其中一些公式的结果（价格指数，固定基准），并在前面的第五节给出了这些结果。

第八节　部分或全部用权重交叉法推导出的符合检验 1 的公式列表

我们发现，算术公式 1003 和调和公式 1013，以及它们的因素对立公式 1004 和 1014，都是用权重交叉法推导出来的，只能作为构建 1103 时起到辅助作用的脚手架，而 1103 是部分通过公式交叉法推导出来的。抛弃这个脚手架之后，我们的新公式就是 1103、1123、1133、1143、1153，这些补充公式几乎与它们在主系列中的配偶（103、123、133、143、153）完全一致。同样，它们的因素对立公式（用紧邻着的下一个偶数编号的公式 1104、1124、1134、1144、1154）也与它们的配偶（104、124、134、144、154）几乎一致。

第九节　用检验 2 修正新公式

就像主系列中对应的公式一样，新公式 1103、1123、1133、1143、1153（以及它们的因素对立公式，紧邻着的下一个偶数编号的公式）都满足检验 1。但是，它们任何一个都不满足检验 2（虽然在主系列中有一个公式，1153 的类似公式，即 153，满足检验 2）。

为了满足检验 2，我们必须进一步进行修正，为了这个目的，唯一能联合因素对立公式的过程就是对公式本身进行交叉。交叉权重的方法是不适用的，因为在每一个例子中，要联合的两个公式都是不同的模式。表 16 的最后一列给出了这些双重修正的公式的编号。

表 16　从基本的加权公式衍生出的双重修正公式　194

完全通过公式交叉	在主系列中的结果	部分通过权重交叉	在补充系列中的结果
103＝104＝105＝106 （＝153＝154）	＝303＝305 （≐353）	$\sqrt{1103 \times 1104}$	＝1303
$\sqrt{107 \times 108}$ $\sqrt{109 \times 110}$	＝307 ＝309		
$\sqrt{123 \times 124}$ $\sqrt{125 \times 126}$	＝323 ＝325 ⎫	$\sqrt{1123 \times 1124}$	＝1323
$\sqrt{133 \times 134}$ $\sqrt{135 \times 136}$	＝333 ＝335 ⎫	$\sqrt{1133 \times 1134}$	＝1333
$\sqrt{143 \times 144}$ $\sqrt{145 \times 146}$	＝343 ＝345 ⎫	$\sqrt{1143 \times 1144}$	＝1343
153＝154 （＝103＝104＝105＝106）	＝353 （＝303＝305）	$\sqrt{1153 \times 1154}$	＝1353

　　每一对同时满足两个检验的相互对应的公式彼此都是一致的，一致的程度比只满足检验 1 的那些对对应公式的一致程度还高。也就是说，公式 303 几乎与 1303 是完全一致的，公式 323 和 325 与 1323 几乎是完全一致的，等等。

　　从图形来看，图 44 显示和公式 1303 与 303、1323 与 323、1333 与 333、1353 与 353 之间几乎完全一致的关系（如果这个图中也显示了 1343 与 343 的话，二者也将是几乎完全一致的）。

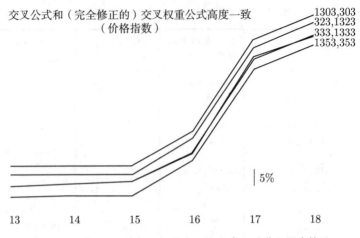

图 44P 与图 43P 类似，但是这里的公式同时满足两个检验

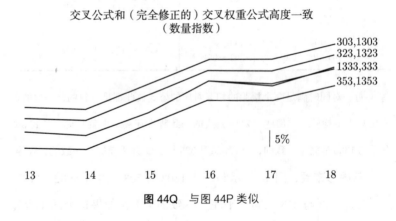

图 44Q 与图 44P 类似

　　而且，我们可能还会顺便注意到，除了来源于众数公式和中值公式的公式以外，用两种交叉方法得到的所有这些修正公式几乎都是完全一致的，即使是中值公式，在应用于大多数实践目的时也与其他公式足够一致。通过研究附录 7 给出的所有指数值，可以清晰地看到这种明显的一致性，我们还将在下文强调这种一致性。

第十节　相对于交叉公式本身（通常情况下的）只有一种方法，交叉权重有若干种方法

在上一章结尾的时候，我们提到，在交叉公式的时候，几何交叉法是普遍适用的（虽然在两种情况下综合法也是适用的）。但是在权重交叉时，几何法就没有这种优势了，在所有的情况下，我们都可以同样应用算术法或调和法，而不会使结果无法满足我们想要满足的检验。在这一章，我们之所以使用几何法来交叉权重，主要是因为这是迄今为止最受欢迎的交叉形式。其他方法将在附录中讨论[①]。这些方法中包括其他研究指数的作者曾经提出过的一些有趣而聪明的建议。但是这些方法中只有一种具有较大的实践价值。这种方法（公式2153）作为353的简易版近似是非常有用的。

第十一节　结论

在这一章，我们得到了以下新公式：1003、1004、1013、1014、1103、1104、1123、1123、1133、1134、1143、1144、1153、1154、1303、1323、1333、1343、1353；在附录中还介绍了2153、2154、2353、3153、3154、3353、4153、4154、4353。除了一些例外情况，这些公式都与前面讨论过的叉子的中间那个齿几乎是重合的，例外的包括算术公式1003、1004（它们分别具有向上和向下的偏差，落

[①]　见附录1（第8章第十节的注释）。

在中间靠上和中间靠下的那两个齿上）；调和公式 1013、1014（它们分别具有向下和向上的偏差，落在中间靠下和中间靠上的那两个齿上）；众数公式 1143、1144、1343，都有误差；还可能包括中值公式 1133、1134、1333，也是有轻微的误差。

从以上讨论的内容可以清楚地看到，对两个模式相同的公式进行权重交叉，并由此构成模式相同的新公式，会得到与对公式本身进行交叉几乎完全相同的数值结果。还有一点也很清楚，公式交叉这个过程，可以应用于任何两个公式，不管它们是不是相同的模式；而权重交叉这个过程则不行，除非要联合的两个公式具有完全相同的模式，不同的只是它们的权重。

换句话说，公式交叉是将两个公式折中的一种普遍方法，而权重交叉是一种有限制的应用。例如，我们发现它无法根据检验 2 修正**任何**公式，甚至也无法根据检验 1 修正某些公式。简言之，权重交叉从来不是必要的，有时候甚至是不合适的。

第十二节　历史

因此，很奇怪，迄今为止，两种方法中更简单、更具有普遍应用性的那种方法几乎被完全忽视了。原因在于历史传统。在指数的发展历史中，第一个阶段是讨论简单指数的优点，主要是算术指数和几何指数。下一个阶段是分配**权重**，来代表所考察的时期的普遍条件。卓比奇似乎是第一个专门应用了指数所比较的两个年份的数量的人。

按照这样的研究思路，斯克洛普（Scrope）和沃尔什提出了交叉权重的综合公式，也就是本书编号为 1153 的公式，沃尔什还提出了公式 1154；马歇尔（Marshall）和埃奇沃斯提出了交叉权重的综合公式 2153；沃尔什提出了公式 2154；莱尔提出了公式 4153 和 4154，沃尔什提出了交叉权重的几何公式，公式 1123。在交叉公式中，8053（见附录 5）是卓比奇和塞奇维克（Sidgwick）提出的。最后，将在下文进行更多讨论的公式 353 是沃尔什最先提到的，但是他当时并没有大力提倡使用这个公式。

第9章　扩大公式系列

第一节　引言

到目前为止，我们已经完成了三件主要的事情。我们已经指出了：

（1）有两种重要的针对指数的可倒转性检验；

（2）有些公式具有相对于检验1的"偏差"或者说固定的错误倾向；

（3）任何公式都可以被"修正"，从而符合一个或两个检验。

在这个研究过程中，我们一直在增加需要考虑的指数。在比较所有这些指数的相对准确性之前，现在我们可以暂停一下，"盘点一下存货"，再增加10个公式，从而使我们的公式清单更加完整。

我们首先从**主系列**的96个公式（原始公式和衍生公式）开始，其中编号从1到99的公式是基本公式，编号从100到199的是符合检验1的公式，编号从200到299的是符合检验2的公式，编号从300到399的是同时符合检验1和检验2的公式。在这96个公式中，最后一个，也是达到顶峰的一个公式，是公式353，

$$\sqrt{\frac{\sum p_1 q_0}{\sum p_0 q_0} \times \frac{\sum p_1 q_1}{\sum p_0 q_1}} 。$$

我们会发现，它在理论上是最佳的公式[1]。

我们又在这个包含 96 个公式的清单中增加了包含 28 个公式的 198
补充列表，它们都是从一个叫做权重交叉的过程（而不是主系列中
使用的公式交叉过程）中推导出来的。

这 28 个新公式的具体情况如下：编号在 1000 到 1999 的公式来自于对
权重进行两两的**几何**交叉；编号在 2000 到 2999 的公式来自于对权重进行两
两的**算术**交叉；编号在 3000 到 3999 的公式来自于对权重进行两两的**调和**交
叉；编号在 4000 到 4999 的公式则是对权重进行特殊的加权算术平均。

在这 124 个公式的基础上，我们现在要再增加 10 个各种各样
的公式，从而使补充系列的公式达到 38 个，再加上 96 个主系列公
式，我们将一共有 134 个公式。

这十个公式中：编号在 5000 到 5999 的公式，是对"300"这一组的公
式进行公式交叉得到的；编号 6000 到 6999 的公式，使用了一年以上的数据
构成了拓宽的基准；编号 7000 到 7999 的公式，是以六年中的每一年为基准，
对公式 353 的六种形式进行了平均而得到的；编号 8000 到 8999 的公式是对
公式进行算术交叉和调和交叉得到的；而编号 9000 到 9999 的公式则是用近
似的数字作为权重得到的。

更具体的说，最后的十个各种公式是这样的：

5000 这一组：

公式 5307 是公式 307 和 309 的交叉公式；

公式 5323 是公式 323 和 325 的交叉公式；

---

[1]　要了解来辅助这个公式以及其他八个指数的实际计算的模型应用举例，可以
参考附录 6 第二节。

公式 5333 是公式 333 和 335 的交叉公式；

公式 5343 是公式 343 和 345 的交叉公式。

6000 这一组：

公式 6023 和 6053 分别和 23 和 53 相似，但是不是以第一年为基准，而是以两年或更多年份的平均值为基准。

公式 7053 是对六种形式的 353 进行平均构成的，这六种形式的公式 353 分别采用了六个不同的基准。

公式 8053 是对 53 和 54 的算术平均。公式 8054 是对 53 和 54 的调和平均，是 8053 的因素对立公式。我们会看到公式 8053 和 8054 的交叉公式与 353 是一样的[①]。

我们可以将上面提到的 134 个公式进行归类。它们可以按照起源归为五大类，即分别起源于（1）算术公式和调和公式、（2）几何公式、（3）中值公式、（4）众数公式和（5）综合公式。

第二节　算术公式和调和公式列表

199

表 17 显示了第一组公式，它们包括**两大类**，算术公式和调和公式，因为我们发现，在交叉过程中，不能把这两种公式分开。

表格中最上面的两行是简单公式和它们的衍生公式，下面的八行是加权公式和它们的衍生公式。第一列是算术公式，第二列是调和公式，第三列是推导出的满足检验 1 的**交叉公式**，第四列和第五列是满足检验 2 的交叉公式，第六列是同时满足两个检验的交叉公式，这些公式就是主系列中的全部算术

---

① 参见附录 1（第 9 章第一节的注释）。

公式和调和公式。剩余的几列是**交叉权重公式**以及**它们的交叉公式**。

短横线表明这个公式被省略了，因为它与其他公式重复了。重复的情况在表 17 的下方说明。同样，在表 18、19、20 和 21 的下方也说明了这些表格中的重复情况。

表 17　扩大的算术 – 调和公式组

基本公式		交叉公式			交叉权重公式及其交叉公式				
算术公式	调和公式	根据检验1	根据检验2	根据两个检验	算术公式	调和公式	二者的交叉权重公式	它们的交叉公式	307 和309 的交叉公式
1	11	101	201	211	301				
2	12	102							
—	13	—	—	213	—	1003	1013	1103	1303
—	14	—				1004	1014	1104	
—	15	—	—	215	—				
—	16	—							
7	—	107	207	—	307				5307
8	—	108							
9	—	109	209	—	309				
10	—	110							

重复的公式（在表格中用"—"表示）

3＝53	17＝53	103＝353	203＝353	303＝353
4＝54	18＝54	104＝353	205＝353	305＝353
5＝54	19＝54	105＝353	217＝353	
6＝53	20＝53	106＝353	219＝353	

上面这个表格涵盖了六种指数中的两种。下文的四个表格每个都涵盖了一种公式。接下来的三个表格在形式上是一样的。

第三节　几何公式、中值公式和众数公式列表

下面的三个表格列出了几何组、中值组和众数组的所有公式，包括所有的衍生公式。

表 18　扩大的几何公式组

基本公式	交叉公式			交叉权重公式及其交叉公式		323 和 325 的交叉公式
	根据检验 1	根据检验 2	根据两个检验	交叉权重公式	它们的交叉公式	
—	121	—	321			
—	122					
23	123	223	323	1123	1323	5323
24	124			1124		
25	125	225	325			
26	126					
27		227				
28						
29		229				
30						

重复的公式（在表格中用"—"表示）

　　21＝121　　　　221＝321

　　22＝122

表 19　扩大的中值公式组

基本公式	交叉公式			交叉权重公式及其交叉公式		333 和 335 的交叉公式
	根据检验 1	根据检验 2	根据两个检验	交叉权重公式	它们的交叉公式	
—	131	—	331			
—	132					

续表

基本公式	交叉公式			交叉权重公式及其交叉公式		333 和 335 的交叉公式
	根据检验 1	根据检验 2	根据两个检验	交叉权重公式	它们的交叉公式	
33	133	233	333	1133	1333	5333
34	134			1134		
35	135	235	335			
36	136					
37		237				
38						
39		239				
40						

重复的公式（在表格中用"—"表示）

31=131   231=331

32=132

表 20　扩大的众数公式组

201

基本公式	交叉公式			交叉权重公式及其交叉公式		343 和 345 的交叉公式
	根据检验 1	根据检验 2	根据两个检验	交叉权重公式	它们的交叉公式	
—	141	—	341			
—	142					
43	143	243	343	1143	1343	5343
44	144			1144		
45	145	245	345			
46	146					
47		247				
48						
49		249				
50						

重复的公式（在表格中用"—"表示）

41=141   241=341

42=142

第四节　综合公式列表

最后，我们给出综合公式组。

表21　扩大的综合公式组

基本公式	交叉公式			交叉权重公式及其交叉公式	
	根据检验 1	根据检验 2	根据两个检验	交叉权重公式	它们的交叉公式
—	151	—	351		
—	152				
53	—	—	353	1153	1353
54	—			1154	

重复的公式（在表格中用"—"表示，但是 59、60、259 被省略了）

51＝151	153＝353	251＝351
52＝152	154＝353	253＝353
59＝54		259＝353
60＝53		

　　前面这些表格并没有包括附录 [①] 中讨论的其他某些形式的公式，即用算术法进行交叉的交叉权重公式 2153；用调和法进行交叉的交叉权重公式 3153；用莱尔的方法取权重的加权算术平均值来交叉的交叉权重公式 4153；以上三个公式的因素对立公式（2154、3154、4154）；以及将对立公式（比如 2153 和 2154 等）进行交叉得到的修正公式（2353、3353、4353）。除了这些还有其他各种各样的公式（6023、6053、7053、8053、8054、9051）。

---

① 见附录1（第8章第十节的注释）。

第五节　七个等级

这134个公式构成了扩大的公式系列，其中包括了本书讨论的所有公式。如果将重复的公式也包含在内，就是170个公式；除此之外，还有五个公式（9001、9011、9021、9031、9041）将在附录5第三节给出。

现在我们的问题是对这134个公式进行考察和区分——尤其是要解释它们的区别，并选择最佳的公式。我们已经将这134个指数按类型、按加权方法、按交叉方法进行过分类了。现在，为了讨论的方便，我们还要将它们分成下面七组：

S组，简单指数和它们的衍生指数；

M组，中值指数和众数指数，以及它们的衍生指数；

2+组，所有有双重向上偏差的其他**加权**指数；

2-组，所有有双重向下偏差的其他**加权**指数；

1+组，所有有一重向上偏差的其他**加权**指数；

1-组，所有有一重向下偏差的其他**加权**指数；

0组，所有没有偏差的其他**加权**指数。

这七个组是相互排斥的，除了简单众数指数和简单中值指数以及它们的衍生指数是例外，它们都同时属于前两个组别。

第六节　根据七个等级进行的公式分组

下面是前两个等级中的公式：

S 组：1、2、11、12、101、102、201、211、301、21、22、321、31、32、331、41、42、341、51、52、351。

203　与 S 组紧密相关，但严格来说并不属于 S 组成员的公式：9001、9021、9031、9041、9051[①]。

M 组：

31—40（含 31 和 40）

133—136（含 133 和 136）

233、235、237、239、

331、333、335、

1133、1134、1333、

5333。

41—50（含 41 和 50）

143—146（含 143 和 146）

243、245、247、249、

341、343、345、

1143、1144、1343、

5343。

（31、32、331、41、42、341 都同时包含在 S 组和 M 组。）

其他五个组（即除了 S 组和 M 组以外的组）都落在五个齿的叉子的某个齿上（或者，如果我们想尽可能避免这些齿有任何的模糊不清，可以说有两个这样的叉子，一个代表奇数编号的公式，另一个代表偶数编号的公式），见表 22。

---

① 见附录 5 第三节。

表 22　五个齿的叉子

齿	算术公式	调和公式	几何公式	综合公式
最上面的齿（2+）	7、9	14、16		
中间靠上的齿（1+）	1003	1014	24、26、27、29	
中间的齿（0）	3=6=（L），4=5=（P）	17=20=（L），18=19=（P）		53=60=（L），54=59=（P）
	107、108、109、110、1103、1104		123、124、125、126、1123、1124	1153、1154
	207、209	213、215	223、225、227、229	2153、2154、3153、3154、4153、4154
	203=205=	217=219=	323、325、1323	153=154=253=259=353=$\sqrt{L \times P}$，1353、2353、3353、4353、5307、5323、6053、7053、8053、8054
	103=104=105=106=303=305=（$\sqrt{L \times P}$）307、309、1303			
中间靠下的齿（1-）	1004	1013	23、25、28、30	
最下面的齿（2-）	8、10	13、15		

这些公式完全根据下面的固定规则位于"五个齿的叉子"中近似的位置上：

那些没有偏差的公式是近似重合的，并构成了中间的那个齿。只有一重向上偏差的公式，不管是类型偏差还是加权偏差，都差不多是重合的，构成了中间靠上的那个齿。类似的，只有一重向下偏差的公式，不管是类型偏差还是加权偏差，构成了中间靠下的那个齿。有双重向上偏差的公式，即既有类型偏差又有加权偏差的公式，构成了最上面的那个齿。同样，有双重向下偏差的公式构成了最下面的齿。

对于一种偏差向上另一种偏差向下的情况，也有相应的规定。这样的曲线体现出来的是没有偏差，只有误差。因此，它们也在中间那个齿上。公式 3 就是这样的公式。作为一个算术类型的公式，它有向上偏差；而作为用一号加权法加权的公式，它有向下偏差，这两个偏差互相抵消了；在化简之后，公式 3 就变成了 53，我们无法说这种类型的公式发生向上误差的倾向大于发生向下误差的倾向，也不能说发生向下误差的倾向大于向上误差的倾向。

因此，排除了"简单公式""众数公式"和它们的衍生公式以后（如果我们希望结果之间非常接近，可能还要排除中值公式），我们会发现，虽然我们有很多公式，但是它们都可以纳入这五个定义明确的组别中的某一个组，即没有偏差的组、有一重向上或向下偏差的组，以及有双重向上或向下偏差的组。

这五个齿包含了我们得到的所有加权的算术指数、调和指数、几何指数和综合指数，以及它们的衍生指数。

第 10 章　哪个简单指数最好？

第一节　引言

我们的下一个问题是比较已经发现的众多公式，并从中选出在理论上最好的一个或几个公式，即最准确的公式。我们可以很方便地把这个问题分解为两个部分，即

1. 假设我们没有可供使用的权重，所以不得不使用**简单**平均值，那么哪种指数最好？

2. 相反，假设我们有相应的数据可以用来分配不相等的权重，那么哪种指数最好？

在这一章，我们将回答这两个问题中的第一个。假设没有设定权重所需的数据，就会从我们的价格指数清单中一次性地删除所有**偶数**编号的指数，以及从这些指数衍生而来的指数；因为这些公式都是用某个**数量**指数除**价值**比例得到的，因此使用它们的前提条件就是知道价值和数量，也就是设定权重所需要的数据。

显然，我们的假设还排除了所有加权指数和它们的衍生指数。现在剩下的指数只有 1、11、21、31、41、51、101。因此，我们的问题就简化成了从这七个公式中选择一个最好的。

第二节　放弃两个有偏差的公式

经过一个排除过程，我们可以放弃公式 1 和 11，因为它们分别有向上和向下的偏差。这是经过检验 1，即时间倒转检验，证明的。就像上文已经证明过的那样，公式 21、31、41、51 和 101 都能成功地满足检验 1。我们的假设是无法获得与数量或价值有关的数据，所以我们无法应用检验 2，即**因素倒转检验**，因为它需要用到有关价值的数据。

第三节　怪异性

因此，如果我们考虑的是能否满足两个检验，那么剩余的五个公式是可以齐头并进的。如果要对它们做进一步的区分，就必须找到其他区分的基础。其中一个基础，就是我们所说的**怪异性**（freakishness）。我们认为所有的指数都有一定的错误，也就是说，没有任何指数肯定是绝对正确的。但是有些指数的错误比其他的指数更严重，也就是有更大的可能性是错的。如果我们能够证明一个公式与其他公式相比显得格外错误，我们就会说这个公式是**怪异的**。

有偏差的公式的错误会表现在某个特定的方向。而错误的公式，或者说怪异的公式，错误可能表现在两个方向中的任何一个方向。

第四节　放弃公式 51，因为它是怪异的

我们可以放弃公式 51，因为它是怪异的。就像上文提到的那样，虽然它的加权方式可以称为简单加权法，但是这个"简单"与其他四个简单公式中的"简单"意义不同。在其他四个公式中，价比被赋予了相等的权重。而在公式 51 中，是价格本身被赋予了相等的权重。因此，和其他四个指数不同，任何价格使用的报价单位发生了变化，公式 51 都会受到影响。它的简单权重是很随心所欲的，或者用沃尔什的说法，是"随意的"。

例如，布莱斯特公司的指数就采用了公式 51，其中每种商品的单位都是磅。将某个商品清单中每种商品一磅的价格加总在一起，就得到了这个指数值。一磅银和一磅煤都是按照同样的重要性来考虑的。如果指数使用的是市场报价所采用的单位，那么计算指数值是就要将一盎司银的价格与一吨煤的价格相加，得到的指数值就会完全不同。

对于综合公式，我甚至怀疑统一用磅来代替用其他单位衡量的物品会不会带来任何改进。煤和干草使用最大的单位，比如吨或大包，仅仅是为了提升报价的数值，使它们与用较小的单位衡量的商品看上去差不多。换句话说，我们不使用每磅干草的价格，是因为这个数字太小了，与其他商品的价格数值不协调。相反，镭是用每毫克来报价的，而不是用吨来报价的。

也就是说，我们的报价习惯已经不自觉地通过衡量各种商品的单位大致地分配了权重，不仅是银、煤炭、干草和镭的单位，可能

在某种程度上是几乎每一样东西的单位。因此我倾向于认为，在使用公式 51 的时候，**最好**就是不加区分地使用报纸上采用的磅、盎司、吨、码等不同的单位进行的报价，而不是将它们统一成相同的单位。这种统一基于一个错误的概念，即经济上的权重是一个物理问题。

　　但是，习惯并不好用。同样的物质在生产的不同阶段报价方法是不一致的。用每头牛来报价和用每磅牛肉来报价，会给公式 51 的权重带来很大不同。每吨铁、每磅铜、每吨生铁和每英担马口铁，这些报价是相互不协调的。因此，除非辅助以依靠洞察力的猜测，否则公式 51 很容易对使用者玩一些怪异的把戏。实际上，有时候，除非进行某种决断，否则很难准确地说该如何解释公式 51；例如，棉花采用的是每大包的价格还是每磅的价格，它的报价可以用两种方式来表示。公式 51 是 134 个公式中唯一一个存在这种模糊性问题的。不管棉花是用磅衡量的，还是用大包衡量的，其他所有的公式给出的结果都是一样的。

第五节　放弃公式 41，可能还有 31，因为它们是怪异的公式

　　用怪异这个词来形容众数指数和中值指数（程度稍微轻一点）是非常合适的，虽然它们怪异的方式不一样。公式 51 对于要比较的东西的变化太敏感，而公式 41 和 31 对于任何一个个别项的变化带来的影响则不像其他公式那么敏感。

　　众数指数有一个致命的缺点（中值指数在一定程度上也是如

此），那就是计算过程赋予了恰好相邻的几个价比过度的影响力，而几乎完全没有给其他的价比发声的机会。

因此，在上文举的那个士兵的例子中，我们发现了他们的身高的众数是 5 英尺 $9\frac{1}{2}$ 左右，即使每个高于，比如说，5 英尺 10 英寸的士兵都换成比原来高一英尺的士兵，这个众数还是不变的！反过来，那些比较矮的士兵在决定众数的过程中实际上也是没有发言权的。因此，身高等于众数的那些士兵不能公平地代表整个队伍，因为大多数士兵都可以变得更高或更矮，而不会使众数发生任何变化，就好像如果议员是一个小团体选举出来的，他就不是选区的公平代表。

当价比的个数比较少的时候，众数的随意性尤其明显。当价比数比较多的时候，价比的分布会表现出某种规律，众数会变得比较有意义。因此，除非项很多，否则是不适于使用众数的，应该认为它只是一个大致的近似值。由于这个原因，众数其实从来都不适合作为指数。我（有几分勉强地）把它包含在我们的列表里，是因为我们曾经把它和指数联系在一起讨论过，也因为它可以成为比较中的一个陪衬的角色。

第六节　简单中值的怪异之处

与众数相比，简单中值对所有价比的代表性要强得多，但是比其他简单指数的代表性差得多。队伍中任何一个特定的士兵都可以被挑出来，换成一个更高或更矮的士兵，只要这个特定士兵的身高变化没有让他站到中值的另一侧，就不会改变中值。所有站在中间那个士兵一侧（比如说比他矮的那一侧）的士兵，都可以被更矮的士兵代替，哪怕是一个侏儒，也不会使中值有丝毫改变。或者他们都可以被更高的士兵代替，最高可以达到中间那个士兵的身高，也不会让中间这个士兵不再是代表整个队伍的中值的那个人。同样，在个子高的那一侧，所有的士兵都可以换成巨人，或者身高缩到中值那么高，也不会让中值发生改变。简言之，中值和众数一样，是**不敏感的**，或者是**反应不灵敏的**。其他每个指数，比如算术指数或几何指数，当整个队伍发生任何变化的时候，都会忠实地记录这种变化的**某些**效果，不管记录得可能多么少。队伍最两端的士兵，和最靠近中间的士兵完全一样，都对决定平均身高有**一些**发言权和影响。如果有一个士兵长高了，哪怕只有四分之一英寸，平均身高都会受到影响。另一方面，众数和中值不是敏感的晴雨表，而是咯吱咯吱响的风向标，很少发生变化，真的发生变化时，就是跳跃性的变化。

那么，如果考虑到公式 51 怪异的加权方式，公式 41 和 31 怪异的不敏感性，我们有正当的理由将它们排除，那么原来的七个指数就只剩下两个了，那就是 101 和 21，即算术－调和指数和几何指数。这两个指数是非常接近的，所以，只要考虑到准确性，在它们之间就没有什么可选择的。下面的表格显示了这种非常接近的一致性：

公式编号	价格指数——固定基准				
	1914	1915	1916	1917	1918
21	95.77	96.79	121.37	166.65	180.12
101	95.75	96.80	121.38	166.60	179.09

第七节　关于公式 31 和 21 的疑问

但是，要得到上面的结论——几何指数（或它的等价指数，公式 101）是最好的——必须有一个假设条件，即简单加权是一种合适的加权方式，我们知道，这是一个不正确的假设。当没有权重可用的时候，我们有时候会**被迫使用**简单加权或相等的加权，但是我们从来没有正当理由假设这真的是最好的加权方式。相反，我们必须假设这种加权方式包含着未知的误差。当真正的权重被发现以后，我们通常会发现，简单加权不仅是错误的，甚至可以说是错得离谱的。鉴于这个事实，我们还不能就此定论，得出几何指数优于中值指数的判断。如果认为商品的重要性相同，并对它们进行简单加权，而它们的重要性其实**非常**不同，那么由于几何指数非常敏感，它被错误的加权扭曲的程度，可能比中值指数被不敏感性扭曲的程度更大。

实际上，要确定究竟是简单几何指数还是简单中值指数给出的结果更近似于通过适当的加权得到的结果，唯一的办法就是真正对这三种结果进行统计上的比较。下一章将进行这样的比较，而且得出了有趣的结果。

目前，我们只能得出这样的结论，**如果**简单加权碰巧没有太大的错误，几何公式（或实际上与它重合的公式 101）是本章考察的七个公式中最好的公式。

第 11 章 哪种指数是最好的指数？

第一节 引言

在上一章的开头，我们给自己提出了两个问题：第一，确定最好的**简单**指数，也就是在我们缺乏加权所需的充分数据的假设下最好的指数；第二，假设能够得到所有需要的数据，确定真正最好的指数。在上一章，我们解决了第一个问题。现在，我们准备研究第二个问题（而且，顺便补充我们关于第一个问题的结论）。

那么，假设，我们拥有关于价格和数量的准确且完整的数据，并因此也有了关于价值的准确和完整的数据。在这一章要回答的具体问题是：哪个公式计算出的，比如说价格指数，是最准确的？

第二节 放弃所有简单公式和它们的衍生公式

我们最开始可能不仅可以排除所有的简单公式，还可以排除它们的衍生公式。这些衍生公式都是混合公式，在名称上就是自相矛盾的。就像我们已经看到的那样，简单指数存在的借口就是没有可以使用的权重。但是我们已经根据检验 2 修正了简单指数，而使用检验 2 的前提条件是知道权重。当然，就像前面已经指出的那样，如果我们真的知道这些权重，我们就应该在一开始就利用这些信息，直接从加权指数开始。没有人能论证出，我们应该从一个不好的指数出发，再尝试通过修正过程来改变它，最终得到最好的结果。

因此，对简单指数进行修正，只是想看一看，一个不好的开端所存在的缺陷，能在后面修复到什么程度。我们会在合适的时候思考这个问题的答案；但是现在，在寻找可能的最准确的指数的时候，我们必须不仅排除掉所有简单指数，还要排除它们所有的衍生指数，即它们的对立指数和修正指数，因为我们不指望能够"变废为宝"。

第三节　放弃所有众数公式、中值公式和它们的衍生公式

我们刚刚排除了"S"这一组，也就是简单公式。接下来，我们要排除"M"这一组，也就是众数公式和中值公式（只要它们还没有因为属于"S"组而被排除掉）。上文中，当我们讨论众数类型和中值类型的指数时，我们发现它们是怪异的，对要平均的各项的微小变化带来的影响反应不灵敏。出于这个考虑，它们显然没有其他指数那么适合作为精确的晴雨表。我们在这里要补充说明的是，这种怪异性不仅体现在简单众数和中值指数中，对于加权众数和中值指数也是一样的。实际上，加权众数和加权中值指数，不仅是作为众数指数和中值指数，很容易偶然地被几个价比控制，而不是同样地受到所有价比的影响；而且作为**加权**指数，它们很容易偶然地

被一个或很少的几个很大的权重控制。如果在价比值域的中间值附近，有一个或两个价比恰好有很大的权重，那它们就很容易对众数或中值形成绝对的控制。当指数因此被控制的时候，价比的普通变化就无法使指数发生改变了。也可以说是被"黏住了"。而且，当一个足够大的变化使指数发生了变化，它也只是跳跃到另一个这样的状态继续被黏住。因此，加权众数是在"孤注一掷"，它可能把一切赌注都押在有畸高权重的那种商品的价格变化是否恰好能够公平地代表其他商品的价格变化上——这个机会自然是微乎其微的。在使用众数指数的时候，我们几乎就是"把所有的鸡蛋都放在一个篮子里"。**加权众数**（甚至可能包括**加权**中值）是不是比简单**众数**（或**简单**中值）更好的晴雨表，尤其是在涉及的商品种类比较少的时候，这是有疑问的。

　　因为众数这种惰性的特点，众数公式，143 和 145，哪怕已经根据检验 1 进行了"修正"（即将公式 43 和 49 之间的差异以及公式 45 和 47 之间的差异一分为二，其实没有可观察到的差异可以分），准确性并没有什么真正的改进。

　　唯一能让众数发生真正的改进的，是根据检验 2 进行的"修正"。因素对立公式的分子是价值比例，而且在价值比例中，每个因素，p 和 q，都是有发言权的。但是这种修正只能纠正原公式的一小部分怪异性。甚至在完成这种部分的纠正的过程中也可能受到阻碍；因为因素对立公式的分母（是另一个简单众数公式——数量的简单众数，而不是价格的简单众数）仍然有怪异性，而且这种怪异性可能出现在两个方向中的任何一个方向。我们唯一的收获就是，我们现在不是（实际上）在"孤注一掷"，而是"孤注二掷"了。

从已经讨论过的这些观点来看，我们发现众数（以及中值在一定程度上）与其他指数不协调，有时候远远大于其他指数，有时候又远远小于其他指数，毫无道理，也就不觉得惊讶了。

第四节　通过增加商品数可能带来的改进　　216

众数（和中值）的这种怪异性当然可以通过增加商品数来减弱，就像其他指数可以通过同样的方式有所改进一样。通过取**非常多**的商品，我们也许可以使修正的加权众数和中值指数近似地与叉子中间的那个齿重合。不幸的是，我们没有数据来验证这个假说；而**简单**众数，就像韦斯利·米切尔在战争工业委员会研究的 1,437 种商品时给出的那样，与其他指数，比如说简单几何指数，的差距之远，和我们现在使用 36 种商品计算出的众数与其他指数的差距是一样的。

在这两种情况下，众数大于（＋）或小于（－）简单几何指数的情况如下：

表 23　价比的简单众数的超出或不足
（单位：占简单几何指数的百分比）

商品数	1914	1915	1916	1917	1918
36	+2.08	+1.03	−10.74	−19.16	+5.56
1437	+1.52	−5.93	−19.75	−14.64	−10.53

因此，我们会看到，不管商品数有多少，算术指数（就像上文显示的那样）总是在几何指数的上方，调和指数总是在几何指数的

下方，但众数指数在几何指数上方和下方的概率似乎是相同的；在上面的表格中，在十次比较中，众数指数有**四次大于**几何指数，**六次小于**几何指数。从长期来看，我们可以预期，大于和小于的概率会更加接近于相等。实际上，如果我们总是同时考虑后向指数和前向指数，这个概率是绝对相等的，因为如果前向（或后向）众数指数大于几何指数，那么后向（或前向）众数指数就一定小于几何指数[①]。也就是说，众数指数没有固定的大于或小于几何指数的倾向。大于和小于的可能性都是一样的，但是它总是会有较大的偏离——也就是怪异性。

完全相同的讨论也可以应用于中值指数，只不过怪异的程度略弱一些。对于简单中值指数，我们有：

表24　价比的简单中值的超出或不足
（单位：占简单几何指数的百分比）

商品数	1914	1915	1916	1917	1918
36	+3.84	+1.84	-2.11	-1.70	+6.00
1,437	-0.01	-5.66	-11.02	-6.40	-0.64

比较表24和表23我们会发现，中值和众数通常是一起跳跃的，先是在几何指数的一侧，然后跳到另一侧；但是，中值指数跳跃的幅度通常不像众数指数那么大，因此位于众数指数和几何指数之间。在使用36种商品时，这两个差值（众数指数与几何指数的差值，以及中值指数与几何指数的差值）的平均比率是2.5，而在使用1,437种商品时，这个平均比率是2.2。

————————————

① 见附录1（第11章第四节的注释）。

值得注意的是，当价格剧烈**上升**的时候，众数指数和中值指数似乎会比几何指数小。是不是通常都会这样，如果是的话，又是为什么，我们都不知道。在这个具体的案例中，部分原因可能是，限价措施使很多商品的价格无法上涨到没有限价措施时会上涨的程度，所以那些价格异常上涨的商品会使几何指数提高，而对众数指数或中值指数却几乎没什么影响。

虽然也许可以通过增加商品数来降低众数指数和中值指数的怪异性，但是并不能完全消除它们的怪异性。在任何情况下，与其他四种指数相比，这两种指数都是有缺陷和站不住脚的。我已经根据上面提到的数据和变化的分布法则进行了非常粗略的估计，对于比较大的商品数来说，比如说 100 种商品，修正的众数公式 343 几乎总是落在中间那个齿 2% 的范围之内。在现在使用 36 种商品的情况下，这个公式在 1917 年的值落在了 10% 以外，虽然其他年份的数值都在 3% 以内。即使在使用 36 种商品的情况下，修正的中值也是落在 2% 以内。当使用 100 种商品时，它与中间那个齿的接近程度肯定会更高。

第五节　放弃所有"有偏差"的指数，只剩下中间那个齿（47 个公式）

到目前为止，在我们寻找最准确的指数的过程中，我们已经排除了（1）"S" 组，即所有简单指数和它们的衍生指数，以及（2）"M" 组，即所有中值和众数指数以及它们的衍生指数。我们已经发现，这些指数都是"怪异的"或"随意的"，第一组是因为它们是用不好的（也就是相同的）加权数据构成的，而第二组主要是因为它们对于个别价格和数量的变化不敏感。

　　就像我们看到的，其余的指数的差别不是随机的，而是很自然地分成了五个等级，就像五个齿的叉子显示的那样。也就是说，它们不仅仅构成了一个个的等级，而且相互之间的差异还有着固定的间距。我们已经考察了这种分组方式出现的原因，并用"偏差"这个词来代表差异出现在某个特定方向的独特倾向。现在，我们要排除所有有偏差的指数（等级为 2+、1+、1-、2-），也就是所有落在上面两个齿和下面两个齿上的指数，只留下"0"这个等级也就是无偏差的这个等级进行进一步的考察。

第六节　从47个公式中选择，
有13个公式同时满足两个检验

　　中间这个齿上有 47 个公式。即使我们不再进一步讨论了，在这里也已经得到了一个重要的结论，甚至是一个令人吃惊的结论。这 47 个公式的一致程度超过了普通的统计实践做要求的标准！因此，我们可以说，**如果我们仅仅排除明显怪异和有偏差的公式，剩下的所有公式彼此也足够相似，可以满足普通的实践目的了！**

　　但是我们可以在寻找准确公式的路上走得更远。在这 47 个几乎完全一致的公式中，有两个公式，53 和 54，虽然没有偏差，但却不是没有联合误。例如，前向的公式 53 乘以后向的公式 53 不等于 1，有时候略大于 1，有时候略小于 1，这说明在公式 53 的这两种应用中存在轻微的联合误；公式 54 也是如此。简言之，公式 53

和 54 不符合检验 1，也不符合检验 2。处于同样情况的还有 6053、7053、8053 和 8054。排除这些公式之后，还剩下 41 个公式，它们都至少符合一个检验。但是我们还可以从这些公式中排除不能同时符合两个检验的公式，即公式 107、108、109、110、1103、1104、123、124、125、126、1123、1124、1153、1154、2153、2154、3153、3154、4153、4154、207、209、213、215、223、225、227、229。现在剩下的都是同时满足两个检验的公式，我们要从这 13 个公式中选择出最好的一个，即 307、309、323、325、353、1303、1323、1353、2353、3353、4353、5307、5323。

　　这里的观点并不是目前剩下的**每一个**公式都比**所有**被排除的公式好，因为我们将会发现事实并非如此；这里的观点是，被排除的每一个公式，都无法通过两个检验中的某一个，肯定会至少被剩下的 13 个公式中的**某些**公式超过。因此，我们肯定可以断言，无法通过检验 2 的公式 109 比它的修正公式、同时符合两个检验的 309 差，哪怕它（109）碰巧比 13 个入围者中的某些公式强，比如说 1303；我们也可以说，8053 和 8054 比它们自己的修正公式（353）差，但是不能说它比 13 个公式中的其他公式差，比如说 309。

　　换句话说，从这 47 个公式中，我们选择出的不一定是最好的 13 个公式，而是我们知道必然会包含最好的那个公式的 13 个公式。还可以再换一种说法，虽然我们没有理由认为这 13 个公式中的每一个都比所有被排除的 34 个公式强，但是我们有充分的理由相信，那 34 个公式中的每一个都比 13 个公式中的某一个差。

第七节　选择公式 353 为"理想公式"

我们还必须从剩下的 13 个公式中进一步选择，虽然它们现在已经非常接近了，远远比实践中所要求的更接近。在这里，我们的论证发生了变化，变得不那么确定和肯定了。我们可能不会再把两个检验作为进一步筛选的工具了；因为这 13 个公式都能很好地符合两个检验。但是，我们仍然有一些理由更偏好某一个公式，而不是另外一个。我们对**交叉公式**的偏好可能超过**交叉权重公式**及其衍生公式（除了 2353，将在下文继续讨论），因此可以排除 1303、1323、1353、3353、4353，现在只剩下 8 个公式：307、309、323、325、353、2353、5307、5323。

221　　排除这些公式是基于这样的考虑[①]，即交叉权重公式无法保证它恰好落在要交叉权重的两个原公式的正中间。与其他的公式相比，它们似乎略有一些错误。同时，两个同样有希望的估计值或测量值的准确性也许可以通过取它们的平均值得到改进，基于这个原则，接下来也许可以排除 307 和 309，而留下它们的交叉公式 5307；同样，可以排除 323 和 325，留下 5323。

现在剩下四个公式，353、2353、5307、5323。这四个公式在实践中都是重合的，如果必须进行选择的话，我倾向于首先从中排除 2353，而留下 353，基于的理论是，在划分差异方面，任何形式的权重交叉可能都不如公式交叉准确。现在剩下三个公式：353，是

---

① 见附录 1（第 13 章第十节的注释）。

从综合指数推导出来的；5307，是从算术指数和调和指数推导出来的；5323，是从几何指数推导出来的。在这三个公式中，我倾向于接下来排除 5307，因为它来源的公式（7、8、9、10、13、14、15、16）彼此之间的差异比 353 和 5323 要大。与使用比较接近的数字相比，使用彼此差异较大的数字，似乎犯错误的可能性也更大。如果我们必须在剩下的公式（353 和 5323）中选一个，我会由于同样的理由放弃 5323。

因此，从综合指数衍生而来的公式 353 剩了下来，成为准确性方面的第一名。但是如果有人说这个奖应该和 2353、5307、5323 平分，特别是和 5323 平分，我也不会和他们争辩。

第八节　对公式 353 的其他论证

我们到目前为止的所有论证都是关于准确性的。如果我们再考虑代数表达式的简洁性，公式 353 也是优于所有竞争对手的，而且优势非常明显。而说到计算的简便和迅速（这一点我会在下文更充分地说明），公式 353 大大优于其他 12 个竞争对手，虽然我们会看到，在这 13 个公式之外，有些优秀的公式的计算可以更加迅速。

到目前为止，我们还没有用到"性质迥异的公式如果彼此一致，那么它们很可能都是准确的"这个论点。每个公式都是**被独立**考察的，并且考察的是它们的优点。因此，我们说公式 9 不是最好的公式，不是因为它给出的结果比 353 或其他走中庸之道的公式的结果高，而是因为，如果应用两次公式 9，一次前向，一次后向，二者的乘积大于 1，所以这两次应用的结果至少有一次偏大了。因此，我们不需要与其他公式相比较，就可以证明偏差的存在。同样，我们说公式 41 和 43 是怪异的，不是因为它们的结果与其他公式差别特别大，而是因为它们对大多数变化的反应不够灵敏，而它们的目标本来是要对这些变化取平均值。

而且，随着我们一步一步地前进，我们不会注意不到，那些好的公式得到的结果都是相似的，而不好的公式得到的结果都相差很大；我们还会注意到，尽管方法有很大差别，但是好的公式的结果都是一致的。既然我们已经完成了原来的论证线，现在就可以把这些相似性和不相似性作为新的内部证据来进一步巩固我们的论证了。被我们认为有向上偏差的那些公式（只是将方向相反的两个指数自身进行比较得出的结论），我们现在发现，它们给出的结果确实比 353 高，也比 353 同等的公式或次好的公式高，有双重偏差的公式的结果与 353 的差异差不多是一重偏差的公式与 353 的差异的两倍；对于向下的偏差也是类似的。

对这种说法唯一的限定条件只不过是进一步证实了我们已经发现的结论。因此，简单公式、众数公式、中值公式，以及它们的衍生公式，一般来说，都是有很大误差的；与 353 以及其他最好的公式相比显得很特别，从而再一次证明了"怪异"这个词。因此，所有已经被独立地证明是不好的公式，通过比较，也就是通过它们与非常好的公式的差距来判断，也能发现它们是不好的。

最后，如果我们通过研究每一个公式本身，发现它们没有偏差，也不怪异，从而认为它们很好的公式，通过相互的比较也能发现它们是很好的。也就是说，它们之间的一致性高得惊人，都落在叉子中间的那个齿上。事实上，我认为，一个人如果没有阅读前面的论证，而仅仅考察了各个公式之间是一致还是不一致这样的内部证据，对于哪些公式好、哪些公式不好，也能和我得到几乎完全相同的结论。在这 134 个公式之中，任何程度的一致和不一致与基于其他原因得到的结论都是吻合的，没有任何例外。

第九节　公式 353 与 5323 的比较

我们已经看到，公式 353 和 5323 几乎可以同样宣称，是反映价格和数量变化的真正的晴雨表。但是就像表 25 显示的那样[①]，它们的结果并不是绝对吻合的。

表 25　两个最佳指数
（1913＝100）

224

基准	公式编号	价格指数					数量指数				
		1914	1915	1916	1917	1918	1914	1915	1916	1917	1918
固定基准	353	100.12	99.89	114.21	161.56	177.65	99.33	109.10	118.85	118.98	125.37
	5323	100.13	99.87	114.09	161.59	177.67	99.32	109.11	118.92	118.96	125.35
环比法	353	100.12	100.23	114.32	162.23	178.49	99.33	108.72	118.74	118.49	124.77
	5323	100.13	100.23	114.45	162.42	178.64	99.32	108.73	118.61	118.36	124.68

只有在一种情况下这两个公式会得到**完全**相同的结果，而且如果我们的计算结果再取多一位小数，这种一致性肯定也会消失。

---

① 为了进行这样的比较，我们可以把公式 353 称为 5353（虽然我们的公式清单中没有使用这个编号），因为就像 5323 来自于 8 个指数（23、24、25、26、27、28、29、30）一样，我们也可以认为 5353（即 353）来自于 8 个指数（3、4、5、6、17、18、19、20）。

    我们从这些不一致中能得到什么启示呢？这里肯定是存在错误的，但是我们无法肯定地说哪一个是"绝对准确的"，因此错的全都是另一个。我们肯定会推断出皮尔森所推断出的结论，指数不是，也永远不可能是，**绝对**准确的。围绕着指数总是存在一圈不确定性。但是，虽然指数永远无法假装像衡量重量和空间的指标一样，具有完美的准确性，但是表 25 表明，它们具有很高的准确性，不仅远远高于皮尔森等怀疑论者的想象，甚至也高于相信指数的人所认为的准确性。

    表 25 表明，对于价格指数来说，1914 年的两个固定基准指数的一致性达到了万分之一；1915 年的数值的一致性为万分之二；1916 年的一致性为千分之一左右；1917 年的一致性是五千分之一左右；1918 年的一致性是九千分之一左右。而对于数量指数来说，相应的一致性程度也基本上是相同的，分别为万分之一、万分之一、千分之一、六千分之一和六千分之一。再看环比指数，我们发现，目前计算出的 1915 年的两个价格指数是完全一致的，后续年份的指数值的一致性程度分别为千分之一、千分之一和八百分之一；数量指数的一致性程度分别为万分之一、万分之一、千分之一、千分之一和千分之一。

225   当我们说两个数值的一致性程度是千分之一的时候，我们说的是一种非常高的一致性。这种一致程度就相当于，对华盛顿纪念碑的高度有两个估计值，这两个估计值只差一个手掌的宽度；或者对一个人的身高有两个估计值，二者之间只相差四分之一英寸；或者对一个人的体重有两个估计值，二者只相差两盎司。这种精确度比衡量零售商品所需要的精确度高，也比大多数批发交易所需要的精确度高。这种精确度甚至可以与很多实验室测量的精确度相媲美。我从美国标准局（United States Bureau of Standards）了解到，用玻璃或黄铜容器来衡量体积，精确度只能达到一万分之一到五千分之一。最好的便携式安培表测量电流的精确度只能达到 250 分之一，最好的便携式电压表测量电压的精确度只能达到 500 分之一。

我们认为公式 353 和 5323 是两种完全不同的计算指数的方法，一个公式的计算过程是加和除，另一个公式的计算过程是乘和开方；在这样的情况下，通过差别如此之大的两种路径，我们最终会得到几乎完全相同的目标，这似乎有些不可思议。如果把这种一致性完全归因于"巧合"，那肯定是荒谬的。哪怕不考虑与中间这个齿上的**其他**指数的一致性，这样的巧合也太多了。从这样的比较中，我们不可避免地得出一个结论：这两个指数互相检验、互相证明准确性，它们的误差通常不到千分之一。

第十节　公式 353 的"或然误差"

我们现在可以论证所有这 13 个公式非常紧密的一致性了，它们都满足两个检验、并且没有怪异性（即不是来源于简单公式、众数公式或中值公式）。表 26 给出了这 13 个指数，我们就是从这 13 个指数中选择出了 353，认为它是最好的。

226

表 26　优选的指数

（1913＝100）

固定基准法

公式	价格指数					数量指数				
编号	1914	1915	1916	1917	1918	1914	1915	1916	1917	1918
307	100.13	99.78	114.17	161.04	177.25	99.31	109.20	118.89	119.36	125.65
309	100.17	99.85	114.25	162.31	178.44	99.29	109.13	118.74	118.43	124.81
323	100.13	99.89	113.99	161.90	177.98	99.31	109.09	119.09	118.74	125.14
325	100.12	99.85	114.19	161.28	177.35	99.33	109.13	118.76	119.19	125.57
353	100.12	99.89	114.21	161.56	177.65	99.33	109.10	118.85	118.98	125.37
1303	100.14	99.88	114.22	161.75	177.82	99.32	109.11	118.84	118.84	125.25
1323	100.13	99.90	114.23	161.70	177.80	99.32	109.08	118.84	118.88	125.26
1353	100.13	99.89	114.22	161.71	177.79	99.33	109.08	118.85	118.87	125.26
2353	100.13	99.89	114.22	161.60	177.67	99.32	109.09	118.84	118.94	125.35
3353	100.14	99.90	114.35	161.94	177.36	99.31	109.08	118.81	118.70	125.57
4353	100.13	99.92	114.26	161.78	177.52	99.32	109.06	118.80	118.82	125.46
5307	100.15	99.82	114.21	161.67	177.84	99.30	109.17	118.81	118.90	125.23
5323	100.13	99.87	114.09	161.59	177.67	99.32	109.11	118.92	118.96	125.35

环比法

公式	1914	1915	1916	1917	1918	1914	1915	1916	1917	1918
编号	1914	1915	1916	1917	1918	1914	1915	1916	1917	1918
307	100.13	100.22	114.56	162.50	178.42	99.31	108.74	118.49	118.30	124.83
309	100.17	100.22	114.61	162.76	179.30	99.29	108.74	118.44	118.10	124.21
323	100.13	100.23	114.45	162.47	178.69	99.31	108.73	118.61	118.32	124.64
325	100.12	100.23	114.45	162.36	178.58	99.33	108.73	118.62	118.39	124.71
353	100.12	100.23	114.32	162.23	178.49	99.33	108.72	118.74	118.49	124.77
1303	100.14	100.23	114.40	162.37	178.99	99.32	108.72	118.66	118.39	124.42
1323	100.13	100.24	114.65	162.71	179.05	99.32	108.72	118.41	118.14	124.39
1353	100.13	100.23	114.33	162.27	178.45	99.33	108.72	118.73	118.46	124.76
2353	100.13	100.23	114.32	162.31	178.58	99.32	108.72	118.74	118.43	124.71
3353	100.14	100.24	114.28	162.14	178.39	99.31	108.71	118.71	118.48	124.77
4353	100.13	100.24	114.38	162.20	178.46	99.32	108.71	118.68	118.51	124.79
5307	100.15	100.22	114.59	162.63	178.86	99.30	108.74	118.47	118.20	124.52
5323	100.13	100.23	114.45	162.42	178.64	99.32	108.73	118.61	118.36	124.68

通过表 26，我们可以进一步研究公式 353 的准确性。像皮尔森这样的批评者把指数之间的不一致作为证据，来证明指数通常都是不准确的，他们错误地假设，所有的指数都能同样程度地成为反映价格变化的晴雨表。虽然他们的前提是错误的，但是他们的逻辑是正确的。我们现在也可以应用这个逻辑，但是我们不会使用他们错误的前提。我们可以用概率论来处理这 13 个晴雨表的读数，计算或然误差。我们还在一开始就假设，这 13 个公式能够同样程度地号称是最好的公式，即我们在概率计算中要赋予它们同样的权重。这是一种很保守的做法，也就是说，这样的计算倾向于夸大最好的公式的或然误差。表 27 给出了通过这样的计算得到的或然误差。

表 27　将 13 个公式中的任何一个作为同样好的独立
观察值计算出的价格或数量指数的或然误差 ①
（单位：占它们的平均值的百分比）

基准	1914	1915	1916	1917	1918
固定基准	0.009	0.025	0.050	0.128	0.118
环比法	0.009	0.006	0.069	0.079	0.104

由此我们可以看到，在 1914 年，这 13 个指数每一个的或然误差都是 0.009%，这个误差要从指数值，比如说 100.12，的基础上增加或减少，也就是指数值的万分之一。为了确切地说明这一点，我们假设所有这 13 个指数正确的可能性都是一样的，它们任何一个的误差都**很可能**小于万分之一。类似地，1916 年用固定基准法计算的指数值的或然误差（即很可能的误差），是这个指数值的 0.05%，

―――――――――――

① 　见附录 1（第 11 章第十节的注释）。

即 2,000 分之一左右。

　　在这些指数中,最大的误差是 1917 年相对于 1913 年的指数值。这个指数的误差是 0.128%,也就是八百分之一左右,即 1% 的八分之一。因此,我们可以确定,如果还有更准确的可能的话,公式 353 肯定比其他 12 个公式中的大多数更准确,它可能正确地衡量 36 个离散的价比或数量比的总体变化倾向,**准确性达到 1% 的八分之一**!也就是说,公式 353 的误差很少会达到八百分之一,对于华盛顿纪念碑来说这就是一个手掌的宽度,对于一个男性的体重来说不到 3 盎司,对于 8 美元的花费来说就是 1 美分。

　　我们在上面估计的或然误差是 1% 的八分之一,这是一个最大值,有三个原因:(1)它是表 27 的 10 个数字中最大的那个数字;(2)表 27 是基于战时极端分散的数据得出的,这种极端分散往往会增加指数之间的不一致;(3)我们是把这 13 个公式当做可靠性相同的公式来处理的,但其实其中很多公式都不如 353 可靠。要把上面这个**最大**的估计值替换成一个更加真正具有代表性的值不是一件容易的事情,肯定会带来很多充满疑问的思考。我不会详细讨论这个问题,而只会说,在进行了另外几种不同的计算之后,我相信公式 353 的或然误差很少会达到 1% 的 1%。

　　假设,在用于实践目的时,精确度达到真实值的 1% 就足够了,那么我们会发现,任何一个一流的指数的精确度都**至少**达到了要求的八倍。那么在人力所能达到的范围内,我们可以说,指数是一种绝对准确的工具。当然,这并不是暗示原始数据有任何的不准确,也不是暗示不准确是因为对进入样本的数据选择造成的,或是被排除在样本之外的那些数据的代表性造成的。这仅仅意味着,给定这些数据，指数能够给出一个没有误差的数字，来表示这些数据的平均变化。物理学家或天文学家对此会说，"**工具的误差**"是可以忽略不计的。旧的观点认为，在衡量价格变化的各种难题当中，有一个难题就是确定值得信任的数学方法，现在这个观点可以被彻底放弃了。

第十一节　不管使用指数的目的是什么，都不影响公式的选择

我们会注意到，公式 353，或在准确性上能与它匹敌的公式，被选为最好的公式，是基于非常广泛的形式特质基础的。所以，我们得到的结论也和我们论证的前提一样具有广泛性。例如，无论价格是批发价格还是零售价格，显然都不会影响我们选择 353，而不选择 1、31 或 9。因为，无论是批发价格还是零售价格，我们都有完全相同的理由选择在时间或因素上可倒转的公式，选择结果不怪异也不间断的公式。

但是，不同的目的需要不同的公式这样的想法根深蒂固，以至于许多研究指数的学者还没有认识到这些结论的普遍意义。1920 年 12 月，当我在美国统计学会在亚特兰大召开的会议上第一次简单地介绍这些结论时，不得不专门用一篇文章来告诉那些反对这个结论的人，一个可以用于一种目的的好的公式，在用于所有已知的目的时都是好的公式。但是我也注意到了他们拒绝这个观点的理由，似乎有以下三个： 230

（1）有一种观点认为，衡量价格变化的平均值，与衡量价格平

均水平的变化，二者是有冲突的[1]。

（2）有一种观点认为，某个具体的商品或食物账单的综合成本的变化（就像综合指数所暗示的那样），只适用于零售贸易——尽管事实上，这个观点的主要支持者克尼布斯也把综合成本的概念应用到了一系列具体的批发价格上。当然，这个概念可以应用于任何市场中的任何一系列商品。在这种情况下的惯例做法是什么，与这种方法作为一种数学方法的准确性没有任何关系。

（3）有一种观点认为，价比的众数或其他均值的分布特点决定了公式的选择，比如说选择算术公式或几何公式。通过一个反向的过程就可以发现这种观点是自相矛盾的；前向计算的价比在分布中存在的任何不对称，当我们必须考虑后向计算的价比的时候都会反过来（至少在比例图表中是如此）[2]。如果算术指数经过调整，使它在某个方向上是合适的，那么在另一个方向上必然是不合适的，因此我们会得到一些荒谬的结论，比如说当计算伦敦相对于纽约的价格水平时，算术指数是适用的，但是在计算纽约相对于伦敦的价格水平时，它就变得非常不适用了！而且，如果我们从两个方向考虑这些案例，在某个方向不对称的情况当然会和在另一个方向上的一样多。所以，从长期来看，不对称性不存在倾向于任何一个方向的趋势[3]。而且，当使用数量较多的比值时，通常在任何情况下的不对

---

[1]　这将在附录 3（平均值的比例 vs. 比例的平均值）中讨论。

[2]　如附录 1（第 11 章第十一节的注释）的图所示。

[3]　不对称的分布往往是其他领域更常见的特点，而不是在指数领域，例如人的身高和体重。（见 Macalister, "Law of the Geometric Mean", *Proceedings of the Royal Society*, 1879.）但是在这样的案例中不存在可倒转性。要平均的各项不是比值。另一方面，在头骨指数中，长与宽之比可能是宽与长之比的倒数；对于表示价格与价格之比，

称性都会比较小。这种相反的意见基于一种常用的错误的描点方法，这种描点方法的坐标轴使用的刻度是绝对数值，而不像本书这样，使用的是比值。

但是从实践的角度看，没有必要讨论"用于一个目的时使用一个公式，用于另一个目的时使用另一个公式"这种奇怪的论点；在实践中，所有的方法（如果不是怪异的和有偏差的）的结果都是一致的！除非有人为了某种"目的"故意支持偏差或怪异性，否则他支持的任何公式都会与其他任何人支持的任何其他公式得到相同的结果。综合指数适用于生活成本，几何指数适用于批发价格水平，算术指数适用于其他什么指标，等等，这些说法都是毫无意义的。因为如果我们承认在每一种情况下使用的都是修正的形式，我们就会发现，修正的综合指数（公式 353、1353、2353、3353、4353）、修正的几何指数（公式 323、325、1323、5323）和修正的算术指数（307、309、1303、5307）的一致性程度都是任何目的所要求的一致性程度的十倍！

错误地理解这个主题的基本原因在于，没有及时考虑偏差和可倒转性。只要使用的是公式 1、9001、21、9021、31、51、9051 这些非常不好的公式，毫无疑问，研究指数的作者都会找到各种有趣的理由，在一种目的下使用这些相互冲突的公式中的某一个，在另一种目的下使用另一个。但是只要发现所有这些类型的加权指数都需要修正——发现使用前向的算术公式不比使用后向的算术公式更

————————————

或者数量与数量之比的指数，也是类似的。比值通常有两个端点，通过某种倒转形成自己的对称性。

有正当理由，因此需要在使用算术公式前对它进行修正——那么所有这些有趣的区分和论证就都失去了根据。

一年前，我对那些反对这个结论的人发起了一个友好的挑战，让他们举出一个不应该使用公式 353 的例子。有几个人做了这样的尝试，但是他们都失败了。

显然，有相当大一部分不同意见是表面上的，不是真正的分歧，是由于误解而产生的。米切尔给出了 7 个他认为需要不同的公式的目的[①]。其中的一个"目的"是，与一系列已经有的指数进行比较，在这种情况下，应该使用与已经有的指数相同的公式。自然如此！为了比较的"目的"，我自己也在本书中为 134 个不同的公式找到了用武之地。米切尔教授提出的另一个目的是，编制一个普通人能够理解的指数。当然，我们可以继续列举出无数这样的目的。我们的目的可能是要确保最便宜的指数。那么公式 51 就是我们想要的公式。或者，我们的目的可能是要确保最不准确的公式。那么可能意味着要选择某个众数公式。公式 353 不是在**那样的目的**下最好的公式！

当然，我已经假设，这些"目的"至少有这样的共同点：在这种目的下，"最好的指数"将被理解为是**最准确地衡量指标的那个指数**。如果这一点是理所当然的，那么 353（或者 30 个或更多个能够给出同样计算结果的指数中的任何一个）似乎在指数所能涵盖的领域中，在用于所有目的时都是最好的。无论我们的目的是计算价格指数、数量指数、工资指数还是铁路运输指数，无论这个指数

[①]　"第 284 号公告"，美国劳工统计局，p.76，p.78。

是要衡量货币的价值、贸易的变化、制造成本还是生产量，都可以使用同样的几种数学计算过程，并且得出非常一致的结果。也就是说，只要要解决的问题是同样的数学形式，就像我们在所有的例子中已经遇到的那样的问题[1]。

简言之，和相关系数一样，指数公式只是一个统计工具。因为应用的主题发生变化而改变这个工具，就像改变计算相关系数的方法一样荒谬。

第十二节　对公式 353 的评价，以及对综合公式的总体评价

公式 353 具有值得关注的特殊性和简便性，这一点一定已经给读者留下了深刻的印象。它的构成比任何其他同时满足两个检验的公式都简单[2]，只需要 $\sum p_0 q_0$、$\sum p_1 q_1$、$\sum p_0 q_1$、$\sum p_1 q_0$ 这四个量。计算价格指数和数量指数都是同样用这四个量，只不过顺序

235

---

[1]　见附录 1（第 4 章第十节的注释）。

[2]　要体会 353 与另外 12 个准确性相当的公式相比究竟有多简单，只需要把它与简单性仅次于它的公式 2353 相比较就可以了：

$$353 = \sqrt{\frac{\sum p_1 q_0}{\sum p_0 q_0} \times \frac{\sum p_1 q_1}{\sum p_0 q_1}}$$

$$2353 = \sqrt{\frac{\Sigma p_1 q_1 \times \Sigma (q_0 + q_1) p_1 \times \Sigma (p_0 + p_1) q_0}{\Sigma p_0 q_0 \times \Sigma (q_0 + q_1) p_0 \times \Sigma (p_0 + p_1) q_1}}$$

读者如果好奇，可以写出一些更加复杂的公式，比如公式 5323，即最准确的几何公式。

不同①。

公式 353 虽然只对先行公式进行了一次交叉，但是可以同时
236 满足两个检验。这一次交叉可能是对两个**时间**对立公式（53 和 59，
或 54 和 60，或 3 和 19，多 4 和 20，或 5 和 17，或 6 和 18）进行交
叉，也可能是对两个**因素**对立公式（53 和 54，或 59 和 60，或 3 和
4，或 5 和 6，多 17 和 18，或 19 和 20）进行交叉。因此，只需要符
合一个检验，就可以同时符合两个检验。其他公式都不是这样的。

公式 353 可以从综合公式（53、54、59、60）、算术公式（3、4、
5、6）、调和公式（17、18、19、20）推导出来，或同时从算术公式
和调和公式推导出来。因此，和其他公式不同，它会以不同的形式
（103、104、105、106、153、154、203、205、217、219、253、259、
303、305）一再出现，可以说我们会在表格的很多个十字路口遇
到它。它的组成公式，53 和 54，也是同样经常重复出现，也是唯
一一对既互相**时间对立**也互相**因素对立**的公式。

另一个有趣的事实是，就像附录②中所显示的那样，公式 353
237 是一个完美的真正的平均值，而它的 12 个竞争对手中，有 9 个（除
了 1353、2353、3353——它们本身也都是综合公式）并不是真正的
平均值。只有在数量比全部相等的情况下，它们才满足价比的平均
值的定义。

另一个特殊性在于，在所有的指数中，只有综合指数不需要计
算价格比例。

---

① 见第 12 章第五节，关于公式 153（和 353 一样）的讨论。
② 见附录 1（第 13 章第九节的注释，"比例性检验"）。

第十三节　公式 53 和 54 已经非常接近一致了

最后，但并非不重要的一点是，公式 53 和 54 实际上比任何其他被交叉的基本公式都更接近。用公式 53 和 54 计算出来的两个指数如此接近，这并不是只对本书选择的 36 种商品才碰巧如此的一个巧合。

帕森斯教授曾经用公式 53 和 54 计算了 1920 年出口量的指数，得到的结果分别是 93.3% 和 95.1%，仅相差了 2%。

如果我们采用韦斯利·米切尔教授在战争工业委员会的报告[1]中使用的 90 种商品（或材料）的数据，也会发现同样的一致性。238图 45P 和 45Q 给出了米切尔（Mitchell）教授的计算结果，显示出用公式 53 和 54 计算的价格指数同样非常接近，用它们计算的数量指数也同样非常接近。同样非常重要而值得注意的一点是，在这两个例子中，都和使用 36 种商品的相应数据时一样，两条曲线都没有哪一条一定比另一条高或者一定比另一条低的倾向。

---

[1]　Wesley C. Mitchell, "History of Prices during the War, Summary" (War Industries Board, Bulletin No. 1), p. 45. 米切尔只计算出了公式 53 的结果（包括价格和数量指数），但幸运的是，因为他给出了有关价值的数据，所以很容易计算出 54 的结果。米切尔以 1913 年为 100%，但是计算的真正基准是 1917 年。相应的，我也在图中把 1917 年作为公共点。全部 1,366 种商品的相应数据并没有公开，而且，虽然我自己曾尝试寻找，但是即使在他的原始手稿里也没发现这些数据。要是能找到这些数据，就可以很容易地计算对于全部 1,366 种商品利用公式 53、54、353 得到的指数值。

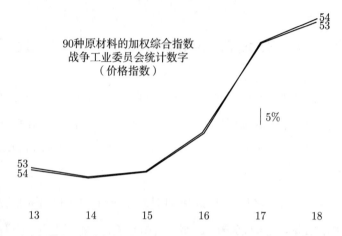

图 45P 和使用 36 种商品时（见图 39P，最上面一层）一样，使用 90 种商品时，公式 53 和 54 也表现出了同样的一致性，并且没有偏差

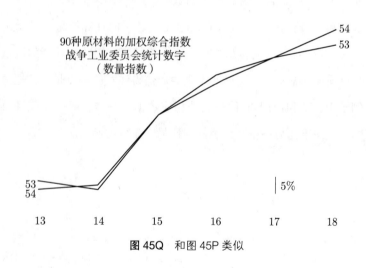

图 45Q 和图 45P 类似

另一个来自完全不同的领域的例子是纽约证券交易所交易的 100 种股票每日行情中报告的价格和数量。公式 53 和 54 的计算结果同样非常接近，见图 46P 和图 46Q。

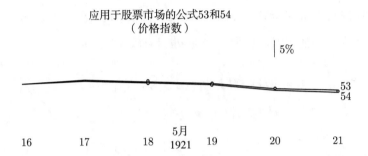

图 46P　用公式 53 和 54 计算的股票市场价格指数也非常接近且没有偏差。

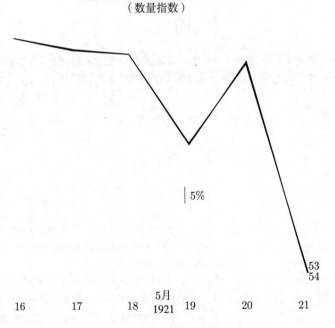

图 46Q　和图 46P 类似

图 47P、47Q 和图 48P、48Q 是根据帕森斯教授计算的 12 种农作物的指数值绘制的，前两个图以五年为一个时间段，后面两个图以一年为一个时间段[①]。在这几个图中，两个公式的计算结果比使用 36 种商品时的差异略大一些[②]。图 48P 和 48Q 还给出了环比法的计算结果，和使用固定基准法一样，也具有较大的差异。

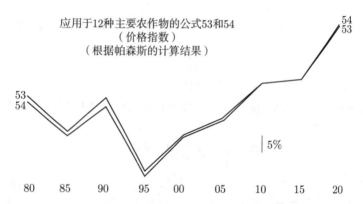

应用于12种主要农作物的公式53和54
（价格指数）
（根据帕森斯的计算结果）

图 47P　显示了几乎同样的一致性，但是存在轻微的偏差，除了在 1920 年这一年以外，53 总是大于 54。两条曲线的共同起点是 1910 年。

---

① Warren M. Persons, "Fisher's Formula for Index Numbers", *Review of Economic Statistics* (Statistical Service of the Harvard University Committee on Economic Research, Cambridge, Mass.), May, 1921, pp. 103-113。

② 我们为了让这四张图能够在书页中放得下而缩减了坐标刻度之间的距离，所以其实实际的差异甚至比第一眼看上去更大。图中的小码尺——那个标记为 "5%" 的竖线——显然比前面所有的图都短，这说明，在这个图中，同样的垂直距离代表着比前面的图更大的百分比差距。

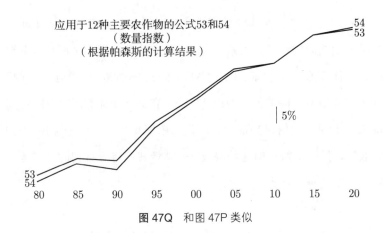

图 47Q 和图 47P 类似

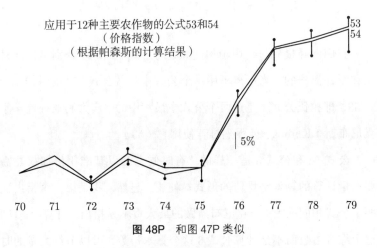

图 48P 和图 47P 类似

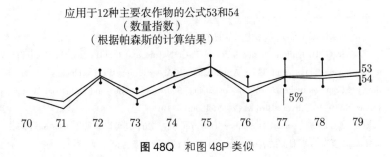

图 48Q 和图 48P 类似

在所有这些农作物的数据中，可以明显地观察到价格变动和数量变动之间的负相关关系。这对于研究指数的学者来说是很有趣的，它体现在三个方面：（1）它是"公式 53 和 54 是没有偏差的"这个陈述略有不同的另一种说法；（2）它进一步证实了"在固定基准法下出现的任何偏差都会在环比法中变得更大"这个陈述；（3）它表明，像图中所示的这种偏差——就像我们将要看到的，它是一种次级偏差——是非常小的 [①]。

第十四节 公式 353 的历史

我们已经提到过，用于构建 353 的公式 53 和 54 分别是拉斯拜尔和派许提出的。当不得不用一个公式来代替公式 353 的时候，公式 53，即拉氏公式，是这两个公式中最实用的。澳大利亚统计学家克尼布斯（Knibbs）就强烈推荐使用它（53）[②]。

公式 53 和公式 3 是一样的，有时候它会以基准年份加权并需要大量计算的算术平均值的形式被使用。显然，我是第一个指出这两个公式相同的人 [③]。克尼布斯做的最大贡献是指出，计算公式 53 这个综合指数而不是计算公式 3 这个算术指数，可以节约大量的时

---

① 见附录 1（第 11 章第十三节的注释）。

② 见 G. H. Knibbs, "Price Indexes, Their Nature and Limitations, the Technique of Computing Them, and Their Application in Ascertaining the Purchasing Power of Money". *Commonwealth Bureau of Census and Statistics*, Labour and Industrial Branch, Report No. 9, McCarron, Bird & Co., Melbourne, 1918。

③ *Economic Journal*, December, 1897, pp. 517, 520。还可以参见 *Purchasing Power of Money*，第 418 页对面的表格、公式 11 和 12 的标题以及讨论。

间。克尼布斯还指出，公式 53 具有一个超越几何指数和其他类型的指数的优势，那就是很容易被普通公众理解（其他综合公式可以说也是如此，但是克尼布斯没有特别强调）[①]。美国劳工统计局使用的就是公式 53，是罗伊尔·米克尔博士引入的。1920 年，大英帝国统计会议的一份决议（第 81 号）最近也认可了这种方法。这份决议说：

构建指数的方法

241

指数应该被这样构建：它们对任何两个日期的比较，应该表示为，一系列被选择出的具有代表性的商品，以及选定的合适数量，在其中一天的总支出，比上同样数量的这些商品在另外一天的总支出。

这样的措辞可能不仅适用于公式 53，也适用于 54、1153、2153、3153、4153。由于就像我们将会看到的那样，2153 是计算353 的简便方法，所以我们实际上可以把 353 也包括进来。

据我所知，最早提到在本书中被编号为 353 的这个公式的是沃尔什，他是 1901 年在《衡量总体交易值》(*Measurement of General Exchange Value*) 一书的脚注中顺便提到的[②]。我一直没有注意到沃尔什提到过它，直到他在 1920 年与我通信的时候提醒我注意这个公式。这个公式第二次被提到是 1911 年在我的《货币的购买力》

---

① 将在第 16 章第八节讨论。
② 第 429 页。

（*Purchasing Power of Money*）一书中，在那本书第 418 页对面的表格中，它被编号为公式 16，但是那时候我还没有认为它是最好的公式。

显然，下一个提到这个公式并对它高度认可的作者是 A. C. 庇古教授（A. C. Pigou），他在 1912 年的《财富和福利》（*Wealth and Welfare*）一书中提到了它[①]。他认为这个公式可能是比较两个国家价格水平的最好的指标。弗里德里克·麦考利让沃尔什先生和我注意到了庇古教授的预测。

再下一次提到这个公式，是我在 1920 年 12 月朗读的关于"指数的最佳形式"的预备论文。我在这篇论文中将公式 353 称为最好的公式或"理想"公式[②]。沃尔什并不知道我的研究，他在和我研究的同一时期写作了《估计的问题》（*Problem of Estimation*），于 1921 年出版，提出这个指数和其他几个指数"可能是最好的指数"[③]。阿林·扬[④]从另一个不同的角度也得出了这个公式是衡量一般价格水平变化的最佳指标的结论。

还有几个人［例如乔治·戴维斯，《经济统计学入门》（George R. Davies, *Introduction to Economic Statistics*），1922，第 86 页］认为公式 353 在用于某些目的时是最好的公式。知道我们几个人都得

[①] 第 46 页。这本书由于疏忽漏掉了平方根符号，但是在后来于 1920 年出版的《福利经济学》（*Economics of Welfare*）一书的第 84 页加上了平方根符号。

[②] 这篇文章和关于它的讨论发表在 *Quarterly Publication of the American Statistical Association*, March, 1921。

[③] 第 102—103 页。

[④] 见 *Quarterly Journal of Economics*, "The Measurement of Changes of the General Price Level," August, 1921, p. 572。

出了这个公式是最好的公式的结论，这是非常令人满足的，虽然有些人还增加了一些限制条件。我认为，我们可以自信地说，关于指数的合适公式的漫长争论就要结束了。

帕森斯教授[①]把我说的这个"理想的指数"叫做"费雪指数"。这肯定是因为沃尔什先生在亚特兰大城的会议上慷慨的提议[②]。如果本书的结论能够被接受，我认为我提出的"理想指数"这个词是最合适的。但是，如果使用我的名字来命名，那么也应该使用沃尔什的名字，或者使用沃尔什和庇古的名字。

[①] "Fisher's Formula for Index Numbers," *Review of Economics Statistics*, May, 1921, p. 103.

[②] 见 *Quarterly Publication of the American Statistical Association*, March, 1921, p. 544。

第12章　将所有的指数与"理想指数"（公式353）相比较

第一节　按照与公式353距离的远近顺序排列的所有指数

我们已经把公式353选择为最接近理想的指数；衡量了它的精确性；发现了我们的列表中还有另外12个公式可以与公式353一较高低，在用于任何目的时都与公式353重合；还发现有另外34个指数，即那些仅仅是没有明显偏差和怪异性的指数，在一般的要求下也与公式353足够接近。现在，我们可以回顾一下这些公式，用公式353作为一个比较标准（或者，如果愿意的话，本书中提到的任何其他合适的荣誉称号），我们可以把另外133个公式与这个标准做一下比较。为了进行这样的比较，我把所有的公式按照与公式353的接近程度进行了排序[①]。

从数值来看，表28按照距离353的远近程度给出了所有134个公式[②]的计算结果，从距离最远的公式开始，到公式353结束。

---

① 使用的方法见附录1（第12章第一节的注释）。

② 一共只排列了119个名次，因为那些名次并列的公式被排到了同一个名次。因此，表格中的第二个名次，"118名"，被应用于7个不同的指数。

表格中给出的指数值是价格指数而不是数量指数（虽然在两种情况下顺序实际上是相同的），是用固定基准法计算的数值，而不是环比法。对于每一个公式，表格中给出的都是指数的编号（见表格的第一列）。因此，这个表格中的第一个指数是公式 12，它是简单调和指数的因素对立指数。第二列是代表指数所属等级的字母或数字，即第 9 章第五节提出的七个等级中的某个等级。公式 12 属于 S 级，即"简单指数"级，是简单调和指数的一个衍生指数。

表 28　按照距离理想公式（353）的远近顺序排列的 134 个指数
（用固定基准法计算的价格指数数值）
（1913＝100）

编号	公式等级	1914	1915	1916	1917	1918	（逆序的）优劣顺序
			没有价值的指数				
12	S	103	101	115	172	244	119
44	M	103	106	132	196	180	118
46	M	"	"	"	"	"	"
48	M	"	"	"	"	"	"
50	M	"	"	"	"	"	"
144	M	"	"	"	"	"	"
146	M	"	"	"	"	"	"
1144	M	"	"	"	"	"	"
42＝142	SM	104	108	125	167	183	117
41＝141	SM	98	98	108	135	190	116
1	S	96	98	124	176	187	115
51＝151	S	96	96	108	147	173	114
			不好的指数				
11	S	95	96	119	158	172	113
21＝121	S	96	97	121	167	180	112
101	S	96	97	121	167	179	111
251＝351	S	97	97	111	153	169	110

编号	公式等级	1914	1915	1916	1917	1918	（逆序的）优劣顺序
102	S	102	99	113	162	208	109
243	M	102	103	119	179	174	108
245	M	"	"	"	"	"	"
247	M	"	"	"	"	"	"
249	M	"	"	"	"	"	"
343	M	"	"	"	"	"	"
345	M	"	"	"	"	"	"
1343	M	"	"	"	"	"	"
5343	M	"	"	"	"	"	"
211	S	99	98	117	165	205	107
9	2	101	102	118	181	187	106
52=152	S	97	97	115	159	165	105
7	2	101	102	118	181	187	104
14	2	102	102	117	168	190	103
15	2	100	98	111	145	167	102
13	2	99	98	111	147	169	101
301	S	99	98	117	164	193	100
8	2	99	97	111	152	167	99
10	2	99	97	111	155	169	98
16	2	101	102	117	169	189	97
241=341	SM	101	103	116	150	186	96
22=122	S	102	99	113	162	194	95
31=131	SM	99	99	119	164	191	94
34	M	101	105	118	166	182	93
221=321	S	99	98	117	164	187	92
33	M	100	99	107	156	169	91
43	M	101	100	108	164	168	90
45	M	"	"	"	"	"	"
47	M	"	"	"	"	"	"
49	M	"	"	"	"	"	"
143	M	"	"	"	"	"	"
145	M	"	"	"	"	"	"

续表

编号	公式等级	1914	1915	1916	1917	1918	（逆序的）优劣顺序
1143	M	"	"	"	"	"	"
36	M	101	104	118	165	182	89
201	S	98	97	116	164	182	88
37	M	101	100	109	164	188	87
35	M	100	99	107	160	169	88
2	S	100	96	110	153	177	85

一般的指数

246

1134	M	101	103	118	163	182	84
1133	M	101	100	108	163	171	83
9051		102	103	114	160	182	82
134	M	101	103	117	163	181	81
29	1	101	101	116	170	182	80
23	1	100	99	111	154	173	79
133	M	101	100	108	160	174	78
136	M	101	103	117	162	181	77
231=331	SM	100	100	117	163	187	76
1003	1	100	101	116	171	183	75
24	1	101	101	116	165	183	74
25	1	100	99	113	152	172	73
1013	1	100	99	113	154	173	72
27	1	100	101	116	171	182	71
38	M	101	102	117	158	180	70
1014	1	101	101	116	165	183	69
30	1	99	98	113	159	174	68
135	M	101	100	108	162	178	67
1004	1	99	99	113	158	173	66
39	M	101	100	109	164	178	65
28	1	100	99	113	157	172	64
6023 1913—19—14		100	100	112	154	173	63
32=132	SM	100	102	116	162	184	62
26	1	101	101	115	165	183	61

续表

编号	公式等级	1914	1915	1916	1917	1918	（逆序的）优劣顺序
233	M	101	102	112	161	175	60
237	M	101	101	113	161	184	59
235	M	101	102	112	163	176	58
40	M	101	102	117	160	180	57

好的指数

编号	公式等级	1914	1915	1916	1917	1918	（逆序的）优劣顺序
335	M	101	101	113	162	180	56
1333	M	101	101	113	163	176	55
5333	M	101	101	113	162	179	54
333	M	101	101	113	161	177	53
239	M	101	101	113	162	179	52
6023（1913 和 1918）		99	99	114	160	180	51
6023（1913—1916）		100	100	114	157	175	50
209	0	100	100	115	167	178	49
213	0	101	100	114	157	179	48
207	0	100	100	115	166	177	47
215	0	100	100	114	156	178	46
223	0	100	100	114	159	178	45
225	0	100	100	114	159	177	44
229	0	100	100	114	164	178	43
227	0	100	100	114	164	177	42
110	0	100	100	114	162	179	41
109	0	100	100	115	163	178	40

247
非常好的指数

编号	公式等级	1914	1915	1916	1917	1918	（逆序的）优劣顺序
6053（1913—1918）		99.8	99.9	114.0	161.6	177.9	39
54*	0	100.3	100.1	114.4	161.1	177.4	38
108	0	100.2	99.6	114.0	160.3	177.9	37
53†	0	99.9	99.7	114.1	162.1	177.9	36
6053（1913—1916）		100.0	100.0	114.0	161.9	178.2	35
4153	0	100.1	100.0	114.4	162.4	178.3	34
309	0	100.2	99.9	114.3	162.3	178.4	33

续表

编号	公式等级	1914	1915	1916	1917	1918	（逆序的）优劣顺序
107	0	100.1	99.9	114.4	161.8	176.6	32
4154	0	100.1	99.9	114.1	161.2	176.8	31
6053（1913—1914）		100.1	100.1	113.9	161.3	177.7	30
123	0	100.1	99.9	113.8	162.1	177.8	29
3153	0	100.2	99.9	114.2	162.1	176.9	28
307	0	100.1	99.8	114.2	161.0	177.3	27

*54=4, 5, 18, 19, 59.　　†53=3, 6, 17, 20, 60.

优秀的指数

323	0	100.13	99.89	113.99	161.90	177.08	26
124	0	100.16	99.85	114.25	161.74	178.16	25
3353	0	100.14	99.90	114.35	161.94	177.36	24
7053	0	100.09	99.96	114.03	161.53	177.90	23
126	0	100.12	99.85	114.20	161.18	177.36	22
325	0	100.12	99.85	114.19	161.28	177.35	21
1104	0	100.15	99.84	114.18	161.58	177.92	20
5307	0	100.15	99.82	114.21	161.67	177.84	19
1103	0	100.13	99.91	114.26	161.93	177.72	18
125	0	100.12	99.87	114.19	161.37	177.34	17
4353	0	100.13	99.92	114.26	161.78	177.52	16
3154	0	100.12	99.92	114.28	161.77	177.78	15
1303	0	100.14	99.88	114.22	161.75	177.82	14
1123	0	100.14	99.89	114.17	161.62	177.87	13
1124	0	100.12	99.91	114.28	161.78	177.73	12

最好的指数

5323	0	100.13	99.87	114.09	161.59	177.67	11
1323	0	100.13	99.90	114.23	161.70	177.80	10
1153	0	100.13	99.89	114.20	161.70	177.83	9
1353	0	100.13	99.89	114.22	161.71	177.79	8
1154	0	100.12	99.90	114.24	161.73	177.76	7
2154	0	100.14	99.90	114.21	161.69	177.72	6

编号	公式等级	1914	1915	1916	1917	1918	（逆序的）优劣顺序
2353	0	100.13	99.89	114.22	161.60	177.67	5
2153	0	100.12	99.89	114.23	161.52	177.63	4
8054	0	100.12	99.89	114.21	161.56	177.65	3
8053	0	100.12	99.89	114.21	161.56	177.65	2
353*	0	100.12	99.89	114.21	161.56	177.65	1

*353＝103, 104, 105, 106, 153, 154, 203, 205, 217, 219, 253, 259, 303, 305.

为了简化这个表格，我武断地将这134个公式按照越来越好的顺序分成了七个级别。最前面的12个指数构成了第一个级别，我给它们的标签可能有点草率，是"没有价值的"指数（以指明它们是最差的公式这个事实）。另外六个级别的标签分别是不好的指数、一般的指数、好的指数、非常好的指数、优秀的指数和最好的指数。对于"非常好的指数"以下的所有级别，我们省略了小数点后的数字（因为它们对于比较是多余的）或者保留了一位小数。只有"优秀的指数"和"最好的指数"这两个级别的指数值保留了两位小数。读者顺着这些列往下看，就可以迅速地在心里比较这些不同的公式，尤其是1917年这一列，不同的公式给出的结果差异是最大的。

我们会发现，我们在上一章发现的12个公式，每一个都有自己独立的优势，作为最接近理想公式353的公式，有两个（307和309）属于"非常好的指数"这个级别；有六个（323、3353、325、5307、4353、1303）属于"优秀的指数"这个级别；还有四个（5323、1323、1353、2353）属于"最好的指数"这个级别。也就是说，在按照与 353 的一致程度来排序的时候，基于**独立的**原因被选择为最佳公式的这 12 个公式，都在非常好以上的级别。

而且，这 12 个公式是散布在与公式 353 同样接近的、但是不完全满足两个检验的其他公式中间的。其他的这些公式，大部分都是公式 53 和 54 以不同的方式联合得到的。公式 53 和 54 彼此极度接近，以至于**任何**想将它们之间微乎其微的差异分开的方法，都必然几乎与 353 绝对重合。因此，最接近 353 的公式是 8053，是 53 和 54 的算术平均值。虽然 8053 不满足任何一个检验，但是它非常接近于满足这两个检验，而且与完全满足两个检验的 353 重合。其他所有"最好的"指数，也都是公式 53 和 54 的联合。

第二节　按顺序给出指数的图表

从图像来看，我们可以比仅仅通过数字更快、更清楚地看到所有指数的排序。图 49 显示了与表 28 同样的 119 个名次。但是这个图还包含了用环比法计算的数字，和前面一样，这些数字用小圆点来代表[①]。这些圆点和连在圆点上的深色竖线都将在下文进一步讨论。现在读者可以忽略它们，将注意力集中在指数的名次排列上面。

---

① 每个圆点与曲线之间的距离代表了固定基准法与环比法计算的结果之间的差异。某一年的这个差异，比如说 1918 年的差异，是所有前面年份的差异的净累计效果。为了表明最后一年的差异有多大，我们在图中插入了一条深色的竖线（即从代表 1918 年的那个圆点，一直延伸到如果这个圆点与曲线的距离等于上一年，即 1917 年的那个圆点与曲线的距离，它应该所在的位置）；对于其他年份也是一样的。

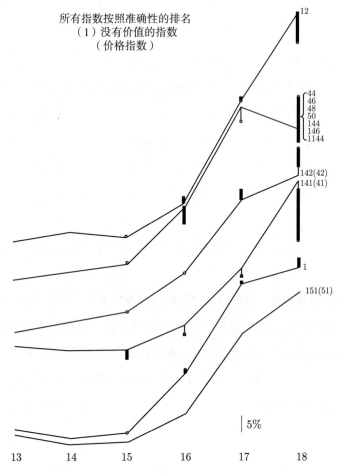

249　所有指数按照准确性的排名
（1）没有价值的指数
（价格指数）

图49（1）　这些指数都是最不准确的指数，包括一个非常常用的指数，简单算术指数（1），以及一个偶尔会用到的指数，简单综合指数（51）。这六个指数不仅与作为标准的理想指数（353）有很大的差异，彼此间也有很大差异，而且每一个公式用固定基准法和环比法计算也有很大差异（就像那些圆点和深色的竖线所显示的那样——每个圆点对曲线的偏离代表了环比法的累计差异，深色的竖线代表了年与年之间的差异）。

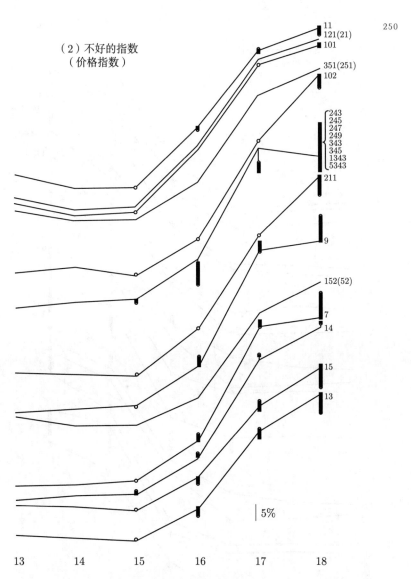

（2）不好的指数
（价格指数）

250

11
121(21)
101

351(251)
102

243
245
247
249
343
345
1343
5343

211

9

152(52)

7
14

15

13

| 5%

13　　14　　15　　16　　17　　18

图 49（2）　除了 101 和 21 一致以外，这个图中的各条曲线之间的差异也是
显而易见的，但是差异程度比上面的图略小。这个图里包含了两个实际上已
经有人提出过的指数，一个是科格佐尔提出的简单调和指数（11），一个是
帕尔格雷夫提出的有双重偏差的算术指数（9）。

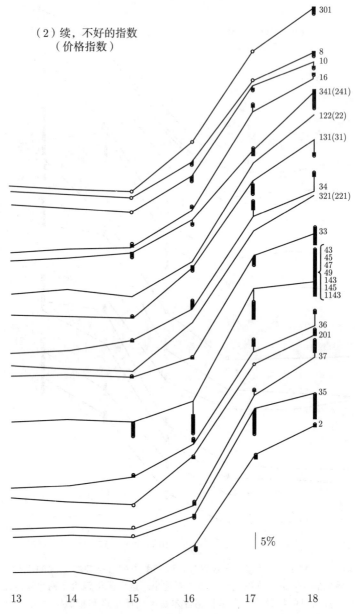

（2）续，不好的指数
（价格指数）

图49（2，续）　这个图里包含了简单中值指数（31）。

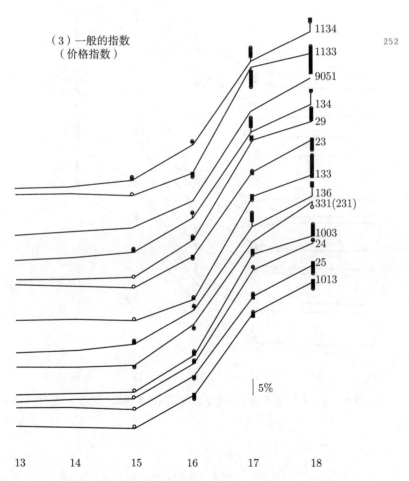

（3）一般的指数
（价格指数）

252

1134
1133
9051
134
29
23
133
136
331(231)
1003
24
25
1013

5%

13　　14　　15　　16　　17　　18

图 49（3）　在这个图里同样可以看到曲线之间存在一些差异，但是差异更不明显了。在这些指数中，最有用的是 9051，是一个为了迅速计算而能凑合使用的指数。

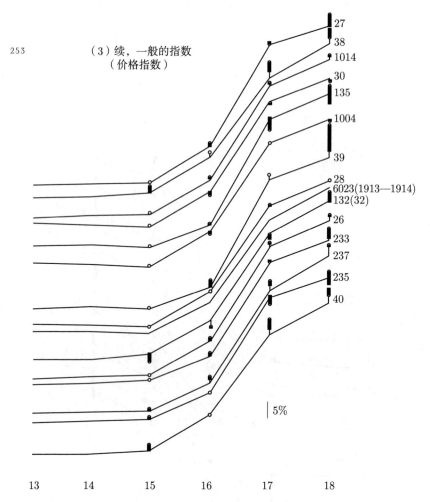

253

（3）续，一般的指数
（价格指数）

27
38
1014
30
135
1004
39
28
6023(1913—1914)
132(32)
26
233
237
235
40

| 5%

13   14   15   16   17   18

图49（3，续） 这个图中包含了戴教授提出的指数（6023）的一个形式。

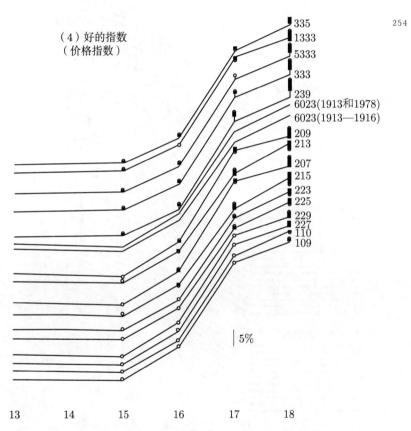

（4）好的指数
（价格指数）

335
1333
5333
333
239
6023(1913和1978)
6023(1913—1916)
209
213
207
215
223
225
229
227
110
109

5%

13　　14　　15　　16　　17　　18

图 49（4）　这个图中的差异已经基本上消失了，无论是每条曲线与公式 353 的差异，还是彼此之间的差异，或者每个指数用固定基准法和环比法计算之间的差异。这个图中包含了戴教授的指数（6023）的两个形式。

255 （5）非常好的指数；（6）优秀的指数；和
（7）最好的指数
（价格指数）

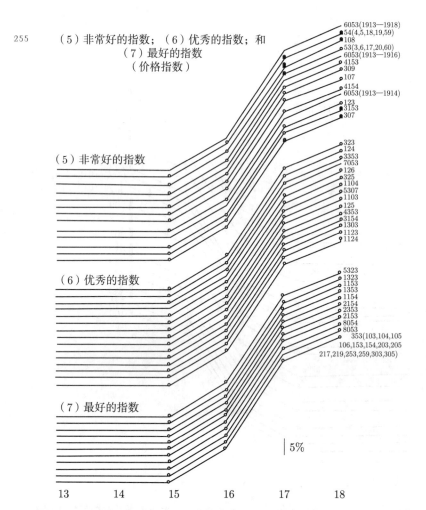

图 49（5，6，7） 所有的差异继续减小，直到无法察觉。"非常好的公式"
中包括了拉氏公式（53）、派氏公式（54）和莱尔的公式（4153 和 4154）。"优
秀的公式"中包括了沃尔什的一个公式（1123）和经过检验 2 修正的莱尔的
公式（4353）。"最好的公式"中包括了经过检验 2 修正的上面的那个沃尔什
的公式（1323），两个沃尔什的公式（1153 和 1154）以及经过检验 2 修正
的这两个公式（1353），埃奇沃斯和马歇尔的公式（2153），沃尔什的另一个
公式（2154），上面两个公式经过检验 2 修正的公式（2353），卓比奇的公式
（8053），和被用作整个图 49 的标准的"理想公式"353。

第三节　指数向 353 汇集

表 28 和图 49 中最引人注目的是，各个指数会自然地稳步向公式 353 汇集。如果我们随意地选择一条和它差异比较大的曲线作为参考标准，比如说 2 或 44，就不会出现这样的情况。值得注意的一点是，有很多指数可以声称有很多和自己相似的指数，但是公式 353 以及那些几乎和它重合的那些曲线在这些指数中是独特且唯一的一种。因此，如果任何人声称公式 2 是最好的指数，并按照与公式 2 的接近程度将所有的指数排序，他不会得到与现在呈现在我们面前的这张图类似的图。公式 2 是孤零零地站在那里的，与它最接近的指数也都很它相差很远。而且，在这样的排序中，我们选出来的那些最好的指数虽然不再出现在这个列表的最后面了，但是仍然紧密地聚集在一起。像现在这个图一样，几乎没有任何距离 353 很远却彼此非常接近的指数，其接近程度称得上"强烈的家族相似性"。只有一个例外，那就是 101 和 21 这一对公式，我们已经提到过，它们是**简单**指数这个等级中最好的公式。

我们的图中的 119 个不同的公式，在公式 353 两侧的变化差不多是相等的，即使将众数公式和中值公式包括在内也是如此，表 29 中显示的平均数表明了这一点[1]。

---

[1]　严格来说，应该使用几何平均值；但是，除了最前面的几个指数（它们使用了几何平均值）以外，对于其他指数来说，几何平均值和算术平均值没有太大的差异，所以为了计算的简便，对于其余的指数使用了算术平均值。

257

表 29　每个不同级别的指数的平均值

级别	1914	1915	1916	1917	1918
没有价值的指数	100	101	118	164	193
不好的指数	96	99	115	162	181
一般的指数	101	101	114	161	179
好的指数	100	100	114	161	178
非常好的指数	100.1	99.9	114.1	161.6	177.6
优秀的指数	100.13	99.88	114.20	161.65	177.71
最好的指数	100.13	99.89	114.21	161.64	177.72
所有级别的平均值	99.35	100.06	114.37	161.83	179.46
353	100.12	99.89	114.21	161.56	177.65

　　除了"没有价值的指数"这个级别，每一个级别的所有指数的平均值都非常接近 353，这表明上下的变化差不多是相等的，和我们所预期的一样。这些公式中有很多是对 53 和 54 的各种类型的平均，即使我们不考虑这些公式，上面的结论仍然是正确的。简单地说，公式 353（或任何优劣程度相当的公式）是一个明确的目标，整个系列的公式都在向这个目标汇集，而且没有其他别的目标。

第四节　除了公式 353 以外，
还有很多公式符合要求

　　我们会看到，我们宣布公式 353 是最好的指数，并不意味着它和所有其他的公式相隔了十万八千里。相反，我们得到的一个主要结论就是，还有其他公式其实也同样准确。如果我们说公式 353 比"最好的指数"这个级别的其他指数更准确，这个优势也只是微乎其微的，是值得怀疑的。关于 353 比"优秀的"指数好这一点，是没有什么质疑的余地的，但是好的程度也是微不足道的。实际上，用一般的实践标准来判断，我们可以把这个结论扩展到"非常好的指数"甚至"好的指数"这两个级别。

如果要把这些比较结果用数字来呈现的话，我们可以以 1917 年的数字为例，因为这一年各指数的差异几乎总是最大的。在"最好的指数"这个级别中，最小的指数值是 161.52，最大的指数值是 161.73，而"理想的"指数，公式 353，是 161.56。在"优秀的指数"这个级别，最小值是 161.18，最大值是 161.94。在"非常好的指数"这个级别，最小值和最大值分别是 160.3 和 162.4。在"好的指数"这个级别，分别是 156 和 167；在"一般的指数"这个级别，分别是 152 和 171；在"不好的指数"这个级别，分别是 145 和 181；在"没有价值的指数"这个级别，分别是 135 和 196。

如果用百分比表示，这些数值与理想指数的值（161.56）最大的差异是：在"最好的指数"这个级别，是 0.1%；在"优秀的指数"这个级别，是 0.2%；在"非常好的指数"这个级别，是 0.8%；在"好的指数"这个级别，是 3.7%；在"一般的指数"这个级别，是 6.2%；在"不好的指数"这个级别，是 11.7%；在"没有价值的指数"这个级别，是 21%。

认为不那么准确的指数足够好且符合要求，在这条路上我们能走多远呢？当然，答案会根据我们在每个特定的案例中设定的标准而不同。在实践中，我们的标准很少会要求近似程度小于 2%。在这个基础上，我们可以认为 11 个"最好的指数"、15 个"优秀的指数"、11 个"非常好的指数"和 16 个"好的指数"中的大多数指数，也就是全部 134 个指数中将近 40% 的指数，都是可以使用的指数。这些指数都是在 "0" 这个等级的，也就是在中间那个齿上，即除了根据上一章的发现而排除的有偏差的指数和怪异的指数以外，所有的指数都包括在内。

第五节　对众数指数、中值指数和 简单指数的评价

让我们看一眼表 28 的第二列中代表等级的符号，"S" 等级（简单指数和它们的衍生指数）和 "M" 等级（众数指数和中值指数）是距离 353 最远的；两个 "2" 的等级是距离 353 次远的；两个 "1" 的等级是再次的；"0" 这个等级是最近的。

简单指数的名次是非常有趣的。当比较这些简单指数**本身**的时候，我们只根据有偏差这一个原因就宣布简单指数、调和指数以及它们的对立指数（公式 1、2、11、12）是不适用的；我们并不是因为它们的权重很怪异而认为它们不适用的，因为在那个时候，我们假设简单加权或同等加权是正确的。但是现在，我们采用了更高的标准，把简单指数与最好的**加权**指数（公式 353）相比较，我们可以说**每个简单**指数，即使是公式 21，都是不适用的，因为它们的加权方式很怪异，而说公式 1、2、11、12 不适用还有一个理由，就是它们有偏差。因此，后面的这几个公式的不好是双倍的，既怪异又有偏差，尽管在某些情况下二者恰好彼此抵消了。因此，在 1914 年和 1918 年，用公式 2 计算的价格指数恰好和 353 非常接近，但是在其他年份则不是。因此，这四个公式被列在了表 28 的最上面，

或几乎是最上面。

　　还应该注意的一点是，众数指数很特别，它们是以几乎随机的顺序成组出现的，而不是按照符合检验的程度的顺序出现。当然，就像其他类型的指数一样，"修正"过程确实有修正的作用。例如，在表 28 中，我们发现基本的、有偏差的加权几何指数，公式 23、24、25、26、27、28、29、30，在经过（一次）修正的公式 123、1123、124、1124、125、126、223、225、227、229 之前，而这些经过一次修正的公式又在经过两次修正的公式 323、325、1323、5323 之前（除了 323 和 325 略微有点不符合这个顺序）。而且，全部几何指数每个都有一个单独的排名，而所有的 25 个众数指数（甚至包括简单众数指数）聚集成了几组，而且几乎没有任何系统的顺序。例如，我们发现未修正过的众数指数 44、46、48、50 并不在修正过的公式 144、146、1144 之前，而是和它们聚集在一起，排名几乎完全相同，彼此之间的排名也相同。我们还发现，243、245、247、249、343、345、1343、5343 也是以完全相同的排名聚集在一起。后面这一组（由**修正过的**指数构成）不是像它们应该的那样，在 43、45、47、49、143、145、1143（基本上由未修正的指数构成）之后，而是在它们之前。中值指数的情况要好得多，但是与其他指数相比，中值指数也是不那么分散的。

　　这个表格完整地证明了，使一个指数成为不好的指数的原因，要么是怪异性，要么是偏差，偏差可以通过修正过程彻底消除，而怪异性不能。除了有这些缺陷的指数，所有的指数都是好的。换句话说，所有在"0"这一组的指数，也就是落在五个齿的叉子中间那个齿上的指数，都是好的。除了很少的几个例外，每一个好的指数都至少符合两个检验中的一个。这几个例外是公式 53、54、6023、6053、7053、8053、8054，它们虽然都不符合任何一个检验，但是都非常接近符合两个这检验。

第六节　简单中值指数比简单几何指数更接近理想指数

　　我们现在可以回去继续刚才未完成的对中值指数的讨论。在完成公式列表的时候，有一个有趣又令人惊讶的比较结果，那就是简单中值指数比任何其他简单指数的排名都更好。简单指数按照越来越好的顺序排列是：公式 41（没有价值的指数），1（没有价值的指数），51（没有价值的指数），11（不好的指数），21（不好的指数），31（不好的指数）。因此，中值指数的排名不仅好于众数指数（这是我们能预期的）和非常流行的简单算术指数，甚至也比简单几何指数排名更好。当我们讨论了中值指数的怪异性和几何指数的优点以后，我们可能会预期，中值指数会在最差的简单指数之列，而公式 21 会是排名最好的简单指数。而且，就像我们已经看到的那样，**当我们假设简单权重或相等的权重是正确的权重时**，优劣顺序是公式 21 是最好的，而 31 远远不如它。但是，简单权重当然永远不可能是正确的权重，而且我们的优劣顺序不是按照简单权重排列的，而是按照真实的权重排列的。在这样的尺度下，公式 31 似乎就比 21 排名更好了。

　　关于公式 21 和 31 谁更接近 353 的比较，可以用下面的数字来说明：

表 30　简单几何指数和简单中值指数的准确性，
以公式 353 计算的 36 种商品的指数为标准来判断
（价格指数）

公式编号	1913	1914	1915	1916	1917	1918
21	100	96	97	121	167	180
31	100	99	99	119	164	191
353	100	100	100	114	162	178

显然，在 1914 年、1915 年、1916 年和 1917 年，中值指数（31）比几何指数更接近理想指数（353）——分别接近了 3%、2%、2% 和 3%，只有 1918 年比几何指数距离理想指数远了 6%。

我们可以进一步检验我们得到的结论，比较公式 21 和 31 应用于数量时的情况，结果如下：

表 31　简单几何指数和简单中值指数的准确性，
以公式 353 计算的 36 种商品的指数为标准来判断
（数量指数）

公式编号	1913	1914	1915	1916	1917	1918
21	100	98	111	121	119	115
31	100	99	107	117	119	121
353	100	99	109	119	119	125

在这次比较中，公式 31 也比 21 更好，在 1914 年好 1%，1918 年好 5%，在 1916 年、1917 年和 1915 年二者一样。在 1918 年，有一种不重要的商品，毛皮，在其他大多数商品的数量上升时数量大幅下降，这对敏感的几何指数产生了不利的影响，甚至在数量实际上升的时候使其几何平均值看起来下降了，但是对于不敏感的中值指数没有影响。

通过研究战争工业委员会使用的 1,437 种商品可以进一步确认我们的结论。这里使用的是加权综合指数（公式53），我们可以用它代替353作为我们的标准。我计算了简单几何指数和简单中值指数。结果如下（均为价格指数）：

表32 简单几何指数和简单中值指数的准确性，
以公式53计算的1,437种商品的指数为标准来判断
（战前年份7月、1913年7月、1914年＝100%）

公式编号	1913	1914	1915	1916	1917	1918
21	101	101	108	138	174	198
31	101	100	101	122	162	196
53	101	99	102	126	175	194

我们注意到，在1913年，公式31和21与53的距离相同；1914年公式31比21更接近1%；1915年更接近5%；1916年更接近6%，1918年更接近1%。只有1917年的情况相反，公式21更接近7%。因此，和36种商品的价格指数和数量指数一样，对于1,437种商品的价格指数来说，公式31优于公式21。遗憾的是，我们缺乏数据来计算1,437种商品的数量比率。

图50显示了当从36种商品的列表中抽签选择商品，从三种开始，商品数为每一个奇数时，1917年的简单中值指数和简单几何指数的关系。我们会看到，公式21和31与353（虚线）的接近程度是不相上下的，只有当商品数小于11时，公式21绝对是更好的。尽管公式31不敏感，但是它在图中极少的几个变化表明，它和21与353的接近程度是一样的。

公式31的明显优势是一种意外吗？这很难说，但是我倾向于认为，在任何情况下，公式21都不会平均来看优于31。

埃奇沃斯教授支持简单中值指数，因为它不那么容易受一两种不重要的个别商品的极端失常所影响。在简单权重（即同等权重）下，不重要的商品

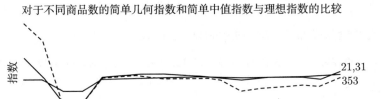

对于不同商品数的简单几何指数和简单中值指数与理想指数的比较

图 50　这个图表明，从整体来看，在 17 种不同的商品数下，简单中值指数（ 31 ）和简单几何指数（ 21 ）与理想指数（ 353 ）的接近程度是相同的，只有当商品数为 3、5、7、9 时几何指数明显更接近 353。

有时候被赋予了过度的影响力。简单几何指数就是这样（或者简单算术指数和简单调和指数也是如此），而对于中值指数来说，这样的极端变化不会扰乱任何东西。埃奇沃斯的这种说法是很有道理的，虽然乍一看它似乎与本书到目前为止使用的某些推理思路相冲突。埃奇沃斯教授表扬中值指数是因为它不过分敏感，而我批评它却似乎只是因为它不够敏感。但是，这种意见冲突是表面上的冲突，而不是真正的冲突。对于**认真加权**的指数来说，不敏感是一项不折不扣的缺点，因为这使某些商品无法发挥它们适当的影响力。如果简单权重（或同等权重）恰好与真正的权重相差不远，那么对于简单加权指数来说也是如此，不敏感是一个缺点。但是，当这种同等权重恰好与真正的权重相差甚远的时候，就像通常的情况那样，就不那么容易处理了。在这种情况下，中值的不敏感性可以防止不重要的商品的极端异常带来的**过度**影响，这个优点足以弥补它阻碍重要的商品带来适度影响的缺点。当不重要的商品变动最异常，而重要商品的变动最不异常的时候，这种净的收益肯定会大大增加。而且有可能，这就是我们通常发现的情况。由此带来的结果是，当我们因为缺乏加权所需要的数据而被迫使用简单指数代替认真加权过的指数时，简单中值指数和简单几何指数伪装成加权指数的能力可能一样强。当真正重要的商品不是非常分散的时候，中值指数不会错得太离谱，而几何指数则很容易给几个不重要但是变动极度异常的商品过大的影响力，而远远偏离了轨道。

　　但是，与不重要的商品相比，重要的商品是否真的总能走在中间路线上，这一点是值得怀疑的。从 36 种商品 1913 年到 1914 年的价格变化来看，处于中间位置的 18 个价比所对应的商品，重要性远远不如另外 18 种商品，也就是不如价比最高的那 9 种商品和价比最低的那 9 种商品。中间这 18 种商品相对不那么重要，说明这一点的最好的指标是它们的总权重（比如说以 1913 年和 1914 年的价值的均值为权重）。全部 36 种商品在 1914 年的总权重是 13,024，而这 18 种商品的总权重只有 3,692，也就是远远不足一半。换句话说，价格变动处于中间位置附近的这些商品，没有价格变动比较极端的那些商品重要。所有的年份都是这样的情况。在 1915 年，价格变动处于中间位置的 18 种商品的权重是 4,062，而总权重是 13,588；1916 年，中间的 18 种商品的权重是 4,746，总权重是 15,157；1917 年，中间的 18 种商品的权重是 5,776，总权重是 17,857；1918 年，中间的 18 种商品的权重是 6,086，总权重是 19,307——在所有的情况下，都不到一半。但是，尽管对于 36 种商品是这样的情况，但是就像我们已经看到的那样，简单中值指数仍然比简单几何指数略微接近理想指数一些。

　　我们的结论是，除了商品数非常少的时候，平均来说，简单中值指数在代替加权指数这一点上，可能至少和简单几何指数一样好。

　　对于简单中值指数（与简单几何指数相比）的优缺点的论证，可以完全**相同地**应用到简单众数指数上。但是这一次，平衡下来的结果肯定是不利于简单众数指数的，因为众数比中值要怪异得多。在图 49 中，众数指数，即公式 41，比 21 距离 353 更远。这是对于价格指数来说。对于数量指数也同样如此。对于 1,437 种商品来说也是这样，简单众数指数（41）的计算结果是 99、99、99、108、145、173，简单几何指数（21）的计算结果是 101、101、108、138、174、198，而用来作为比较 21 和 31 的判断标准的综合指数（53）的计算结果是 101、99、102、126、175、194。

第七节　对最好的公式的顺序的简单修正

我们已经确定了各个公式的优劣顺序，这是一个相当机械性和没有疑问的顺序；但是在非常接近第一名的那几个位置上，排名顺序是有几分随机性的，如果用其他数据进行计算，排名结果可能就大相径庭。最后那一两个公式的准确性几乎是一样的。如果我们要在它们中区别出哪一个更好，不能完全用数学方法来判断。我们可以稍微改变一下前面给出的顺序。公式 2153 被排在了比 2353 距离理想公式更近的位置，这无疑是一个意外，因为如果独立来看，后者应该是一个更好的公式。毫无疑问，一般情况下，2353 应该更接近 353，在另一个案例里也确实如此。

我将不再论述所有可以区分的细致差别，而是在考虑了这一章和上一章提到的所有考虑因素后，有一点武断地宣布自己关于真正的准确性顺序的最终判断。这些公式按照越来越好的顺序排列如下：309、307、5307、1303、4154、4153、3154、3153、4353、3353、1124、1123、124、126、123、125、1154、1153、2154、2153、323、325、8054、8053、1323、1353、5323、2353、353。我把这些公式叫做最好的 29 个公式，它们之间只有极微小的优劣差异。我的意图是让这个清单包含所有能够同时满足两个检验的公式（除了中值公式、众数公式、简单公式和它们的衍生公式）。但是大家会注意到，这个清单中还包含了几个只符合一个检验的公式，和两个非常优秀但是一个检验都不符合的公式（8053和8054）。

这个清单中不包含任何常用的公式，其中大多数被排除在外的原因是因为有偏差或奇怪性。这29个准确的公式是从播种了46个基本公式所收获的大量成果中选取的最好的成果。这29个公式与"理想公式"353的差异都不到1%的一半。如果只考虑到准确性，它们中的任何一个都足以用于任何实践目的。而且，任何需要较大准确性的目的，都不需要用到这个清单之外的任何公式，虽然还有很多其他的公式对于大多数目的来说也足够准确。关于准确性以外的其他考虑因素，将在下文详细讨论。

除了沃尔什以外，几乎没有哪位作者尝试过本书所说的基本公式以外的公式。他们通常的态度是遗憾地宣称，"计算指数的不同方法会导致不同的结果"，然后要么耸耸肩表示不指望能找到更好的指数，或者说"你付钱你说了算"；要么就是含糊不清地说"有些指数适用于某些目的，而有些指数适用于另一些目的"。根据我关于计算结果的偏差、修正和紧密的一致性的发现，我不明白怎么会有任何有理智的人到目前为止能够仍然坚持这两个观点。

第八节　结论

对134个不同的指数进行比较的结果是什么呢？主要的结果如下：

1. 唯一一组真的不可靠的公式是那些明显怪异的公式，不管这种怪异是因为怪异的类型，比如众数指数和怪异程度略小的中值指数，还是因为怪异的**加权方法**，比如简单指数。

2. 那些只有偏差的公式，总是可以通过与偏差大小相等方向相反的公式配对而得到彻底的修正。

3. 因此，在表 28 中，所有有偏差的公式（除了来源怪异的公式）的排名顺序都有很强的规律性；排在最前面的是有双重偏差的公式（"2+"等级和"2-"等级的公式是并列出现的），然后是有一重偏差的公式以同样的方式出现。

4. 任何类型的公式通过我们的两轮修正（检验 1 和检验 2）都可以直接变成好的指数，唯一的例外是不可救药的众数公式（在表 28 中，众数公式从来没有进入比"不好的指数"更高的级别）。条条大路通罗马——不管这条路是算术公式、调和公式、几何公式，还是综合公式。

5. 即使是本质上非常怪异的中值指数，在经过两重修正后，最后至少也能达到"好的指数"这个级别（335、1333、5333、333；还有 239，虽然只经过一次修正，也达到了这个级别）。可能，如果选取的商品数非常多（而不是只有 36 种），中值指数会更加接近"理想指数"。

6. 关于众数指数，也有希望通过增加商品数而得到一定的改进。遗憾的是，我们没有足够的数据在商品数较大的情况下来检验加权众数指数和它们的修正指数。根据目前看到的一些迹象，我冒险猜测，对于 100 种或 200 种商品，修正的加权众数指数将比较接近理想指数，比如说接近程度可以达到 2% 或 3%。

7. 就像任何**类型**的指数（可能的例外是怪异的众数指数）都可以被修正到与理想指数几乎一致一样，任何**加权方法**，[①]除了"简单加权"这种怪异的加权方法，也都可以修正。一个指数一开始是用一号、二号、三号还是四号加权法加权的，或者是用这些加权法的任何交叉方法加权的，都不重要。在根据两个检验进行修正后，得到的指数都必然是令人满意的（除了众数指数）。实际上，在有一种情况下，就连简单加权指数也会变得相当不错。在经过两轮修正后，简单中值指数会变成一个"一般的"指数。

8. 每个经过双重修正的指数（除了众数指数和简单指数）都至少是"好的指数"。有四个（中值指数）被归类为"好的指数"；有两个（算术—调和指数）被归类为"非常好的指数"；六个（算术—调和指数、几何指数和综合指数）被归类为"优秀的指数"；还有五个（几何指数和综合指数）被归类为"最好的指数"。

9. 有53个指数被归类到"好的指数"以上的级别，其中最差的5个是中值指数，最好的11个指数是综合指数和几何指数（"最好的指数"）。介于中间的37个指数是综合指数、几何指数和算术—调和指数（但是对于公式207和209，我们只称其为算术指数；对于公式215，我们只称其为调和指数）。

10. 因此，**指数公式的性质**（是算术指数、调和指数、几何指数、中值指数还是综合指数，以及是采用哪种方法加权的指数）与它们**是否符合两个检验**相比，显得不那么重要。第一流的指数真正

268

---

① 到目前为止，我已经多次提到加权问题的重要性，所以我在本书中专门设置了一个附录（附录2）来讨论"权重的影响"。

必需的条件只有两个：

a. 没有怪异性；

b. 符合检验1和检验2。

就像我们已经看到的那样，符合检验1和检验2意味着没有偏差。如果我们认定好的指数的标准不高，我们就不需要坚持要求符合两个检验，而只需要要求"没有偏差"。

11. 表28还表明，检验1能够比检验2更好地纠正偏差，而检验2能够更好地纠正怪异性。因此，同样是有偏差的算术公式公式7的修正公式，符合检验1的公式107比符合检验2的公式207的排名更好；同样的，109比209排名好，123比223排名好，125比225排名好。但是，同样是怪异的中值公式公式33的修正公式，公式233比133排名好，235比135排名好。同样，都是怪异的简单公式公式21的修正公式，221比121排名好；类似的，231比131排名好，241比141排名好，251比151排名好。

12. 最准确的公式是那些排在清单最后面的那些公式，尤其是：353、8053、2153、1353、1323、5323。

13. 如果只能获得一个或一系列基准年份或一系列年份的数量 ₂₆₉ 数据，能够使用的最好的价格指数公式是：53、6053、6023。

14. 如果只能大致估计或猜测权重，最好的公式是公式9051。

15. 如果我们无法猜测权重，最好的指数是公式21、101、31，其中31可能略微准确一点，除非有充分的理由相信不同商品的真实权重确实是近似于相等，或者商品数非常小。

我们可以将以上的主要结论重新表述和总结如下：

除了众数指数（因为它是一个怪异的**类型**）和简单指数（因为

它采用了怪异的**加权方法**），**在经过修正过程后**，类型和加权方法对于最终的结果没有重大的影响。在修正过程完成之后，所有的结果都基本是相同的。这是一个令人惊讶的结论，和常见的观点是完全相反的；因为现在的观点没有意识到使用的指数存在偏差，也没有意识到它们是可以被修正的。

第 13 章 所谓的循环检验

第一节 引言

读者们应该记得，我们最早在某些指数（例如简单指数）中发现的缺陷是，它在应用于两个时点或两个地点时，比如纽约和费城，缺乏一致性。检验 1 要求这样的一致性，我们的理想公式 353 和其他很多公式都能满足这个检验的要求。我们能否以及是否应该将这种对于指数比较的两个时点或两个地点的一致性要求（当然，指数只比较两个时点或地点），扩展到对我们应用一系列指数比较的所有时间或地点的普遍的一致性要求呢？

到目前为止，所有研究指数的学者都认为这是理所当然的。他们假设小圆点应该永远在曲线上。如果它们或它们中的任何一个与曲线分开了一段距离，那么导致这种不一致性的指数似乎必然有某种程度的错误。

在进行所谓的"循环检验"（circular test）时，设纽约为基准（100）则费城为 110，以费城为基准（110）则芝加哥为 115，那么当我们完成这个循环以芝加哥为基准（115）的时候，我们应该通过直接的比较发现纽约又等于 100 了。或者，如果通过费城这个媒介发现芝加哥是 115，那么当直接计算的时候芝加哥也应该是 115。

还有，这次我们不使用百分比形式，而是使用简单分数的形式。设纽约是 1，费城是它的二倍就是 2，芝加哥再多 50% 就是 3。那么（根据循环检验），纽约应该是芝加哥的 $\frac{1}{3}$，也就是又是 1 了。这个循环的三个环分别是 $\frac{2}{1}$、$\frac{3}{2}$、$\frac{1}{3}$，这三个数字相乘，等于 1 或 100%[①]。对于一种商品来说，情况当然是这样的。如果费城的糖的价格是纽约的两倍，芝加哥的糖的价格比费城高 50%，那么不言自明，纽约的糖的价格肯定是芝加哥的 $\frac{1}{3}$。如果这对于一种商品是正确的，为什么对于许多种商品的平均值就不正确了呢？

但是，将循环检验与时间倒转检验进行类比，虽然似乎是合理的，但却是会带来误导的。我的目标是要证明，循环检验在理论上是错误的；当满足循环检验时出现必要的、无法缩小的微小差异，是完全正确的和恰当的；因此，**完美地**满足所谓的循环检验应该被当做一个证据，证明满足这个检验的公式是错误的。

第二节　用三个非常不一样的国家来说明不满足循环检验的情况

我们通过具体的例子可以更好地理解这一点。我们选择三个地点，为了便于大家想象，我们给出这三个地点的名称，分别是格鲁吉亚、挪威和埃及。选择 15 种商品，其中 5 种，以木材为代表，在格鲁吉亚和挪威很重要；另外 5 种，以棉花为代表，在格鲁吉亚和

———————————

[①]　循环检验的代数式表达见附录 1（第 13 章第一节的注释）。

埃及很重要；还有 5 种，以纸为代表，在埃及和挪威很重要。我们进一步假设，在格鲁吉亚和挪威很重要的木材这一组商品，在格鲁吉亚和挪威的价格基本相同，而且它们在这两个国家的价格比较中占有非常大的主导地位，以至于使这两个国家的指数基本上是相同的，在这两个国家中，其他两组商品不会对这种相等关系有太大的影响，因为一组商品在格鲁吉亚不重要，另一组商品在挪威不重要。同样，在比较格鲁吉亚和埃及的时候，棉花这一组商品对于格鲁吉亚—埃及的指数也具有很强的主导作用，使格鲁吉亚和埃及表现出几乎相同的价格水平。

我们可以得出结论，由于"与同一个东西相等的两个东西是彼此相等的"，所以埃及和挪威的价格水平肯定是相等的，而且如果我们通过格鲁吉亚来比较埃及和挪威，也确实会得到这样的结果。但是显然，如果我们想对挪威和埃及进行非常好的比较，就不会通过格鲁吉亚来确定它们的权重。在对挪威和埃及进行直接比较的时候，可以说，权重跟格鲁吉亚完全没有关系。这个比较只关系到埃及和挪威。在对挪威和埃及进行直接比较时，在另外两个比较中起不到什么作用的纸这一组商品现在开始发挥主导作用了。如果这 5 种商品在挪威的价格高于埃及，可能就足以使挪威的整体价格水平高于埃及。

第三节　用不同种类的指数进行比较

我们发现，虽然在分开比较的时候，挪威和埃及的价格水平都和格鲁吉亚相同，但是它们俩的价格水平却是**不同的**。这个矛盾并

不奇怪，就像我们会发现两个人都有一些特点和第三个人相似，但

273 这两个人却不相似。由于指数是由一些不同的因素组合而成的，组

合方式的变化就会从性质上改变比较的结果。因此，这种表面上的

不一致中并没有什么矛盾或荒谬之处；因为这三次比较是不同种类

的。如果三组商品（木材、棉花和纸）不仅仅在对格鲁吉亚、挪威

和埃及三者各自的比较中起到主导作用，而是在各自的比较中完全

决定了比较的结果，那么任何关于不一致的难以理解的现象就都消

失了。我们将有三个指数，每个指数只包含一种商品：用木材比较

格鲁吉亚和挪威（没有其他共同的商品），用棉花比较格鲁吉亚和

埃及（这也是唯一相同的商品），而纸这种唯一相同的商品用来比

较挪威和埃及。那么我们想象中的不一致的比较将简化为最初的事

实，即木材在格鲁吉亚和挪威的价格相同，棉花在埃及和格鲁吉亚

的价格相同，而纸在挪威的价格比埃及高——在这三个表述中肯定

没有相互不一致的地方。木材和棉花出现在了挪威和埃及与第三个

国家的比较当中，我们并不能以这个事实为理由，认为在对挪威和

埃及进行直接比较的任何特定比较中应该使用一种与木材和棉花

完全不同的商品。同样，虽然没有那么不言自明，但是在某个比较

中用到了一个木材和棉花在其中很重要的指数这个事实，并不能成

为一个任何特定的比较应该使用一个完全不同的、木材和棉花在其

中不重要的指数的理由。

简言之，每一次两两比较都是一个独立的问题，这些问题在种

类上是各自不同的，因此我们不能像这些比较没有差异那样，要求

它们之间具有严格的一致性。如果这些比较真的是相同的，例如，

274 如果我们要处理的是一种相同的商品，比如说咖啡，那么发现挪威

和格鲁吉亚的咖啡价格相同，埃及和格鲁吉亚的价格也相同，但是挪威的咖啡价格比埃及高，将是荒谬的和不可能的。

真实情况是，如果我们发现的不是现在发现的这个结果，而是任何其他结果，我们就知道这个结果是错误的。这样的公式太多了，因为它们没有留下任何定性差异的空间。指数在一定程度上是经验数据，当（不同加权方法的）指数不符合循环经验时，其中假定的不一致，其实是通往现实的一道桥梁。也就是说，所谓的"不一致"，只是需要运用常识去和我们的理论调和的地方。常识告诉我们，我们不能用差别很大的要素的平均值对距离很远的时间和地点进行一致性的比较。我们要么必须放弃这样的比较，要么就必须心甘情愿地使用与现实相矛盾的人为造成僵化的加权方法。

第四节　只有当权重不变的时候，才能满足所谓的循环检验

唯一能完美地满足循环检验的公式，是那些拥有固定权重的指数，即在"三角形"的每条边上或"圆形"的每一段弧上，权重都是相同的；也就是对于每一对要比较的时间或地点，权重都是相同的。因此，如果我们武断地让全部 15 种商品，木材、纸、棉花等，在进行三次比较的时候权重都保持不变，而不管它们实际上是不同的，那么这些指数应该能显示出，如果挪威和埃及相对于格鲁吉亚的价格水平相同，那么它们二者的相对价格水平也相同。比如说，如果使用简单几何指数或固定权重的几何指数，和简单综合指数或

固定权重的综合指数，就会得到这样的结果[1]。

　　但是显然，固定权重在理论上是不正确的。如果我们将 1913 年与 1914 年相比较，我们需要一套权重；如果我们要比较 1913 年和 1915 年，至少在理论上，我们需要另一套权重。在前一种情况下，我们需要的是与 1913 年和 1914 年这两年的数量有关的权重；而在第二种情况下，我们需要的是与 1913 年和 1915 年这两年的数量有关的（与第一套有所不同的另一套）权重。我们没有理由不仅使用同一套权重把 1913 年与 1914 年和 1915 年的价格水平相比较，甚至与 1860 年、1776 年、1492 年，与戴克里先时代，与拉美西斯二世，与石器时代的价格水平相比较！

　　同样，从时间转化到地点也是一样。用来比较美国和英国的指数需要一套权重，用来比较美国和法国的指数，至少在理论上，需要另一套权重。举个极端的例子，不仅使用同一套权重来比较美国和英国、法国，甚至用来比较美国和俄罗斯、西伯利亚、中国和中非，显然是不合适的。在比较处于炎热和寒冷气候环境的两个地点时，煤在某些地方的权重更高，在另一些地方的权重比较低，而冰的权重则正好相反。在不同的时间和地点，羊毛、丝绸、大米、奎宁、象牙、玻璃、鲸脂、面包果、西沙尔麻、翡翠、竹子、钢铁、水泥、汽车、飞镖、机关枪、油印机、蜡版、纸，以及在不同时间和地点的重要性有所变化的其他东西，数量都是不同的，我们也应该允许这一点。在比较当代与 1860 年的价格水平时，让权重能够在我们这个时代具有代表性很重要，让权重在林肯时代也具有代表

---

[1]　见附录 1（第 13 章第四节的注释 A）。

性同样重要。在把我们国家的情况与中国相比较的时候也是这样，276 我们必须让两个国家所特有的东西都能对比较的结果有所影响。

如果我们从适用于 1922 年的美国的权重开始，对美国与现代的堪察加半岛或与古代巴比伦尼亚的任何比较，都将是片面的和不公平的。如果用与美国同样的权重，来比较堪察加半岛和巴比伦尼亚的价格水平，将更加片面和不公平。只有全部使用美国在 1922 年的权重，我们才能迫使指数满足循环检验，从而使 1922 年的美国、现代的堪察加半岛和古代巴比伦尼亚之间的三次两两比较是相互一致的。例如，如果美国的价格水平等于堪察加半岛的价格水平，也等于巴比伦尼亚的价格水平，那么这二者的价格水平也相等。显然，使用固定权重虽然能使指数满足循环检验，但是这样做的代价是歪曲了事实，因为真实的权重不是固定的[1]。

第五节 有多么接近于满足所谓的循环检验？

但重要的问题是：在实际的情况下，循环检验有**多接近**于被满足？如果非常接近，那么我们实际上可以把循环检验作为一种近似的检验来使用，哪怕它在严格意义上并不合理。为了回答这个问题，我们以公式 353 和到目前为止一直在使用的 1913 年到 1918 年的这个标准的数据集为例，来进行讨论。

从数值来看，利用公式 353 计算，1914 年相对于 1913 年的价

---

[1] 在这种连续比较关系中，有数学背景的读者可能会对另一种满足循环检验并被少量应用的方法感兴趣。见附录 1（第 13 章第四节的注释 B）。

277 格水平是 100.12，提高了 0.12%。这个数值是对两年的价格进行直接比较得到的，即没有任何其他年份的介入。但是，如果我们通过 1915 年来比较这两个年份，得到的 1914 年的价格水平就是 99.77，显示出的是比 1913 年的价格降低了 0.23%，而不是实际上的升高了 0.12%。下面的表格给出了 1913 年和 1914 年之间的全部比较，有直接比较，也有通过某个其他年份进行的间接比较。

		1913	1914
真实结果或直接比较的结果		100	100.12
间接比较，通过	1915	100	99.77
	1916	100	100.21
	1917	100	100.34
	1918	100	99.94

我们会注意到，虽然由于中间年份的介入，间接比较的结果与两个相关年份的直接比较结果不同，但是出入不大。对于所有好的指数来说都是如此。也就是说，虽然应该有一些出入，有一些出入的指数也不会因此就是错误的，但是太大的出入就等于错误。例如，公式 141 就会表现出很大的出入，而公式 353 的就很小。

让我们来用所谓的循环检验来检验一下公式 9 和 353，它们分别代表非常不好的指数和非常好的指数；并且为了这个目的，让我们选取 1913—1914—1915—1913 这样的年份循环，也就是 0—1—2—0，我们将这个年份三角形简称为"012"。

利用公式 9 计算，在三角形 0—1 这条边上的指数值，即 1914 年相对于 1913 年为基准的价格指数值，为 100.93%；三角形的下一条边，1—2，上的指数值为 101.16%；对于返回的这条边，2—0，指数值为 102.21%。围绕着这个三角形环路的三个指数值的乘积为 104.36%。这表明，即使在这样的三轮比较中，公式 9 与 1，或 100% 的离差也是非常惊人的。如果我们进行四轮、五轮或六轮比较，环路中的差距会更大。显然，对于公式 9 来说，这个差距的部分原因在于它有已知的向上偏差，三个因数中的每一个，都比应该得到的值大。 278

接下来，让我们用没有偏差并能满足两个检验的公式 353 来试一下。在这种情况下，我们发现，同样是 0—1—2 这个环路，在 0—1、1—2、2—1 这三条边上的价格指数①的乘积是 100.35%，也就是只比 100% 或 1 大 1% 的三分之一左右。其他和 353 一样同时满足检验 1 和检验 2 的指数，一般来说，在所谓的循环检验下，差距都差不多，具体情况见表 33。

表 33　不同公式的"循环检验差距"，即与满足所谓的"循环检验"的离差
（对 1913—1914—1915 年，即 0—1—2，的价格指数的三轮比较）

公式编号	循环检验差距 （单位：%）
323	+0.34
325	+0.38
353	+0.35
1323	+0.34
1353	+0.34
2353	+0.34
5307	+0.40
5323	+0.36

这个表格表明，如果我们用公式 323 计算，从 1913 年（第 0 年）开始，向前计算 1914 年（第 1 年）的指数，然后以 1914 年为基准计算 1915 年（第

---

①　如果使用的是数量指数，只要指数满足检验 2，循环检验差距也是一样的，但是方向相反。见附录 1（第 13 章第五节的注释）。

2 年）的指数，再以 1915 年为基准计算 1913 年的指数，我们发现自己不是恰好回到了起点，而是落在了比起点略高一点的位置，超过了原来数值的 1% 的 $\frac{34}{100}$。另外 7 个公式给出的是差不多相同的结果，与起点的距离都在 1% 的三分之一左右。从这些例子，以及其他连续比较关系中看到的其他例子中，可以明显地看出，距离满足循环检验的离差，有些是合适的，有些是不合适的。对于公式 353 和其他好的公式来说，离差或循环检验差距是 1% 的三分之一左右，这是合理离差的最小值，无法再减小了。另一方面，对于像公式 9 这样的有偏差的公式来说，巨大的差距在很大的程度上代表着不合理的差距或错误的差距。在另一个极端情况下，简单公式 21 和 51 根本没有循环检验差距，即使是微小的合适的离差也通过使用固定权重而被人为抹去了。

280　　**从图像来看**，图 51 显示了五个公式，它们在进行"循环检验"时都有不同的行为，没有一个行为是正确的。每个公式都对 1913 年、1917 年和 1918 年进行了三角形的两两比较。公式 1 距离符合循环检验差得很远，它回到了起点上方很远的地方。公式 9 返回到了上方更远的地方。公式 23 回到了 1913 年的起点的下方，公式 141 回到了下方更远的地方，而公式 151 准确地回到了起点。

当满足循环检验的时候，任何两个年份之间的间接比较，比如说 1913 年和任何其他年份，比如通过 1914 年与 1915 年比较，都与直接比较的结果一致；结果，环比法计算的数值将与固定基准法计算的数值一致，从而没有一个"圆点"会出现在曲线的上方或下方。越接近于满足循环检验，圆点距离曲线就越近。因此，读者通过研究不同图像中圆点与曲线的关系，就很容易对于一个公式有多么接近满足循环检验有一个大致的印象。这个问题将在下文再次谈到。

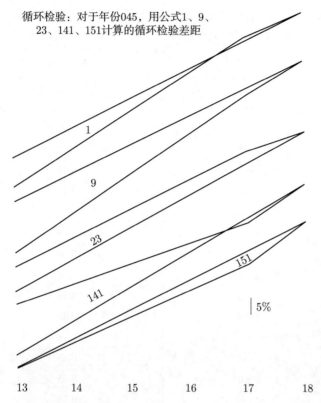

循环检验: 对于年份045, 用公式1、9、23、141、151计算的循环检验差距

279

5%

13　　14　　15　　16　　17　　18

图 51 这个图表明, 用公式 1 计算, 从 1913 年 (第 0 年) 出发, 然后前进到 1917 年 (第 4 年)、1918 年 (第 5 年), 再回到我们出发的 1913 年, 我们最终会停在出发点的上方; 用公式 9 沿着同样的环路计算, 会结束在更高的位置; 用公式 23 计算会回到出发点的下方; 用公式 141 (或 41) 计算会回到更下方; 用公式 151 (或 51) 计算会回到起点。这五个结果都是错误的。

第六节　公式 353 的 "循环检验差距" 的完整表格

表 34 给出了 (公式 353) 在每个可能的三角形中的循环检验差距。

表 34　（在对价格指数进行的所有可能的三轮比较中）公式 353 的
"循环检验差距"，即与满足所谓的"循环检验"的离差

"三角形"中涉及的年份	循环检验差距（%）
0—1—2	+0.35
0—1—3	−0.09
0—1—4	−0.21
0—1—5	+0.17
0—2—3	−0.25
0—2—4	−0.16
0—2—5	+0.30
0—3—4	+0.32
0—3—5	+0.30
0—4—5	+0.06
1—2—3	+0.19
1—2—4	+0.40
1—2—5	+0.48
1—3—4	+0.45
1—3—5	+0.05
1—4—5	−0.33
2—3—4	+0.23
2—3—5	−0.24
2—4—5	−0.40
3—4—5	+0.08

281　　　在这些循环检验差距中，即使是最大值（在年份 1—2—5，即 1914—

1915—1918—1914，构成的三角形中）也只有 $\frac{48}{100}$%，即不到 1% 的一半。

　　我们发现，当"环路"由四条边或更多条边构成的时候，这个公式的循环检验差距仍然是最小的。

表 35 给出了所有的四边形比较即四轮比较的结果。

表 35　（在对价格指数进行的所有可能的四轮比较中）公式 353 的
"循环检验差距"，即与满足所谓的"循环检验"的离差

"四边形"中涉及的年份	循环检验差距（%）	"四边形"中涉及的年份	循环检验差距（%）
0—1—2—3	+0.10	0—3—2—4	−0.09
0—1—2—4	+0.19	0—3—2—5	−0.55
0—1—2—5	+0.65	0—3—4—5	+0.38
0—1—3—2	+0.16	0—3—5—4	+0.25
0—1—3—4	+0.24	0—4—1—5	−0.38
0—1—3—5	+0.22	0—4—2—5	−0.45
0—1—4—2	−0.06	0—4—3—5	+0.02
0—1—4—3	−0.53	1—2—3—4	+0.64
0—1—4—5	−0.15	1—2—3—5	+0.23
0—1—5—2	−0.13	1—2—4—3	−0.04
0—1—5—3	−0.13	1—2—4—5	+0.08
0—1—5—4	+0.11	1—2—5—3	+0.44
0—2—1—3	+0.44	1—2—5—4	+0.81
0—2—1—4	+0.57	1—3—2—4	−0.22
0—2—1—5	+0.18	1—3—2—5	−0.29
0—2—3—4	+0.08	1—3—4—5	+0.12
0—2—3—5	+0.06	1—3—5—4	+0.37
0—2—4—3	−0.48	1—4—2—5	−0.07
0—2—4—5	−0.10	1—4—3—5	+0.41
0—2—5—3	−0.00	2—3—4—5	−0.17
0—2—5—4	+0.24	2—3—5—4	+0.15
0—3—1—4	+0.13	2—4—3—5	+0.48
0—3—1—5	−0.26		

表 36 给出了所有五轮比较的结果。

表36（在对价格指数进行的所有可能的五轮比较中）公式353的
"循环检验差距"，即与满足所谓的"循环检验"的离差

五轮环路中涉及 的年份	循环检验差距 （％）	五轮环路中涉及的 年份	循环检验差距 （％）
0—1—2—3—4	+0.42	0—2—4—3—5	−0.17
0—1—2—3—5	+0.41	0—2—4—5—3	−0.40
0—1—2—4—3	−0.13	0—2—5—1—3	−0.04
0—1—2—4—5	+0.25	0—2—5—1—4	+0.09
0—1—2—5—3	+0.35	0—2—5—3—4	+0.32
0—1—2—5—4	+0.59	0—2—5—4—3	−0.08
0—1—3—2—4	+0.01	0—3—1—2—4	+0.28
0—1—3—2—5	+0.46	0—3—1—2—5	+0.74
0—1—3—4—2	+0.39	0—3—1—4—5	+0.07
0—1—3—4—5	+0.29	0—3—1—5—4	−0.20
0—1—3—5—2	−0.08	0—3—2—1—4	+0.32
0—1—3—5—4	+0.16	0—3—2—1—5	−0.07
0—1—4—2—3	−0.30	0—3—2—4—5	−0.15
0—1—4—2—5	+0.24	0—3—2—5—4	−0.49
0—1—4—3—2	−0.28	0—3—4—1—5	−0.70
0—1—4—3—5	−0.23	0—3—4—2—5	−0.77
0—1—4—5—2	−0.45	0—3—5—1—4	+0.08
0—1—4—5—3	−0.46	0—3—5—2—4	+0.15
0—1—5—2—3	−0.38	0—4—1—2—5	+0.87
0—1—5—2—4	−0.28	0—4—1—3—5	+0.43
0—1—5—3—2	+0.12	0—4—2—1—5	+0.02
0—1—5—3—4	+0.19	0—4—2—3—5	+0.21
0—1—5—4—2	+0.27	0—4—3—1—5	+0.07
0—1—5—4—3	−0.21	0—4—3—2—5	−0.22
0—2—1—3—4	+0.12	1—2—3—4—5	+0.31
0—2—1—3—5	+0.14	1—2—3—5—4	+0.56
0—2—1—4—3	+0.89	1—2—4—3—5	+0.01
0—2—1—4—5	+0.51	1—2—4—5—3	+0.04
0—2—1—5—3	+0.48	1—2—5—3—4	+0.89

五轮环路中涉及的年份	循环检验差距（%）	五轮环路中涉及的年份	循环检验差距（%）
0—2—1—5—4	+0.24	1—2—5—4—3	+0.36
0—2—3—1—4	+0.38	1—3—2—4—5	+0.11
0—2—3—1—5	-0.01	1—3—2—5—4	-0.61
0—2—3—4—5	+0.13	1—3—4—2—5	-0.52
0—2—3—5—4	-0.00	1—3—5—2—4	+0.03
0—2—4—1—3	+0.03	1—4—2—3—5	-0.17
0—2—4—1—5	-0.23	1—4—3—2—5	+0.16

表 37 给出了所有六轮比较的结果。

表 37（在对价格指数进行的所有可能的六轮比较中）公式 353 的"循环检验差距"，即与满足所谓的"循环检验"的离差

六轮环路中涉及的年份	循环检验差距（%）	六轮环路中涉及的年份	循环检验差距（%）
0—1—2—3—4—5	+0.48	0—2—3—1—4—5	+0.32
0—1—2—3—5—4	+0.35	0—2—3—1—5—4	+0.05
0—1—2—4—3—5	+0.18	0—2—3—4—1—5	-0.45
0—1—2—4—5—3	-0.05	0—2—3—5—1—4	+0.33
0—1—2—5—3—4	+0.67	0—2—4—1—3—5	-0.27
0—1—2—5—4—3	+0.27	0—2—4—1—5—3	+0.08
0—1—3—2—4—5	+0.06	0—2—4—3—1—5	+0.22
0—1—3—2—5—4	+0.41	0—2—4—5—1—3	+.36
0—1—3—4—2—5	+0.69	0—2—5—1—3—4	-0.36
0—1—3—4—5—2	-0.01	0—2—5—1—4—3	+0.41
0—1—3—5—2—4	-0.24	0—2—5—3—1—4	+0.13
0—1—3—5—4—2	+0.32	0—2—5—4—1—3	-0.36
0—1—4—2—3—5	-0.00	0—3—1—2—4—5	+0.34
0—1—4—2—5—3	-0.06	0—3—1—2—5—4	+0.69
0—1—4—3—2—5	+0.02	0—3—1—4—2—5	+0.34
0—1—4—3—5—2	-0.53	0—3—1—5—2—4	-0.19
0—1—4—5—2—3	-0.70	0—3—2—1—4—5	+0.26

续表

六轮环路中涉及的 年份	循环检验差 距（%）	六轮环路中涉及的 年份	循环检验差 距（%）
0—1—4—5—3—2	−0.21	0—3—2—1—5—4	−0.01
0—1—5—2—3—4	−0.05	0—3—2—4—1—5	−0.47
0—1—5—2—4—3	−0.60	0—3—2—5—1—4	−0.16
0—1—5—3—2—4	−0.04	0—3—4—1—2—5	+1.19
0—1—5—3—4—2	+0.25	0—3—4—2—1—5	−0.30
0—1—5—4—2—3	+0.02	0—3—5—1—2—4	+0.33
0—1—5—4—3—2	+0.04	0—3—5—2—1—4	+0.56
0—2—1—3—4—5	+0.06	0—4—1—2—3—5	+0.62
0—2—1—3—5—4	+0.20	0—4—1—3—2—5	+0.68
0—2—1—4—3—5	+0.59	0—4—2—1—3—5	−0.02
0—2—1—4—5—3	+0.81	0—4—2—3—1—5	−0.16
0—2—1—5—3—4	+0.16	0—4—3—1—2—5	+0.42
0—2—1—5—4—3	+0.56	0—4—3—2—1—5	+0.25

第七节　对公式353"循环检验差距"的讨论

　　表34—37给出了在1913年到1918年间所有可能的环路，以及根据公式353计算的每个环路的"循环检验差距"。就像我们已经看到的那样，这些差距都是正常现象，而不是错误；但幸运的是，它们都很小，所以在用于实践目的的时候都是不值得考虑的。我们已经提到过，在20个可能的三角形比较中，**最大的**差距只有0.48%（出现在1—2—5这三个年份的环路里）。在所有可能的45个四边形环路里，最大的差距是0.81%（出现在年份1—2—5—4）。在72个五轮比较中，最大的差距是0.89%（对应的环路是0—2—1—4—3或1—2—5—3—4）。最后，在60个六轮比较中，最大的差距

是 1.19%（对应的年份是 0—3—4—1—2—5）。

即使是这些最大的差距，也很少是非常大的。通过表示"可能的离差"，我们可以估计出，如果在 20 个三轮比较的差距中，我们抽签选择出任意一个数值，它很可能小于 0.19%；而在 45 个四轮比较的差距中进行随机选择，得到的数值很可能小于 0.22%；在五轮比较中的结果中选择，很可能小于 0.25%；在六轮比较的结果中选择，很可能小于 0.27%。一句话，接近满足循环检验的程度通常会达到 1% 的四分之一！

表 38 给出了每一组中的**最大**差距和或然[①]差距。

表 38　公式 353 的"循环检验差距"

	最大差距（%）	或然差距（%）
三轮	0.48	0.19
四轮	0.81	0.22
五轮	0.89	0.25
六轮	1.19	0.27

即使是这些已经非常小的结果也需要分成几个部分，以确定属于每个个别指数的离差份额。因为我们应该还记得，三轮比较的循环检验差距来自于三角形的三条边，所以要完全抹平 0.19% 的差距，让指数完全满足循环检验，这三个指数只要每个"修复"0.06% 就可以了！

而且，我们考虑的 36 种商品的情况，是发生在战争年份价比非常分散的情况，这是一种非常极端和不常见的情况。在一般的时

---

① 也就是恰好很可能的差距。这是在概率研究中常用的概念，即用系列的"或然误差"（即 0.6745）乘以标准差（即平方的平均值值的平方根）。

期，这个差距可能会更小，即使涉及的年份比较多的时候也是如此。在目前考虑的这种极端情况下，每次在最开始的环路中增加一个年份，循环检验的或然差距会增加 0.03 左右；按照这样的速度，即使不允许差距有任何缩小，可能也需要一个世纪的时间才能使循环检验差距增加 3%！而且这是一个很保守的数字；因为循环经验差距会随着价比的分散程度增加而增加，而就像我们经常提到的那样，我们使用的是 36 种商品在 1913 年到 1918 年这个战争期间的价比，它们的分散程度比正常情况要大得多。

　　索贝克的数据（我们从中选择了 36 种尽可能与我们使用的 36 种商品相似的商品）表明，在从 1846 年到 1913 年这 67 年间，价比的分散程度只有 42.10%，也就是比我们使用的 36 种商品在五年间的分散程度（45.09%）还小。因此，要是索贝克能够使用公式 353，用固定基准法和环比法计算出的结果在 67 年里的差异，比我们的 36 种商品在五年里的 0.27% 这个差异还小，比如说不到 1% 的 $\frac{1}{4}$；在混乱程度不大于刚才提到的那 67 年的一个世纪里，其差异将小于 1% 的 $\frac{1}{3}$；但是显然，差异的增幅是逐渐减小的，所以总的差异实际上会更小。所以，除了在非常长的时期里，或者在价比的分散程度比世界大战期间还大的时期里（如果可能存在这样的年份的话），或者在两种情况同时存在的时期里，对于所有的目的来说，理想公式 353 都是满足循环检验的。

287　　**从图像来看**，图 52 给出了公式 353 的四个最大的循环检验差距。在每种情况下，返回的线都非常靠近起点，以至于观察者必须非常贴近观察，才能看到其中的差距。图中没有画出"或然"差距，但是在每一种情况下，它都是 0.48% 的一半左右，也就是三轮比较时的最大差距值。

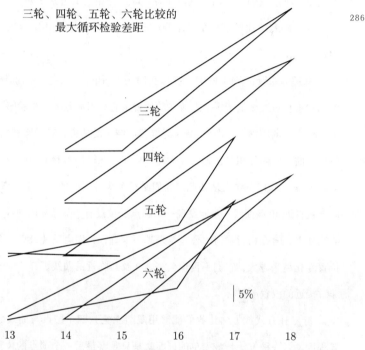

三轮、四轮、五轮、六轮比较的
最大循环检验差距

286

三轮

四轮

五轮

六轮

5%

13　　　　14　　　　15　　　　16　　　　17　　　　18

图 52　就像这里显示的公式 353 的图像那样，在每一种情况下，即使是循环检验差距（在四个环路中每个环路的左侧）的最大值，也都非常小。随着年与年之间的指数的环路越来越曲折，最大循环检验差距也会略微增加，对于六轮环路 1913—1916—1917—1915—1918—1913 来说，最大差距超过了 1%。

第八节　比较 134 个不同公式的循环检验差距

由于循环检验差距是年与年的比较中权重不断变化的必然结果，和适当的结果，所以注意到这一点是很有趣的——在最好的指数中，循环检验差距都是大致相同的。

我们没有像对 353 那样，计算出其他任何指数的所有可能比较的循环检验差距，所以我们无法用与刚刚研究 353 完全相同的方法来研究其他指数。唯一可以研究的比较，是在对比普通的固定基准指数和环比指数时进行的比较。

从图像来看，在图 49 中，（就像我们在该图下面用小字详细解释的那样）深色的垂直短线衡量了每个点所在的位置与它如果满足循环检验时所应该在的位置之间的距离。在图 49 中的清单靠近结尾的地方，对于所有曲线来说，圆点与曲线之间的相对位置已经大体相同了，在循环检验下表明年与年之间差异的深色垂直短线也是如此。我们必须（从最下面的"理想"指数开始）向上数将近 40 条曲线，才能发现一条圆点的位置有明显差异的曲线。从这条曲线往上，随着我们看到的公式越来越不准确，我们会发现最后一个圆点的位置变化越来越大，它们不再像公式 353 及其临近的曲线那样，处于与曲线非常接近的位置上了。

有三种方式或方法让我们能够用眼睛感觉到四个圆点与曲线之间的差异程度。第一种方法是最简单的，那就是只观察最后一个圆点的位置，也就是代表 1918 年的那个圆点，它代表了全部四个离差的净累积结果。但是，这种方法只给出了最终结果，而忽视了中间的历史过程。四个连续的离差，就像连续掷四次硬币一样，在很偶然的情况下（16 次中会有一次），会都是某一面朝上；另一方面，虽然四个离差可能都很大，但是它们可能碰巧基本上彼此抵消。

因此，第二种观察离差的方法是，眼睛从全部四个圆点上滑过，并用一般的方式注意它们距离曲线有多远。对于靠近图 49 底部的曲线来说，这两种方法会显示同样的结果；但是对于靠近顶部的曲线来说，就会显示出有些不同的结果。第二种方法仍然可能有时候给出一个不完整的画面。例如，有两条曲线，一条是用黑色的线连接的固定基准法计算的数值构成的曲线，另一条是我们想象中的连接圆点的曲线，它们之间唯一的不一致**可能**都在第二个环节，即 1914 年到 1915 年。在这个点后面，两条曲线可能是完全平行的；在这种情况下，第二个、第三个、第四个圆点的离差可能都是从第一个圆点那里继承来的完全相同的离差，但是眼睛可能把这一个差异计算四次——在图 48 中则是计算 8 次。

显然，衡量四个离差的适当方法是第三种方法，也就是以一年一年的方式对每个圆点进行单独考察。在图 49 中，这些离差是用深色的垂直粗线来表示的。这些线条不仅表明了圆点距离曲线有多远，还表明了它**与前一个圆点相比**更远了多少或更近了多少。如果一个圆点相对于曲线的位置和前一个圆点相同——例如，它们都恰好在曲线下方四分之一英寸的位置——那么就不存在深色的线条。深色线条衡量的从这个位置发生的位置改变；也就是从上一年往后，环比数据在两个方向中的任何方向上偏离轨道的程度[1]。

用眼睛可以很容易地感觉到任何一条曲线的所有黑线的总和，并把它与任何其他曲线的黑线总和相比较。只需要看一眼图 49 就会发现，"没有价值的指数"和"不好的指数"的深色线条显然非常多，只有几种情况是例外（在这几种情况下，通过人为假设权重固定不变，深色线条完全消失了）。"一般的指数"的深色线条要少一些；"好的指数"的更少；"非常好的指数"则少得多了。"优秀的指数"还要更少，"最好的指数"的深色线条是最少的——实际上非常少，以至于用眼睛几乎察觉不到。这似乎是很合理的。因为

---

[1] 见附录 1（第 13 章第八节的注释）。

就像我们已经看到的那样，虽然肯定会**有一定**的离差来真实地表示权重变化所带来的效果，但是我们发现这种效果其实是微乎其微的。

第九节　所有公式相对于所谓的循环检验的状态

与偏差和怪异性的一般效果相比，**正常的**循环检验差距非常微小，以至于当这些效果出现的时候，会对循环检验差距起到主导作用。因此，我们要区分三种主要的情况：（1）偏差或怪异性要对差距负责的情况；（2）通过固定权重将这种差距强制性地抹平的情况；（3）其余的差距正常的情况。

第二种类型的公式——也可以说是被强制满足循环检验的公式，包括121（＝21）、122（＝22）、151（＝51）、152（＝52）、321（＝221）、351（＝251）、6023、6053、9021、9051，一共只有10个公式[1]，全部都是几何公式和综合公式。第三种类型的公式就没办法划分得这样明确了，因为它们的层次区分是渐进式的。但是实际上，它们和根据与理想公式353的接近程度而划分出来的"最好的公式"——这个划分界限也是有一点武断的——是一样的。

表39只根据符合所谓的循环检验的程度对所有公式进行了大致的排序[2]。

---

① 7053（将在下一章讨论）也可以加入这个清单，虽然原因可能略有不同，不过这里并没有将它包括在内。

② 这个排序的依据基本上就是将图49中每条曲线的深色线条加在一起（首先应用于某几年的某几条线条，根据36种商品的标准差使系数大致相等，再进行相加，和表28排列所有公式的优劣性或准确性时使用的方法有点类似）。

表 39　按符合所谓的循环检验的程度（逆序）排列的公式列表

公式编号	名次	公式编号	名次	公式编号	名次
43	35	27	15	125	5
201	34	37	"	126	"
243	33	237	"	227	"
245	"	1	14	325	"
247	"	209	"	1104	"
249	"	333	"	1153	"
44	32	2	13	1154	"
46	"	10	"	1303	"
48	"	207	"	2154	"
50	"	1333	"	3154	"
41=141	31	11	12	3353	"
9	30	211	"	4153	"
35	29	233	"	5307	"
1133	"	335	"	54**	4
13	28	14	11	301	"
15	27	30	"	309	"
7	26	235	"	353†	"
12	25	5333	"	1014	"
32=132	24	16	10	1124	"
40	23	225	"	1353	"
38	22	223	9	2353	"
39	"	229	"	5323	"
31=131	21	231=331	"	8053	"
241=341	"	8	8	8054	"
33	20	24	"	101	3
34	"	53*	"	1123	"
135	"	102	"	1323	"
215	"	108	"	2153	"
1013	"	1004	"	123	2
239	19	26	7	323	"
25	18	28	"	21=121	1
133	"	307	"	22=122	"
134	"	109	6	51=151	"

公式编号	名次	公式编号	名次	公式编号	名次
136	"	124	"	52=152	"
213	"	1103	"	221=321	"
23	17	3153	"	251=351	"
1134	"	4154	"	6023	
29	16	4353	"	6053	"
36	"	107	5	9021	"
42=142	"	110	"	9051	"
1003	"				

*53=3=6=17=20=60

**54=4=5=18=19=59

†353=103=104=105=106=153=154=203=205=217=219=253=259=303=305

从这个表格可以明显地看出，（除了排在清单最下面的那些通过不变的权重不公平地获得了排名的公式以外）公式353和它以前的竞争对手现在也在非常靠近第一名的位置上；而且，除了少数的例外，这里的排名与前面按照与353的接近程度进行的排名也是基本一致的。这符合沃尔什关于这个主题的结论，他的结论是以将353排在第一位为基础得出的 [①]。

因此，我们发现，无论在理论上还是实践中，在进行循环检验时，用最好的公式计算出来的指数值都不应该也确实没有完美地符合检验。但是和用其他标准判断时一样，与最不好的指数相比，最好的指数形式通常确实更接近于符合这个检验。但是，这不是因为循环检验对于好的指数来说是一个合理的检验，因为它确实不是；而仅仅是因为，任何一个在检验1和检验2下被归类为不好的指数，其公式都有巨大的缺陷，这些缺陷很可能使其在循环检验下也被归类为不好的指数。

---

① *The Problem of Estimation*，p. 102.

实际上，不同商品的相对权重变化所导致的后果消失得很慢，以至于最好的公式得到的结果在循环检验下的准确程度，远远超过了任何实践目的对指数的要求。换句话说，这意味着，用任何一个最好的公式计算出来的单一系列指数（即每年一个指数值），对任何两年的价格水平进行比较的准确程度，都超过了实践目的有可能要求的程度。

那么，在实践中，循环检验可以说是一个真实的检验。在理论上它不是真实的检验；因为严格来说，根据这个检验得出的公式排名，应该不是与完美满足检验相关，而是与公式 353（或同级别的公式）展示出的不可减少的最小值相关。也就是说，我们应该拒绝那些差距比较大的公式，同样也应该拒绝完全没有差距的那 10 个公式。因此，在指数理论中，循环检验不是一个基本的检验[1]。

第十节　麦考利和奥格本定理

弗里德里克·麦考利教授在提到算术指数时说[2]，"环比数字（向上）偏离固定基准法计算的数字"，因为"（用百分比衡量，）与较大的价比相比，较小的价比上升的倾向更大，而下降的倾向更小。"麦考利用实际的例子证明了这个结论。我现在的研究也证明了这个结论，因为我们发现，典型的算术指数，公式 1（简单算术指数）、公式 1003（交叉权重指数）和公式 7 和 9 一样，

---

[1]　还有其他一些可以考察的不那么基本的检验，我在《货币的购买力》（第 10 章的附录）中讨论过它们。见附录 1（第 13 章第九节的注释）。

[2]　*American Economic Review*, March, 1916, p. 208.

都会表现出圆点的累积向上倾向[1]。麦考利和奥格本的推理思路可以反向应用于调和指数，来说明它的累积向下倾向，公式 11、13、15、1013 这些例子都能够说明这一点。

我们可以这样来表述上面的原理：与固定基准的算术指数相比，环比的**算术**指数有更大的向上偏差；而同样的，与固定基准的**调和**指数相比，环比的**调和**指数有更大的向下偏差。

从图像来看，可以用一个简单的方法来绘制这个原理的图形。我们已经看到，当一个价格指数存在偏差的时候，这个偏差会随着价比离散程度的增加而迅速增加。环比法比固定基准法的偏差增加得更快的原因是，用环比法计算的价比的离散程度比固定基准法增加得更快。图 53P 和 53Q 表明了这个事实，这两个图显示了用固定基准法计算的价比的标准差，虽然它会逐年增加，但是增加得越来越慢。离差在开始出现时像喷出来的一股气流，第一年的两条线与指数曲线相差很大的角度。但是一年一年过去（一般来说）这两条线（相对于中间那条曲线）的角度逐渐缩小了。但是，对于环比法来说，每一年都有一个新的开始，所以会有一系列连续喷出来的气流，没有固定基准法表现出的那种后续放慢的倾向。图 54P 和 54Q 中代表标准差的每一条线都与指数曲线有一个角度，而且这个角度大于图 53 中对应的同一年份用固定基准法计算的角度。在图 55 中也可以看到同样的趋势，这个图显示了索贝克价格指数的离散情况，这个离散情况是以最早的年份 1846 年为固定基准来计算的[2]。

294

---

① 威廉·奥格本（William F. Ogburn）教授根据概率论的基本原理用代数式表明了这一点。见附录 1（第 13 章第十节的注释）。

② 索贝克指数本身是以 1867—1877 年为基准的。这些图还可以与第 5 章中关于与离散相关的偏差的讨论联合起来使用。

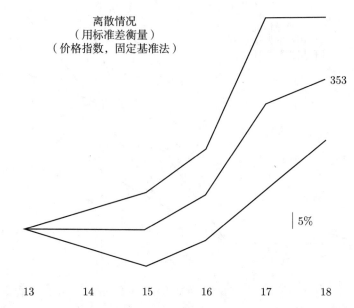

图 53P　显示了与固定基准年份 1913 年相比的 36 个价比在理想指数（353）两侧的平均离散情况。

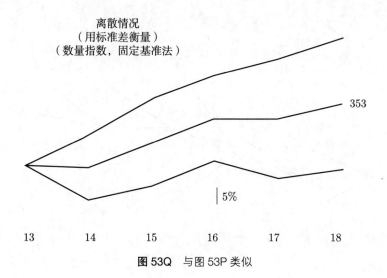

图 53Q　与图 53P 类似

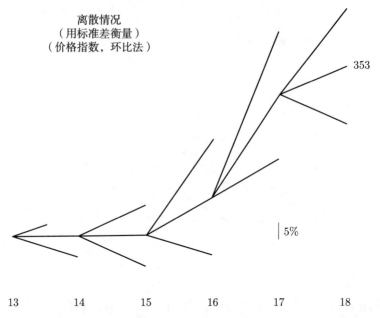

图 54P   显示了在环比模式下的每一年相对于前一年份的价比的平均离散情况。

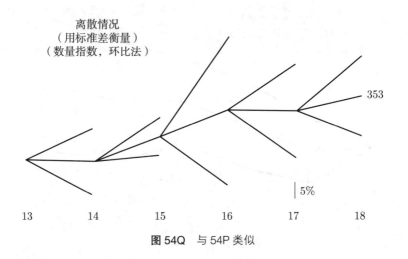

图 54Q   与 54P 类似

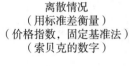

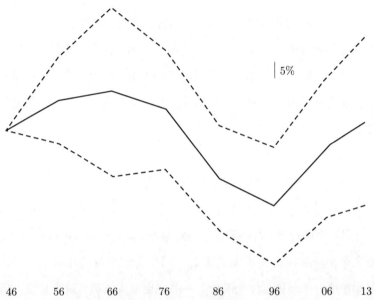

| 46 | 56 | 66 | 76 | 86 | 96 | 06 | 13 |

图 55　对照本书选择的 36 种商品，显示了索贝克的研究中的 36 种商品相对于固定基准年份 1846 年的价比的平均离散情况。1913—1918 年这 5 年的价比离散情况（在图 53P 中显示）超过了这个图显示的 67 年间的价比离散情况。

　　简言之，环比偏差的加速是因为固定基准离散的延迟效应。固定基准法的离散情况有随着时间推移放慢的倾向，当然也可以用相对于中值的"四分位法"或"十分位法"来表示。韦斯利·C. 米切尔（Wesley C. Mitchell）研　295
究了很多这种类型的曲线，都明显地显示出了这样的放慢倾向 [1]。

---

[1]　Wesley C. Mitchell, *Business Cycles*, pp. 111,137, University of California Press, 1913.

第十一节 "循环检验"简化为"三角检验"

在结束所谓的循环检验之前，可能值得注意的一点是，实际上可以把循环检验当做简单的**三角**检验来考虑。如果任何公式（除了满足时间倒转检验以外）满足任何三轮的循环检验，就一定满足四轮、五轮或更多轮次的循环检验。这种在原来的三轮基础上的延伸是很容易证明的[1]。

第十二节 历史

最早明确提出循环检验基本思路的是韦斯特加德（Westergaard），他主张，基准的变化不应该影响不同年份的指数的相对大小。沃尔什在他的《衡量总体交易值》一书中也着重强调了这个想法。后来，他又在《估计的问题》中用另一种略有些不同的形式表述了这个想法，把这种形式叫做"循环检验"。他的理由是，和其他独立进行的检验一样，这个检验本身是一个否定性检验，可以用它来证明一个指数不合理，但是不能用它来证明一个指数合理。他指出，有几个古老而熟悉的公式显然是错误的，因为它们不能满足其他简单的检验，但是能完全符合这个检验。他发现的唯一能完美符合循环检验的公式是那些固定权重的公式[2]。根据对交换价值和平均值

---

① 见附录 1（第 13 章第十一节的注释）。

② 见 Walsh, *Measurement of General Exchange Value*, pp. 334, 335, 393, 397, 398, 399, 431。

的性质的研究得出的一些理由，有些公式是值得推荐的，他在这些 ₂₉₆
公式中寻找符合循环检验的公式，但是没有发现任何公式能准确地
满足这个检验。

在他根据这个理由推荐的公式中，他认为最好的公式是最接近
满足这个检验的公式。他最后的结论是，被我称为"理想公式"的
那个公式，是最接近满足循环检验的公式。因此，在这个公式是最
好的公式这个结论上，他和我是一致的，但是我们得出这个结论的
原因完全不同。公式 353 没有完美地满足循环检验，被他认为是一
种瑕疵或缺陷。

因此，他花费了大量智慧徒劳地寻找一个公式，既能得到循环
检验要求的绝对一致性的结果，又能满足其他方面的要求。

杰文斯和瓦尔拉斯（Walras）还有包括弗拉克斯和马奇（March）
在内的几位后来的作者支持简单几何指数或固定权重几何指数，似
乎主要是因为它满足循环检验，不管年与年之间的计算是如何进行
的，它总能给出自我一致的结果。

第 14 章　融合明显不一致的结果

第一节　引言

我认为，大多数研究指数的学者都会说，循环检验在理论上是应该满足的，但是在实践中没有被满足；他们还会从指数中找到例子，比如有巨大循环检验差距的公式 1。我们在第 13 章中已经发现，事实恰恰相反；循环检验在理论上应该不被满足，但是那些最好的指数几乎能够满足这个检验，我们的证据是公式 353 和其他"最好的指数"那一组的曲线的循环检验差距极其微小。

在理论上，每一对年份都会有与这一对特定年份的价格和数量相关的它们自己特定的指数，而与任何其他一年或多年无关。指数的这种独立性的结果是，在理论上，与不同年份相关的指数之间是没有团队合作的，因此会存在相互不一致。为了确保得到理论上最完美的结果，以便找到对每一对年份都最好的指数，针对一个给定系列的年份和一个给定的公式，我们应该计算出这些年份中每一对可能的年份的每一个可能的指数。因此，对于本书计算时选取的六年，在理论上，我们应该计算出

　　　以 1913 年为基准与其他五年之间的指数、

　　　以 1914 年为基准与其他五年之间的指数、

以 1915 年为基准与其他五年之间的指数、

以 1916 年为基准与其他五年之间的指数、

以 1917 年为基准与其他五年之间的指数、

以 1918 年为基准与其他五年之间的指数。

也就是说，我们应该用每一年为基准，计算它与所有其余年份之间的指数。这会给出每一对可能的年份之间的完整指数系列，每个指数值都有自己特殊的意义，只能用来进行一个比较，即比较计算这个指数值时用到的两个年份。

这将得到 30 个独立的指数。在这 30 个指数中，每一对年份都用到了两次，方向是相反的；一次是以两年中的某一年为基准，另一次是以两年中的另一年为基准。因此，这里有 15 对年份，每一对都通过两个指数来进行比较，当使用的公式满足检验 1 时，这两个指数值将互为倒数。就像读者记得的那样，在这 15 对年份中，我们实际上已经用 134 个公式计算出了其中 9 对年份的指数值，即以 1913 年为基准的 5 对，它们构成了"固定基准"的系列；还有构成"环比"系列的 5 对[①]，减去重复的一对，因为第一个数值（1914年的指数）用固定基准法和环比法计算是一样的。还没有计算出来的另外 6 对年份的指数，包括 1914 年与 1916 年之间的指数、1914年与 1917 年之间的指数、1914 年与 1918 年之间的指数、1915 年与 1917 年之间的指数、1915 年与 1918 年之间的指数，以及 1916 年与 1918 年之间的指数。

---

① 上文已经提到过，附录 2 给出了用全部 134 个公式计算的完整的固定基准系列的指数值，和部分环比系列的指数值。

对于 10 个年份构成的系列，就不是有 15 个这样的"排列"，而是有 $\frac{10 \times 9}{2}$，即 45 个独立的指数，其中 9 个（涉及 1913 年和另外 9 个年份）是普通的固定基准系列，还有 8 个将增加到"环比"系列中去。如果是 20 年，将有 $\frac{20 \times 19}{2}$，即 190 个独立的指数。如果是 100 年，将有 $\frac{100 \times 99}{2}$，即 4,950 个独立的指数。

要计算如此多的独立的指数，以便发现对每一对年份最好的指数，并且每一次这样做的时候我们都要追踪价格在一系列年份中的变动，显然需要非常多的精力和成本。这样做值得吗？如果不值得，那么在实践中，如果我们必须放弃找到对每一对可能的年份在理论上最完美的一系列指数，那么从实践的观点来看，最好的研究路径是什么呢？我们是否应该满足于固定基准法，不仅在比较作为固定基准的年份和其他每个年份这样的合适的目的中使用它，而且在比较任何其他两个年份这样在理论上不合适的目的中也使用它？如果应该这样，我们应该使用第一年作为基准来完成整个系列的计算，还是应该以涵盖几个年份的平均值为基准？或者，我们应该使用在理论上只适合用来比较任何两个**连续**年份而不适合用来比较其他两个年份的环比法？还是应该同时使用固定基准法和环比法？现在我们已经准备好来回答这些问题了。

第二节　以每个独立的年份 为基准来计算公式 353 的值

为了说明这些问题，如果我们以 353 作为我们选取的公式，以 1913 年为基准，会得到如下结果：1916 年的指数是 114.21，1918 年的指数是 177.65。但是在理论上，这**并不能**证明，我们可以假设，当我们将 1916 年与 1918 年直接和适当地比较时，它们的价格水平分别是 114.21 和 177.65。同样， 300 **只有**在比较两个连续的年份时，环比法才能给出正确的比较结果。因此，它 会告诉我们，1916 年和 1917 年的价格水平之比为 114.32 比 162.23，1917 年 与 1918 年的价格水平之比为 162.23 比 178.49。但是在理论上，这**不能**证明， 我们可以假设 1916 年与 1918 年的价格水平之比为 114.32 比 178.49。1916 年 与 1918 年在理论上正确的比较，必须不能借助于第一年，即 1913 年，也不 能借助中间的年份，即 1917 年，必须是**直接**比较。也就是说，必须以 1916 年为基准年份，计算 1918 年相对于它的指数，或者相反。

通过这种直接比较，以 1916 年为基准，并且不把它设定为 100，而是 114.32（以便与上面的数字相比较），我们发现 1916 年到 1918 年间的价格实 际增长比例是 114.32 比 178.36，而不是像用环比法计算的 114.32 比 178.49， 也不是像用固定基准法（以 1913 年为基准）计算的 114.21 比 177.65。

表 40 给出了以每一年为基准计算出的从 1913 年到 1918 年的完整的指 数系列。第一行给出了按照通常的方法，以 1913 年为基准并设其为 100% 的指数。例如，在这个系列中，1914 年的指数是 100.12。下一行给出了以 1914 年为基准的指数，但是为了便于比较，我们没有设 1914 年为 100，而是 100.12（按照上一行的计算结果来设定）。因此，以 1914 年为基准时，1915

年的指数是 100.23。第三行给出的指数以 1915 年为基准，并（根据上一行的计算结果）设 1915 年为 100.23；例如，以 1915 年为这样的基准时，1916 年的指数是 114.32。以此类推，这些连续年份中的每一年都将被作为基准，但是并不设它为 100（除了 1913 年以外）。

被用作基准的数字是对角线上的斜体数字，它们本身构成了环比系列的数值。也就是说，对角线系列就是环比系列。例如，根据这样的方式，右下角的数值 178.49 服务于两个目的，一个是作为环比数值，一个是作为以 1918 年为固定基准时的数值；同样，与它在相反对角（左上角）的数值（100）也服务于两个对应的目的，一个是作为环比的起点，一个是作为以 1913 年为固定基准的系列的起点。同样的，第二行数字是以 1914 年为基准时得到的固定基准数值，但是 1914 年没有被设为 100，而是根据环比数值设定为 100.12。因此，对角线上的所有数字都是同一行中所有年份的基准，也是（对角线上的）环比系列中的一个链条。

如果在实践中使用这样的表格，应该按照下面的方法使用。第一行是（以 1913 年为基准的）普通的固定基准法下的数值，**只**用来比较任何给定的年份，比如说 1917 年，与这个基准年份 1913 年，而**不能**用来比较它（1917 年）与任何**其他的**年份，比如说 1915 年。如果我们想比较 1917 年和 1915 年，我们应该在表格中找到以这两个年份中的某一年为基准（用斜体数字表示）的那一行，比如说第三行。在第三行中，1915 年是基准年份，它的取值是 100.23。以此为基准，1917 年的指数值是 161.86。因此，表示从 1915 年到 1917 年的价格增长的最准确的数字是，价格水平从 100.23 增长到了 161.86。严格来说，它不是表格的第一行普通的固定基准法给出的增长值。从表格的第一行看，这期间的价格水平是从 99.89 增长到 161.56，虽然在这个例子中这两个比值的差异几乎是察觉不到的（，但其实还是不同的）。

表40 以1913年、1914年、1915年、1916年、1917年、1918年为基准计算的公式353的值;
作为上述六个年份的指数的平均值的公式7053,以及将1913年的值简化为100时公式7053的值
(基准年份的数值是连续的"环比"数值,用斜体表示)

公式编号	基准年份	价格指数						数量指数					
		1913	1914	1915	1916	1917	1918	1913	1914	1915	1916	1917	1918
353	(1913)	100.00	100.12	99.89	114.21	161.56	177.65	100.00	99.33	109.10	118.85	118.98	125.37
353	(1914)	100.00	100.12	100.23	114.11	161.21	177.95	100.00	99.33	108.72	118.96	119.24	125.15
353	(1915)	100.35	100.12	100.23	114.32	161.86	178.80	99.66	99.33	108.72	118.74	118.76	124.56
353	(1916)	100.10	100.31	100.23	114.32	162.23	178.36	99.91	99.15	108.72	118.74	118.49	124.87
353	(1917)	100.42	100.76	100.46	114.32	162.23	178.49	99.58	98.71	108.48	118.74	118.49	124.77
353	(1918)	100.47	100.43	100.06	114.41	162.23	178.49	99.53	99.03	108.91	118.65	118.49	124.77
7053	平均值*	100.22	100.31	100.18	114.28	161.89	178.29	99.78	99.15	108.77	118.78	118.74	124.91
7053	1913年=100**	100.00	100.09	99.96	114.03	161.53	177.90	100.00	99.37	109.02	119.04	119.00	125.20

* 每一竖列中数字的平均值。
** 用上一行的数字除以100.22,从而是1913年的数字变成100。

302　　　在上面这个比较中，1915 年被当做基准年份，1917 年是给定年份。当然，我们也可以把基准反过来，找到第五行。在这一行中，1917 年是基准年份，取值为162.23，给定年份1915 年的值是100.46，所以从1915 年到1917 年，价格水平从 100.46 增长到了 162.23；当然，这个比值与第一个比值是**完全**相同的（100.23:161.86:100.46:162.23），因为就像我们知道的那样，我们使用的公式（353）满足时间倒转检验。

第三节　　由于基准不同导致的差异是极其微小的

　　通过表 40 我们可以非常容易地看出，基准年份从一年变为另一年，带来的影响是极其微小的。对于 1913 年，最左边一列的（价格）指数值变化范围仅仅是从 100 到 100.46；1914 年的指数值变化范围是从 100.12 到 100.76；1915 年的指数值变化范围是从 99.89 到 100.46；1916 年的指数值变化范围是从 114.11 到 114.41；1917 年的指数值变化范围是从 161.21 到 162.23；1918 年的指数值变化范围是从 177.65 到 178.80。对于每一个年份来说，基准年份的每一次改变所带来的最极端的变化也仅仅是 1% 的三分之一到 1% 的三分之二！

　　让我们以最后一年中最大的变化来说明这种变化的意义。这个最大的变化，是 1918 年以 1913 年为基准并取值为 100% 时的指数值 177.65，与 1918 年以 1915 年为基准并取值为 100.23 时的指数值 178.80 之间的差值。而且，如果把后一组数字倒推回 1913 年的话，我们会发现 1915 年的对角线上的数值是 100.23，它是 1915 年以 1914 年为基准并取值为 100.12（见上一行）时的指数值；而 100.12，（见再上一行，）是 1914 年以 1913 年为基准并取值为 100 时的指数值。换句话说，通过真正的直接比较，以 1913 年为 100%，我们发现 1918 年的指数是 177.65%；但是通过间接比较，以同样的基准为起点，（沿着对角线）前进一个环节到 1914 年，再（沿着对角线）前进一个环节到 1915年，然后（水平）跳跃到 1918 年，我们得到的不是 177.65，而是 178.80，也就是多了 1% 的三分之二。

　　因此，这个表格中给出的使用不同的价格－数量变化晴雨表得到的结果差异非常小。但是，非常有趣的一点是，对于 1914 年和 1915 年这两个指数值几乎相等的年份，基准年份变化带来的差异大得足以使天平的指针从一个方向跳到另一个方向。根据第一行，即普通的固定基准法，1913 年是基准年份，从 1914 年到 1915 年价格水平似乎下降了（从 100.12 下降到了 99.89，即下降了 1% 的四分之一）；从最后三行，即以 1916 年、1917 年和 1918 年为基准年份，也可以看出在这两年间（从 1914 年到 1915 年）价格水平略有下降；但是，根据对 1914 年和 1915 年的直接比较，也就是真正的比较，即以 1914年或 1915 年为基准（见第二行和第三行），我们会发现价格水平从 100.12 上升到了 100.23，即上升了 1% 的九分之一。

　　读者可能会注意到，每个斜体的环比数字（比如说对于 1915 年）与紧挨着它的上一行及下一行的数字都是一样的——与上一行的数字相同，是因为斜体的 1915 年的数字是我们根据上一行的数字而有意设定的，并根据这个新的 1915 年的基准数字计算这一行的指数值；与下一行（以 1916 年为基准的这一行）的数字相同，是因为下一行中 1915 年的指数值是用一个符合检验 1 的公式以 1916 年为基准向后计算得到的。一句话，在以 1915 年为基准这一行，1916 年的指数值是根据 1915 年计算出来的；而在以 1916 年为基准这一行，1915 年的指数值是根据 1916 年计算出来的。两个计算使用的这个公式是在两个方向都有效的，即是符合检验 1 的。

　　从图形来看，图 56 将表 40 中的数值进行了描点，显示了分别

303

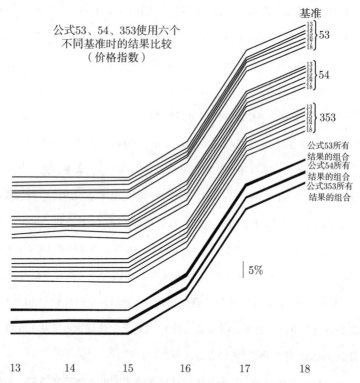

图 56P　这些曲线，尤其是下面集合上面每组曲线的三条曲线（即在同一个刻度下描出所有的点，而不是像上面那样分别描点）表明，当使用公式 353 时，由于基准的改变而导致的差异是最小的，但是使用公式 53 和 54 时这个差异也比较小。

以 6 个不同的年份为基准，应用公式 53、54 以及它们的交叉公式 353 的计算结果。上面的三组曲线一共有 18 条独立的曲线（每个公式 6 条），图中对它们是分开显示的，最下面的三条曲线是每组曲线的集合。

　　显然，使用不同基准带来的差异是极度微小的，对于公式 353 来说，这个差异几乎是不可察觉的。因此，上面的表格和图是用另

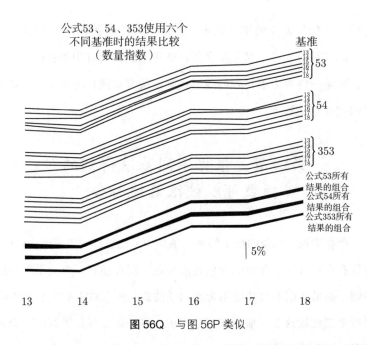

公式53、54、353使用六个
不同基准时的结果比较
（数量指数）

基准

53

54

353

公式53所有
结果的组合
公式54所有
结果的组合
公式353所有
结果的组合

|5%

13　　　14　　　15　　　16　　　17　　　18

图56Q　与图56P类似

一种方法说明了我们在上一章通过循环检验看到的结论，也就是使用公式353进行计算时，究竟使用什么样的基准，所带来的差异是如此微小。

无论选择哪一年作为基准年份，得到的曲线都几乎是一样的。从这一点来看，对于公式353来说（对于任何其他好的公式来说也是如此），在实际的指数计算过程中，计算出所有可能的年与年之间的指数显然是在浪费时间。计算出任何一个系列的指数都足够了。

简而言之，虽然循环检验**在理论上**不应该被满足，基准的改变应该会导致不一致，但是这个不一致非常小，以至于**实际上是**可以忽略的。做出每一个公式所对应的全部6条曲线（当涉及6年的时候——如果涉及的年份更多，要做的曲线也更多），只会让耗费的时间、精力和成本翻上很多倍，却达不到任何有用的目的。实际上，这是一件费力不讨好的事情。对于所有实践目的来说，一条简单的曲线就足够了。

第四节　根据不同基准得到的指数可以被很好地融合

304　　严格来说，六条曲线中的每一条是为了比较那些年份而构建的，就只有在比较这些年份的时候是准确的。现在还有一个关于实践的问题：如果我们不打算使用全部六条曲线，那么对于对一系列年份进行全部比较这个一般性的目的来说，哪一条曲线是最好的？毫无

305　疑问，如果可行的话，最准确的方法是对全部六条曲线进行融合或平均。这样的融合就构成了公式 7053，如果它称得上是一个公式的话。当然，它只是公式 353 得出的六组具体数值的平均值。这一个系列的数值是对六个数值的折中，能够代替整个表格中的所有数值，这样做的目的是将所有单独的、准确的比较，融合成一个一般性的基本准确的比较。关于这些平均值，表格中的数值与它们的差距都不到 1% 的一半。任何数值（1917 年的价格指数）的"或然误差"是 1% 的十分之二，对于其他年份，这个误差更小。换句话说，**很可**

306　**能**，从表 40 中随机取一个 1917 年的指数值，它与 1917 年的指数的均值（即公式 7053 的值，等于 161.53）相差不到 1% 的十分之二 [1]。

---

① 这里使用的公式 7053 在 1913 年的起始值是 100.22。为了方便起见，我们可以

这种融合可以比喻为钢琴上的"半音阶"。这个半音阶是通过"调和""自然的"音阶发现的。如果只有"自然"音阶，那钢琴上就只有一个琴键；要获得其他的琴键，每个键都需要一个单独的钢琴，所有的钢琴都不在同一个调子上。只要按照半音阶的幅度对不同的音调进行轻微的调整，这些钢琴就可以融合成一个钢琴。每一次调整，都会使自然音阶的振动次数改变 122 分之一，也就是我们在现在这个调整指数的问题中所做的调整的十倍左右。换句话说，相对于小提琴或"自然"音阶，对钢琴的"调和"或"半音阶"虽然已经小到任何人类的耳朵几乎都察觉不到，但是它调整的幅度仍然是为了确保公式 7053 的准确性所需要的调整幅度的10 倍。

第五节 三种代替融合的现实方案

但是，每次计算公式 7053 的时候，我们都需要首先计算出构成它的每条曲线，而就像我们已经说过的那样，这需要花费非常高的成本才能做到。从实践的角度来看，只有三条曲线值得考虑：（1）以第一年 1913 年为基准的曲线（普通的固定基准法下的公式 353 或和它差不多的公式）；（2）采用连续基准的环比法得到的曲线（也是使用公式 353 或和它差不多的公式）；（3）使用 6053（或和它差不多的 6023）得到的曲线，这个公式和 53（或 23）很像，只不

将它化简为 100，并将其他年份的数值也相应化简。这两种形式都在上面的表格中给出了，但是附录 7 中只提到了后一种形式。

307 过它不是以某个单一年份为基准，而是用要考察的几个年份或所有
年份的平均值为基准。这样的公式可以叫做用一号加权法加权采用
拓宽基准的综合（或几何）公式。它的几个主要优点之一是，它需
要的统计数据比公式353少。

为了判断这三个公式（固定基准的353、环比法的353、拓宽
308 基准的6053）哪一个最准确，只需要确定哪一个最接近最好的融合
公式，也就是7053。

从数值来看，表41和表42给出了用这三个公式计算的三组数
值，以及用理论上的最佳融合公式7053计算的数值，来进行比较。

表41　用来代替表40中完整系列的六个指数的四个单一系列数值
（价格指数）

	1913	1914	1915	1916	1917	1918
公式6053（拓宽的基准，1913—1918年）	100.00	99.79	99.85	114.04	161.59	177.88
公式353（固定基准，1913年）	100.00	100.12	99.89	114.21	161.56	177.65
公式353（环比法）	100.00	100.12	100.23	114.32	162.23	178.49
公式7053（融合的公式）	100.00	100.09	99.96	114.03	161.53	177.90

这个表格表明，与公式7053比较，环比法是三种方法中误差最大的，另外两
个实际上都差不多。

数量指数的数值也表明了同样的结果。

表42　用来代替表40中完整系列的六个指数的四个单一系列数值
（数量指数）

	1913	1914	1915	1916	1917	1918
公式6053（拓宽的基准，1913—1918年）	100.00	99.00	108.91	119.13	118.99	125.16

续表

	1913	1914	1915	1916	1917	1918
公式 353（固定基准，1913 年）	100.00	99.33	109.10	118.85	118.98	125.37
公式 353（环比法）	100.00	99.33	108.72	118.74	118.49	125.77
公式 7053（融合的公式）	100.00	99.37	109.02	119.04	119.00	125.20

从图形来看，图 57 给出了这三条曲线和理论上最好的公式 7053 的曲线。用肉眼是绝对无法看出它们的区别的。

所以我们的结论是，无论是 1913 年为固定基准的公式 353，还是以 1913 年到 1918 年的平均值为拓宽基准的公式 6053，从准确性来看都是最好的替代方案。关于在其他更实际的问题上的表现，比如计算的速度，将在下一章进行详细讨论。

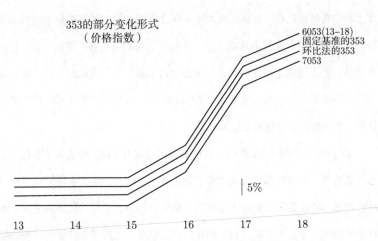

图 57P　拓宽基准的指数（6053）、353 的六条曲线融合而成的指数（7053）和 353 本身（不管是以 1913 年为固定基准还是采用环比法）之间的一致性非常高，以至于如果只考虑精确性，这四条曲线几乎没有区别

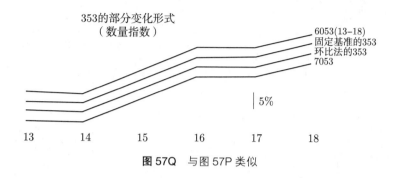

图 57Q　与图 57P 类似

第六节　环比法 vs. 固定基准法

环比法的真正应用非常少，甚至完全没有。支持环比法的论据主要有三个：（1）与固定基准法相比，它能够更准确地比较当前年份和**紧挨着**的前一个年份，而我们假设对前一年份的兴趣大于对古老的历史的兴趣；（2）从图像上看，在环比法中，价格曲线的年与年之间的线条能够正确地表明当前价格的变动方向，而在固定基准法中，年与年之间的线条有一些误导性，它们只是将一些点连起来，这些点的位置是相对于基准年份或最初的年份来确定的，而不是相对于相邻年份确定的；（3）减少、增加或替换商品时没有那么复杂，而这种商品变化总是会需要的。

关于第一个论据，虽然我自己过去就用过这个论据，但是我还是低估了它的重要性；部分原因（也是主要原因）在于，现在的研究表明，对于所有好的指数，环比数值和使用固定基准法的数值没有真正可以识别的差异；也有部分原因在于，对于即将到来的年份，我们对于比较当前年份和以前的年份与战前年份的兴趣，和比较当前年份与紧挨着的前一年份的兴趣是一样的；还有部分原因在于，我意识到，普通的指数使用者使用的主要不是图而是**数**

字，他是与基准年份相比较来思考这些数字的。因此，他使用的指数最好能够准确地表达与基准年份的关系。固定基准法就是这样的。

第二个论据——关于图像的代表意义的论据，用一个事实就可以回答了，那就是肉眼无法准确地区分任何比较好的指数所给出的环比曲线和固定基准曲线。它们之间的差异极其微小，只有通过打印出来的数值才能感觉到。

在理论上，我们可以说，根据固定基准法绘制的曲线是不正常的。要最恰当地表示固定基准曲线和环比曲线，我们应该只画出年与年之间的**环比**曲线，即连接一个圆点到下一个圆点的曲线；而当我们使用固定基准法所得到的点时，不应该把它们彼此相连，而是应该把每个点直接与**基准点**即原点相连。

在图 58（固定基准，使用简单中值指数）中，用图形表明了每个点和原

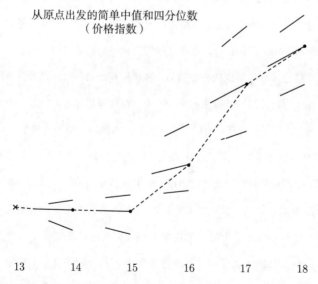

从原点出发的简单中值和四分位数
（价格指数）

13	14	15	16	17	18

图 58　显示了严格来说应该如何表示固定基准指数——用从固定基准年份指向给定年份的线来表示。这些线（中间那条线）是根据中值指数绘制的，上下两条线代表四分位数。尽管严格来说虚线的方向并不能代表年与年之间的指数，但是它可以让我们看得更清楚。

点之间的连接线（指向原点的深色短线，为了避免混淆，只画出了整根线的一部分）；但是如果这些连接线的尾端没有被按照常见的固定基准曲线绘制出的虚线连接在一起，这些连接线本身对于看图的人来说是没有什么帮助的。

第七节　拼接

支持环比法的最强有力的论据是第三个，即从指数中减少商品、向指数中**添加**商品或同时减少和增加商品，即用新的商品**代替**旧的商品，都不会太复杂。

我们经常会因为某种商品不再报价了、过时了或被淘汰了而希望从清单中去掉这种商品。同样，我们也经常会因为出现了新的发明或习俗的改变而希望在清单中加入新的商品。更常见的情况是，我们必须用一种等级或风格的商品替换另一个等级或风格的商品。当使用**环比法**的时候，不管使用什么公式，这样的操作都不会带来麻烦；因为，在**这样的**方法下，每一年都会有一个新的起点，下一个环节可以独立于所有前面的环节被打造出来。

但是在**固定基准法**下，这样的变化通常会形成一个死结。在某些情况下，这个结不难打开。因此，比如说，如果我们想去掉某个品牌的炼乳，用另一个品牌来代替它，而且如果新加入的那个品牌的炼乳，在做这种改变的时候，价格与原来那个品牌的价格一样，那么这种改变就不会涉及任何震动或调整，哪怕在基准年份并不存在这个新品牌的炼乳。类似地，比如说，如果在基准年份确实存在某个等级的小麦，但是指数中并没有使用到它，现在用它代替另一个等级的小麦，而且虽然它们每蒲式耳的价格**确实**不同，但是它们与基准年份的**价比没有**不同，那么我们也很容易进行这种替换。同样，如果去掉或增加商品不会改变指数，也不会带来麻烦。当然，这种推测意味着，当增加商品的时候，新增加的商品在基准年份也有报价。但是在所有其他的情况下，在使用固定基准法时，我们都必须进行某种调整。

让我们假设，这种变化（不管是减少、增加还是代替）会改变指数，原来的计算结果是 150，新的结果是 153，也就是增加了 2%。新的数值比原来的数值高了 2%，用新方法计算的所有未来的数值可能**都**会高 2%。结果，从今以后，在用新的方法计算出指数值后，我们要做的就是将计算结果下调 2%。也就是说，从 153 开始，每个指数值在适当计算出来之后，都要按照 153 比 150 的比例缩小。

但是，当加入了一个全新的商品，以至于不存在基准年份的报价时，在固定基准法下，我们根本没办法加入这种商品，使它与其他的商品完全一致。如果是要代替一种要被去掉的商品，我们可以将新的商品拼接在旧的要被去掉的商品的报价中去。因此，如果旧的商品在被去掉时的价比是 120，就可以将代替它的新商品的价比确定为 120（尽管它在第一年的价格并不是 100），以后的价比可以按比例计算出来。如果不是用新的商品代替旧的，而是列表中增加了一种商品，我们可以假设它当时的价比等于指数值本身。也就是说，如果当时的指数值是 130，那么就可以把 130 当做新的商品的初始价比（尽管对于它来说从来没有过 100）。

简而言之，固定基准法会引起一些反对意见，因为它有时候需要一些修修补补。环比法从来不存在这样的问题。但是，对固定基准法的反对并不严重。此外，就像下一章会指出的那样，如果我们不是把每年作为一个新的开始，而是比如说十年，那么这些大部分或者全部修补都是可以避免的。

上面的解释是用价比来说明的，可以应用于所有的指数，除了综合指数。对于综合指数，也可以采用类似的方法[1]。

因此，总体来说，（至少对于公式 353 来说）固定基准法比环比法稍微好一点，因为：

（1）要想象和计算它更简单，它的意义对所有人来说都是清晰和明确的；

（2）它不会像环比法那样存在累积的误差（就像与公式 7053 的比较所显示的那样）；

（3）从图像来看，它与环比法的曲线几乎没有区别。

第八节　拓宽固定基准

我们已经考察了三个对比中的两个，即使用固定基准法的公式 353 和使用环比法的 353 公式的对比，以及我们选择的两个固定基准法之间的对比。我们还发现，在使用固定基准法的时候，当公式中涉及的商品发生改变时，我们总是可以做一些"修补"。我们还讨论了拓宽的基准体系（它也需要不时做一些修改），并将它与固定基准年份的体系进行了比较。这种方法的计算比融合的公式 7053 容易，而且由于基准的改变而引起的差异也是以一种更简单的方式分布的。而且，计算者不需要像使用公式 353 那样，要掌握所有年份的数据。他可以让基准很宽，包含所有能获得的数据，也可以只包含为了得到一个好的折中方案而必需的数据。

把基准年份从一年拓宽到几年，需要（1）每一个作为基准的

---

[1]　见附录 1（第 14 章第七节的注释）。

价格不是取某一年的价格，而是取几年的价格的平均值；（2）每个作为基准的权重也不是取某一年的权重，而是取几年的权重的平均值①。就像我们已经说过的那样，这种加权方法与一号加权法类似。整个计算过程也是一样的，即对于整个系列都使用固定权重。当然，对于数量指数来说，也可以采用类似的操作。

我们来讨论一下将拓宽的基准应用于某些类型的公式时的好处。首先，我们考虑公式 6053。它就是公式 53，只不过基准价值或数量不是某一年的价值或数量，而是几年的价值或数量的平均值②。

它似乎没有表现出超过 53 的真正优势。表 28 中所有指数的排名表明，公式 53 实际上比 6053（1913—1918）距离 353 更近，6053 是以六年作为拓宽后的基准年份，这几年的价格平均值将代替 53 中的 p_0' 作为基准价格，这几年的数量平均值将代替 53 中的 q_0' 作为权重。同样，公式 53 与 353 的距离几乎和 6053（1913—1916）一样，而且比 6053（1913—1914）距离 353 稍微近一点③。

因此，只要考虑的是**综合**类型的公式，公式 53 似乎就和 6053 一样，都能很好地代替 7053，而且当然，它的计算要更简单。如果说拓宽基准的公式 6053 有任何超过 53 的优势，这个优势也太小，

---

① 但是值得注意的是，当使用公式 6023 和 6053 时，第一个部分就是一个多余的过程，无论使用一年的价格还是几年的价格的平均值，结果都是一样的（除了一个常数以外）。

② 当然，这个通过拓宽基准从公式 53 衍生出来的公式，与通过拓宽基准从公式 3 衍生出来的公式相同。所以也可以称它为 6003。

③ 上面的比较是把使用固定基准法的公式 353 作为比较的标准，但是如果使用公式 7053，我们也能得到同样的结果。

在目前的这些情况下显示不出来，包括计算 12 种农作物的价格指数和数量指数的情况，也包括第 11 章给出的计算股票交易所的股票价格指数和数量指数的情况。

因此，我们可以相当安全地得出一个结论，公式 53 始终是代替理想公式 353 或理想的融合公式 7053 的很好的替代品。拓宽基准来构造 6053 似乎是一个多余的过程[①]。

314

第九节　用一号加权法加权采用
拓宽的基准的几何公式

当我们从综合公式转向几何公式的时候，会发现不一样的情况。在这种情况下，基准的拓宽（公式 6023）确实有很大的帮助。哈佛大学的帕森斯教授和戴教授曾经多次使用过公式 6023。因为他们对这个公式的推崇，我计算了 6023 的结果，以便了解这个拓宽基准的做法是否会减少公式 23 的向下偏差。显然是的；对于表 28 中列举出的公式 6023 的三种形式，其计算结果与 353 的距离都比 23 近。这是因为，在拓宽的基准上得到的价比的离散程度比计算公式 23 时使用的价比的离散程度小，而就像我们知道的那样，随着离散程度的降低，偏差会迅速下降。公式 23 拓宽基准所带来

---

① 只有在一个案例中，公式 6053 可能具有超过公式 53 的真正可察觉的优势，这个案例就是帕森斯和戴计算 12 种农作物的指数，也就是价比与数量比之间有很强的相关关系，所以公式 53 有一个间接的微小偏差。但是即使在这个案例里，6053 的优势也不是很大，因为很显然，53 和 54 彼此距离非常近（见图 47 和 48），因此它们都距离 353 非常近，所以不太可能有任何公式会比 53 有很大的优势。

的改进远远超过公式 53 的改进，原因在于公式 23 有更大的改进
余地；以 1913 年为基准年份的公式 23 有明显的向下偏差。在我们
的五个齿的叉子中，它属于"1-"这一组。将基准年份拓宽到包括
1913 年和 1914 年两年，减少了它的向下偏差。如果将基准年份拓
宽到四年，包括 1913—1916 年，这个偏差会进一步减小。下面的
表格显示了这一点：

表 43　拓宽基准对于降低偏差的影响
（价格指数）

公式编号	基准年份	1913	1914	1915	1916	1917	1918
23	1913	100.00	99.61	98.72	111.45	154.08	173.30
6023	（1913—1914）	100.00	100.12	99.50	112.25	153.53	173.45
6023	（1913—1916）	100.00	99.93	99.88	113.61	156.61	175.32
353	1913	100.00	100.12	99.89	114.21	161.56	177.65
7053	（融合公式）	100.00	100.09	99.96	114.03	161.53	177.90

　　但是整个这一行的数值仍然低于比较标准（不管是固定基准的
公式 353 还是 7053）。其他几个计算的结论也和这个结论一致。

　　我使用 36 种商品进行了这个计算之后，帕森斯教授发表了他对于戴的
指数（公式 6023）的辩护词[1]。他在计算中使用的是 12 种农作物，计算结果
显示在了图 59P、59Q、图 60P 和 60Q 中。这些计算表明，公式 6023 和 353
之间是非常一致的。同时，它们还表明了公式 6023 中残留的向下偏差的痕
迹，并完全确定了上面的结论。戴和帕森斯的研究中使用的基准拓宽到了
1909—1913 年这 5 年：也就是说，他们使用的固定权重不是某一年的价值，

315

316

---

[1]　Warren M. Persons, 'Fisher's Formula for Index Number", *Review of Economic Statistics*, May, 1921, pp. 103–113。

比如像公式 23 那样使用 1910 年的价值（即不是 p_0q_0 等），而是前面提到的那 5 年的平均价值。

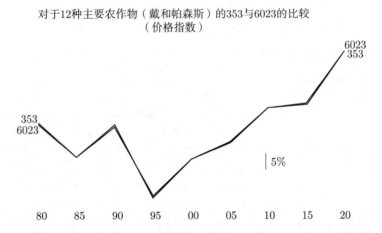

对于12种主要农作物（戴和帕森斯）的353与6023的比较
（价格指数）

图 59P　显示了对于 12 种农作物的价格指数，戴的指数（6023）与理想指数（353）之间自始至终紧密一致的关系，但是 6023（以 1910 年为基准）中有微弱的向下偏差痕迹。

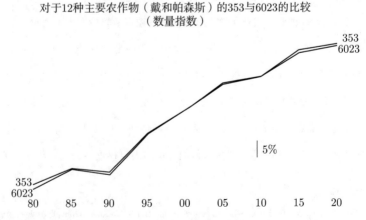

对于12种主要农作物（戴和帕森斯）的353与6023的比较
（数量指数）

图 59Q　与图 59P 类似。6023 的向下偏差更明显一些（以 1910 年为基准）。

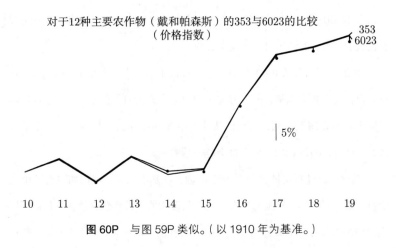

图 60P　与图 59P 类似。（以 1910 年为基准。）

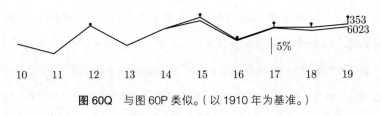

图 60Q　与图 60P 类似。（以 1910 年为基准。）

在图 59P 中，有四个年份公式 6023 在 353 的下方，分别是 1880 年、1885 年、1895 年和 1915 年；有三个年份 6023 在 353 的上方，分别是 1890 年、1905 年和 1920 年。在图 59Q 中，有 7 个年份公式 6023 在 353 的下方，分别是 1880 年、1885 年、1890 年、1900 年、1905 年、1915 年和 1920 年；只有一个年份 6023 在 353 的上方，即 1895 年。在图 60P 中，有四个年份公式 6023 在 353 的下方，分别是 1914 年、1915 年、1917 年和 1919 年；有三个年份 6023 在 353 的上方，分别是 1913 年、1916 年和 1918 年。在图 60Q 中，有 6 个年份 6023 在 353 的下方，分别是 1911 年、1915 年、1916 年、1917 年、

1918 年和 1919 年；只有一个年份 6023 在 353 的上方，即 1912 年。在所有没有提到的年份，6023 和 353 都是重合的。

总的来说，公式 6023 有 21 次在 353 的下方，有 8 次在 353 的上方，从而表明，通过拓宽基准，并没有完全抑制它先天的向下偏差。从对这些图的观察中还可以明显看到，当我们从基准年份 1910 年向前后两个方向中的任何方向前进，6023 的向下偏差都会越来越明显。

因此，通过将足够多数量的年份包含在基准之中——比如说将一个完整的"商业周期"中遇到的所有主要变化形式的年份都包含进去，我们可以（至少暂时）部分[1]消除公式 23 的偏差。选择的时段越长、代表性越强，则偏差越接近于被完全消除。但是在使用公式 6023 时，在几年后，拓宽基准带来的纠正效果将逐渐消失，向下偏差又会渐渐重新出现。因此，通过将基准从 1913 年拓宽到 1913—1918 年，1918 年的 36 个价比的离散程度从 45.09% 降低到了 20.23%。而就像表 48 所显示的那样[2]，基准的拓宽带来的偏差降低甚至更大——从 7.01% 降低到了 1.67%，而且就像刚才说过的那样，这使指数得到了很大改进。但是，就像我们在第 5 章看到的，随着时间的推移，价比的离散程度总是趋于增加的。索贝克的指数采用了非常宽的基准（1867—1877 年），但是他使用的价比在 1920 年的离散程度达到了 129%。下文将提到，这会使指数产生一个高达 36% 的向上偏差。如果索贝克的指数是用公式 6023 计算的，而不是用公式 1（或 6001），它在今天的偏差也才差不多这么大，但方向相反，因为就像表 7 显示的，公式 1 和 23 具有基本相同的联合误（当然方向是相反的）。如果持续的时间足够长，戴的指数也将不可避免地以同样的方式变得不好。

------

① 见附录 1（第 14 章第九节的注释）。

② 见附录 1（第 5 章第十一节的注释）。

我们的总体结论是，拓宽加权几何指数的基准，通过这个过程把公式 23 变成 6023，会部分降低 23 的加权偏差，但是不能完全消除这个偏差。因此，与有明显偏差的几何公式 6023 相比，几乎没有偏差的综合公式，公式 6053 和 53，可能是代替 353 的更好替代品。

第十节　对同一种商品不同的个别报价进行平均

拓宽基准意味着对一系列年份的数据进行平均，所以这就带来了一个问题，这个平均值是如何构建的。事实上，我使用的是简单算术平均法。我们不需要花多长篇幅对此进行讨论，因为我们已经发现拓宽基准并不重要。

但是，只要我们起始的价格和数量数据是平均值，而不是原始的市场报价——而通常都是这样的——都会出现同样的问题。在本书中，我们假设任何商品在任何年份的"价格"或"数量"都是给定的。但是这个价格或数量是什么？有时候它就是 1 月 1 号或 7 月 1 号的单一报价，但是通常它都是分散在全年的若干个报价的平均值。那么问题来了：构建这个平均值的原则是什么？**实践中**的答案是**任何**平均值都可以，因为一般来说，到目前为止，在一年当中，至少在考虑价格的时候，变化是比较小的，所以无论使用什么样的平均值，都不会给最终结果带来可察觉的差异。如果不是这样的话，我们就有理由将一年分成各个季度或月份，直到分成足够短的时段，使这个时段几乎可以当做一个时点来考虑。当然，销售数量的变化会比较大。我们需要的是全年的销售总额（这当然和计算每年各个月份或其他时间间隔的简单算术平均值是一回事）。简而言之，无论对于价格还是数量，都可以使用简单算术平均值。或者，如果值得研究得更精细的话，我们可以对价格使用加权算术平均，权重就是销售数量。

318

为了确定一种个别商品在某一年的"价格"，应该如何对它的个别报价进行平均，这是一个问题；而这本书的主要问题是当获得了**多种**商品各自每年的数据之后，如何利用这些数据构建指数。这两个问题当然截然不同，而且前者比后者简单得多。

第十一节　结论

显然，通过拓宽基准来实现融合的效果总会令人失望。对于综合公式来说，这是多余的；因为我们在实践中看不到这样做能对53有任何改进。而且，融合是一种模糊不清的东西，这与我们对于确定性的自然渴望相悖。我们会得到一个不伦不类的东西。对于几何公式来说，拓宽的过程无法完全消除权重偏差的所有痕迹。

本章和上一章的主要结论是：

1. 在理论上，对于若干年份的完整系列指数是使用公式353或者与它优劣程度相当的任何其他公式计算出的每一对年份的所有可能的指数。

319　　2. 在实践中，这些每一对年份的指数之间在表面上的不一致是可以忽略不计的，所以进行这么多的计算是在浪费时间、精力和金钱。

3. 即使进行这么多的计算是可行的——与每一对可能的年份相关——除了引起混淆，没有任何帮助，就像音乐中相互冲突的自然音阶一样。我们倾向于将它们"调和"或"融合"成一个单一的系列。理想中最佳的融合可能是根据所有可能的基准计算出353，再将得到的指数进行平均（公式7053）。

4. 在实践中（除了像7053那样对不同的指数本身进行融合以

外），还剩下三种方法可以尝试：

（a）采用固定基准法，使用公式 353 或某个与它优劣程度相同的公式；

（b）采用环比法，使用公式 353 或某个与它优劣程度相同的公式；

（c）使用拓宽的基准（例如 6053）。

这三种方法的结果非常接近于一致。

5. 在这三种方法中，环比法会存在累积的误差，不应该使用（可能除非作为固定基准法的补充）。

6. 在剩下的两种方法中，固定基准法（公式 353）略优于拓宽基准法，部分原因是它更接近最佳融合公式（7053），部分原因是它本身并不是一个融合公式，因此不会模糊不清。

7. 但是，经常会出现这样的情况，缺少某些年的数据，所以没办法使用公式 353 或与它优劣程度相当的公式，那么就可以使用拓宽基准的公式。

8. 对于这个目的，有两个拓宽基准的公式是可以采用的；综合公式 6053 和几何公式 6023。虽然这两个公式都是好的公式，但是公式 6053 看起来明显要更好一些，因为即使基准年份只有两年，甚至只有**一年**，简化成了 53，它也没有偏差。经常会出现只有一年的数量已知这样的情况，在这样的情况下就必须使用公式 23 或 53。但是，公式 23 具有向下偏差，所以无法使用；而 53 是一个好的公式，几乎和 6053 一样好。

第十二节　历史

固定基准法永远是构建指数的基本方法，有时候以第一年为基准年份，有时候以一系列年份为基准年份。拓宽基准法显然是从特贝尔（Soetbeer）和拉斯拜尔开始变得常用的。阿尔弗雷德·马歇尔教授在 1887 年三月刊的《当代评论》（*Contemporary Review*）中提出了环比法；同一年，埃奇沃斯教授和他担任书记的关于这个主题的委员会向英国科学进步协会推荐了环比法。沃尔什也支持环比法，并在他的《衡量一般价格水平的变化》（*The Measurement of General Exchange Vale*）中使用了这种方法。1897 年，弗拉克斯教授在曼彻斯特文学与哲学大会上发表了一篇文章，讨论了改变基准的效果；10 年后，他在《经济学季刊》（*Quarterly Journal of Economics*）中讨论了环比法，但是使用的不是这个称呼。"环比"这个词似乎是 1911 年我在《货币的购买力》一书中第一次使用的，我现在觉得我在那本书中对它的赞誉有些过度了 [1]。

---

[1]　这是本书中最后一次出现专门介绍历史的一节，除了散落在全书中的这些部分以外，读者还可以在附录 4 中发现一个对于"指数发展史中的里程碑"的简述。

第 15 章　计算的速度

第一节　时间研究

到目前为止，我们一直忽略了计算的速度和难易度这个非常实际的问题。表 44 给出了用不同的公式计算价格指数的时间研究。这个表格的构建基础是假设将 36 种商品的价格和数量[①]提供给计算者。他可以使用计算器和对数表。假设利用（固定基准法的）公式 51 计算 1914 年到 1918 年各年的价格指数或数量指数所需要的时间为单位 1。当这个特定的计算者进行这样的时间研究时，公式 51 需要 56 分钟。因为他可能比普通计算者的速度略快一些，我们可以认为公式 51 需要的时间是**一个小时**，因此这个表格中所有其他数值代表的也是小时。在每一种情况下，计算的时间都是指计算出五个指数的时间，结果保留两位小数[②]。当然，如果商品数不同，年份数不同，或要保留的小数位不同，计算所需要的绝对时间也会不同。但是这个表格给出的都是与使用公式 51（或公式 151）相比的

---

① 除了简单指数，因为它不需要用到数量；还除了 9051，这时假设提供了大致权重（1、10、100 和 1,000）。

② 除了众数，它们只保留到了整数。用这里使用的这种粗糙的方法，无法将它们计算到整数位以后。

322 **相对**时间，商品数、年份数或保留的小数位有任何变化，这个相对时间都不会受到太大的影响。

表 44　各公式的计算速度排序

公式编号	以倍数表示的计算时间，以计算（固定基准的）公式 51 所需要的时间为单位 1		计算速度排名
	固定基准法	环比法	（根据固定基准法）
5343	64.3	64.5	109
5307	62.1	62.2	108
5333	51.5	51.6	107
1303	45.3	45.5	106
345	44.6	44.6	105
5323	44.2	44.3	104
1343	42.7	42.8	103
4353	39.4	39.5	102
335	38.1	38.3	101
3353	37.8	37.9	100
7053	37.5		99
343	37.3	37.5	98
245	37.1	37.3	97
247	"	"	"
1333	36.3	36.4	96
307	35.5	35.6	95
1323	35.1	35.2	94
309	34.8	35.0	93
1353	34.5	34.7	92
235	33.9	34.0	91
237	"	"	"
225	31.9	32.0	90
227	"	"	"
207	31.7	31.8	89
215	"	"	"

续表

公式编号	以倍数表示的计算时间，以计算（固定基准的）公式 51 所需要的时间为单位 1		计算速度排名
	固定基准法	环比法	（根据固定基准法）
126	31.6	31.7	88
325	31.5	31.6	87
323	31.3	31.4	86
333	30.9	31.0	85
146	29.7	29.8	84
108	29.3	29.4	83
243	29.2	29.0	82
1124	29.1	29.3	81
249	28.4	28.6	80
1123	28.0	28.1	79
1144	27.9	28.0	78
241=341	27.1	27.2	77
1143	26.6	26.8	76
136	26.5	26.6	75
125	26.1	26.3	74
233	26.0	25.8	73
1104	25.3	25.5	72
239	25.2	25.4	71
1004	24.9	25.0	70
1014	"	"	"
1134	24.7	24.8	69
145	24.3	24.4	68
1103	24.2	24.3	67
1154	24.1	24.3	66
107	23.8	24.0	65
1003	23.7	23.9	64
1013	"	"	"
229	23.6	23.8	63
1133	23.4	23.5	62

323

公式编号	以倍数表示的计算时间，以计算（固定基准的）公式 51 所需要的时间为单位 1		计算速度排名
	固定基准法	环比法	（根据固定基准法）
144	23.0	24.8	61
124	23.0	23.1	60
143	22.8	24.4	59
209	22.8	23.0	58
213	"	"	"
123	22.7	22.9	57
3154	"	"	"
26	22.5	22.6	56
28	"	"	"
223	21.4	23.5	55
46	21.1	21.3	54
48	"	"	"
135	21.1	21.2	53
301	21.0	21.2	52
4154	20.8	20.9	51
231=331	20.6	20.8	50
110	20.5	20.7	49
109	20.4	20.5	48
134	19.8	21.6	47
4153	19.6	19.8	46
133	19.5	21.2	45
36	19.5	19.7	44
38	"	"	"
1153	18.7	18.9	43
8	18.4	18.6	42
16	"	"	"
30	18.2	18.3	41
221=321	17.6	17.6	40
3153	17.3	17.4	39

公式编号	以倍数表示的计算时间，以计算（固定基准的）公式 51 所需要的时间为单位 1		计算速度排名
	固定基准法	环比法	（根据固定基准法）
25	17.0	17.9	38
27	"	"	"
29	17.0	17.2	37
44	16.9	17.0	36
50	"	"	"
6023（1913—1916）	16.5	16.5	35
24	16.1	18.3	34
45	15.7	15.9	33
47	"	"	"
49	"	"	"
201	"	"	"
211	"	"	"
34	15.3	15.4	32
40	"	"	"
2353	14.9	15.1	31
6023（1913—1914）	14.6	14.6	30
6023（1913 和 1918）	"	"	"
10	14.3	14.4	29
353*	"	"	"
8054	"	"	"
35	14.1	14.3	28
37	"	"	"
39	"	"	"
8053	"	"	"
2154	14.0	14.1	27
42=142	13.9	14.1	26
7	13.0	13.1	25
9	"	"	"
15	"	"	"

公式编号	以倍数表示的计算时间，以计算（固定基准的）公式 51 所需要的时间为单位 1		计算速度排名
	固定基准法	环比法	（根据固定基准法）
32=132	12.9	13.1	24
43	12.6	15.9	23
102	12.6	12.7	22
14	12.0	13.4	21
22=122	11.9	11.9	20
23	11.6	17.2	19
33	11.0	14.3	18
2	10.5	10.6	17
12	"	"	"
2153	9.6	9.8	16
54=4=5=18=19=59	8.7	8.9	15
41=141	8.5	8.6	14
251=351	7.8	7.8	13
31=131	7.5	7.6	12
101	7.4	7.6	11
13	6.6	13.1	10
6053（1913—1918）	6.5	6.5	9
21=121	6.4	6.4	8
6053（1913—1916）	6.1	6.1	7
6053（1913—1914）	5.6	5.6	6
52=152	5.5	5.5	5
53=3=6=17=20=60	5.3	8.9	4
1	5.1	5.3	3
11	"	"	"
9051	2.0	2.0	2
51=151	1.0	1.0	1

325

* 和公式 103，104，105，106，153，154，203，205，217，219，253，259，303，305 一样。

第二节　对公式计算速度表的评论

我们可以看到，计算速度最快的是公式 51；要计算这个公式，只需要一个小时。最后一名是一个众数公式，5343；它需要 64.3 小时。其他的所有公式则占据了中间的 107 个排名。

我们的理想公式，公式 353，需要 14.3 小时，排在第 29 位。从计算速度来看，它超过了另外 12 个在第 11 章提到的准确性能和 353 相匹敌的公式。在这 13 个公式中，有一个在整个表格中是第二慢的，这个公式就是公式 5307，它需要 62.1 小时。另外，在准确性上最接近 353 的竞争者，公式 5323——也是最好的几何类型的公式——需要 44.2 小时，也就是比 353 的三倍时间还多。

对于其他公式在表格中的排名，从靠近顶端开始，也就是速度最慢的那一端，我们首先会看到 7053，需要 37.5 小时；1123，也就是沃尔什认为准确性比较高的几个公式之一，需要 28 小时；莱尔公式，4154，需要 20.8 小时；沃尔什支持的另一个公式，1153，需要 18.7 小时；戴和帕森斯教授最喜欢的公式 6023，需要 16.5 小时（当拓宽的基准中包含四年的时候）或 14.6 小时（当拓宽的基准中包含两年的时候）。所有这些公式需要的时间都比 353（14.3 小时）多。

在那些需要的计算时间比 353 少的公式中，我特别注意到了公式 2153，它在准确性排名中与 353 几乎是一样的[1]。公式 2153 需要

----

① 证明见附录 1（第 15 章第二节的注释）。

的时间只有 9.6 小时 ①。公式 6053（基准年份为四年）只需要 6.1 小时（与它差不多的 6023 需要 16.5 小时）。公式 53 只需要 5.3 小时；9051，当使用的大致权重均为 10 的倍数时，只需要 2 小时。

　　与固定基准法相比，环比法可能需要多 5 到 10 分钟，虽然在有些情况下实际上需要的更少（因为在环比法中，某些项是重复的，只需要计算一次）。

　　我们会注意到，在很多情况下，最准确的指数需要的计算时间非常少，而不那么准确的指数却需要很多时间。因此，计算众数指数是非常耗时的，即使它们只保留到了整数。如果用公式将它们准确计算出来，而不是只通过目测进行大致的计算，并且它们和其他公式一样也保留两位小数，需要的时间将是目前表格中所示时间的 7 倍。实际上，计算得最慢的公式就是一个众数公式，5343；其他众数公式按照从慢到快的顺序排列的话，依次为 345、1343、343、245、247、146、243、249、1144、145、144、143、46、48，在表格中比较慢的那一部分；剩下的众数公式，44、45、47、49、142、43、141，也没有一个能在速度上夸口——即使是其中计算得最快

---

　　①　帕森斯教授（在 "Fisher's Formula for Index Numbers", *Review of Economic Statistics*, May, 1921, p. 104）给出了对公式 6023 和 353 的部分时间测试，测试结果与这里的表格给出的结果完全不同。出现这种不同有两个原因。首先，帕森斯比较 6023 和 353 时，显然忽略了计算 6023 的权重这项基本工作，所以给出的不是完整的比较。我们的测试数值表明，公式 6023（基准年份包含四年）需要 16.5 小时，而 353 需要 14.3 小时——差别不大，但是 353 还是占了上风。

　　第二个原因是，公式 2153 可以作为计算 353 的捷径，它的计算时间降低到了 9.6 小时，几乎只有 6023 的一半，而 6023 没有相应的计算捷径。

　　帕森斯估计的使用环比法的 353 的计算时间会是固定基准法下的两倍，我不明白这是为什么。在我进行的任何时间研究中，二者之间的差异都要小得多。

的（141 或 41），也排在第 14 名。计算中值公式也不像我们传统上
以为的那么快。计算器的应用使中值公式自惭形秽。计算最快的中
值公式是简单中值公式 31（或 131），排在第 12 位，需要 7.5 小时。

对于实际应用来说，即使需要最高的准确性，我们也不需要到
最快的 16 个公式之外去寻找答案。排在第 16 位的公式是 2153，我
们已经看到，对于各种意图和目的来说，它都是和理想公式 353 一
致的。在计算最快的这 16 个公式中，可以合理地宣称会被应用于
实践的公式只有 2153（排名第 16，需要 9.6 小时）、31（排名第 12，
需要 7.5 小时）、21（排名第 8，需要 6.4 小时）、6053（排名第 7，
需要 6.1 小时）、53（排名第 4，需要 5.3 小时）和 9051（排名第 2，
需要 2 小时）。

请注意，有几个其他人使用和推荐的指数没有被包含在上面的
列表里。包括，简单算术指数，公式 1，它可以计算得很快，排名
第 3 位，只需要 5.1 小时。但是，就像我们已经看到的那样，它在
准确性上属于"没有价值的指数"。如果真的因为缺乏用于加权的
数据而需要使用简单指数，公式 21 和 31 都比公式 1 准确得多，而
且需要的计算时间也并没有长很多（分别为 6.4 小时和 7.5 小时）。
但是通常来说，与公式 1 相比，使用大致权重的公式 9051 需要的
计算时间更短，同时也更准确，所以也是可以使用的。公式 53 还
要更准确，但是需要的计算时间是公式 1 的三倍，如果数量已知的
话可以使用它。公式 54 几乎[1]从来都没有使用的必要。但是它经常

---

[1]　唯一一个不能用公式 53 代替 54 的情况时，缺少基准权重（q'_0 等），而能得到
当前年份的权重（q'_1 等）。我注意到的这种情况唯一的一个例子是关于外汇的。《美联
储公告》（*Federal Reserve Bulletin*）公布的外汇指数是与它们的"票面价"相关的。这

会被推荐，在准确性上，它和53与理想公式353的距离相等而方向相反，而公式53的计算速度几乎是54的两倍。

公式6023是哈佛大学的戴和帕森斯教授推荐的，在准确性和计算速度上都逊于6053和2153。公式1123、1153和1154曾经被沃尔什作为理论上的最佳公式推荐，可能不像2153那么准确（这一点在我们的排名表中有所显示，第12章也进行了讨论），需要的计算时间是2153的两到三倍。沃尔什在他的最后一本书中还推荐2153在实践中的应用[①]，认为它可能和353一样，是理论上最完美的公式。

本章最重要的结论是，公式2153可以作为计算353的一种简便方法，它与353非常近似，几乎是重合的。它能给出几乎相同的结果（差异不到2,500分之一），需要的计算时间只有9.6小时，而不是14.3小时。因此，当能够得到每年的数据时，在实践中应该使用2153这个公式。

当每年的数据不完整时，我们应该根据可获得数据的完整性使用以下公式中的一个：6053、53、9051、21、31，对此将在第17章第八节中讨论。

些票面价（例如对于英国货币来说是 $4.86\frac{2}{3}$ 美元）是基准价格（$p_0{}'$）。但是没有对应的基准数量（$q_0{}'$），因为在这个例子中，"基准"并不是一个历史年份；实际上，对于某些国家来说，"票面价"在历史上从来没有实现过。但是当前数量（$q_1{}'$）确实是已知的。这就需要使用公式54（或某个和它等价的公式4、5、18、19）。在这种情况下，几乎没有任何其他没有偏差的公式可以使用。现在，《美联储公告》使用的是公式29，它有向上的偏差——而且当汇率的分散程度很大时，就像现在这样，这个偏差会很大。

① 要了解进一步的讨论，可参见第17章第八节。

第 16 章　其他实际的考虑因素

第一节　引言

我们已经研究了各种可能的指数公式的准确性和它们相对的计算速度。这是构建指数时要考虑的两个重要因素。但是，准确性问题还没有被完全覆盖；因为我们的研究只局限于公式的问题，还没有考虑要输入公式的数据的问题。到目前为止，本书中所说的指数的"准确性"，都是指它作为一个衡量**一系列给定价格**（或者也可能是数量）的平均变动的指标的准确性。比如说，我们发现，公式 353 使我们能够在不到千分之一的准确性范围内衡量 **36 种特定商品**的价格的平均变化。但是，这个已经计算出来并拥有极高准确性的指数值，可以衡量那些商品的变动，但要用它来衡量所有商品的价格变动，我们想让它代表的商品可能有几百种，它当然就不会表现出这么高的准确性了。要以这样的准确程度衡量所有价格的一般变化，我们就必须掌握并使用所有的价格。在实践中，在掌握这样的完整数据是不可能的。我们必须满足于使用样本。因此，我们会希望找到一个指数，它是用比较少的商品构建的，但是不仅能尽可能准确地衡量包含在其中的少数商品的变动，还能尽可能准确地
衡量**不包含**在其中的商品的变动。

因此，这开启了两条新的关于指数准确性的考察思路，即（1）样本的多样性带来的影响，和（2）样本的数量带来的影响。这两个主题都是至今很少有人涉足的研究领域。在这里，我将尝试只利用米切尔、凯利（Kelley）、帕森斯和其他人已经完成的成果，并敦促他们本人和其他研究者继续他们重要的研究工作。

这两个主题可能和公式的选择一样重要。当使用的样本数很小的时候，（对公式的）不明智选择肯定会毁掉计算的结果。同样毫无疑问的是，（如果公式不准确）即使利用最五花八门的商品和最大的商品数，结果的准确性也不可能和在数学上准确的公式相媲美。让我冒险说出我的猜测，当对这两个领域进行彻底的研究后，我们可以得出结论，我们很少能把指数中的误差或不确定边界减少到1%或2%。虽然这样的误差很小，但是与它们相比，我们在公式中发现的误差都可以忽略不计了。简言之，从这种相当粗糙的工作要求来看，这些公式（不管是353还是任何其他超过"最好的公式"这个等级的公式）可以被认为是**完全**准确的衡量工具。

第二节   样本的多样性

什么程度的多样性是明智的，主要取决于指数的目的。例如，如果指数的目的是反映美国食品批发价格的整体变化，选择的肉类样本就应该多于鱼类样本，选择的谷物类样本就应该多于蔬菜的样本。多样性还涉及对不同生产阶段的代表性。如果一个商品线中包含了所有的生产阶段，例如小麦、面粉和面包，那么其他商品线中也应该包含对应的阶段，例如玉米、肉猪和猪肉。

　　任何原材料和最终产品的价格变化都可能是相似的，比如棉花和棉织品、生铁和铁钉或小麦和面粉。另一方面，所有原材料和所有最终产品之间还存在交叉对应关系——棉花、生铁和小麦的变化会有一些类似，而棉织品、铁钉和面粉的变化之间也会有一些类似。就像米切尔[①]表明的那样，原材料价格的波动比最终产品更大。与工业用产品的价格变化相比，为家庭消费者生产的产品的价格变化彼此间会更相似，前者的波动也比后者更大。每一组具有任何鲜明特点的产品，在指数中都应该相对于其他产品有一个适当的比例。价格的报价还应该适当地具有地理多样性。

　　公平取样的过程与**公平加权**的过程是密切相关的。实际上，前者可以大致作为后者的代替品。加拿大劳工部和英国贸易委员会用大量的商品和多系列报价来代表每一组重要的商品，而用少量的商品代表每组不重要的商品，再对所有的价格取简单平均值，以此来尽量减少使用具体权重的必要性。通过这样谨慎的方法，简单指数在权重上的怪异性几乎消失了，变得差不多相当于一个加权指数。从而，简单几何公式（21）变得几乎和适当加权的公式（1123）一样好，这是一个巨大的改进；公式 1 变得接近于 1003 也是一个改进，但改进幅度没有那么大，因为虽然怪异性消失了，但这个公式仍然有向上的偏差。因此，加拿大的指数具有公式 1003 的偏差，而英国贸易委员会的指数的优秀程度非常接近于 1123。由于数据选得好，布莱斯特指数（公式 51）从一个没有价值的指数变成了一个比较好的指数，几乎变成了 9051，或接近于 53。如果没有这样

333

<hr>

①《第 284 号公告》，美国劳工统计局，pp. 44，45。

的谨慎，这个指数就会出现很大的失真。

在美国内战期间，《经济学人》杂志的指数变成了一个错误的指数，因为在 22 种商品中，有不少于四种是棉花或棉织品。由于内战大大提高了棉花的价格，《经济学人》指数显示，1864 年的价格水平比 1860 年提高了 45%，而使用了 45 种商品的索贝克指数则显示，同一时期的价格增长只有 12%（这两个指数都是以 1860 年为基准重新计算过）。同样，在 1893 年的奥德里奇报告（Aldrich Report）中，它使用的简单平均值中包含了 25 种便携式刀具，这使便携式刀具的重要性比小麦、玉米和煤高了 25 倍。

但是，这样倍增商品的方式顶多也只能大致代替真正的加权。另一方面，即使在使用权重的时候，也需要对权重进行调整，使它们能适合包含在不同组别中的商品数。因此，战争工业委员会将七组商品（食物、服装、橡胶—纸—纤维、金属、燃料、建筑材料、化学产品）细分成了 50 个类别（将近 1,500 种不同的商品或报价系列），并分了两个阶段对它们进行加权。在第一个阶段，根据每种商品的产量或交易量的统计值或估计值对它们进行加权。然后，在第二个阶段，由于这 50 个类别中的某些类别比其他类别被代表得更加充分，即被更多种类的商品来代表，所以对于在商品数量上被代表得不充分的类别，就要用更高的权重来补偿。它们在第一个阶段作为个别商品被赋予的权重，要扩大或乘以一个叫做"类别权重"的系数，从而使它们能够更充分地代表它们所属于的大的类别。在希望得到最高的准确性的案例中，总是应该使用这个过程，或其他类似的过程。

简言之，要么用加倍样本数来弥补不充分的权重（就像加拿大或英国贸易委员会的指数那样），要么用额外的权重来弥补不充分的样本（就像战争工业委员会的指数那样）。除了用来代替加权，不需要大规模扩大样本。实际上，当希望通过限制商品数来节约劳动力的时候，选择出来的商品的多样性应该做到彼此尽可能不同，而不是彼此尽可能相似。就像凯利教授说的那样，指数中包含的价格不应该彼此相关，而应该与没有被包含在内的价格相关[1]。因此，在样本选择得好的案例中，指数不仅能很好地代表被包含在其中的商品的价格变化，还能很好地代表没有被包含在其中的，通常种类更多的，商品的价格变化。

第三节 分类的基础

就像米切尔教授指出的那样，美国劳工统计局和其他机构使用的分组方法并没有一致的分类基础。有时候这个分类基础可能是**物理外观**（例如"金属"这个分类）、**服务的用途**（例如"家用商品"）、**生产的地点**（例如"农产品"）、**涉及的产业**（例如"汽车用品"）等等。米切尔认为，总体上说，最有用的分类是**未加工产品与制造品**；未加工产品可以细分为农作物与动物、森林及矿产品，而制造品可以细分为个人消费品，例如糖，和商业消费品，例如锡板。

我大胆地说一下我的意见，我们最终将发现两个对商品进行分类的主要基础。

---

[1] "Certain Properties of Index Numbers", *Quarterly Publication of the American Statistical Association*, pp. 826–841, September, 1921.

（1）我们需要一个基础来突出指数所要代表的具体领域。由于这可能是我们感兴趣的任何领域，所以根据要研究的领域，是否将某些商品包含在内的基础可以是物理外观、服务的用途或其他任何东西。例如，一个领先的造纸厂构建了一个在企业内部使用的指数，反映造纸过程中涉及的成本。这些成本将包括木纸浆、劳动力和计入成本的所有其他项目。

（2）另一方面，在某个特定领域之内被选择出来的样本，其多样性的基础可能不是上面提到的任何一个，而是**价格的行为**。所有的行为都应该被公平地代表。在造纸厂的成本指数中，劳动力和木纸浆都应该被代表，不是因为它们的物理性质差异巨大，而是因为木纸浆的价格行为和劳动力的价格行为不一样。如果它们总是一起上升、一起下降，从这两个样本中选择任何一个都可以完美地代表它们两个。

336　　　最有趣的指数类型之一是帕森斯教授用作交易晴雨表的一个新指数。在这个指数中，选择包含在其中的 10 种商品的基础不是任何通常的标准，而是它们以前相对于商业周期的行为。

第四节　使用的报价数量

在理想的情况下，应该尽可能包含所有能够适当地归属于所研究类别的报价。但是在现实中，我们会受到费用和其他现实障碍的限制。如果多样性足够的话，数量不是那么重要。战争工业委员会使用了 1,474 种商品或报价系列。但是得到的指数值与美国劳工统计局使用 300 种左右的商品得到的指数值只有轻微的差别（很少达到 1%）。

韦斯利·米切尔在美国劳工统计局的《第 284 号公告》中比较

了将该局的指数用于 250 种商品和用于 145 种、50 种、40 种和 25
种商品时的结果，并注意在使用 145 种商品和 50 种商品时，与原
来的指数保持对于不同商品构成组别的相似的代表性；而在使用
40 种商品时，让它们根据另一种原则具有代表性；在使用 25 种商
品时则是随机选择的商品。他发现，平均来说，使用 145 种商品的
指数值与劳工统计局的指数值的差异不到 1%；使用 50 种商品的指
数值与原指数值的差异小于 2.5%；使用 40 种商品的指数值与原指
数值的差异小于 5.4%；而使用 25 种商品（用两种方式选择商品）
的指数值与原指数值的差异分别小于 4% 和 3%。

　　我也从《邓氏评论》(*Dun's Review*) 每周公布的商品列表中选
择了不同的商品数，进行了类似的比较。我从 200 种商品开始，然
后逐步将商品数减半，构成了分别包含 100 种、50 种、25 种、12 种、
6 种和 3 种商品的子列表，在选择的时候，尽可能让选择的商品对
于交易的不同类别商品具有相同和公平的代表性[①]。我使用公式 53

---

　　①　当然，多样性的相似肯定是近似的。例如，200 种商品中包含 8 个类别，所以
三种商品或六种商品的多样性不可能和达到每个类别中都选择一种商品的程度。下表
显示了每次选择的实际多样性：

200 种、100 种、50 种、25 种、12 种、6 种和 3 种商品的
价值总值在每一组中的指数代表性百分比

商品数	农产品	食品	服装	燃料和照明	金属和金属制品	建筑材料	化学制品和药物	其他	全部商品
200	27.48	20.80	11.39	8.61	18.47	6.54	3.85	2.86	100.00
100	24.18	22.73	9.29	10.94	18.22	5.13	3.35	3.16	100.00
50	30.57	29.19	12.75	3.45	13.04	6.85	2.35	1.80	100.00
25	23.69	30.06	13.72	5.24	16.64	8.11	1.09	1.45	100.00
12	29.73	34.76	9.40	6.90	13.73	3.35	0.76	1.37	100.00
6	40.40	35.97	5.80	0.00	13.28	4.55	0.00	0.00	100.00
3	55.75	25.92	0.00	0.00	18.33	0.00	0.00	0.00	100.00

（或 3）计算出了这些指数值（以 1913 年为基准）。计算结果显示在
了图 61 中。它们表现出了令人惊讶的相似性。我们以使用 200 种
商品的指数值为比较标准，并通过其他指数值与它的平均差异[1] 来
计算它们之间的接近程度，可以得到下面的数值：

表 45　与包含 200 种商品的指数值的差异

指数中包含的商品数	差异（单位：%）
100	1.78
50	2.05
25	1.61
12	2.64
6	4.31
3	3.65

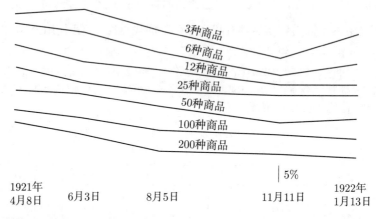

图 61　比较使用 200 种、100 种、50 种、25 种、12 种、6 种和 3 种商品的指数值，
每一组中农产品、食品、服装、燃料与照明产品、金属、建筑材料和其他产
品的比例都大致相似。

---

① 用平均方差的平方根来计算。

从这个表格和图 61 可以明显看出，仅仅是商品**数**本身，并不 ₃₃₈
是特别重要。如果少数商品和大量商品都选得一样好，或具有同等
的多样性，那么用少数商品构建的指数和用大量商品构建的指数就
可以一样好。

根据概率论，任何数量的观测值的均值的或然误差，都与这个
数的平方根成反比。如果所有商品都是独立的，并且具有同样的重
要性，这里也可以应用这个规则。那么我们就可以说，比如，使用
50 种商品的误差，将是使用四倍的商品，即 200 种商品，的误差的
两倍；而使用 200 种商品的误差，又是使用 800 种商品的误差的两
倍。根据这样的平方根法则，随着商品数的增加，准确性的增加是
非常缓慢的。

事实上，准确性随着商品数的增加而发生的改进甚至比这个法 ₃₃₉
则让我们预期的更慢。根据上文的差异性表格，我认为可以根据大
致的平均值来推断[1]，为了使误差降低一半，我们不是必须让商品数
增加到原来的四倍，而是 35 倍。如果真的是这样，在其他条件相
同的情况下，战争工业委员会使用了 1,366 种商品的指数，准确性
仅仅是用 44 种商品构成的指数的两倍。

指数之所以随着商品的增加而改进得如此缓慢，主要是因为商
品**数**并不代表商品的**重要性**或权重。100 种、50 种、25 种、12 种、
6 种和 3 种商品构成的组合的权重（用美元表示，以及用占 200 种
商品的权重的百分比表示）如下表所示：

---

[1] 通过在双重对数纸或比例图上将这个标准差表格相对于商品数描点得到。

表46　100 种、50 种、25 种、12 种、6 种和 3 种商品的总价值
与 200 种商品的总价值的比较

商品数	总价值（单位：百万美元）	总价值（单位：%）
200	18,266	100
100	12,079	66
50	6,572	36
25	4,331	24
12	3,284	18
6	2,416	13
3	1,751	10

340　　　如果我们使用这些权重，而不是使用商品数，得到的准确性随着包含在指数中的商品权重增加而增加的规律，就会与概率论的要求更加接近。如表 46 所示，当使用的商品数较小时，我们自然会选择最重要的商品，也就是有最大权重的商品。现在，如果我们计算的不是使用 100 种、50 种、25 种、12 种、6 种和 3 种商品的指数的误差与总商品数的关系，而是这些误差与它们的总**权重**之间的关系，我们就会发现，平均来说，为了使误差降低一半，我们必须使商品的总权重达到 10 倍，而概率论要求的是四倍。

　　顺便说一句，对于这个反映误差与商品数或权重之间关系的大致的法则，我们可以通过图形将其扩展，从而估计出，与使用绝对完整的商品系列计算出的指数值相比，使用 200 种商品作为样本时的指数值的或然误差是 1.5% 左右[1]。但是，为了获得一个值得信任

---

　　① 无论使用数量还是权重，都可以得到同样的结果。要了解计算这个或然误差的另一种方法（凯利的方法），可参见附录 1（第 16 章第四节的注释）。就像附录中显示的那样，根据凯利的方法，在一种情况下得到的误差是小于 1%，在另一种情况下得到的小于 1.3%。

的经验公式，我们需要比这里给出的数据更完整的数据集。我希望
有人能对这个主题进行一次彻底的研究，以发现这样的公式。

一个真正有价值的指数，至少要包含 10 种商品——帕森斯教
授最近进行预测的时候就构建了这样的指数。但是，要想让这些指
数的价值再提高一点，包含的商品数必须超过 20；50（这是战争
工业委员会使用的**类别数**）则是一个好得多的数字。在 50 种以上，
通过增加商品数带来的改进就逐渐放慢了；当商品数超过 200 时，
是否值得为了增加商品数中带来的利益而承担额外的麻烦和成本，
就是值得怀疑的了。

第五节　数据中的错误

当然，很关键的一点是，原始数据要尽可能准确。也就是说，
使用的市场、**报价的来源**和**收集信息的机构**都应该是最可靠、最权
威的。但是，原始数据不准确对指数的净影响比我们自然会以为
的小，如果使用的商品数很大，就更是如此。如果有 100 种商品，
从中选出 10 种构成一个平均组或典型组，每种商品的报价都高了
10%，对指数的净影响仅仅是使指数高了 1%！而且，10 种商品都
在同一个方向上出现错误的机会是微乎其微的。这些错误很可能基
本上互相抵消了；所以如果从 100 种商品中选择出 10 种典型的商
品，每种有 10% 的错误，但是有些是太高了，有些是太低了，这种
高低是随机发生的，那么由此得到的指数值的**或然**误差不是 1%，
而是 1% 的四分之一。如果这 100 种商品中的每一种都随机地在两
个方向中的某个方向上存在 10% 的错误，指数最终的净误差可能

不超过 2.5%。

我们从这个令人惊讶的例子中可以看到：（1）如果我们有足够的数据，那么即使只是大概的数据，而且（2）只要数据具有普通的、合理的准确性，那么实际带入指数计算的不准确性对于计算结果的影响都是可以忽略不计的，在像美国劳工统计局使用的那种指数中，最终结果的误差可能还不到 1% 的十分之一。

上面的论述适用于（用于价格指数的）价格数据。我们只将**数量**数据作为权重使用，所以它甚至只需要更低的准确性。就像附录 2 的第七节显示的那样，**权重**变化带来的影响在价比的变化中只占很小的一部分。如果任何权重或全部权重的数据错了 50% 或 100%，指数因此受到的影响也很少达到 1%。

第六节　四个标准指数的误差

我们已经发现，一个指数的准确性取决于四个因素：

（1）公式的选择；

（2）包含的项目的多样性；

（3）包含的项的个数；

（4）原始数据的获得。

现在，在标准指数或通用的指数中，误差的主要来源是公式。本书指出，（如果能获得全部数据的话，）这个误差来源是可以完全消除的——或者更准确地说，可以降低到远远小于 1% 的十分之一。

现在我们可以借助四个实际的例子来总结一下关于指数的准确程度这个主题，这四个例子是：战争工业委员会的批发价格指数、美国劳工统计局的指数、《统计学家》的指数或索贝克指数，以及戴教授的 12 种农作物的价格和数量指数。在每一个案例中，我都会估计或猜测由于以上每个可能的误差来源导致的误差，以及可以在多大程度上避免这些误差。

战争工业委员会的指数考察的年份是 1913 年到 1918 年，由于它包含了极多的商品种类以及能够获得关于商品数量的数据，所以它可能是人们曾经构建过的最准确的指数。

1. 在这个指数中，由于公式（53）的误差带来的误差通常不到 1% 的四分之一，但是在 1918 年，误差达到了 1% 的一半左右（用小于理想公式 353 的程度来衡量）[①]。 ᴬ³

2. 我认为，由于包含项目的多样性的错误（利用类别权重纠正过）带来的误差总是小于 1% 的。

3. 我认为，由于商品数不完整（超过 1,300 种）导致的误差小于 1% 的一半。

4. 由于原始数据的错误导致的误差可能小于 1% 的十分之一。

我认为，由于以上四个来源导致的净误差，通常小于 1%，甚至总是小于 1%。毫无疑问，所有这些误差都是无法避免的，除了公式的选择带来的误差，它带来的误差可能占净误差的三分之一或一半。也就是说，这个最准确的指数如果使用的公式不是 53，而是 353（或任何与它优劣程度相当的公式），它的准确性可能是现

---

① 根据用 90 种原材料计算出的指数值来判断，战争工业委员会公布了用公式 353 计算这 90 种原材料的指数值所需要的全部数据。第 11 章给出了用公式 53 和 54（后者是我计算的）计算这 90 商品的指数值所得到的图表。当然，公式 353 恰好将公式 53 和 54 之间的差异一分为二。

在的两倍。如果使用了 353，可能就值得使用带有小数位的数字了。很遗憾，这个指数本来能够达到我们可能达到的最高精确性，但是却没有达到。由于在大多数情况下都无法获得关于每一年的数量的统计数据，像这样使用公式 353 进行计算的好机会是很少出现的。

接下来我们来考察戴的 12 种农作物的价格和数量指数。

1. 关于公式，或工具性误差，帕森斯教授的计算比较了戴教授使用的公式（6023）和"理想公式"（353），结果表明，价格指数的误差通常小于 1% 的四分之一，只有一次超过了 1%，达到了 1.6%。对于数量指数，误差通常小于 1%，最大时达到了 1.5%。

2. 关于多样性，我只能大致猜测，这个来源导致的误差在 1% 或 2% 以内。

3. 关于商品数，我猜测，大概是 2%。

4. 关于数据的准确性，我猜测，这个指数受到的影响不会超过 1%。

总的净误差可能通常在 3% 或 4% 之内，但是如果所有的误差都恰好在同一个方向而且都很大，总的误差可能会是 5% 或 6%。我假设所有这些误差都是不可避免的，除了因为公式的选择而导致的轻微向下偏差以外。如果选择的是公式 353 而不是 6023，这个误差会降低，但是降低幅度很少会超过 1%。虽然与其他不太容易避免的误差来源相比，使用更好的公式在准确性方面带来的收益很小，但这也是值得的，更何况还有计算速度上的收益。就像第 14 章第九节说明的那样，公式带来的误差肯定会在未来无限地增长。

下一个例子是美国劳工统计局的指数。它的误差可能和战争工业委员会的指数差不多：

1. **公式**。使用的是公式 53，误差通常小于 1% 的四分之一，最大误差是 1% 的一半。

2. **多样性**。小于 1%。

3. **商品数**。小于 1%。

4. **数据**。小于 1% 的十分之一。

总误差或净误差可能通常是 1% 或 2%，几乎所有误差可能都是不可避免的——包括来自公式选择的误差，因为之所以选择这个公式，是由于无法获得每年的数量。 345

最后，让我们看一看索贝克的指数，也就是现在的统计学家指数。

1. **公式**。这个误差分为两个部分，一部分是由于算术公式的类型**偏差**导致的误差，一部分是由于简单加权的怪异性导致的误差。如果我们计算出标准差，并用我们的公式将标准差和偏差联系起来，就可以以较大的确定性将第一部分误差估计出来。我计算了以1867—1877 年为基准的 45 种商品在 1920 年的标准差。计算结果是129%，我们从这个结果可以看出，它有 36% 的向上偏差。1913 年的标准差是 33%，偏差是 4.1%。所以，由于这个原因，索贝克—统计学家指数在 1920 年的值不仅相对于原基准偏高了 36%，还相对于 1913 年偏高了 31%。关于加权的怪异性导致的误差，其实可以说和多样性带来的误差是一回事。

2. **多样性**。1%。

3. **商品数**。1% 或 2%。

4. **数据**。1% 的十分之一。

净误差可能是 35% 到 40%。在这个案例中，几乎全部误差来源就是公式的偏差，这个偏差这么高，部分原因是从基准年份到研究的年份之间有很长的时间跨度，部分原因是世界大战带来的混乱使价比的离散程度非常大。当然，这个误差来源是可以避免的。索贝克—统计学家指数完成了一些先驱性的工作，它长期忠实的服务值得尊重。但是它现在太老了，过时了，无法在未来提供优质的服务。

第七节　一个新指数

346

我曾经计算了一个新指数，是 200 种商品的批发价格指数，使用的方法兼顾了计算速度和数据所能提供的最大准确性。我希望以后能每周公布这个指数。这个指数使用的数据只包括基准年份的数量，使用的公式是 53 和 9051 的联合，前者要用到基准年份数量。对于 28 种最重要的商品，我使用的方法是 53，即每个价格报价乘以能够获得的关于这种商品交易数量的最好的统计数值；而对于另外 172 种商品，我将它们的权重大致确定为 1、10、100 或 1,000，每种商品的统计数值最接近以上哪个数字，就选择哪一个作为权重。就像我利用某些检验证明的那样[1]，对这样多不重要的商品使用这种大致的权重，并不会牺牲准确性。

通过这种方式，我就不需要劳神计算到比现在所能达到的精确

---

① 见附录 1（第 16 章第七节的注释）。

度更精确的程度。我由此节约了大量无用的劳动。要计算这个包含
200 种商品的指数，一旦数据给定，（计算出一个指数值）只需要两
个半小时，而如果 200 种商品都使用统计权重，则需要 8 小时。关
于能达到的精确度，我相信它的误差几乎和美国劳工统计局指数的
误差一样小，总误差通常小于 2%。

第八节　一个指数应该很容易理解

在实践中很重要的一点是，一个指数除了要准确和能够快速计
算以外，还应该容易理解。在这方面，综合指数显然比其他所有类
型的指数都更有优势。任何人都能理解公式 53，特别是当基准数
值不取 100，而是取基准年份的总价值（$\sum p_0 q_0$）的时候。在这种
情况下，这个指数就是一个给定的商品账单所对应的美元金额在两
个时点的比值。公式 54 几乎一样简单，只不过是从相反的方向计
算的。公式 2153 的简单程度排在下一位，它是两个以上商品账单
的平均值。公式 353 对于外行人来说要稍微难理解一点，但是它可
以理解为 53 和 54 的均值。这些公式都比任何算术平均值容易理解，
更比调和公式容易理解，远远比几何公式容易理解。

综合指数的另一个优势是操作起来也比较简单和容易。如果
我们想把食品、服装等作为某个一般性的商品组合下面的小标题来
计算它们的指数，同时还要计算整个商品组合的指数，那么综合指
数是最容易、也最可理解地进行相加、联合、平均和其他操作的指
数，远远比中值指数容易操作。

第九节　用四个标准对公式进行排名

到这里，我们可以将公式排名的整个主题总结在表 47 中了。在这个表格的第三列，我武断地按照公式的简单程度——换个词形容的话，是可理解程度——列出了 20 个最简单的公式。类似地，另外三列给出了在准确性、计算速度和满足所谓的循环检验的程度等方面排名最靠前的 20 个公式[①]。

348

表 47　公式排名（逆序）
准确性最高的 20 个公式
计算速度最快的 20 个公式
最简单的 20 个公式
最符合循环检验的 20 个公式

准确性	计算速度	简单程度	符合循环检验
3353	22	52	2153
1124	23	6023	323
1123	33	23	325
124	2 ⎫	353	8054
126	12 ⎬	8054	8053
123	2153	8053	1323
125	54	1153	1353
1154	41	9021*	5323
1153	351	9011*	2353
2154	31	9001*	353

[①]　在第 12 章第七节中给出的"准确性"顺序是修改过的。在符合循环检验程度这一列，分割线下面的是完全符合循环检验的公式，这里给出的分割线上面的公式的顺序也是武断地修改过的。第 13 章第九节给出的顺序仅仅以每个公式的四个数据为基础，那个顺序显然基本上是偶然的。

续表

准确性	计算速度	简单程度	符合循环检验
2153	101	21	21
323	13	11	22
325	6053	2153	51
8054	21	6053	52
8053	52	54	321
1323	53	53	351
1353	1 ⎤	31	6023
5323	11 ⎦	1	6053
2353	9051	9051	9021* ⎤
353	51	51	9051 ⎦

* 本书没有计算那些使用"大致的权重"公式计算的指数。所以，这些公式只参与了第三列的竞争（其中有一个，9021，还参与了第四列的竞争），而没有参与其他涉及计算的列的竞争。没有计算这些公式的原因在于，（当没有具体的案例时）不可能选择出大致的权重。或者更准确地说，我们可以使用很多套大致的权重或猜测的权重。但是另一方面，对于公式 9051 来说，大致的权重肯定是可以确定的，它们是 1、10、100 等；因为公式 9051 的独特思路是使计算量最小——就是简单地将小数点移动一下，就可以进行大致的、迅速的加总。

但是，我们可以对这些公式进行近似的排名。公式 9001 和 9011 可以使用任何合理的大致权重，如果针对第一、第二和第四列进行计算和排名，计算结果的准确度无法在（第一列）最准确的 20 个公式中占据一席之地，也无法在第四列的 20 个位置中找一个位置，但是在计算速度方面，可以排在第二列的中下部分。关于公式 9021，它已经被排在了最后两列里；在关于准确性的这一列（第一列）中没有它的位置，但是在关于计算速度的这一列（第二列）中，它可以排进上半部分。

我们发现，按照准确性来说，353 是排在第一位的；按照计算速度排名，排在第一位的是 51；按照符合所谓循环检验的程度，第四列分割线下方的十个公式中的**任何一个**都可以排在第一位；按照简单程度排序，第一名是 51。在这个表格中，只出现了一次的公　349

式是用斜体表示的。由于这些公式中没有一个接近任何一列所提出的目标，所以肯定从来都不需要使用它们。有八个公式（21、51、353、2153、6053、8053、8054、9051）出现了三次，只有一个公式（2153）在全部四列中都出现了。如果考虑准确性、计算速度、操作的难易程度和可理解性，从总体上看，公式2153似乎是用于普通的实践用途时排名最高的公式。

第十节　结论

与其他来源导致的误差相比——尤其是与包含的商品的多样性和商品数相比，"工具性误差"，即指数作为一种衡量工具所具有的误差，能够通过正确的选择公式而降低的速度是非常慢的，以至于可以忽略不计。在其他条件相同的情况下（包括多样性情况），指数中包含的商品数越多，指数就越准确；但是准确性的增加也是很缓慢的，可能商品数需要扩大到原来的25倍，指数的误差才会降低一半。

在公式、多样性、商品数和原始数据这四个主要的误差来源中，前两个来源通常是最重要的。今天的索贝克—统计学家指数，仅来自第一个来源的误差就超过了35%。如果一个指数是用可能的最好的方式构建的，不仅使用了准确的数据，还包含了足够多的商品数，比如说700种商品，而且这些数据还根据分析的目的具有良好的多样性，使用的是第一流的公式，比如353或2153，它的准确性可能会在1%以内。

关于排名的一般结论已经在上一节的最后一段说明了。

第 17 章　总结和概述

第一节　引言

价格指数的意图是衡量某个日期或地点的"价格水平"相对于另一个日期或地点的大小。它是"价比"的平均值。这些价比（即个别商品的价格变化）通常分散程度都很大。本书中使用的价比（从 1913 年到 1918 年）的分散程度尤其大。因此，1918 年的羊毛价格（相对于 1913 年）是 282%，橡胶是 68%。显然，它们的平均值或（用算术法计算的）指数是 175%。

由于任何一个日期的指数都是相对于另一个日期而言的，所以它必然意味着存在两个日期或两个时段，而且只能是两个。当我们计算一系列年份的一系列指数时，每一个个别的指数值都连接着这一系列年份中的一年和另一年。通常的方法是取某一年为"基准"，例如第一年，然后计算其他的每一个年份相对于这个共同的基准年份的指数。这种方法叫做"固定基准法"。另一种方法是"环比法"，也就是首先计算每一个年份相对于前一个年份的指数，作为环比中的一个"环节"，然后把所有前面的环节相乘，一直乘到基准年份。

第二节 各种类型、加权方法和检验

我们只需要考虑六种类型的指数公式：算术公式、调和公式、几何公式、中值公式、众数公式和综合公式。它们的定义都可以参见第 2 章。在这些指数公式类型中，众数、通常还有中值，是可以忽略的，因为它们太不活泼，或者说对微小影响的反应太迟钝，使它们不能作为衡量价格变动的敏感而准确的晴雨表。

就像第 3 章和第 4 章说明的那样，对于代入任何指数（除了综合指数）的价比，有六种主要的"加权"方法，即（1）简单加权法或同等加权法，每个价格（比如 282 和 68）都计算一次；（2）用基准年份的价值加权（在本书中称为一号加权法），如果在基准年份销售的羊毛的价值是橡胶的两倍，那么在指数中羊毛的价比就计算两次，而橡胶只计算一次；（3）用给定年份的价值加权（四号加权法）；（4）和（5）用"混合"价值加权，每种商品的权重是用它在两个年份中的某个年份的价格乘以另一个年份的数量（二号和三号加权法）；和（6）用一号和四号加权法或二号和三号加权法的交叉或均值来加权。

在这六种加权方法中，中间的四种是最基本的，我们可以将它们列表表示：

一号加权法，用基准年份的价值加权（p_0q_0 等）

二号加权法，用混合价值加权（p_0q_1 等）

三号加权法，用混合价值加权（p_1q_0 等）

四号加权法，用给定年份的价值加权（p_1q_1 等）

对于综合指数来说，由于在这种情况下（价格指数的）权重只是**数量**（不像其他情况下是价值），所以只有四种加权方法，即（1）简单加权法；（2）用基准年份的数量加权（一号加权法）；（3）用给定年份的数量加权（四号加权法）；和（4）用后两种（一号和四号）加权法的交叉或均值将加权。

对于指数公式（P），有两种主要的倒转检验：第一种检验是，如果在"0"和"1"两个日期之间前向（P_{01}）和后向（P_{10}）应用这个公式，应该得到一致的结果（即 $P_{01} \times P_{10}$ 应该等于 1）。这叫做检验 1，或**时间倒转检验**。例如，如果一个指数的计算结果表明 1918 年的价格平均是 1913 年的价格的两倍，那么当反向应用这个公式的时候，计算结果就应该表明 1913 年的价格平均是 1918 年的**一半**。第二个检验是，如果将一个公式分别应用于价格和数量，应该得到一致的结果（即 $P_{01} \times Q_{01}$ 应该等于 V_{01}，即 $\dfrac{\sum p_1q_1}{\sum p_0q_0}$）。这叫做检验 2，或**因素倒转检验**。例如，如果我们知道一种商品的总价值翻倍了，而且我们的价格指数表明，平均来说，价格也翻倍了，那么当将同一个指数公式应用于数量时，得出的结果应该表明，数量平均来说是保持不变的。

简言之，我们可以根据前向和后向指数的乘积应该等于 1 这个原则来检验前向和后向指数，也可以根据价格指数和数量指数的乘积应该等于价值之比这个原则来检验价格和数量指数。

第三节　偏差

但是，很多指数不能通过这两个检验。例如算术指数就不能。任何一个前向算术指数，乘以用同样的权重加权但是后向计算的算术指数，都不满足检验 1，而且乘积必然永远大于 1（即 $P_{01} \times P_{10} > 1$）。

353　　因此，如果我们设本书中使用的 36 种商品在 1913 年的价格都是 100%，则培根、大麦、牛肉等商品在 1917 年的价格分别为 193%、211%、129% 等，这些数值的简单算术平均值——1917 年的简单算术指数——为 176%；而如果反过来，我们设 1917 年每种商品的价格都是 100%，则培根、大麦、牛肉等商品在 1913 年的价格分别为 52%、47%、77% 等，它们的简单算术平均值是 63%。但是，这两个算术指数，176% 和 63%，相互不一致，因为 176 比 100 不等于 100 比 63，即 1.76 和 0.63 不是互为倒数的。换句话说，1.76 × 0.63 不等于 1，而等于 1.11，所以 1.76 和 0.63 太大了，有一个 11% 的"联合误"，或各有 5.5% 左右的误差。11% 是它们的"联合误"，而分配给每个指数的 5.5% 是它的"向上偏差"，是算术平均过程中**所固有的夸大的倾向**。

类似的，用调和法计算指数会有一个**向下的偏差**（即 $P_{01} \times P_{10} < 1$）。

任何两个前向和后向计算的指数或任何两个价格和数量指数的 11% 或其他数值的"联合误"，都是一个绝对真实的数字，这一点是非常有趣的。我们总是能够确定地知道两个指数的乘积的误差有多大。但是更有趣的是，我们将联合误的一半分配给每一个指数，这只是一个基于概率的猜测。我们永远无法**确定地**说任何一个指数的误差可能有多大。"绝对正确的"数值总是会避开我们。我们没有确定指数正确的绝对标准，只有确定指数不正确的标准。然而最有趣的是，我们可以基于概率论将怀疑的边界不断缩小，直到它实际上可以忽略不计。

　　除了上面提到的隐藏在两种**类型的指数**——算术指数和调和指数——中的偏差，还有一种与某些**加权方法**有关的偏差。乍一看，似乎六种加权方法在某一个方向上出现误差的可能性都是一样的——例如，用基准年份的价值加权不会比用给定年份的价值加权更有可能得到一个较小的指数值，用给定年份的价值加权也不会比用基准年份的价值加权更有可能得到较大的指数值。但是，我们并没有发现不同的加权方法在两个方向上发生误差的可能性相等。在六种加权方法（它们可以应用于所用类型的指数，除了综合指数）中，只有简单加权法和交叉加权法的偏差不是确定出现在某个方向上的。

　　而关于其他四种加权法（一号、二号、三号和四号加权法），第5章已经说明了，采用一号和三号加权法的公式必然会有正的联合误，用二号和四号加权法的公式也是一样。而且，用一号和二号加权法会得到几乎相同的结果，用三号和四号加权法也是如此。因此实际上，这四种加权法只会给出两个结果：一号和二号是一种结果，三号和四号是一种结果，这两个结果之间存在着正的联合误。如果我们将这个联合误平均分配，我们可以说，一号和二号加权法有一个确定的向下的偏差，而三号和四号加权法有一个确定的向上的偏差。第5章还说明了，存在这些加权偏差的原因，是因为一号和二号加权法赋予了较小的价比过大的权重，而三号和四号加权法赋予了较大的价比过大的权重。

355　　　为了得到一个好的指数必须消除偏差。要完全没有偏差，需要没有偏差的公式**类型**，比如几何公式，还需要采用没有偏差的**加权方法**，比如交叉加权法。但是，有偏差的公式类型可以通过使用偏差方向相反的加权方法来进行纠正，或者反过来也可以。因此，对于用基准年份的价值加权的算术公式来说，它的向上的**类型**偏差会被向下的**权重**偏差抵消。反过来，对于用给定年份的价值加权的调和公式来说，它的向下的**类型**偏差会被向上的**权重**偏差抵消。

　　但是有些公式既有类型偏差，又有权重偏差。因此，一个算术公式，如果是用给定年份的价值加权的，就会有双重的向上偏差（即算术平均过程所固有的向上的**类型**偏差，和用给定年份的价值加权所固有的向上的**权重**偏差）。相反，一个调和公式，如果是用基准年份的价值加权的，就会有双重的向下偏差（即调和平均过程所固有的向下的**类型**偏差，和用基准年份的价值加权所固有的向下的**权重**偏差）。

　　当然，还有些公式只有来自于公式类型或加权方法的一重偏差。因此，用给定年份的价值加权的几何公式，只有来自于用给定年份的价值加权所带来的向上的**权重**偏差，而没有**类型**偏差；而相反，用基准年份的价值加权的几何公式，只有来自于用基准年份的价值加权所带来的向下的**权重**偏差，而没有**类型**偏差。同样，用交叉权重加权的算术公式只有与算术过程有关的向上的**类型**偏差，而没有**权重**偏差；而相反，用交叉权重加权的调和公式只有与调和过程有关的向下的**类型**偏差，而没有**权重**偏差。

任何指数的偏差（不管是**类型**偏差还是**权重**偏差，还是二者皆有）都会随着价比的分散程度而增大，而且增大的速度非常快。因此，对于一个有偏差的公式来说，虽然在价比分散程度较小的时候只有很小的误差，但是当价比分散程度很大的时候（时间跨度较大时就会出现这种情况），就会有很大的误差。

对于综合公式，只有一号和四号这两种加权法，是没有偏差的。用一号加权法加权的综合公式（在我们的编号系列中称作公式53[①]）叫做拉氏公式，而用四号加权法加权的综合公式（公式54）叫做派氏公式。这两个公式分别与用一号加权法加权的算术公式（公式3）和用四号加权法加权的调和公式（公式19）是一样的，还与其他某些公式一样。

虽然在六种类型的公式中只有两种（算术公式和调和公式）是有偏差的，在六种加权方法中只有四种（一号、二号、三号和四号加权法）是有偏差的，即有在**特定**方向发生误差的倾向，但是所有的公式都会发生某种误差，所以可以在一定程度上说是"有错误的"。当一个公式的错误特别明显的时候，它就是"怪异的"。众数公式就是一种怪异的公式**类型**，中值公式也是，但不那么明显；而简单加权法是一种怪异的**加权方法**。加权的综合公式只有轻微的错误；前向和后向的综合指数的联合误非常小。

---

① 要了解记忆不同公式编号的方法，可参见附录5第二节。

第四节 对立公式的推导

利用两个倒转检验，我们发现每个公式都有自己专有的"时间对立公式"和"因素对立公式"。就像第4章显示的那样，时间对立公式是通过将**时间**倒转过来得到的，即后向计算指数，然后将结果分子分母调转（用它除1）；而因素对立公式是将**因素**倒转过来得到的，即计算数量指数而不是价格指数，然后用结果除价值比例。也就是说，任何指数 P_{01} 的时间对立公式是 $\dfrac{1}{P_{10}}$，而 P_{01} 的因素对立公式是 $\dfrac{V_{01}}{Q_{01}}$。

将这样的过程应用于上文介绍过的不同公式类型和加权方法，我们可以得到46个基本公式。就像第7章显示的那样，这些公式可以四个四个地组合在一起，构成一系列"四重奏乐团"（其中有些可以简化为"二重奏乐团"）。在每个四重奏乐团中，水平方向的每一对公式是根据检验1得到的对立公式，垂直方向的每一对公式是根据检验2得到的对立公式，从而构成了两对时间对立公式和两对因素对立公式。

这46个基本公式包含了：上文提到过的简单公式，用一号、二号、三号和四号加权法加权的公式，和以上这些公式的因素对立公式。在这46个公式中，没有一个符合因素倒转检验，只有四个（简单几何公式、简单中值公式、简单众数公式和简单综合公式）符合时间倒转检验。

第五节　修正

通过交叉任何一对时间对立公式（即取它们的几何平均值），我们可以推导出一个符合时间倒转检验的公式；通过交叉任何一对因素对立公式，可以推导出一个符合因素倒转检验的公式；而通过以上两个步骤，可以得到同时符合两个检验的公式。

就像本书已经说过的那样，如果不交叉公式，我们还可以交叉公式的**权重**。通过这样不同的过程，我们也可以推导出符合检验 1 的公式。但是，这两个不同的过程有一些矛盾的地方。例如，为了确保符合检验 1，**必须**通过取**几何**均值对**公式**进行交叉来完成（除了两种情况，即对于几何指数和综合指数，也可以取**综合**均值）。而另一方面，**权重**交叉**可以**通过取算术均值、调和均值和几何均值来完成，而在这三种方法中，用算术均值法得到的结果可能是最准确的。358

任何给定的**交叉权重**公式和对应的**交叉公式**总是非常接近于一致的。通过交叉公式，我们可以将 46 个"基本公式"扩展为 96 个"主系列公式"；通过交叉权重，我们可以将主系列公式扩展到 134 个。

通过修正，任何一个不好的公式都可以被重新构建。偏差可以被消除，而怪异性可以被减少，但不能完全消除。

第六节　基准的改变

所谓的循环检验要求，在一系列的给定年份中，不管以哪一年作为基准，得到的指数值都应该使每一年相对于另外每一年的比例相同；因此，如果我们围绕着一个特定的年份或地点环路，一年一年地或一个地点一个地点地计算指数，最终得到的数值应该和起点的数值相同。但是严格来说，循环检验不是一个合理的检验；因为基准的改变确**实应**该改变要对比的对象之间的关系。两个特定年份之间的直接比较是对这两个年份唯一真实的比较。通过其他年份来比较这两个特定的年份，**不是**必然应该得到相同的结果；相反，通常来说，两个结果之间应该存在出入或差距。然而，对于我们最正确的公式来说，这个差距其实是微乎其微的，只占1%的很小的比例。也就是说，循环检验虽然在理论上是错误的，但是实际上，最好的公式能够满足循环检验。

359　　　因此，在实践中，没有必要计算可能配对的每一对年份的指数。只计算一个系列的指数就足以准确地进行所有年份间的比较了。为了这个目的，我们可以采用环比法和固定基准法，而固定基准法又可以只以一年作为基准，也可以采用拓宽的基准，即以几个年份的平均值作为基准。在这三种方法中，严格来说，环比法只对于连续的年份是准确的；对于长期的比较（即当相对于最初的基准要追溯回很多年的时候），环比法很容易形成累积性的误差。在剩下的两种方法中，从整体上说，拓宽的固定基准法比只以单一年份为基准更好，虽然我们可能经常会因为缺乏计算比较广泛的基准所需要的数据而被迫使用单一年份为基准。而且，对于综合指数来说，这样的优势是微不足道的。

　　　指数更经常的用法是将每一个年份与基准年份相比较，而不是比较一系列连续的年份。当用固定基准法来比较两个都不是基准年份的年份时，总是容易出一些错误。但是这种错误通常是很轻微的，也是不会累积的。除非是对于**很长**的时期或价比非常**分散**的时期，否则除了固定基准法以外，不需要使用任何其他指数。

第七节 公式的比较

为了发现最好的公式，我们首先剔除了"怪异的"简单公式和它们的衍生公式，以及众数公式、中值公式和它们的衍生公式。剩下的所有公式可以分成五组，并可以在图像中表示成一个五个齿的叉子，中间那个齿代表没有偏差的公式，最靠近中间的两个齿代表有一重偏差的公式，而外面的两个齿代表有双重偏差的公式。剔除所有有偏差的公式，我们只剩下中间那个齿上的 47 个公式，它们相互间都非常接近。这些公式包括修正的公式以及公式 53 和 54，即拉氏公式和派氏公式。在这 47 个公式中，13 个同时满足两个检验的公式之间彼此更加接近。在这 13 个公式中，"理想"公式 353，

即 $\sqrt{\dfrac{\sum p_1 q_0}{\sum p_0 q_0} \times \dfrac{\sum p_1 q_1}{\sum p_0 q_1}}$，至少与其他公式一样准确，而且可能比其他

任何公式都要略微准确一点。

作为衡量要计算的两个年份之间给定数据（价格或数量等）平均变化的指标，这个公式 353 的正确范围**肯定小于 1% 的八分之一**，有可能可以达到 1% 的百分之一。换句话说，对于公式 353 来说，没有可察觉的**"工具误差"**需要我们处理。如果只考虑公式的问题，从目前来看，可以确定地认为指数这种方法和大多数在实践

中应用的物理指标一样具有高度的精确性。

但是我们不认为公式 353 是"唯一的"公式。相反，我们的主要结论是，从实践的角度看，所有不怪异的也没有偏差的指数都是彼此一致的。即使是怪异的中值指数，可能还包括更怪异的众数指数，当使用的商品数非常多的时候，与那些好的指数的一致性也是非常高的。所有其他类型的指数，即算术—调和指数、几何指数和综合指数，一致性达到了令人惊讶的程度。换句话说，不同类型或采用不同加权方法的指数是不一致的，这样的想法通常只有在它们被"修正"之前才是正确的。有些人，比如皮尔森，他们的研究使他们认为指数是没有价值的，从而怀疑和放弃了指数，这些人只是研究得还不够深入。然而，在皮尔森的观点中还是有一小部分真相的。那就是没有一个指数可以说是绝对"正确的"。在理论上，肯定总是存在一个怀疑边界。我们能够肯定的只是，对于"理想"公式来说，这个怀疑边界不是像皮尔森认为的那么大，而是非常小——通常小于 1% 的十分之一甚至百分之一。

第八节 八个最实用的公式

我们已经看到，当我们想要得到最高的准确性时，公式 353 是最好的。但是公式 2153，即 $\dfrac{\sum(q_0+q_1)p_1}{\sum(q_0+q_1)p_0}$，的计算结果与 353 没有什么可感知的差异，而且可以计算得更快。

如果无法获得计算 353 或 2153 的全部数据，但是可以获得计算 6053、53 或 54 所需要的数据，那么这三个公式中的任何一个都可以很好地代替 353。如果连计算公式 53 的数据都无法获得，而只能猜测大致的权重，则可以用 9051 代替公式 53。

如果无法获得任何数据来判断相对的权重，从而只能使用简单公式，那么简单中值公式（公式 31）和简单几何公式（公式 21）是最好的，在大多数情况下，前者又略好一些。在任何情况下都不应该使用简单算术公式（公式 1），它总是有偏差的，而且通常是怪异的。简单综合公式（公式 51）也永远不应该使用；实际上它甚至更不可靠。

这八个公式的相对准确性可能大致是这样的：公式 353 的准确性可以达到 1% 的百分之一；2153 的准确性通常可以达到 1% 的四分之一；6053、53 和 54 的准确性通常可以达到 1%；9051 的准确性通常可以达到 3%；21 和 31 的准确性通常可以达到 6%。

362

这八个重要的公式是唯一**需要**使用的公式，虽然它们肯定不是唯一**可以**使用的公式。附录 6 第二节用数字举例给出了它们的计算方法和 8053 的计算方法。

第九节　对美国应用指数的建议

这八个公式要根据数据的充分性来选择使用。对于美国劳工统计局的一般指数来说，完整的数量数据来自于人口普查报告，每十年才能得到一次。因此，十年才能使用一次公式 353。在中间的这段时间，应该使用公式 53，实际上也确实是这样。在每十年结束的时候，可以将新得到的数据代入公式 353，用公式 353 的计算结果检验用公式 53 得到的计算结果。两个结果之间的差距可以分配到前面的十年中去，然后在所有未来公布的信息中，用这些纠正过的数值代替原来用公式53得到的数值，就像处理关于人口的数据一样。

就像现在做的这样，应该用固定基准法来计算公式53的值，而不是用环比法计算，以便使十年末的结果与353的计算结果差距最小。另一方面，公式353的值计算的是两个连续的普查年份之间的指数，应该采用环比法，每一个环节都是一个十年，虽然为了满足科学的好奇心，最好每次进行新的普查的时候，都可以直接计算一下这个新的普查年份与前面的每一个普查年份之间的指数。我们会发现，二者之间的差距必然是微乎其微的。

363 第十节　对其他人提出的公式的评价

比较各种各样不同的公式，其必要性只是在于发现，最终，其中大部分公式在实践中都没有什么用处。只有进行了完整的比较，我们才能确定哪些是一致的或不一致的，哪些是正确的，或者哪些是能计算得非常快的。

在以前的作者提到的有可能有价值的25个公式中，我们发现以下公式因为存在**偏差**是永远都不应该使用的：1、2、9、11、23。下面这些则是因为**怪异性**而永远不应该使用的：41、51、52。所有其他的公式，都和本书中第一次出现的35个其他公式一样，**可以**在不同的环境（根据数据的可获得性）中使用。所有这些可以使用的公式，在条件相同的情况下，都和我们实际推荐的最实用的七个公式是一致的。

在以前的作者提到的 25 个公式中，使用得比较多的只有：1、
21、31、51、53、6023、6053、9021。在这八个公式中，公式 21 或
公式 9021，是英国贸易委员会现在在使用的公式；53 或 6053 是美
国劳工统计局和澳大利亚人口普查和统计局使用的公式；公式 23
或 6023 是戴和帕森斯教授在《经济统计评论》（*Review of Economic
Statistics*）中使用的公式，并由哈佛经济研究委员会公布。这些公
式都是好的公式，虽然最后一个随着时间的流逝距离基准年份非常
远了，所以变得有点不好。在另外五个公式中，最应该彻底反对的
公式是 1 和 51，虽然 1 是最常使用的公式。反对公式 1，即简单算
术公式，的理由有两个：（1）它是"简单公式"，（2）它是算术公式，
也就是说它既有偏差，又有怪异性。例如，在索贝克指数中，仅偏
差就达到了 36%！

　　本书的结论与以前的思想和实践在基本方法上存在着差异。在
此之前的作者讨论的是"最好的类型"（不管是算术公式、几何公
式还是中值公式）本身、"最好的加权方法"本身，以及价比的分
布与它们之间的关系。但是从我们的研究中可以清楚地看到，不管
我们从什么类型的公式开始，或者使用哪种加权方法（只要是系统
性的方法），或者价比如何分布，只要我们对公式进行"**修正**"，消
除所有这些扭曲或片面性，这些因素就不会产生多大影响。

　　而且，即使我们没有修正基本公式，而仅仅是从这些基本公式
中选择，我们的研究也可以帮助我们做出选择，从而避免偏差，并
使误差最小化。因此，关于算术指数和几何指数的相对优势这样的
长期争论，我们的研究告诉我们，简单几何公式 21 比简单算术公
式 1 好，但是很奇怪的是，加权算术公式 3 比加权几何公式 23 好。

第十一节　计算速度

很多非常好的公式在实际使用中受到的主要限制在于计算它们所需要的时间。例如，没有一个公式在准确性上能明显超过公式 5323，要是它和与它优劣程度相当的 353 一样容易计算，我就会认真地建议在实践中使用 5323。但是，根据我们的测试，计算 5323 需要 44.2 个小时，而能得到完全一样好的结果的公式 353，只需要 14.3 个小时；能得到差不多一样好的结果的公式 2153，只需要 9.6 个小时。

365 除了准确性和我们需要的速度以外，在实践中，还需要考虑另外两个性质，即符合所谓的循环检验的程度和简单程度，或者说外行人的可理解程度。考虑到以上全部四个因素——准确性、计算速度、最小的合理循环检验差距、简单程度，在实践中全方位的最好的公式是埃奇沃斯—马歇尔公式，即 2153。

公式 353 只是在准确性这个意义上是"最好的"，就像射电望远镜在用于大型观测台时是最好的一样。但是比较小、比较便宜的望远镜、间谍眼镜和看戏用的小望远镜也有它们的用途。没有一个人希望在消夏别墅的走廊里或剧院里使用里克望远镜（Lick Telescope）。

第十二节　指数的一致性带来的两个后果

计算指数的各种合理方法所得到的结果具有惊人的一致性，在这种一致性所带来的各种后果中，有两个后果是需要在这里特别强调的。第一个要强调的是，所有的"不同的公式适用于不同的目的"的说法都是没有根据的。第二个要强调的是，如果各个公式不像我们以为的那么不同，那么准确性的真正问题就在于指数的其他特点，包含的商品的多样性、商品数和数据。

仅仅由于商品数较少而导致的误差是相对比较小的，由于原始数据不准确而导致的误差通常可以忽略不计，哪怕个别数据非常不准确。因此，具体的权重值通常可以是真实权重的十倍或十分之一，都不会对最终的指数的准确性产生明显的影响。因此，改进指数准确性的努力必须主要围绕着包含的项的**多样性**这个中心来进行。构建指数的目的不同，为了获得多样性而采取的措施也不同。

第十三节　现在的想法

366

本书得出的结论与前人关于指数的观点有什么不同呢？当然，主要的一点是本书的观点是被新的数据所确认和支持的。本书的结论也支持了沃尔什的深入研究所得出的主要结果。他在他的第一本著作，也是比较大的一本著作，《衡量总体交易值》中提出了最喜欢的三个公式，它们是1123、1153和1154。在我对于指数的等级划分中，它们都属于"最好的指数"，即几乎和353一样好的指数。前面已经提到过，在他的第二本书《估计的问题》中，他独立地得出了353可能是所有指数公式中的最佳公式的结论。同样，本书的结论和杰文斯、马歇尔、埃奇沃斯、庇古、弗拉克斯、克尼布斯、米切尔、米克尔、扬、帕森斯和麦考利等人的大部分研究也是互相支持的。

但是，本书中也有很多结论是新的，还有一些结论综合了现在的一些想法。偏差这个概念在应用于算术公式和调和公式这两种公式**类型**时，沃尔什已经隐隐地意识到了（虽然他并没有专门指出来），其他人也在一定程度上意识到了；但是将偏差的概念应用于**加权方法**，是一个新的想法。

还有一点虽然也被沃尔什隐约地意识到了，但是对其他所有人来说几乎都是一个全新的观点，那就是对于不同类型的指数公式来说，适用的加权方法也是不同的。

检验 1 肯定有人多多少少意识到了，但检验 2 是新的想法，而且到目前为止，实际应用的指数中没有一个符合检验 2。

除了对一个特殊的情况以外（即利用权重交叉的方式根据检验 1 进行的修正），修正是一种新的想法。因此，在修正过程中推导出来的很多公式都是新的，其中有几个新公式，如果从准确性这个角度看的话，实际上不逊色于以前提出的任何公式。

循环检验在理论上是错误的，这一结论是全新的；但是当应用于所有好的指数时，这个检验从实践的角度看是正确的，这个结论也几乎是新的；所有达到合理优秀程度的指数一致性程度都很高，这个结论是新的；修正前的具体公式类型和加权方法都不重要，要取平均值的比值的分布类型和离散程度也不重要，只有好坏的程度是至关重要的，这个结论是新的；最后，在选择一个指数公式的过程中，构建它的目的并不重要，这个结论实际上也是新的。

本书的结论与现在的想法有这么多差异，从这点来看，本书的结论与现在流行的做法相冲突也就没什么令人惊讶的了。

第十四节　指数的未来应用

如果本书得出的结论都是正确的，那么现在某些流行的指数计算方法就不应该继续使用下去了。现在是时候采用一些恰当的方法来计算指数，从而使我们能够从中获得它们所隐含的全部信息了。指数的应用迅速增加，但是人们通常都不太留意构建指数的方法。当指数编制正确的时候，作为常规的例行程序，它们的用途会大大增加，可能会扩展到许多以前很少触及的领域。

30 年前只有批发价格指数，就连批发价格指数也不像今天这么多，这么广为人知，或这么广泛应用；而今天有非常多官方机构 368 和行业期刊都在公布各种指数。零售价格指数、工资指数和股票价格和销售量指数曾经都很少，甚至还是新生事物。而今天这些指数都非常常见。仅在英国，就有 300 万劳动者的工资每年都会根据零售价格指数进行调整。我们有大量股票市场指数，甚至每天的报纸都会公布这些指数。我们现在还有生活成本指数、最低生活费指数和最低工资指数。好的商品生产、消费或交易数量指数也都是非常新的。二三十年前，罗森－罗森（Rawson-Rawson）进行了初步的尝试，克姆勒（Kemmerer）在 1907 年以及我本人在 1911 年都在进行努力尝试，从这些尝试开始，这些指数在过去几年中已经变得非常具有统计价值，甚至可以细分为生产指数、制造业指数、农作物指数、国民收入指数、进口指数、出口指数、贸易指数等等。指数的另一项最近的应用是用来衡量外汇市场的趋势，现在至少有 5 个国家在使用这种指数。

　　最有趣的最新发展之一是指数在特定行业的应用，比如采伐或建筑业（例如计算一栋水泥建筑的成本的阿伯索指数（Aberthaw Index）；甚至是在特定的个别企业的应用，比如美国书写用纸公司（例如纸的生产成本指数）；甚至是在个别企业中的特定部门（例如亨利山林公司的教科书价格指数）。当企业统计工作者开始认识到指数这种工具在自己企业中的用处时，各种指数就会不断出现，服务于行业期刊、铁路、保险公司、银行、写字楼和大型公司的各种业务目的。当错误的公式（尤其是公式1）现在普遍被正确的公式[①]代替以后，指数的用途会大大增加。

　　但是，指数最初的目的——衡量货币购买力——仍然是指数的基本作用，甚至是最基本的作用。我们正是通过指数来衡量，并从而认识到，货币价值的变化。不管我们是否会去稳定货币价值，最重要的是，我们知道现在的货币价值有多稳定或多不稳定。这是我们今天对指数的兴趣比战前大得多的主要原因。指数会用商品的价格告诉我们马克、里拉和法郎在国内的价值，就像外汇市场会用黄金的价格告诉我们这些货币在国外的价值一样。而且，如果我们确实要管制和稳定世界上各种货币的价值，也不是要简单地稳定它们彼此的关系，而是要稳定它们与商品之间的关系，将用来衡量和引导这种管制的工具，就是指数。

[①]　要了解现在的指数列表，可参见附录1（第17章第十四节的注释）。

对第九节的补遗

从本章付印以来，美国劳工统计局已经改变了它使用的加权数据，用 1919 年新获得的数据，代替了以前使用的 1909 年的数据。有了这些新的数据，我们可以利用公式 353 计算 1909 年和 1919 年这两年之间的指数。这个指数比该局基于 1909 年的数据得到了数值低了 1.4%，比基于 1919 年的数据得到的新数值高得多。对于中间的九年中的任何一年，需要进行的调整都刚刚超过 1%。

附录1　对正文的注释

第2章第三节的注释A。"综合"（aggregative）这个词。（在咨询了几位专家之后，）这里统一用"综合"这个词来代替"价格总和"（price-aggregate）或任何其他较长的词组。我最开始想新造出一个词，aggregatic，但是韦斯利·米切尔教授提醒我辞典中已经有这个词了。与"价格总和""总支出法"或已经有人使用的其他迂回而不恰当的短语相比，这个词除了简短以外还有其他几个优点，包括它不仅仅适用于价格，还可以用于数量、工资等。

第2章第三节的注释B。基准数不一定是100。当然，也可以任意取100以外的其他任何数作为基准数。澳大利亚的克尼布斯就是用1,000作为常用的基准数。这会使1914年的指数从上面的96.32变为963.2，这个系列中的其他每个数值也都会扩大十倍。伦敦经济学家指数把2,200作为基准数，因为在这个指数中最初包含22种商品。类似的，我们可以在这里取3,600为基准数，这样的话，1914年的指数就不是96.32，而是它的36倍，即3,467.52，也就是表中对应的那一列最后的数字，省去了我们做除法的麻烦。有些指数以基准年份或时期购买给定清单中的商品所需的美元金额作为基准数。但是通常来说，用100%这个数值做基准数是最方便的。

在第2章第六节的表2中，虽然每一个环节的基准数最初取的都是 100%，但是在最终的系列中，基准数分别是 100、96.32、97.94、125.33 等，第一个数字只被用作第二个数字的基准数，同样第二个数字（96.32）也只被用作第三个数字的基准数，以此类推。

第 2 章第十一节的注释。证明对于简单几何平均值，使用固定基准法和环比法得到的结果相同。要用代数式证明在简单几何公式中，环比法和固定基准法的结果之间的一致关系，设

1913—1914 年这个环节为 $\sqrt[n]{\dfrac{p_1}{p_o} \times \dfrac{p_1'}{p_0'} \times \cdots}$

1914—1915 年这个环节为 $\sqrt[n]{\dfrac{p_2}{p_1} \times \dfrac{p_2'}{p_1'} \times \cdots}$

1915 年通过 1914 年相对于 1913 年的**环比**指数为这两个环节的乘积；在这个乘积中，显然 p_1' 这些项是可以约分掉的，所以相乘 372 的结果是 $\sqrt[n]{\dfrac{p_2}{p_0} \times \dfrac{p_2'}{p_0'} \times \cdots}$，与使用固定基准公式得到的 1915 年相对于 1913 年的指数是一致的。

第 2 章第十三节的注释。确定简单众数的方法。有很多计算众数的方法，有几种图解法，还有几种代数法。这里采用的是最简单 373 也是最粗略的方法，图 62 用 1917 年的价格众数指数进行了举例说明 [1]。最大的价比（351.8）介于 350 和 355 之间，用最上面的条形代表。最小的价比（80.3）介于 80 和 85 之间，在这个范围内还有一

---

① 　这个图不是比例图表，但是这并不会影响结果。

个价比（83.5），这两个价比用最下面的条形代表，因此它的长度是最上面那个条形，也就是先提到的那个条形，的两倍。在这两个极端之间，还有用其他的条形代表的其他价比——通常每个条形都代表一个价比，但是包括最下面的条形在内的五个条形各自代表了两个价比，还有两个条形各自代表了四个价比。所有的条形一共代表了 36 个价比，这是价比的总数，也是商品数。

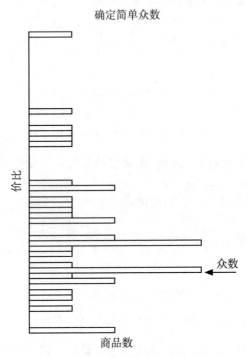

图 62 说明了价比的图形分布和选择众数的方法。（这个图是本书中唯一一个非比例图表；但是当然，众数的位置并不会因此受到影响。）最上面的条形代表一种商品（焦炭），它的价比在 350% 到 355% 这个范围；最下面的条形代表两种商品（咖啡和橡胶），价比在 80% 到 85% 这个范围；而众数出现的位置有四种商品——这是商品数最多的一组——价比在 135% 到 140% 这个范围。

因此，最常见或出现得最频繁的是两个代表四个价比的条形中的一个的高度。被选出来并标记了"众数"的条形的高度是 135—140。这个图说明，要在两个相等的频次中选择一个这样的难题是经常出现的。在这里，我们选择了下面的那个代表四个价格的条形，因为如果每一个间隔大于 5 个点，那么落在下面这个条形附近的价比比上面那个条形多。

第 2 章第十四节的注释。证明对于简单综合平均值，使用固定基准法和环比法得到的结果相同。1915 年（第"2"年）相对于1913 年（第"0"年）的综合指数公式为

$$\frac{\sum p_2}{\sum p_0}。$$

在环比法下，要逐一相乘的公式是

1913—1914 年这个环节 $\dfrac{\sum p_1}{\sum p_0}$

和 1914—1915 年这个环节 $\dfrac{\sum p_2}{\sum p_1}$。

1915 年通过 1914 年相对于 1913 年的环比指数是这两个环节的乘积，即（在约分后）$\dfrac{\sum p_2}{\sum p_0}$，这与上面给出的 1915 年直接以 1913 年为基准的指数公式是一样的。

第 2 章第十五节的注释 A。"平均值"的一般定义。任何一系列项 a、b、c 等等的平均值 x，是能使得"如果这些项恰好都彼此

相等，则 x 将也和它们每一项相等"的任何一个函数。

因此，取简单算术平均值

$$x = \frac{a + b + c + \cdots}{n}$$

其中 n 是项数。现在让我们根据上面的定义来说明这是一个真正的平均值。如果这些项每一项都恰好和其他每一项相等，有一个共同的值 k，即如果 $a = b = c = \cdots = k$，那么显然

$$x = \frac{k + k + k + \cdots}{n} = \frac{nk}{n} = k,$$

结论得证。

用同样的方法可以证明简单调和平均值是真正的平均值；因为在这种情况下，

$$x = \frac{n}{\dfrac{1}{a} + \dfrac{1}{b} + \dfrac{1}{c} + \cdots} = \frac{n}{\dfrac{1}{k} + \dfrac{1}{k} + \dfrac{1}{k} + \cdots} = \frac{n}{n\left(\dfrac{1}{k}\right)} = \frac{1}{\dfrac{1}{k}} = k,$$

结论得证。

同样，对于简单几何平均值，有

$$x = \sqrt[n]{abc\cdots} = \sqrt[n]{kkk\cdots} = \sqrt[n]{k^n} = k。$$

同样也可以证明简单中值是真正的平均值。因为，当 a、b、c 等等项都变成了 k、k、k 等等时，它们的中间项也就变成了 k；对于简单众数也是如此，在 k、k、k 等项中，最常出现的项就是 k。

对于简单综合平均值，我们必须从有具体分子和分母的分数开始。令 $a = \dfrac{\alpha}{A}$，$b = \dfrac{\beta}{B}$，$c = \dfrac{\gamma}{C}$ 等。那么 a、b、c 等项的简单综合平均值就是

$$x = \frac{\alpha + \beta + \gamma + \cdots}{A + B + C + \cdots},$$

如果 $a=b=c=\cdots=k$，那么 $\dfrac{\alpha}{A}=\dfrac{\beta}{B}=\dfrac{\gamma}{C}=k$，并且有 $\alpha=kA$，$\beta=kB$，$\gamma=kC$ 等等。因此，用它们代替上述 x 的表达式中的 a、β、γ 等，可以得到

$$x=\frac{kA+kB+kC+\cdots}{A+B+C+\cdots}=\frac{k(A+B+C+\cdots)}{A+B+C+\cdots}=k,$$

结论得证。

于是我们发现，根据定义，本书中使用的六个简单平均值都是真正的平均值。

加权方法并不会对此产生影响；因为根据权重的定义，权重仅仅是把一项当做它是两项、三项或任何其他项数来处理而已。

在本书使用的指数中，不是真正的平均数的只有某些（不是全部）偶数编号的公式（和衍生公式），它们是价值比例除以某个平均值的商。但是，可以将我们对平均值的定义进行一些修改以适应这种情况，在检验一系列价格比例的平均值 P 时，要同时满足所有价格比例彼此相等和数量比例彼此相等两个条件，平均值才等于这些价格比例。

也就是说，如果 $P=\dfrac{\sum p_1q_1}{\sum p_0q_0}\div Q$，其中 Q 是符合原来的定义 ³⁷⁵ 的 $\dfrac{q_1}{q_0}$、$\dfrac{q_1'}{q_0'}$ 等的平均值，我们要证明的是，当

$$\frac{p_1}{p_0}=\frac{p_1'}{p_0'}=\frac{p_1''}{p_0''}=\cdots=k,$$

而且同时

$$\frac{q_1}{q_0}=\frac{q_1'}{q_0'}=\cdots=k'\text{时},$$

$P=k$。

根据倒数第二个等式，由于 Q 是 $\dfrac{q_1}{q_0}$ 等的平均值，所以必然等于 k'。因此

$$P = \frac{\sum p_1 q_1}{\sum p_0 q_0} \div k' \text{。}$$

由于 $\dfrac{p_1}{p_0} = k$，

可以得到 $p_1 = kp_0$，

将它们代入上面的表达式，可以得到

$$P = \frac{\sum (kp_0)(k' q_0)}{\sum p_0 q_0} \div k' = \frac{kk' (\sum p_0 q_0)}{\sum p_0 q_0} \div k' = k \text{，}$$

结论得证。

顺便提一句，我们应该注意，按照原来的表述，平均值的定义比通常使用的定义要稍微宽泛一点。通常对平均值的定义要求，顾名思义，它应该在要平均的各项的最大值和最小值之间。当有一项是 0 或负值时，几何平均值就会打破这个规则。但是由于指数总是一些正的项的平均值，所以几何平均值的这种局限不会让我们感到为难。甚至是有些在极端条件下不受约束的平均值形式，在实践中也很少如此。

第 2 章第十五节的注释 B。证明几何平均值在上方的算术平均值和下方的调和平均值之间。对这个广为人知的定理（几何平均值必然小于算术平均值，大于调和平均值）的严格证明，可以在各种

代数学的标准论文中找到[1]。但是我们可以在这里提及一些其中涉及的简单原理。

　　比如说，我们首先只比较 50 和 200 的算术平均值和几何平均值（它们的算术平均值是 125，几何平均值是 100）。几何平均值整体上就是基于**比例的思想**。与 100 相比，200 是它的两倍，而 50 比它"小一半"，所以从"几何的角度来看"，即从比例的角度来看，200 和 50 是互相平衡的，一个数字比 100 大的比例等于另一个数字比 100 小的比例。但是，在 100 的两侧**相等的两个比值**，会在 100 两侧形成**不相等的差值**；因为在 100 下面这一侧的差值是 50，而在上面这一侧的差值是 100。因此，虽然从几何的角度看，100 位于 50 和 200 的正中间，但是从算术的角度看，它位于二者的中间值的**下方**。所以算术平均值在几何平均值的上方。类似的，10 和 1,000 的几何平均值是 100，1,000 是这个平均值的 10 倍，而 10 是这个平均值的十分之一。从 10 到 1,000 有两个**比例**相等的台阶，也有两个**差值**相等的台阶，100 在比例的两级台阶中已经走了一半，但是在差值的台阶中离一半还差得很远。类似地，1 和 10,000 的几何平均值是 100，因为只要两级相差 100 倍的台阶就可以将我们从 1 带到 10,000，100 正在这个两级台阶的中间，但是从算术的角度来看，100 距离 1 比距离 10,000 近得多。

　　简言之，与算术法相比，几何法会给较小的数值更大的影响力，所以得到的平均值也更小。

　　如果我们取任何一些项的几何平均值，再取这些项的倒数的几

---

[1]　例如，可以参见 Chrystal 的 *Text-Book of Algebra*, Part II, p. 46。

何平均值，这两个平均值将互为倒数。根据普通的代数学知识，这几乎是不言自明的，即

$$\frac{1}{\sqrt[n]{\dfrac{1}{a}\times\dfrac{1}{b}\times\dfrac{1}{c}\times\cdots}}=\frac{1}{\dfrac{1}{\sqrt[n]{a\times b\times c\times\cdots}}}=\sqrt[n]{a\times b\times c\times\cdots}\,。$$

就像算术平均值必然**大于**几何平均值一样，调和平均值必然**小于**几何平均值。

这就是因为上面提到的反转关系。我们仍用原来的数字，50和200，它们的几何平均值是100。它们的倒数是$\frac{1}{50}$和$\frac{1}{200}$，二者的几何平均值是$\frac{1}{100}$，是原来的50和200这两个数的几何平均值的倒数。

现在，将50、100和200这三个数上下倒置，也将它们从50、100、200这样的升序排列，倒转成$\frac{1}{50}$、$\frac{1}{100}$、$\frac{1}{200}$这样的**降序**排列。

但是，算术平均值总是在几何平均值上方的。因此，50、100、200这个系列的算术平均值在100的右侧，$\frac{1}{50}$、$\frac{1}{100}$、$\frac{1}{200}$这个系列的算术平均值在$\frac{1}{100}$的左侧。具体来说，在这两种情况下，我们可以将用括号括起来的算术平均值插入如下适当的位置：

$$50、100、（125）、200\text{ 和 }\frac{1}{50}、（\frac{1}{80}）、\frac{1}{100}、\frac{1}{200}。$$

再次上下倒置，我们可以得到50、[80]、100、200，其中方括号中的80就是50和200的调和平均值（即它们的倒数的算术平均值的倒数）。显然，这个调和平均值位于几何平均值的下方。

很有趣的是，我们会进一步注意到，当只有两个数（a 和 b）要平均的时候，就像刚刚说明的那样，介于 a 和 b 的算术平均值与调和平均值之间的，不仅有 a 和 b 的几何平均值（$\sqrt{a \times b}$），还有 a 和 b 的算术平均值和调和平均值的几何平均值；a 和 b 的算术平均值和调和平均值的几何平均值可以表示为

$$\sqrt{\left(\frac{a+b}{2}\right)\left(\frac{2}{\frac{1}{a}+\frac{1}{b}}\right)},$$

377

化简后等于 $\sqrt{a \times b}$，即 a 和 b 的几何平均值。

第 3 章第一节的注释。一个购买力指数。在本书中没有使用货币的购买力这个概念。所有针对购买力的评论都适用于价格，如果同时使用两个概念可能会引起混淆。美元的一般购买力指数可以被定义为价格指数的倒数。如果得到了其中任何一个指数，就可以通过求倒数得到另一个指数。这个一般购买力指数还可以看做对于个别商品的购买力的平均值，而对于每一种商品的购买力都可以定义为这种商品的价格的倒数，即"美元值多少这种商品"。两个日期的美元价值之间的比例，就是价比的倒数。本书中任何用于价格的公式，都可以将其中的 p_0 等替换为 $1/r_0$，其中 r 代表针对特定商品的购买力，再将 P 替换为 $1/R$，从而转化为关于购买力的公式。

我们会发现，如果用一个公式计算出了购买力指数，那么用这个公式在时间上反向计算价格指数，得到的结果会在数值上和购买力指数的计算结果一样。由此可以得出结论，购买力指数的倒数等

于价格指数的时间对立指数。

　　第 3 章第四节的注释。计算加权的中值指数和众数指数。根据权重的定义，如果一项的权重是"2"，这一项就要计算两次；当权重是整数时，这个定义不仅可以应用于其他类型的平均值，也可以应用于中值。

　　当权重不是整数的时候，可以应用同样的原则，虽然这并不简单。在任何情况下，首先都要把价比按大小顺序排列好。在我们写下的这一列数字的对面，在另外一列中写下每个价比对应的权重。

　　第二列中应该有 36 个数字，它们的总和 S 就是权重的总和。中值是第一列中对应着第二列所有数字之和的一半的那个数字。我们取权重总和的一半，即 $\frac{S}{2}$。然后，把第二列中的数字从上到下相加，一直到再加入一个数字总和就会超过 $\frac{S}{2}$ 为止。令这些数字的总和为 A，它略小于 $\frac{S}{2}$。从下到上进行同样的操作，会得到另一个总和 B，B 也略小于 $\frac{S}{2}$。即

$$A < \frac{S}{2}, \text{且} B < \frac{S}{2}。$$

　　这样就只剩下中间一个元素了，我们可以把它的权重叫做 m，这个数字加入 A 或 B，会使它们超过 $\frac{S}{2}$，并且有

$$A+m+B=S。$$

　　第一列中对应着 m 的那个价比可以说是对应着 m 的中点，所以这个特定的价比就是在第二列的一半恰好落在 m 的中点的情况

下，也只是在这个情况下，我们要求的中值。我们可以把这个条件表示为：

$$A + \frac{m}{2} = B + \frac{m}{2} = \frac{S}{2}。$$

在所有其他的情况下，中值就不是第一列中恰好对应着 m 的那个价比了，而是第一列中这个价比上方或下方的一个虚构出来的数字，这个虚构出来的数字恰好对应着 S 的一半。这个虚构出来的数字是根据一定的比例确定的内插值。即取第一列中两个相邻价比之间的距离，中值就落在这两个价比之间，并按照一定的比例将这个距离分成两部分；而这个比例等于 S 的中点分割 m 的中点与相邻的两个权重的中点之间的距离所成的比例。（在实践中可以乘以 2，从而使这个操作过程简化，即不需要把两个权重除以 2。）

众数的计算可以采用与为简单指数加权相同的图像法，即绘制柱形图来代表落在某个等距离范围内，比如 100—120、120—140 等的价比的频次（或总权重），然后选择频次最大即柱形图最高的那个价比。我们可以用各种工具使这个过程更加便捷，这里就不详细介绍了，因为无论如何，计算结果都会有一点武断。

第 3 章第七节的注释。综合指数的特殊之处。在这里可能值得花一点时间说一说，和其他五种类型的平均值相比，综合平均值在各个方面都有一些特殊之处。就像我们已经看到的那样，综合平均值和其他平均值不一样，在计算的时候不仅要用到价比或要平均的比例，还需要知道这些比例具体的分子和分母（也就是价格本身）。这就导致，如果任何一个具体的比例是利用除法"化简过的"，虽然这个比例本身没有因此受到影响，但是它的分子和分母都会受到影响，而且这样的变化通常会改变最终得到的指数。对于除了综合指数以外的任何其他类型的指数，只要比例本身不变，无论分子和分母是什么，结果都不会有什么不同。

我们还看到，简单综合指数和其他简单指数的"简单"不是同一个意思，因为它不仅要用到价比，还要用到价格。

最后，在综合平均值中使用的权重和其他平均值中使用的权重也不是同一个意思，因为这些权重不是应用于要平均的各项（即价比），而是分别应用于各项的分子和分母；而且，这些权重也不是其他平均值的权重所用的价值，而是数量。

然而，综合平均值符合我们在附录 1（第 2 章第十五节的注释 A）中给出的平均值的一般定义；简单综合平均值与其他简单平均值类似的地方在于，给定原始数据，在这里是价格，它们不会被重复计算，每个只使用一次；最后，它使用的权重也符合第 1 章第四节给出的权重的一般定义。因此，我更愿意在讨论综合指数时，保留"平均值"、"简单"和"权重"这些说法，而不是放弃其中任何一个。

第 3 章第十一节的注释。通过约分，公式 3 和 17 将化简为 53，公式 5 和 19 将化简为 59。用一号加权法加权的算术指数（公式 3）为

$$\frac{p_0 q_0 \dfrac{p_1}{p_0} + p_0' q_0' \dfrac{p_1'}{p_0'} + \cdots}{p_0 q_0 + p_0' q_0' + \cdots},$$

将分子的第一项中的两个 p_0 约分掉，再将第二项中的两个 p_0' 约分掉，可以得到

$$\frac{q_0 p_1 + q_0' p_1' + \cdots}{p_0 q_0 + p_0' q_0' + \cdots},$$

这和用一号加权法加权的综合指数（公式 53）是一样的。

类似的，用二号加权法加权的算术指数（公式 5）为

$$\frac{p_0 q_1 \dfrac{p_1}{p_0} + p_0' q_1' \dfrac{p_1'}{p_0'} + \cdots}{p_0 q_1 + p_0' q_1' + \cdots},$$

将 p_0 和 p_0' 等约分掉，可以化简为

$$\frac{q_1 p_1 + q_1' p_1' + \cdots}{p_0 q_0 + p_0' q_0' + \cdots},$$

和用四号加权法加权的综合指数（公式 59）是一样的。

类似的，用三号和四号加权法加权的调和公式（公式 17 和 19）可以分别化简为用一号和四号加权法加权的综合公式（53 和 59）。

第 3 章第十二节的注释。埃奇沃斯教授和扬教授的"概率"加权法会给出错误的结果。据我所知，其他作者曾经暗示过而本书中没有提到的系统性的加权方法，只有埃奇沃斯教授和阿林·扬教授基于概率论提出的加权方法。

阿林·扬教授建议，当数据不确定时，可以使用以下两个公式：

$$\sqrt{\frac{\sum \left(q_0^2 p_1^2 \right)}{\sum \left(q_0^2 p_0^2 \right)}},$$

和

$$\sqrt{\frac{\sum\left(q_1^2 p_1^2\right)}{\sum\left(q_1^2 p_0^2\right)}}$$

以及它们的几何均值来计算指数。他的想法是类比最小二乘法中的概率公式，用数量和价值的平方作为权重。

用这两个公式，以 1913 年为固定基准的价格指数如下表所示：

公式	1914	1915	1916	1917	1918
$\sqrt{\dfrac{\sum\left(q_0^2 p_1^2\right)}{\sum\left(q_0^2 p_0^2\right)}}$	101.23	99.99	108.36	149.75	164.59
$\sqrt{\dfrac{\sum\left(q_1^2 p_1^2\right)}{\sum\left(q_1^2 p_0^2\right)}}$	101.52	100.52	108.35	148.31	166.68

埃奇沃斯在遇到数据不确定的情况时，提议使用某个均值的方差的倒数作为权重，他基于的理论是，偏离均值最远的价比，最不可能真实地反映价格的整体趋势，因此应该赋予最小的权重。

埃奇沃斯的公式没有一个确定的表达式，而且可以有不同的解读。当使用几何均值时，他的公式可以表达为

$$\sqrt[\sum\left(\frac{1}{d^2}\right)]{\left(\frac{p_1}{p_0}\right)^{\frac{1}{d^2}} \times \left(\frac{p_1'}{p_0'}\right)^{\frac{1}{d'^2}} \times \cdots,}$$

其中 d、d' 等是 $\dfrac{p_1}{p_0}$、$\dfrac{p_1'}{p_0'}$ 等价比分别距离均值 $\sqrt[n]{\dfrac{p_1}{p_0} \times \dfrac{p_1'}{p_0'} \times \cdots}$ 的离差，用百分比表示。

利用这个公式我们可以得到如下的价格指数：

1914	1915	1916	1917	1918
96.16	96.81	121.24	165.53	179.64

这些结果与我们用原来的方法得多的结果有很大差异。埃奇沃斯和扬提出的公式似乎都不太合适。我同意沃尔什的意见，通常我们不能假设关于价格和数量的数据是不确定的，而应该假设它们是确定的；而如果数据是确定的，就不能用它们与某个均值的离差的比例来代表它们的权重，而应该用通常意义上的它们的重要性的比例来代表它们的权重。

在我看来，平均价比的概率这种思想唯一适当的应用，是当数据确实有缺陷或不确定的时候；在这样的情况下，唯一可行的方法是，首先写出我们认为最好的公式，然后如果我们认为数据是不确定的，那么就对具体的不确定情况对公式进行纠正，将它们乘以一个主观赋予的不确定系数。

无论如何，我们通常不会假设数据的不确定性会随着它们与任何正常数值的离差（或离差的平方）反向变化。这样使用离差可能会导致非常奇怪的结果。

第 4 章第十节的注释。我们的结论适用的范围。为了清晰地看到我们的研究的形式框架，让我们来简单地回顾一下。确定一个指数 P_{01}，在平均水平上对商品在两个时间点的**价格**进行比较，这个问题在数学上可以表达为，已知某些 p 和 q，其中 q 是**系数**，p 乘以这些系数将得到商品的**价值** pq。所以 $\sum p_1 q_1$ 和 $\sum p_0 q_0$ 是商品在两个时间点上的**总价值**。

我们一直在寻找一个或一组公式来表达 P_{01}，使得，如果将公式反向应用，得到 P_{10}，两次应用的结果将是一致的，即 $P_{01}\,P_{10}$ 等于 1；同时使得，如果将应用于 p 的公式也应用于 q，这两次应用的结果也是一致的，即 $P_{01}\,Q_{01}=\sum p_1q_1 \div \sum p_0q_0$，或 $P_{10}\,Q_{10}=\sum p_0q_0 \div \sum p_1q_1$。

我们所有的结论都是从上面这个形式的背景中得到的。因此，只要符合这个背景条件，这些结论就都适用。如果 p 是批发价格，q 是美国的进口数量，这些结论可以适用。如果 p 是零售价格，q 是纽约市的杂货店中销售的商品数量，这些结论同样适用。如果 p 是每小时工资率，q 是工作的小时数，这些结论适用；如果 p 是运输费率，q 是整个冠达轮船公司从纽约运到利物浦的商品数量，这些结论同样适用。如果 p 是工业股票的价格，q 是约翰·史密斯 1 月份卖出的股份数，这些结论仍然适用。这些结论还可以应用于"交易方程式"的右侧 [①]。（由于我对交易方程式的兴趣，有些持批评态度的人直接得出结论，说我关于指数的讨论只能解决交易方程式的问题！）如果 p 是商业名片的长，q 是它们的宽，pq 是它们的面积，这些结论仍然适用。

只有当上面的数学条件改变的时候，结果才会发生变化。因此，虽然我们可以计算两年间名片的长和宽的平均变化，使它们满足检验 1 和检验 2，但是如果我们要衡量干燥的货箱的长、宽、高的平均变化，就必须换一种方法；因为在 p 和 q 这两个因素之外，还加入了第三个因素，这改变了问题的已知条件。类似的，如果由于任何原因，检验 1 和检验 2 得不到满足，我们也必须修正我们的方法。

---

① 见 Irving Fisher, *The Purchasing Power of Money*, pp. 26, 53, 388。

我们要强调的就是，**根据以上形式条件**，我们会发现大量可以应用本书结论的问题。

我们可以用最一般的方式将上面提到的本书推理所应用的条件表述如下：

给定一组变量，在设定为"0"的一组条件下，这些变量的值为 p_0、p_0'、p_0'' 等，在设定为"1"的另一组条件下，这些变量的值分别为 p_1、p_1'、p_1'' 等，

并且，给定另一组变量，它们与第一组中的变量一一对应，在 ⁣₃₈₂ 设定为"0"的一组条件下，这些变量的值为 q_0、q_0'、q_0'' 等，在设定为"1"的另一组条件下，这些变量的值分别为 q_1、q_1'、q_1'' 等，并且，给定两组中互相对应的变量之间存在的一种客观关系，从而使它们的积 p_0q_0、$p_0'q_0'$、$p_0''q_0''$ 和 p_1q_1、$p_1'q_1'$、$p_1''q_1''$ 在选取这些变量的研究领域中具有真正的意义，从而这种关系将被认为可以用来检验下面描述的比例。

我们要解决的问题是构建一个指数，使得

P_{01} 是 $\dfrac{p_1}{p_0}$、$\dfrac{p_1'}{p_0'}$、$\dfrac{p_1''}{p_0''}$ 等的公平的平均值，

且 Q_{01} 是 $\dfrac{q_1}{q_0}$、$\dfrac{q_1'}{q_0'}$、$\dfrac{q_1''}{q_0''}$ 等的公平的平均值，

且 P_{10} 是 $\dfrac{p_0}{p_1}$、$\dfrac{p_0'}{p_1'}$、$\dfrac{p_0''}{p_1''}$ 等的公平的平均值，

且 Q_{10} 是 $\dfrac{q_0}{q_1}$、$\dfrac{q_0'}{q_1'}$、$\dfrac{q_0''}{q_1''}$ 等的公平的平均值。

在这样的情况下，可以合理地要求指数满足两个检验，即检验

1，$P_{01} \times P_{10} = 1$ 和 $Q_{01} \times Q_{10} = 1$；及检验 2，$P_{01} \times Q_{01} = \dfrac{\sum p_1 q_1}{\sum p_0 q_0}$ 和

$P_{10} \times Q_{10} = \dfrac{\sum p_0 q_0}{\sum p_1 q_1}$。存在这些关系的理由在于，这些关系对于每个

个别变量都是正确的，而 P_{01}、P_{10}、Q_{01} 和 Q_{10} 是这些变量的平均值。

例如，我们知道 $\dfrac{p_1}{p_0} \times \dfrac{p_0}{p_1} = 1$，$\dfrac{p_1}{p_0} \times \dfrac{q_1}{q_0} = \dfrac{p_1 q_1}{p_0 q_0}$，所以我们没有理由

认为它们的平均值会不符合类似的关系，使等号变成某个方向的不
等号而不是另一个方向的不等号。

　　只要具备这些前提条件，我们在本书中做出的所有推理可以应
用于各种主题，不管是批发价格和市场销售数量，名片的长和宽，
还是任何其他主题。本书的结论肯定不仅可以应用于"批发价格指
数这个一般目的"，仅仅通过使用不同的 p 和 q，就可以应用于任何
特定的价格指数，比如说铁路运输费率的指数、零售价格指数、雷
蒙德·皮尔（Raymond Pearl）的用食品的卡路里值作为权重的食
品价格指数（在这个案例中 q 是卡路里）、生活成本指数、工资指
数、股票或债券价格指数或销售指数、纸的制造成本指数、利率指
数、农作物产量指数，以及很多其他的指数。

　　只有当问题无法用上面的形式陈述或一般陈述涵盖的时候，我
们的推理才不适用。我还没发现任何人们尝试用指数去解决的问
题，是不满足上述一般条件的。在实际的科学研究中，我所知道的
最接近于干燥的货箱的例子，是在人体测量学中发现的。在比较两
个人的形态和体积（即"体型"），或同一个人在生命的两个阶段的
形态和体积的时候，或两组人的形态和体积的时候，我们面对的就

是三维的问题，解决这些问题的最佳方法，当然和本书解决二维问题的方法不同。

第 5 章第二节的注释。证明前向算术指数和后向算术指数的积大于 1。**前向算术指数**的公式是 $\dfrac{\sum\left(\dfrac{p_1}{p_0}\right)}{n}$，后向算术指数的公式是 $\dfrac{\sum\left(\dfrac{p_0}{p_1}\right)}{n}$，所以二者的乘积为 $\dfrac{\sum\left(\dfrac{p_1}{p_0}\right)\sum\left(\dfrac{p_0}{p_1}\right)}{n^2}$。我们要证明这个乘积**总是必然**大于 1[①]。

要证明这一点，我们首先要证明一个更基本的定理，即任何数和它的倒数的简单算术平均值都大于 1。显然，这两个数中必然有一个大于 1。令这个大于 1 的数是 $1+a$，另一个数是 $\dfrac{1}{1+a}$。我们要证明的是

$$\frac{1+a+\dfrac{1}{1+a}}{2} > 1。$$

经过化简和整理，这个分数可以变成

$$\frac{2+2a+a^2}{2+2a},$$

它可以写成

$$1+\frac{a^2}{2+2a}。$$

---

① 当然，我们假设 $\dfrac{p_1}{p_0}$、$\dfrac{p_1'}{p_0'}$ 等价比不全相等并且都是正值。

这个数显然大于1，结论得证。换句话说，这两个数之和 $1+a+\dfrac{1}{1+a}$，大于2。

把刚刚证明的这个定理应用于我们现在要证明的问题，我们会发现如果将 $\sum\left(\dfrac{p_1}{p_0}\right)\sum\left(\dfrac{p_0}{p_1}\right)$ 展开，可以写成

$$\left(\frac{p_1}{p_0}+\frac{p_1'}{p_0'}+\frac{p_1''}{p_0''}+\cdots(n\ \text{项})\right)$$

$$\left(\frac{p_0}{p_1}+\frac{p_0'}{p_1'}+\frac{p_0''}{p_1''}+\cdots(n\ \text{项})\right)。$$

将这两组数字逐一相乘，我们会看到这个乘积由 n^2 项构成。其中有些项（即由 $\dfrac{p_1}{p_0}\times\dfrac{p_0}{p_1}$ 等**垂直**相乘得到的项）显然等于1。其他项可以按照互为倒数的关系一对对重新排列，将每一对倒数用加号连接起来。因此，两个因子的乘积 $\dfrac{p_0}{p_1}\times\dfrac{p_1''}{p_0''}$，可以和它的倒数 $\dfrac{p_1}{p_0}\times\dfrac{p_0''}{p_1''}$，即来自同样两列的另外两个因子的乘积，组合在一起。由于这两项互为倒数，所以必然有一项大于1，另一项小于1，即它们可以写成 $(1+a)+\dfrac{1}{(1+a)}$ 的形式，而我们刚刚证明过，这个和大于2。所以，$\dfrac{\sum\left(\dfrac{p_1}{p_0}\right)\sum\left(\dfrac{p_0}{p_1}\right)}{n^2}$ 的分子一共有 n^2 项，每一项要么等于1，要么和另外一项加在一起大于2。因此，分子大于 n^2，而分母就是 n^2。因此整个分数大于1。

第 5 章第六节的注释。一号加权法和四号加权法之间的两个台阶。在正文中，我们将一号加权法和二号加权法作为实际上相同的加权方法放在一起进行叙述，同样也就是三号加权法和四号加权法放在一起进行叙述。现在，让我们一个指数一个指数地攀登，每个指数都基于相同的价格列表，但是使用了不同的加权方法。因此，在从使用第一种加权方法的指数（I，简称方式见正文）向使用最后一种加权方法的指数（IV）攀登的过程中，我们要登上两级台阶，一级是从 I 到 II 的短台阶，一级是从 II 到 IV 的长台阶；或者换一种方式，先登上从 I 到 III 的长台阶，再登上从 III 到 IV 的短台阶。为了确定我们的思路，让我们选择后一种路径，即 I-III-IV。

第一级台阶是从 I 到 III，即把培根的权重从 $p_0 q_0$ 变为 $p_1 q_0$（同样，把大麦的权重从 $p_0' q_0'$ 变为 $p_1' q_0'$，以此类推）。就像我们已经看到的那样，这种加权方法的改变会给那些本身已经很高的价比赋予更高的权重，从而会使 III 在作为起始点的 I 的基础上上升很大幅度。无论价格是上升还是下降，这种改变都会使指数值上升。也就是说，在跨上从 I 到 III 这个第一级台阶或"长的"台阶时，不存在不确定性。任何指数在用三号加权法加权时，都**必然**比用一号加权法加权时大。

另一方面，在跨上从 III 到 IV 这个短台阶的时候，存在着不确定性。任何用三号加权法加权的指数都可能比用四号加权法加权的指数大也可能比它小，在一些非常特殊的情况下，甚至**可能大很多**或**小很多**。这是一种公平的赌博。高的价比被赋予更大权重和更小权重的机会是一样的，低的价比也是如此。净效果**可能**是上升和下降的效果几乎完全互相抵消，从而最终的指数值（IV）可能与 III

385 非常接近，也**可能**比 III 略大或略小^①。所以在上完两级台阶之后，我们再比较 I 和 IV，就像在**类型**偏差中遇到的情况一样，我们无法绝对确定比较结果。我们只能说，IV 有很大的可能会大于 I。在目前的研究中还没有出现过相反的结果，在实践中似乎也不太可能会出现相反的结果（除非是众数指数，中值指数在极少的情况下也会给出相反的结果；或者除非指数中包含的商品数非常少）。

但是即使到这一步，我们仍然无法用与分析**类型**偏差的那种形式差不多的形式来分析**权重**偏差的结果。在这两级台阶中，无论是"长的"还是"短的"，我们都只使用了**前向**指数。但是现在，将两级台阶放在一起之后，我们准备好转向原来的方法了，也就是将**同一种**指数的前向指数和**后向**指数相乘。

因此，我们已经发现，（很可能）用四号加权法加权的前向几何指数总是大于它的时间对立指数，用一号加权法加权的前向几何指数。但是用一号加权法加权的前向几何指数是用四号加权法加权的后向几何指数的倒数。证明如下：用一号加权法加权的前向几何指数（23）是

$$\sqrt[\sum p_0 q_0]{\left(\frac{p_1}{p_0}\right)^{p_0 q_0} \times \left(\frac{p_1'}{p_0'}\right)^{p_0' q_0'} \times \cdots}$$

---

① 当然，我们可以想象，价格和数量之间可能存在着相关关系，但是根据主要的推动力是供给还是需要，它们之间的相关关系可以是正负两个方向。在我们现在处理的案例中，基本上不存在这种相关关系，对纽约证券交易所的部分证券的价格的研究也表明不存在这种相关关系。在哈佛经济研究委员会的戴和帕森斯研究的 12 种农作物的案例中，供给是主导销售数量变化的变量，数量和价格之间存在着负相关关系，用一号加权法加权的指数会大于 II，III 会大于 IV。但值得注意的是，第 11 章给出的曲线因此而受到的影响是微乎其微的。

用四号加权法加权的前向几何指数（29）是

$$\sqrt[\sum p_1 q_1]{\left(\frac{p_1}{p_0}\right)^{p_1 q_1} \times \left(\frac{p_1'}{p_0'}\right)^{p_1' q_1'} \times \cdots}$$

将用四号加权法加权的前向几何指数中的 0 和 1 交换，得到用四号加权法加权的后向几何指数

$$\sqrt[\sum p_0 q_0]{\left(\frac{p_0}{p_1}\right)^{p_0 q_0} \times \left(\frac{p_0'}{p_1'}\right)^{p_0' q_0'} \times \cdots}$$

显然，在这三个公式中，第一个公式（用一号加权法加权的前向几何指数）是最后一个公式（用四号加权法加权的后向几何指数）的倒数，结论得证。从而有，用四号加权法加权的前向几何指数 × 用四号加权法加权的后向几何指数等于

用四号加权法加权的前向几何指数 × $\dfrac{1}{用一号加权法加权的前向几何指数}$

即

$$\frac{用四号加权法加权的前向几何指数}{用一号加权法加权的前向几何指数}$$

而且这个表达式大于 1（因为 IV 总是大于 I）。因此，原来的积，用四号加权法加权的前向几何指数 × 用四号加权法加权的后向几何指数大于 1。换句话说，它们有正的联合误。再换一种说法，用四号加权法加权的几何指数有向上的偏差，这个偏差是通过加权获得的，和以前发现的算术指数和调和指数的**类型**偏差是完全相同的意义。

同样，我们也可以追踪指数的另一种变化方式，经过 I 或 IV，将二号加权法变成三号加权法。即首先跨上 II 到 I 这个短台阶，再跨上 I 到 III 这个长台阶；或先跨上 II 到 IV 这个长台阶，再跨上

IV 到 III 这个短台阶。在所有的情况下，改变权重中的数量因素只会带来比较小的影响，一般来说，必须假设数量向两个方向变化的可能性是相同的；但是改变权重中的价格因素会对指数有比较大的影响，而且是向一个确定的方向的影响。

通过这样的推理，我们可以认为用四号加权法加权的几何指数、用三号加权法加权的几何指数、用四号加权法加权的中值指数、用三号加权法加权的中值指数、用四号加权法加权的众数指数，以及用三号加权法加权的众数指数具有向上的偏差；而类似地，对于这三种指数类型（几何指数、中值指数和众数指数）来说，I 和 II 都有向下的偏差。

现在就剩下了算术指数和调和指数。例如，我们要证明，用四号加权法加权的前向算术指数 × 用四号加权法加权的后向算术指数大于 1。用代数式表达的话，首先，用四号加权法加权的后向算术指数等于用一号加权法加权的前向调和指数。因为

用四号加权法加权的前向算术指数是

$$\frac{\sum p_1 q_1 \dfrac{p_1}{p_0}}{\sum p_1 q_1},$$

用四号加权法加权的后向算术指数是

$$\frac{\sum p_0 q_0 \dfrac{p_0}{p_1}}{\sum p_0 q_0},$$

它的倒数是

$$\frac{\sum p_0 q_0}{\sum p_0 q_0 \dfrac{p_0}{p_1}}.$$

这就是用一号加权法加权的调和指数，结论得证。

因此（为了与我们刚才用过的"说清楚"的方法相比较），

用四号加权法加权的前向算术指数 × 用四号加权法加权的后向算术指数，等于

$$用四号加权法加权的前向算术指数 \times \frac{1}{用一号加权法加权的前向调和指数}$$

即

$$\frac{用四号加权法加权的前向算术指数}{用一号加权法加权的前向调和指数}$$

现在要证明这个分数大于 1，也就是分子大于分母。我们会看到，分子不仅大于分母，还大于用一号加权法加权的算术指数，或用二号加权法加权的算术指数，或用三号加权法加权的调和指数，或用四号加权法加权的调和指数，并且这些指数都大于分母。

首先，我们已经明确地证明，用四号加权法加权的算术指数大于用二号加权法加权的算术指数，又由于在任何情况下，用一号加权法加权的算术指数都与用二号加权法加权的算术指数非常接近，所以在任何情况下，用四号加权法加权的算术指数大于用一号加权法加权的算术指数。但是，我们已经看到，用一号加权法加权的算术指数和用三号加权法加权的调和指数是一样的（二者都是拉氏指数），而用二号加权法加权的算术指数和用四号加权法加权的调和指数都是派氏指数。而且我们知道，用三号加权法加权的调和指数肯定大于用一号加权法加权的调和指数。因此，分子大于用一号和二号加权法加权的算术指数，或用三号和四号加权法加权的调和指数，而分母（独立地）小于这些指数，结论得证。

第 5 章第九节的注释。公式 9 改变下标并上下倒置后会变成公式 13。前向的公式 9（即用四号加权法加权的算术公式）是

$$\frac{\sum p_1 q_1 \dfrac{p_1}{p_0}}{\sum p_1 q_1},$$

将其后向应用，将"0"、"1"下标互换，得到在图 18P 和 18Q 中用虚线表示的曲线，就像在上一条注释中显示的那样，表达式将变为

$$\frac{\sum p_0 q_0 \dfrac{p_0}{p_1}}{\sum p_0 q_0},$$

这个表达式的倒数（用图像表示的话，就是图 18P 和 18Q 中虚线的延长线）是

$$\frac{\sum p_0 q_0}{\sum p_0 q_0 \dfrac{p_0}{p_1}}。$$

这就是公式 13（即用一号加权法加权的调和公式），结论得证。

第 5 章第十一节的注释。公式中的偏差和离散。就像我们看到的，任何偏差都是用某种联合误来定义的。因此前向和后向算术公式的联合误（在这种情况下是联合偏差（B））是由下面这个公式给出的：$1+B=$ 前向算术指数 $\times$ 后向算术指数。或者我们称前向算术指数为 A，而且我们记得后向算术指数是前向调和指数（我们可以称其为 H）的倒数，那么我们有：$1+B = A \times \dfrac{1}{H} = \dfrac{A}{H}$。但是，前向算术指数的偏差不是全部的 B，因为 $1+B$ 表示的是有向上偏

差的 A 与有向下偏差的 H 的整体比例，所以其中涉及了两个偏差。因此，我们可以将偏差 b 定义为 B 的一半，或者几何意义上的一半（在复利中就是这样定义的），公式为

$$(1+b)^2 = 1+B,$$

其中[①]，

388

$$1+b = \sqrt{\frac{A}{H}} = \frac{A}{\sqrt{AH}},$$

于是我们的主公式就是

$$1+b = \frac{A}{\sqrt{AH}},$$

$$\frac{1}{1+b} = \frac{H}{\sqrt{AH}}。$$

这两个公式是可以互相推导出来的，前一个公式表示了 A 相对于 $\sqrt{AH}$ 的向上偏差，后一个公式表示了 H 相对于 $\sqrt{AH}$ 的向下偏差。

接下来，我们需要一个"离散度"指标 d，来表示价比彼此间的分散程度。让我们从只有两种商品的情况开始，并假设它们的重要性相同，它们的价比（或数量之比，或我们可能关心的任何主题）是 r 和 r'，其中 r 更大。r 和 r' **彼此**总的分散程度 D 可以定义为 $1+D = r/r'$。但是我们更喜欢使用的量不是两个价比之间的总

---

① 如果用同样的方法，以调和公式为起点，而不是以算术公式为起点，并且用 b' 来表示向下的偏差，我们可以得到 $1-b' = \frac{H}{\sqrt{AH}}$。但是，由于将 $1+b$ 和 $1-b'$ 的等式相乘之后我们可以得到 $(1+b)(1-b') = 1$，所以我们最好不使用 $1-b'$，而是使用与它相等的表达式 $\frac{1}{1+b}$，这样就完全不必要使用 b' 了。

分散程度，而是距离一个共同均值的平均离散程度 d，最好是它们的几何均值，这样 d 就在几何意义上是 D 的一半，即

$$(1+d)^2 = 1 + D = \frac{r}{r'},$$

因此

$$1+d = \sqrt{\frac{r}{r'}} = \frac{r}{\sqrt{rr'}} = \frac{\sqrt{rr'}}{r'},$$

$$\frac{1}{1+d} = \sqrt{\frac{r'}{r}} = \frac{r'}{\sqrt{rr'}} = \frac{\sqrt{rr'}}{r}。$$

我们可以从这些等式中推导出

$$r = (1+d)\sqrt{rr'},$$

$$r' = \frac{1}{1+d}\sqrt{rr'}。$$

由于只有 r 和 r' 两个价比要平均，它们的简单算术平均值（A）

389　为 $A = \dfrac{r+r'}{2}$，简单调和平均值（H）为 $H = \dfrac{2}{\dfrac{1}{r} + \dfrac{1}{r'}}$。我们用上面

的表达式代替这两个等式中的 r 和 r'，可以得到

$$A = \frac{r+r'}{2} = \frac{\left[1+d+\dfrac{1}{1+d}\right]\sqrt{rr'}}{2},$$

$$H = \frac{2}{\dfrac{1}{r} + \dfrac{1}{r'}} = \frac{2\sqrt{rr'}}{\dfrac{1}{1+d} + 1 + d}。$$

因此，将两个等式相除并消掉 $\sqrt{rr'}$，可以得到

$$\frac{A}{H} = \left[\frac{(1+d) + \dfrac{1}{(1+d)}}{2}\right]^2。$$

换句话说，这个结果是独立于价比的实际大小的，而只取决于它们与均值之间的分散比例（$1+d$）。知道了这样的结果，我们就可以用下面简单的过程代替上面的证明：

令要考察的两个价比的（几何）平均值为100%，或1，较大的价比为$1+d$，较小的价比为$\dfrac{1}{1+d}$。那么有

$$A = \frac{(1+d) + \dfrac{1}{(1+d)}}{2},$$

$$H = \frac{2}{\dfrac{1}{(1+d)} + (1+d)}。$$

那么显然，$\dfrac{A}{H} = \left[\dfrac{1+d+\dfrac{1}{1+d}}{2}\right]^2$。

但是我们已经知道$(1+b)^2$也等于$\dfrac{A}{H}$。因此，（在取平方根之后）我们有

$$1 + b = \frac{1 + d + \dfrac{1}{1+d}}{2}。$$

这就是表达偏差b和离散度d之间的关系的等式。

偏差和离散度都是成比例地与同一个轴线即均值相关的，根据上面的等式，这一点可以用很多种方法来表示。在计算b时使用的均值是$\sqrt{AH}$，而在计算d的时候使用的均值是$\sqrt{rr'}$，我们很容易证明，这两个表达式是相等的。

从这个公式可以看到，随着离散度的增加，偏差的增加是非常迅速的。当离散度为0时，偏差也是0；当离散度是5%时，偏差

390

可以忽略不计；当离散度是 50% 的时候，偏差是 8.34%。更多对应情况如下表所示：

表 48　确定与任何给定的离散度对应的偏差
（单位：%）

离散度（d）	偏差（b）
5	0.12
10	0.45
20	1.67
30	3.46
40	5.72
50	8.34
100	25.00

这就是只有**两个**价比并且离散度不言自明的简单情况下偏差与离散度之间的关系。当不止有两个价比的时候，必须对离散度进行某种平均。为了得到这个平均值，我们可以在脑海中用两个想象出来的价比代替所有的价比，这两个价比中的每一个，距离它们的均值的离散度等于所有 36 个价比与它们均值的实际离差的平均值。可以用不同的平均值来衡量离散度。通常使用的指标是"标准差"，它是对个别价比的离差（每个离差都用与算术平均值的距离来衡量）的平方取平均值，再开平方。另一种取平均值的方法与此类似，但是使用的是几何平均值而不是算术平均值。得到这种平均值的方法是取价比的对数的标准差；然后再取这个标准差的真数。还有一种方法是使用中值与两个"四分位数"之间的"展布"的平均值。

在这三种方法中，中间的方法似乎最适用于现在的目的。它在理论上肯定比第一种方法（原来的用算术法定义的标准差）更好，因为我们要处理的价比和数量比变化范围都很大，并且分布是"不对称的"，向上的变化多于向下的变化，而几何标准差或对数标准差往往会减轻这种不对称的效果。

　　但是实际上，尽管离散程度很大，并且是不对称的，但是算术 391 标准差和几何标准差是惊人一致的。这可以从下面的表格中看出来：

表 49　（价格的）标准差
（单位：%）

固定基准法	1914	1915	1916	1917	1918
算术标准差	10	16	24	58	45
几何标准差	11	17	21	39	33
环比法					
算术标准差	10	12	27	29	20
几何标准差	11	12	22	22	22

　　所以我们可以用图像将离散的各项（价比，或数量比，或可以考察的任何项）全部简化为两个想象出来的项，比如说两个价比，一个在（几何）平均值的上方，代表所有比平均值大的实际价比；另一个在平均值的下方，代表所有比平均值小的实际价比；并且每一个价比与平均值之间的比例都是 $1+d$（二者之间的比例是 $(1+d)^2$）。用这种经验主义的方法，我们可以将包含多个价比的复杂情况简化为最初的只包含两个价比的简单情况。

　　现在的问题是：这样定义的离散度 d（即用几何法或对数法确定的标准差）与偏差之间还存在我们在只包含两项的简单情况下得到的 $1+b = \dfrac{1+d+\dfrac{1}{1+d}}{2}$ 这样的关系吗？答案是，是的，非常接近。

首先，我们要证明，如果我们适当的将 d 的定义改变为如下的用 A 和 H 表示的第四种形式，那么对于任何商品数，上面给出的偏差 b 和离散度 d 之间的经验主义关系都是**绝对**正确的：

为了**绝对**保持等式

$$(1 + b) = \frac{1 + d + \dfrac{1}{1+d}}{2},$$

392 我们要利用这个等式以及下面的等式

$$1 + b = \sqrt{\frac{A}{H}} = \frac{A}{\sqrt{AH}},$$

从中可以推导出

$$\frac{(1 + d) + \dfrac{1}{(1+d)}}{2} = \sqrt{\frac{A}{H}} = \frac{A}{\sqrt{AH}}。$$

解这个关于 $1+d$ 的二次方程，并化简，我们可以得到

$$1 + d = \frac{\sqrt{A^2 - AH} + A}{\sqrt{AH}}。$$

这样，决定 d 的新表达式就和以前一样，是与 $\sqrt{AH}$ 相关的。

上面的公式还可以用于调和指数，只不过这时 $1+d$ 就变成了与算术指数相关的量，而 $\dfrac{1}{1+d}$ 变成了与调和指数相关的量，而 d 的意义保持不变。

现在要证明的只剩下，这种特殊形式的离散度指数（用 A 和 H 来表示，因此当然也是用原始数据本身表示）实际上与（用对数计算的）几何标准差非常接近。我们可以从下面的数值看到这一点：

表 50　对于 36 种商品（的简单指数）特殊的离散度指数与
　　　　（用对数计算的）标准差的比较
　　　　（单位：%）

	特殊形式	标准差
1914	11.5	11.5
1915	17.3	17.2
1916	21.5	21.4
1917	39.2	38.7
1918	33.7	33.1

对于**加权的**算术指数和调和指数，情况只是略有不同。例如，我们有

$$1+b = \frac{A}{\sqrt{A'H'}} = \frac{1+d+\dfrac{1}{1+d}}{2},$$

其中 A' 和 H' 分别为加权的算术指数和调和指数，因此有

$$1+d = \frac{\sqrt{A'^2 - A'H'} + A'}{\sqrt{A'H'}} 。$$

393

这个值也与（用对数计算的）标准差非常接近，如下表（在这个表格中加权平均值使用的是 $\sqrt{p_0 q_0 p_1 q_1}$ 等均权重，就像在公式 1003 和 1013 中那样）所示：

表 51　对于 36 种商品（的加权指数）特殊的离散度指标与
　　　　（用对数计算的）标准差的比较
　　　　（单位：%）

	特殊形式	标准差
1914	8.3	7.7
1915	15.3	15.1
1916	19.2	19.2
1917	39.1	38.9
1918	26.2	26.5

以上关于**类型**偏差的结论可以应用于简单算术指数和调和指数，同样也可以应用于它们的均值加权形式。我们还要考虑不同加权方法的权重偏差。

我们来用最简单的形式总结一下以上证明，让我们像以前一样假设只有两种商品，它们的价比（$\frac{p_1}{p_0}$ 和 $\frac{p_1'}{p_0'}$）分别是 $1+d$ 和 $\frac{1}{1+d}$。关于权重 p_0q_0、$p_0'q_0'$ 和 p_1q_1、$p_1'q_1'$，我们可以称 p_0 和 p_0' 为 100% 或 1，从而 p_1 和 p_1' 分别为 $1+d$ 和 $\frac{1}{1+d}$，同时我们假设数量不变，即 $q_0=q_1$ 且 $q_0'=q_1'$（我们可以简单地将它们分别称为 q 和 q'），并且它们使两个价比在两年有相等的平均权重，即 $\sqrt{p_0q_0p_1q_1} = \sqrt{p_0'q_0'p_1'q_1'}$。

用上面相关的值代替这个等式中的 p，即 $p_0=1$，$p_1=1+d$，$p_0'=1$，$p_1' = \frac{1}{1+d}$，可以得到

$$\sqrt{(1+d)q_0q_1} = \sqrt{\frac{1}{(1+d)}q_0'q_1'},$$

即（我们还记得上面提过 q 是不变的，即 $q_0=q_1$ 且 $q_0'=q_1'$）

$$\sqrt{(1+d)q^2} = \sqrt{\frac{q'^2}{1+d}},$$

394　因此 $(1+d)q^2 = \frac{q'^2}{1+d}$，即 $(1+d)^2 q^2 = q'^2$，即 $(1+d)^2 = \frac{q'^2}{q^2}$，即 $\frac{q'}{q} = 1+d$；令 $q=1$，则有 $q' = 1+d$。

总结一下，现在我们可以对要考察的任何公式中的下列量进行替换：$p_0=1$，$p_0'=1$，$q_0=1$，$q_0'=1+d$，$p_1=1+d$，$p_1' = \frac{1}{1+d}$，$q_1=1$，

$q_1' = 1 + d$。

应用这些等式，我们会发现 53、54、353、123、125、323、325（其中有些公式目前还没有解释）可以化简为 1，所以我们可以认为，要考察的公式的偏差，衡量的是以以上公式中的任何一个为基础的相对偏差。任何公式的偏差就是这个公式将 p_0、p_0'、q_0、q_0'、p_1、p_1'、q_1、q_1' 这八个值代入后得到的值。

下面是对于用公式 1003, 7 或 9, 27 或 29 计算的指数的相应结果。

$$1003 \qquad 1 + b = \frac{1 + d + \dfrac{1}{1+d}}{2} \qquad 因此 b = \frac{d^2}{2(1+d)} \qquad (1)$$

$$7 \text{ 或 } 9 \qquad 1 + b = 1 + d + \frac{1}{1+d} - 1 \qquad 因此 b = \frac{d^2}{1+d} \qquad (2)$$

$$27 \text{ 或 } 29 \qquad 1 + b = (1+d)^{\frac{d}{2+d}} \qquad 因此 b = \frac{d^2}{2+d} + \cdots \qquad (3)$$

最后一个等式中省略的项可以忽略不计。

等式（1）给出了有单一偏差的算术公式和有单一偏差的调和公式的偏差。

等式（2）给出了有双重偏差的算术公式和有双重偏差的调和公式的偏差。

等式（3）给出了有单一偏差的几何公式的偏差。

这些等式给出的都是向上偏差，但是只要将它们上下倒置，即取 $\dfrac{1}{1+b}$，就可以得到对应的向下偏差（即公式 1013, 13 和 15, 23 和 25 的向下偏差）。

显然（就像等式（2）显示的那样），与公式 1003，即用均值加权的算术公式，的偏差（如等式（1）所示）相比，公式9，即帕尔格雷夫公式，有双重的向上偏差。也就是说，除了公式1003也有的类型偏差，公式9还有权重偏差，而且两个偏差相等。几何公式29的权重偏差（由等式（3）得出）显然大于前两个等式给出的（单一）偏差。它之所以大于第一个等式给出的偏差，既是因为它的分母小了 d，也是因为它还要再加上其他项，虽然 d 与 2 和 2+d 相比非常小，而且要加上的项也非常小，每一项都涉及 d 的几次方，以至于最后一个等式与第一个等式之间的总差异是可以忽略不计的。

　　上面的几个等式不仅在我们假设的特殊条件下是绝对正确的，而且在像我们的36种商品的实际案例中也是近似于正确的。算术指数和调和指数（1003和1013）和加权几何指数（23、25、27、29）的偏差等式不一样，这可能让人觉得这些等式得出的结果会有很大差异。但是当我们计算它们的时候，我们发现它们几乎是完全一致的，下面的表格给出了对应于不同的标准差（d）的偏差（b），就表明了这一点。

d	b 算术公式 调和公式 （1003，1013）	b 几何公式 （23，25，27，29）
5	0.12	0.12
10	0.45	0.45
20	1.67	1.67
30	3.46	3.48
40	5.72	5.77
50	8.34	8.45
200	25.00	25.99

当然，我们可以适当调整每一个具体案例中离散度的定义，从而使上面的等式绝对正确。但是这个附录注释的目的是表明偏差的大小与原始数据离散程度大小之间的关系。当原始数据的离散度较小的时候，使用有偏差的公式引起的误差是比较小的；但是随着离散度的增加，由此导致的误差也会增加，而且增加的速度更快。结果，对于离散度比较大的案例，比如36种商品的例子（1917年相对于1913年的指数），公式1的向上偏差或公式23的向下偏差都是非常大的。

对于任何一系列具体的统计数据，我们都可以计算标准差或离散指数，并根据它计算任何有偏差公式的偏差，从而提前了解使用这个公式是否会带来过大的误差，以至于不能使用这个公式[①]。

第6章第一节的注释。如果一个公式是另一个公式的时间对立公式，则"另一个公式"也是"这个"公式的时间对立公式。这是非常容易证明的。令 P_{01} 代表任何前向指数，即时间"1"相对于时间"0"的指数。我们可以通过两个步骤的程序得出：

（1）将两个时间互换，得到 P_{10}

（2）将上下倒置，得到 $\dfrac{1}{p_{10}}$

因此，$\dfrac{1}{p_{10}}$ 就是 P_{01} 的时间对立指数。我们要证明的是，以它为起点，经过同样的两个步骤，得出 P_{01} 就是它的时间对立指数。

---

① 例如，见第16章第六节，关于索贝克指数有较大偏差的讨论。

所以我们从 $\dfrac{1}{p_{10}}$ 开始

（1）将两个时间互换，得到 $\dfrac{1}{p_{01}}$

（2）将上下倒置，得到 P_{01}

结论得证。

第 7 章第六节的注释。两个因素对立公式的交叉公式满足检验 2。

及讨论。令 P_{01} 为任何给定的公式。它的因素对立公式是 $\dfrac{\sum p_1 q_1}{\sum p_0 q_0} \div Q_{01}$，

当然其中的 Q_{01} 是与 P_{01} 对应的应用于数量的公式。它们的交叉公式，即几何平均值，为

$$\sqrt{P_{01} \times \frac{\sum p_1 q_1}{\sum p_0 q_0} \div Q_{01}} \; 。$$

上面这个公式满足检验 2，因为它的因素对立公式是将 p 和 q 互换，即

$$\sqrt{Q_{01} \times \frac{\sum q_1 p_1}{\sum q_0 p_0} \div P_{01}} ,$$

这个公式与前面的公式相乘，会得到 $\dfrac{\sum p_1 q_1}{\sum p_0 q_0}$，符合检验 2 的要求。

我们已经讨论了修正的价格公式，即原公式 P_{01} 与它的因素对立公式 $\dfrac{\sum p_1 q_1}{\sum p_0 q_0} \div Q_{01}$ 的交叉公式。

但是显然，它的表达式可以写得更加对称一些：

$$\sqrt{\frac{\sum p_1 q_1}{\sum p_0 q_0}} \times \sqrt{\frac{P_{01}}{Q_{01}}},$$

类似的，Q_{01} 的修正公式为

$$\sqrt{\frac{\sum p_1 q_1}{\sum p_0 q_0}} \times \sqrt{\frac{Q_{01}}{P_{01}}}。$$

在这两个修正公式的表达形式中，相乘的两个因数不是指数。在两个修正公式中，第一个因数都是价值比例与 1，即 100%，之间的均值。因此，如果价值比例是 121%，它的平方根，即它与 100% 的均值，是 110%。如果价格指数和数量指数相等的话，它们就都等于这个值；也就是说，这个值是价格指数和数量指数的几何均值或几何平均值。

两个修正公式中的另一个因数是上面这个平均值必须乘的乘数或纠正因子，在一种情况下乘这个因数是为了得到修正的价格指数，在另一种情况下是为了得到修正的数量指数。这两个因子互为倒数，一个会将平均值以确定的比例放大，另一个会将平均值以同样的比例缩小。因此，如果 p_{01} 比 Q_{01} 高 2%，这个 2% 将被同等地分配到均值 110 的两侧——修正的 P 将是 $110 \times \sqrt{\dfrac{102}{100}}$（即比 110 大 1% 左右），修正的 Q 将是 $110 \times \sqrt{\dfrac{100}{102}}$（即比 110 小 1% 左右）。

第一个因数 $\sqrt{\dfrac{\sum p_1 q_1}{\sum p_0 q_0}}$ 可以叫做**中间比例**（half-way ratio），它既是 100% 与价值比例之间的均值，也是修正的（或未修正的）P 和 Q 之间的均值；而第二个因数 $\sqrt{\dfrac{P_{01}}{Q_{01}}}$ 或 $\sqrt{\dfrac{Q_{01}}{P_{01}}}$ 可以叫做**价格乘数**

或数量乘数。

用这些术语来表达的话，我们可以说，可以借助价格乘数和数量乘数从中间比例得到修正的价格指数和数量指数。

读者可能有兴趣根据前面的陈述来修正公式 3（对于公式 4、5、6、17、18、19、20、53、54、59 或 60 也是一样），这个修正结果非常简单。

因此，对于价格指数，修正结果为

$$\sqrt{\frac{\sum p_1 q_1}{\sum p_0 q_0}} \times \sqrt{\frac{\sum p_1 q_0}{\sum p_0 q_1}} \, 。$$

当然，要代入这个表达式的四个量和要代入已经给出的公式 103P 和 103Q 的量是相同的。仅仅改变这些量的顺序，就可以构成四个不同的公式，其中两个等于公式 103P，两个等于 103Q。

第 7 章第八节的注释 A。给定两个时间对立公式，它们各自的因素对立公式互为时间对立公式。令 p_{01} 和 $\frac{1}{P_{10}}$ 为任意一对时间对立公式，同样 Q_{01} 和 $\frac{1}{Q_{10}}$（即将同一个公式应用于数量）也互为时间对立公式。那么前两个公式的因素对立公式分别为

$$\frac{\sum p_1 q_1}{\sum p_0 q_0} \div Q_{01} \text{ 和 } \frac{\sum p_1 q_1}{\sum p_0 q_0} \div \frac{1}{Q_{10}} \, 。$$

显然这两个公式互为时间对立公式，因为将这两个公式中的"0"和"1"互换，再上下倒置，可以将这两个公式互相转化。

第 7 章第八节的注释 B。给定两个时间因素公式，它们各自的

时间对立公式互为因素对立公式。令 P_{01} 和 $\dfrac{\sum p_1 q_1}{\sum p_0 q_0} \div Q_{01}$ 为任意一

对因素对立公式。显然它们的时间对立公式分别为 $\dfrac{1}{P_{10}}$ 和

$Q_{10} \div \dfrac{\sum p_0 q_0}{\sum p_1 q_1}$ ，并且它们互为因素对立公式。

　　第 7 章第九节的注释。可以先修正时间对立公式，再修正因素
对立公式，也可以反过来，也可以同时进行。用一般的形式表示，
任何公式的四重奏乐团可以表示为

$$P_{01} \qquad\qquad\qquad \frac{1}{P_{10}}$$

$$\frac{\dfrac{\sum p_1 q_1}{\sum p_0 q_0}}{Q_{01}} \qquad\qquad \frac{\dfrac{\sum p_1 q_1}{\sum p_0 q_0}}{\dfrac{1}{Q_{10}}}$$

　　两组时间对立公式的交叉公式为

$$\sqrt{P_{01} \times \frac{1}{P_{10}}} \qquad\qquad (1)$$

$$\sqrt{\left(\frac{\dfrac{\sum p_1 q_1}{\sum p_0 q_0}}{Q_{01}} \right) \times \left(\frac{\dfrac{\sum p_1 q_1}{\sum p_0 q_0}}{\dfrac{1}{Q_{10}}} \right)} \qquad\qquad (2)$$

　　后面这个表达式（2）可以化简为

$$\frac{\dfrac{\sum p_1 q_1}{\sum p_0 q_0}}{\sqrt{Q_{01} \times \dfrac{1}{Q_{10}}}} \qquad\qquad (2)$$

它就是前面的表达式（1）的因素对立公式，可以将表达式（1）中的 p 和 q 互换，再除 $\dfrac{\sum p_1 q_1}{\sum p_0 q_0}$ 得到。

两组因素对立公式的交叉公式为

$$\sqrt{P_{01} \times \left(\dfrac{\dfrac{\sum p_1 q_1}{\sum p_0 q_0}}{Q_{01}} \right)} \tag{3}$$

$$\sqrt{\dfrac{1}{P_{10}} \times \left(\dfrac{\dfrac{\sum p_1 q_1}{\sum p_0 q_0}}{\dfrac{1}{Q_{10}}} \right)} \tag{4}$$

这两个表达式互为时间对立公式；如果将任何一个表达式中的 0 和 1 互换，再上下倒置，就可以得到另外一个表达式。

通过观察还可以发现，将上面两对交叉公式再次交叉，或取原来的四重奏中的四个公式的乘积的四次方根，将得到同样的结果，即

$$\sqrt[4]{\dfrac{P_{01} Q_{10} \left(\sum p_1 q_1 \right)^2}{P_{10} Q_{01} \left(\sum p_0 q_0 \right)^2}} \tag{5}$$

397

表达式（5）是一个通用公式，我们可以利用它同时根据两个检验来修正任何指数公式 P_{01}。

第 7 章第十九节的注释 A。交叉两个交叉公式（即一个用算术法获得和另一个用调和法获得的交叉公式）。虽然两个时间对立公式的算术交叉公式和调和交叉公式都无法得到能满足时间倒转检

验的指数，但是这两个交叉公式的几何交叉公式可以得到能满足时间倒转检验的指数，而且这个几何交叉公式与原来的公式本身的几何交叉公式是一致的，读者可以很容易地证明这一点。

而且，不需要进行任何几何交叉，只要按照下面的方法连续进行算术交叉和调和交叉，其极限就是和几何交叉同样的结果：（1）将原来的算术公式分别进行算术交叉和调和交叉；（2）将上一步得到的两个公式进行算术交叉和调和交叉；（3）再将上一步得到的两个公式进行算术交叉和调和交叉；如此无限地进行下去。在这一系列操作中，两项会非常迅速地靠近，只需要两三步，它们就几乎相等了。可以比较附录 1 中的第 9 章第一节的注释。

第 7 章第十九节的注释 B。两个时间对立的几何公式和两个时间对立的综合公式都可以进行综合交叉。任何两个时间对立的几何公式，比如 23 和 29，都可以写成如下的分数形式：

$$23 = \frac{\sqrt[\sum p_0 q_0]{p_1^{p_0 q_0} \times p_1'^{p_0' q_0'} \times \cdots}}{\sqrt[\sum p_0 q_0]{p_0^{p_0 q_0} \times p_0'^{p_0' q_0'} \times \cdots}}$$

$$29 = \frac{\sqrt[\sum p_1 q_1]{p_1^{p_1 q_1} \times p_1'^{p_1' q_1'} \times \cdots}}{\sqrt[\sum p_1 q_1]{p_0^{p_1 q_1} \times p_0'^{p_1' q_1'} \times \cdots}}$$

如果写成上面的形式，只要将它们的分子相加作为新的分子，将分母相加作为新的分母，就可以很容易地将它们用综合法联合在一起。

同样，综合公式（公式 53 和 59）也可以综合交叉，结果为

$$\frac{\sum p_1 q_0 + \sum p_1 q_1}{\sum p_0 q_0 + \sum p_0 q_1}。$$

这些综合交叉公式（几何公式的综合交叉公式和综合公式的综

合交叉公式）都符合时间检验，用两个步骤的过程可以很容易证明。后面的这个综合交叉公式（两个综合时间对立公式的交叉公式）在数学上是很有趣的，因为它的**因素**对立公式是公式 53 和 59 的一个新的、罕见的平均值，与本书中使用的任何其他平均值都有很大不同，即 $1 + (53) \div 1 + \dfrac{1}{(59)}$。

这些综合均值和几何均值非常一致。

因此，在我们的六种平均值类型中，几何法是唯一一种能够普遍用来交叉所有公式（任何两个时间对立公式或任何两个因素对立公式），使结果满足时间倒转检验和因素倒转检验的平均值类型。在其他平均值类型中，只有综合法能使交叉后的结果符合时间倒转检验，就像刚才说明的那样，它的应用只局限于交叉两个时间对立的几何公式或两个时间对立的综合公式。

第 8 章第六节的注释。 公式 1004、1014、1124、1134、1144 分别是 1003、1013、1123、1133、1143 的因素对立公式，虽然是用其他方法推导出来的。我们要证明，如果（1）P'_{01} 和 P''_{01} 只有权重不同，并且可以通过交叉它们的权重联合起来构成另一个公式 P_{01}，且如果（2）它们的因素对立公式（$\dfrac{\sum p_1 q_1}{\sum p_0 q_0} \div Q'_{01}$ 和 $\dfrac{\sum p_1 q_1}{\sum p_0 q_0} \div Q''_{01}$）可以用同样的方法联合起来构成另一个公式（即 $\dfrac{\sum p_1 q_1}{\sum p_0 q_0} \div Q_{01}$），则后者是 P_{01} 的因素对立公式。

当我们用代数式来说明的时候，这一点几乎是不言自明的。

如果P_{01}'和P_{01}''联合起来可以构成P_{01}，并且如果它们的因素对立公式，即

$$\frac{\sum p_1 q_1}{\sum p_0 q_0} \div Q_{01}' \text{ 和 } \frac{\sum p_1 q_1}{\sum p_0 q_0} \div Q_{01}''$$

同样可以联合起来构成

$$\frac{\sum p_1 q_1}{\sum p_0 q_0} \div Q_{01},$$

它显然是P_{01}的因素对立公式（Q_{01}和P_{01}是一样的模式，因为根据假设，前者与P_{01}'和P_{01}''模式相同，而后者与Q_{01}'和Q_{01}''模式相同，而所有这四个表达式的模式都是彼此相同的）。

第8章第十节的注释。和公式交叉不同，权重交叉不仅可以使用几何法，还可以使用算术法和调和法来完成。我们还记得，用几何法交叉用一号和四号加权法加权的公式，得到的结果和交叉用二号和三号加权法加权的公式相同。但是，用算术法和调和法来交叉权重就不是这样了。就像交叉**公式**123和125会略有些不同一样（133和135、143和145也是如此），如果权重交叉是用算法和或调和法进行的，它们的交叉**权重**公式也会略有些不同。

由于除了应用于综合指数以外，其他的作者从来没有提到过用算术法或调和法来交叉权重，所以在这里将只计算这种类型的指数的交叉权重公式。当然，结果与用几何法得到的交叉权重公式没有明显的区别；如果我们也计算了其他类型的指数的交叉权重公式，就会发现用不同的交叉方法得到的结果也是非常一致的，虽然一致的程度并不相同。

401

本书对用算术法交叉权重得到的指数的编号以 2000 开头，而用调和法交叉权重得到的指数的编号以 3000 开头。

至于那些以 4000 开头的公式，公式 4153 是用权重的加权算术均值进行交叉得到的（公式 53 和 54 的）交叉权重公式。公式 4154 是它的因素对立公式，4353 是 4153 和 4154 的（几何）交叉公式。

从图像来看，图 63P 和 63Q 显示了用四种方法对公式 53 和 54 的权重进行交叉，得到的结果是多么接近。它们很少会不太一致，因为公式 53 和 54 本身就非常接近。值得注意的是，与公式 53 和 54 的其他联合形式与**这种联合形式**的因素对立公式的差异相比，公式 4153 与其因素对立公式的差异要更大一些。

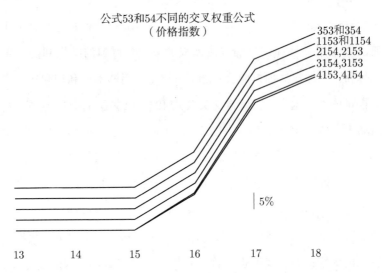

公式53和54不同的交叉权重公式
（价格指数）

353和354
1153和1154
2154,2153
3154,3153
4153,4154

|5%

13　　14　　15　　16　　17　　18

图 63P　用四种方法交叉权重得到的结果非常一致。每个结果的对立公式也与原来的公式非常一致，其中除了最后两种情况以外，它们几乎都是完全重合的，第一种情况则是绝对重合的。

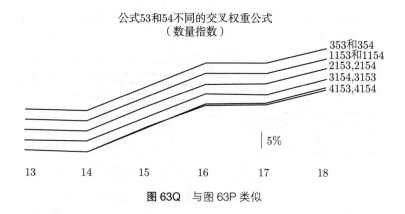

公式53和54不同的交叉权重公式
（数量指数）

353和354
1153和1154
2153,2154
3154,3153
4153,4154

5%

图 63Q　与图 63P 类似

图 64P 和 64Q 显示了在经过两轮修正后得到的所有交叉权重公式与公式 353 比较的最终结果。它们彼此之间几乎是没有区别的，与公式 353 也几乎没有区别。也就是说，所有上述新构建的交

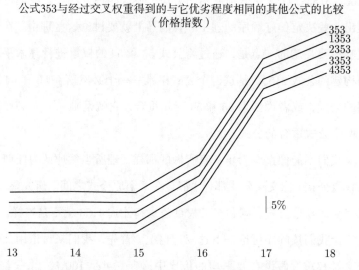

公式353与经过交叉权重得到的与它优劣程度相同的其他公式的比较
（价格指数）

353
1353
2353
3353
4353

5%

图 64P　从准确度来看，经过两轮修正的交叉权重公式与 353 几乎没有偏好程度之分。

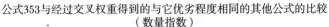

公式353与经过交叉权重得到的与它优劣程度相同的其他公式的比较
（数量指数）

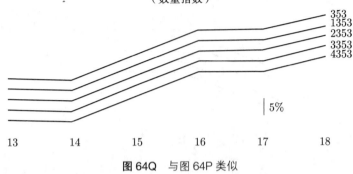

图 64Q   与图 64P 类似

叉权重公式在实践中都与五个齿的叉子的中间那个齿重合。这些新加入中间那个齿的曲线与1153、1154等非常接近，以至于它们的差异在实践中是不显著的。

但值得注意的是，有四种进行权重交叉的方法，即公式1153、2153、3153、4153中分别使用的方法，在这四种方法中，我们可以提出一些决定偏好顺序的理由。我们马上就要讨论这些理由。在这里唯一要强调的一点是，通过将公式53和54的权重进行**算术平均**而构建的公式2153，是这四个公式中唯一一个必然落在53和54之间的公式，或者说如果53和54互相重合，它就是唯一一个必然与这两个公式重合的公式。

我们不能像迄今为止一直所做的那样，理所当然地认为任何交叉权重公式（像交叉公式那样）都会在两个原公式之间。研究显示，几何交叉权重公式、调和交叉权重公式和公式4153就不是这样。

让我们按顺序讨论一下这三种情况。首先，我们来讨论用几何法交叉权重。假设在要平均的价比中，有一半是100%，另一半是300%。接下来假设基准年份（前面18个等于100%的价比）的权重值分别为 2、0、2、0、2、0 等交替，而给定年份（同样这 18 个价比）的权重值分别为 0、2、0、2、0、2 等交替；而对于另外 18 个等于 300% 的价比，权重均为 1。

为了讨论方便，我们列出下面的表格：

价比		权重	
		基准年份	给定年份
前面一半	100%	2	0
	100%	0	2
	100%	2	0
	100%	0	2
	等等		
后面一半	300%	1	1
	300%	1	1
	300%	1	1
	300%	1	1
	等等		

显然，在基准年份的加权体系下，前面一半的每个偶数项的权重都是 0，在取平均值时会消失不见，只留下奇数项。但是它们的值都是一样的（100%），并且每一项的权重也相同（都是 2）。而后面一半价比都是 300%，权重都是 1。这会使所有项的平均值简化为 9 个每个权重都是 2 的项，和 18 个每个权重都是 1 的项；换句话说，变成了两组每组都有 18 项的数字的平均值，即 100% 和 300% 的简单平均值。

再看给定年份的权重，我们会发现同样的结果；在这种情况下，前面一半的每个**奇数**项都消失了，再次剩下了 9 个双倍加权的 100 和 18 个单倍加权的 300 来平均。

这就导致，无论使用基准年份的权重还是给定年份的权重，得到的指数都是相同的。在这两种情况下，我们要平均的都是具有相同权重的数字 300 和 100，所以 300 和 100 在两种情况下的平均值必然是相同的。（无论这个平均值是算术平均值、几何平均值还是调和平均值，都是如此。如果是算术平均值，指数就是 200；如果是几何平均值，指数是 173；如果是调和平均值，指数是 150。）

以上就是关于**公式**交叉的讨论。

当我们交叉**权重**的时候，结果有惊人的不同。对于权重来说，前面一半都是 0（$\sqrt{2 \times 0}$、$\sqrt{0 \times 2}$、$\sqrt{2 \times 0}$、$\sqrt{0 \times 2}$ 等）！后面一半的权重都是 1。因此，前面一半全都消失了，平均值变成了 18 个每个都是 300% 的项的平均值，也就是 300%。

因此就出现了这样的情况，用基准年份的权重和用给定年份的权重，结果是一样的（比如说每个都是 200），而当我们用权重的几何均值加权时，结果变成了 300！

我认为，按理说，如果用基准年份的权重和给定年份的权重会得到同样的指数值（比如说 200），那么任何合理的均值加权方法都应该给出同样的结果（200），而不能给出一个比二者都大的结果（300）。

同样，如果基准年份的权重和给定年份的权重会给出不同的指数值，比如说 149 和 151，我们有理由要求使用均值权重得到的指数值介于这两个数字之间，而不是远远在这个范围之外，比如说 300。

当然，如果使用的权重不是 0，但是非常小，在使用 0 权重时出现的情况仍然会出现，但是最终结果偏离的程度会小一些。

当使用调和平均值时，出现偏离的可能性甚至会更大。因为每个调和平均值都和算术平均值分别位于几何平均值的两侧。

我们发现了一些交叉权重公式出现这种偏离的例子。中值就会表现出这种偏离。因此使用基准年份的权重（公式 33）给出的（1918 年的数量指数）结果是 122.39，用给定年份的权重（公式 39）给出的结果是 123.50，但是用几何法交叉权重的中值公式（1133）给出的结果不是位于 122.30 和 123.50 之间，而是 122.27。还有几个环比数字（1917 年和 1918 年的数量指数）偏离的程度还要更大一些。

对于综合公式 1153（使用几何交叉权重）和 3153（使用调和交叉权重），在某些情况下得到的结果不是位于公式 53 和 54 的结果之间，而是同样也脱离了轨道。

唯一一个几何交叉权重公式发生了这种偏离的例子是 1918 年 404 的价格（环比）指数，此时公式 53 和 54 给出的结果分别是 178.56 和 178.43，而 1153 给出的结果是 178.34。

在几个例子中，用调和交叉权重公式得到的固定基准指数也会逃离 53 和 54 的约束。从而，对于价格指数：

1917 年，公式 53 和 54 给出的结果是 162.07 和 161.05，

而公式 3153 给出的结果是 162.11。

1918 年，公式 53 和 54 给出的结果是 177.87 和 177.43，

而公式 3153 给出的结果是 176.94。

关于公式 4153，它展现了使用权重的加权平均值的诱惑。但是它使用权重的努力有点过分了，就好像双重否定就否定过分了一样。

只要一个简单的例子就可以表明公式 4153 无法分割 53 和 54 之间的差距，以及它给出的结果是不合理的。假设小麦在 1913 年的价格为 $p_0=$ 每蒲式耳 1 美元，在 1914 年的价格为 $p_1=$ 每蒲式耳 20 美元，而橡胶在 1913 年的价格为 $p'_0=$ 每磅 20 美元，在 1914 年的价格为 $p'_1=$ 每磅 1 美元；它们在 1913 年的数量分别为 $q_0=3$ 百万蒲式耳，$q'_0=3$ 百万磅，在 1914 年的数量分别为 $q_1=300$ 百万蒲式耳，$q'_1=300$ 百万磅。那么，利用公式 53，我们发现这两种商品的平均价格变化为

$$\frac{p_1 q_0 + p'_1 q'_0}{p_0 q_0 + p'_0 q'_0} = \frac{20 \times 3 + 1 \times 3}{1 \times 3 + 20 \times 3} = \frac{20 + 1}{1 + 20} = 100\%。$$

₄₀₅　利用公式 54，我们可以得到

$$\frac{p_1 q_1 + p'_1 q'_1}{p_0 q_1 + p'_0 q'_1} = \frac{20 \times 300 + 1 \times 300}{1 \times 300 + 20 \times 300} = \frac{20 + 1}{1 + 20} = 100\%。$$

因此公式 53 和 54 的结果是一致的。但是公式 4153 的结果并不介于二者之间，也就是和它们并不一致。

公式 4153 是

$$\frac{p_1\left(\dfrac{p_0 q_0 + p_1 q_1}{p_0 + p_1}\right) + p'_1\left(\dfrac{p'_0 q'_0 + p'_1 q'_1}{p'_0 + p'_1}\right)}{p_0\left(\dfrac{p_0 q_0 + p_1 q_1}{p_0 + p_1}\right) + p'_0\left(\dfrac{p'_0 q'_0 + p'_1 q'_1}{p'_0 + p'_1}\right)}，\text{即}$$

$$\frac{20\left(\dfrac{1 \times 3 + 20 \times 300}{1 + 20}\right) + 1\left(\dfrac{20 \times 3 + 1 \times 300}{20 + 1}\right)}{1\left(\dfrac{1 \times 3 + 20 \times 300}{1 + 20}\right) + 20\left(\dfrac{20 \times 3 + 1 \times 300}{20 + 1}\right)} = 912\%。$$

每个括号中的表达式都是一个平均值。在括号里，价格 1 和 20 被用作平均数量 3 和 300 的权重，在左边的括号中给了 300 更大的

权重，在右边的括号中给了 3 更大的权重。由此得到的平均值，即
括号里面的值，在左边的括号里更接近 300，在右边的两个括号里
更接近 3。换句话说，与商品价格恰好较高的那一年对应的数量在
结果中总是占据着主导地位。

这显然是不合理的，这不仅是因为得到的结果（912%）在公
式 53 和 54 得到的两个重合的结果（100%）之外，也是因为这两
个公式本身的性质。公式 53 给出的是两种商品的数量均为 3 时的   406
指数值；而公式 54 给出的是两种商品的数量均为 300 时的指数值。
它们最终的计算结果显然是没有问题的，因为权重完全是相对的。
那么，如果两种商品的基准年份权重和给定年份权重是**相对**相同
的，不管两种加权方法以任何形式联合，我们也没有任何理由让联
合后的权重变成相对不同的。

上面用数字给出的这个例子表明，（在取数量的平均值并作为
价格的权重之前）用价格给数量加权，会引入一种错误的准则。虽
然这种操作不会使结果出现偏差，但是却会产生一种奇怪的偏斜，
更倾向分子中的 p_1 或分母中的 p_0。这是不合理的，因为相对于分
子中的 p_1' 更倾向于 p_1，与相对于分母中的 p_0' 更倾向于 p_0，对最终
的比例的影响方向是相同的。

公式 4153 显然是交叉权重方法中错误最严重的一种方法。简
单几何法与简单算术法非常接近；简单调和法与简单几何法也非常
接近。但是，公式 4153 在权重中引入了一个新的扰动因素。相应
的，我们发现，公式 4153 通常不在 53 和 54 之间，甚至比 1153 和
3153 不落在 53 和 54 之间的概率还大。

我们发现，对下列年份的（固定基准法下的）价格指数，公式

4153 的结果落在了 53 和 54 的结果范围之外。

1916 年，公式 53 和 54 给出的结果是 114.08 和 114.35，

而 1916 年，公式 4153 给出的结果是 114.44。

1917 年，公式 53 和 54 给出的结果是 162.07 和 161.05，

而 1917 年，公式 4153 给出的结果是 162.40。

1918 年，公式 53 和 54 给出的结果是 177.87 和 177.43，

而 1918 年，公式 4153 给出的结果是 178.26。

对于数量指数，我们在 1918 年发现了类似的偏离，在环比数字中也发现了类似的偏离。

根据检验 2 进行修正后，（公式 4353 的）结果有了明显的改进。

公式 2153 是唯一一个必然会落在 53 和 54 之间的交叉权重公式。

公式 2153 是将公式 53 和 54 的权重进行**算术交叉**（取二者权重的**简单算术平均值**）得到的。我们将第一次表明，这个**交叉权重公式**与将 53 和 54 进行**综合交叉**得到的交叉公式是一致的。当它作为（算术交叉的）交叉权重公式时，表达式为

$$\frac{\sum p_1 \left(\dfrac{q_1 + q_0}{2} \right)}{\sum p_0 \left(\dfrac{q_1 + q_0}{2} \right)}。$$

当它作为（综合交叉的）交叉公式时，表达式为

$$\frac{\sum p_1 q_1 + \sum p_1 q_0}{\sum p_0 q_1 + \sum p_0 q_0}。$$

将第一个表达式中的"2"约分掉，再将乘法展开，会发现这两个表达式显然是一致的。

上面这个公式是 53 和 54 的均值或平均值，必然介于 53 和 54

之间，结论得证。

在这种联合方式中，我们会发现很有趣的一点，除了公式 2153 以外，还有一些公式是既是**交叉权重公式**又是**交叉公式**。公式 2153 是公式 53 和 54 联合得到的这样的公式，这两个指数都是综合指数。但是，用算术指数和调和指数也可以构建出这样的公式。在每一个这样的情况下，我们取两个公式（比如说 3 和 9、5 和 7、13 和 19、15 和 17）作为模板，用**算术法**交叉它们的**权重**，再用**综合法**交叉**公式**本身，都会得到完全相同的结果。

第 9 章第一节的注释。公式 8053 和 8054 的（几何）交叉公式与 353 一致。用 a 代表公式 53，b 代表公式 54，那么 8053 就是 $\dfrac{a+b}{2}$，8054 就是 $\dfrac{2}{\frac{1}{a}+\frac{1}{b}}$。它们的交叉，即几何均值，为

$$\sqrt{\frac{a+b}{2}\times\frac{2}{\frac{1}{a}+\frac{1}{b}}}=\sqrt{ab}=\sqrt{53\times54}=353。$$

第 11 章第四节的注释。如果前向众数指数大于几何指数，那么后向众数指数就一定小于几何指数。最简单的证明方法是观察图 11P 和 11Q。我们发现，前向和后向算术指数不是互为延长线，因为算术指数不满足检验 1；前向和后向的调和指数也是如此。但是，对于任何满足检验 1 的公式，其前向和后向形式都是互为延长线的。（除了算术指数和调和指数以外的）所有简单指数都是如此，包括简单几何指数和简单众数指数。因此，我们可以画出两条在原点交叉的直线，一条代表前向和后向的几何指数，另一条代表前向和后向的众数指数。由此显然可见，如果在原点的一侧，众数指数

在几何指数的上方，在原点的另一侧，众数指数就必然在几何指数的下方。

第11章第十节的注释。将13个公式都作为同样好的观察值，计算它们的或然误差。假设这13个指数都是同样好的，则它们的或然误差的公式，即随机取13个观察值中的任何一个，其（距离它们的均值的）可能的离差，为 $0.6745 \sqrt{\dfrac{\sum d^2}{n-1}}$，其中 d 代表任何一个观察值与均值的离差，n 代表观察值的数量（在这个例子中是13）。

均值本身的"或然误差"是上面这个表达式除以 $\sqrt{n}$。

第11章第十一节的注释。离散的"不对称性"重要吗？到目前为止，要平均的数据的**分布**、离散的类型、具体情况下的离散是否"对称"，都是研究指数的学者考察的主要问题之一。因此，我从韦斯利·米切尔和其他人的研究成果中了解到，价比向上的离散程度远远大于向下的离散程度，原因显然是向上有更大的离散空间。在向下的方向，它们会受到不能小于0的限制，而向上的离散是没有限制的。

人们一直认为，这种分布特点对于选择最好的指数具有决定性的影响。沃尔什、埃奇沃斯和其他人进行了大量思考。他们提出了详细的论证来说明，由于数据的离散在"几何上"比在"算术上"更加对称，所以几何均值或其他某种形式的几何平均值更适合用来构建指数。

读者会注意到，在本书中，没有任何地方涉及任何这样的讨论。在选择指数公式的时候，要平均的各项在分布上的不对称性绝对是毫无关系的。这似乎是一个最具有革命性的观点。现在有一种越来越明显的倾向，在决定应该使用几何法还是算术法取平均值之前，要考虑相关社会问题中的数据分布情况。总体来说，我对此并无反对意见。相反，这对于很多社会问题来说是非常重要的。即使要平均人的身高和体重，也应该考虑数据的分布特点。

但是在指数的范畴里，情况则完全不同，而且原因很简单。与身体或体重不同，价比或数量比是**两**项之比，这两项中的一项会被用作分子。任何**比例**都必然具有双向性。在一个方向上使用时这些比例会向一个方向离散，而在向另一个方向上使用时则会以完全相反的方向离散。在其中一种方向上比较大的比例，在另一个方向上就会是比较小的比例，而且相对程度相同。因此，如果在两个时点或两个地点，糖的价格从 10 美分上涨到了 20 美分，**小麦**的价格从 1 美元上涨到 3 美元，则它们的价比分别为 200% 和 300%，小麦的价比比糖的价比高了一半。但是如果比较的方向相反，它们的价比就分别是 50% 和 $33\frac{1}{3}$%，现在变成了**糖**的价比比小麦的价比高一半。

图 11P 和 11Q 通过时间的倒转说明了离散的倒转关系。

因此，当我们用检验 1 **修正**从而以同样的程度考虑这两种相反的离散时，数据分布中的任何不对称都是向着两个方向的，并且是可以自己抵消掉的。因此，在我们的最终结果中，比如公式 309、323 和 353，没有任何不对称的效果的痕迹。这三个公式如果存在差异，则差异有时候是一个方向，有时候则是另一个方向的，虽然

309 是由几个受分布的不对称性影响比较大的指数交叉而来的。

410　　　如果我们将图 62 中的数据绘制成两条原始频率曲线，就会发现在这两种情况下，上部的离散程度确实大于下部（或者按照通常的绘制方式，右侧的离散程度大于左侧）。但是，很重要的一点是，在一种情况下位于上部的商品在另一种情况下却位于下部，反过来也一样。

向上的离散程度大于向下的离散程度的真实原因在于，我们使用的是算术坐标。如果我们使用的是比例图表，我们就不能说分布是不对称的；即使分布是不对称的，也不总是向任何特定方向的不对称。图 65 显示了战争工业委员会的 1,437 种商品 1917 年相对于 1913 年 7 月—1914 年 7 月这个年度的价比的分布，和反向价比的分布（用虚线表示）。我们会看到，不对称性会反过来，在原来的分布中，众数是五个平均值中最小的，而它在虚线中是最大的。在两个分布中，除了算术平均值和调和平均值像通常一样交换了位置以外，其他平均值的顺序是相反的。当我们使用比例图表的时候，我们可以说，这是一个众数、几何平均值或中值对称的"正态分布"，这三个值通常是对称分布的，而算术平均值总是在这三个值的上方，调和平均值总是在这三个值的下方；向一个方向不对称的可能性和向另一个方向不对称的可能性是完全相同的。

第 11 章第十三节的注释。公式 53 和 54 有时候会有轻微的偏差。54 大于还是小于 53，取决于价比与数量之比是正相关还是负相关。

本书使用的 36 种商品（以 1913 年为基准的）的价比和数量之

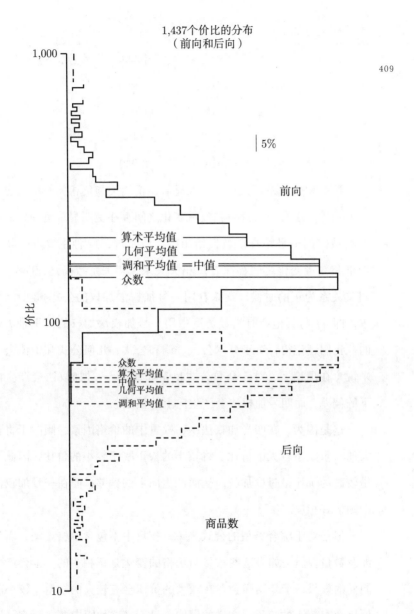

图 65 以比例图表的形式显示，前向和后向价比分布的不对称性和平均值的
顺序是恰好相反的，除了算术平均值和调和平均值以外（二者交换了位置）。

比的相关性如下：

1914	+0.265
1915	+0.023
1916	+0.035
1917	−0.133
1918	−0.250

这些相关关系都太小，不太显著，正相关和负相关的次数也基本上相等。还有一个价格和数量变化之间存在更明显、更一致的相关关系的例子是帕森斯教授给出的，他发现，12 种主要农作物的价格和数量变化之间存在着负相关关系，相关系数高达 -0.88。当相关关系为正的时候，意味着用一号加权法加权的公式 53 中的权重（即 q）与其他所有指数类型中用一号加权法加权的权重是类似的。我们还记得，对于算术公式、调和公式、几何公式和中值公式来说（在理论上，对于众数公式也是如此），一号加权法会产生向下的偏差，而四号加权法会产生向上的偏差。

这是因为，在四号加权法中，权重中的价格因素，倾向于将较大的权重赋予较大的价比，将较小的权重赋予较小的价比，因此会是较高的价比被过度加权，从而产生向上的偏差；而在一号加权法中则恰好相反。

但是对于综合类型的公式来说，权重中不包含价格因素，而只411 涉及数量。但是如果这些数量与价格的变化是正相关的，也会产生同样的效果；于是同样会存在较大的价比会有较大的权重，较小的价比会有较小的权重，这样的倾向；只不过这种倾向要弱得多——除非价格和数量变化的相关性达到 100%，从而使数量的行为与价格的行为完全一致。

那么我们可以预期，当相关关系为正的时候，我们会发现用四号加权法加权的综合指数，即公式 59（或 54），在用一号加权法加权的综合指数，即公式 53 的上方，就好像对于其他类型的公式，我们会发现 3 在 9 的下方、13 在 19 的下方、23 在 29 的下方、33 在 39 的下方一样。我们发现确实是这样，只不过对于综合公式来说，两种加权法之间的差异比其他类型的公式要小得多。另一方面，当相关关系为负的时候，我们可以预期会发现相反的情况，事实上也确实如此。也就是说，在我们计算的 36 种商品的指数中，在 1914 年、1915 年和 1916 年，当价格与数量的变化正相关的时候，公式 53 在 54（或 59）的下方；但是在 1917 年和 1918 年，当价格与数量的变化负相关的时候，53 在 54 的上方。图 39P 和 39Q 上面的一层显示了这一点。

但是对于帕森斯的 12 种农作物（相对于 1910 年这个基准年份）的价格和数量数据来说，（除了一次以外）53 **始终**在 54（或 59）的上方，表明 53 具有确定的向上偏差，因为价格和数量变化之间存在着确定的高负相关关系，即销量大的农作物具有较低的价格，反之亦然。图 47P、47Q、48P、48Q 表明了这一点。

有些读者会问，除了单纯在某个方向上的误差以外，53 中是否总是有**一部分**向上偏差，54 中总是有一部分向下偏差。答案是，虽然在农作物的案例中，因为这里的农作物代表的是**供给量**，所以发现了负相关关系，但是价格也会受到需求的影响，而我们公式中的数量既可能代表供给数量，也可能代表需求数量。由于价格会随着需求的增加而上涨，随着供给的增加而下降，所以市场中的实际交易数量与价格是正相关还是负相关，可能性似乎是差不多一样的，而且除了这些农作物的数据以外，我们拥有的所有数据都支持这个结论。

而且，同样的逻辑不仅可以应用于对综合公式的比较，还可以应用于对权重的差异只与数量因素有关的两个算术公式或两个调和公式的比较。在所有这些情况下，一号加权法和二号加权法之间的差异只与数量因素有关，三号加权法和四号加权法之间的差异也只与数量因素有关。因此，关于用一号和四号加权法加权的综合公式之间的差异的推理，也可以应用于用一号和二号加权法加权的算术公式的比较，或用三号和四号加权法加权的算术公式的比较，或对应的调和公式以及对应的几何公式的比较。观察图表会发现我们刚刚推导出的预期结果。在所有这些情况下，除了无关紧要的例外，无论是价格指数还是数量指数，在1914年、1915年和1916年，I 都在 II 的下方，而在 1917年 1918年，I 都在 II 的上方。

唯一的例外是1918年用调和法和几何法计算的数量指数，II 略大于 I，这可能是因为毛皮这种商品的数量极端异常所造成的扰动影响。

当我们考虑到由此发现的影响是多么微小时，相关系数与数量在价格指数的权重中的影响之间的这种可靠的对应关系无疑是很不寻常的。即使是不活泼的中值指数，除了少数例外情况以外，也会反映这种影响。我们还可以说，相关系数越大，53 和 54 之间的差距也几乎总是越大。至此，所有加权方法的行为都得到了充分的分析。权重中的价格因素会（对价格指数）带来较大的影响，而权重中的数量因素会根据它们与价比的相关关系带来比较小的影响。

我们会看到，即使在有轻微偏差的时候，拉氏公式和派氏公式（53 和 54）通常也彼此非常接近。为了研究它们之间的差异真的非常大会带来什么后果，我们从 36 种商品中选取了"橡胶"和"毛皮"这两种商品，计算了只包含这两种商品的指数，然后又计算了只包含"木材"和"羊毛"的指数。我们选择的第一对商品是使 53 大于 54 最多的两种商品，而第二对商品是使 54 大于 53 最多的两种商品。因为在我们研究的期间，第一对商品，橡胶和毛皮，恰好是价格受**供给**的影响最大的两种商品，所以它们的数量和价格倾向于向相反的方向变化。橡胶的销售数量上升而价格下降；毛皮的销售数量下降而价格明显提升。另一方面，木材和羊毛主要受到**需求**的影响。需求的增加使羊毛价格的上涨远远超过了平均上涨水平，而销售数量也增加了；相反，需求的下降使木材的价格远远低于平均水平，而销售数量也下降了。

也就是说，橡胶的 p 和 q 是**负**相关的，毛皮的也是如此；而木材的 p 和 q 以及羊毛的 p 和 q 都是**正**相关的。

就像我们已经看到的那样，当负相关关系占上风的时候，53 会超过 54；而当正相关关系占上风的时候，54 会超过 53。表 52 和表 53 给出了以上两个案例相应的数值。这里很偶然，使用公式 53 和 54 得到的结果有比较大的差异。在木材和羊毛这个不那么极端的案例中，54 超过 53 的最大幅度仅为 8% 左右（1918 年），而在橡胶和毛皮这个极端得多的案例中，1918 年，53 超过 54 的幅度达到了 32%。

414

表 52 橡胶和毛皮的价格与数量变化，以及用公式 53 和
54 计算出的它们的平均值

	价比						数量之比					
	1913	1914	1915	1916	1917	1918	1913	1914	1915	1916	1917	1918
橡胶	100	76.30	69.05	82.94	80.25	68.02	100	117.96	199.83	223.49	324.61	303.54
毛皮	100	101.61	105.24	161.53	213.71	215.33	100	88.06	64.18	83.58	40.30	10.45
53	100	80.26	74.71	95.22	101.10	91.04	100	113.29	178.63	201.63	280.18	257.75
54	100	79.37	71.08	88.03	83.25	68.96	100	112.04	169.95	186.40	230.71	195.23

表 53 木材和羊毛的价格与数量变化，以及用公式 53 和
54 计算出的它们的平均值

	价比						数量之比					
	1913	1914	1915	1916	1917	1918	1913	1914	1915	1916	1917	1918
木材	100	100.66	100.11	101.66	116.20	133.90	100	94.95	94.03	102.29	97.24	88.07
羊毛	100	101.56	125.36	134.29	218.27	282.17	100	122.77	156.03	164.51	157.81	167.86
53	100	100.76	103.09	105.51	128.24	151.39	100	98.24	101.35	109.63	104.39	97.49
54	100	100.79	104.70	107.44	134.40	164.02	100	98.26	102.93	111.63	109.41	105.62

我们之所以要计算这种没有代表性的案例的结果，是为了发现
公式 2153 是否仍然是代替 353 的一个很好的捷径。表 54 和表 55 表
明，对于木材和羊毛这种不太极端的情况，2153 是 353 的很好的替
代品，但是对于其他情况并不总是这样。

表 54 用公式 353 和 2153 计算的橡胶和毛皮的指数

	价格指数						数量指数					
	1913	1914	1915	1916	1917	1918	1913	1914	1915	1916	1917	1918
353	100	79.81	72.87	91.55	91.74	79.23	100	112.66	174.24	193.87	254.25	224.32
2153	100	79.79	72.38	90.41	87.96	75.14	100	112.73	174.93	194.19	255.31	227.94

表 55 用公式 353 和 2153 计算的木材和羊毛的指数

	价格指数						数量指数					
	1913	1914	1915	1916	1917	1918	1913	1914	1915	1916	1917	1918
353	100	100.78	103.89	106.47	131.28	157.58	100	98.25	102.14	110.63	106.87	101.47
2153	100	100.78	103.90	106.52	131.39	157.63	100	98.25	102.15	110.66	107.21	102.38

我们会看到，在木材和羊毛这种不太极端的案例中，只有一次 2153 偏离 353 超过了 1% 的三分之一，那就是 1918 年的数量指数，偏离达到了 1% 的十分之九。在橡胶和毛皮这种比较极端的案例中，在 10 次中有四次 2153 的偏离都超过了 1%，1918 年的价格指数偏离程度达到了 5%（这时 53 超过 54 的幅度达到了 32%，353Q 超过了 200%）[①]。当然，当我们不是故意挑选出两种商品，而是使用大量未经挑选的商品时，是不太可能出现这种程度的偏离的。

第 12 章第一节的注释。按照与公式 353 的接近程度对公式进行排序时使用的方法。将 134 个指数相对于理想公式 353 进行排序的方法是：（1）确定任何给定的指数在每一年（1914—1918 年）[413] 与理想指数的差值；（2）将这些差值转化为与理想指数的百分比；（3）用附录 1 第 5 章第十一节的注释中提到的离散程度指数的反比例对这些差值进行进一步调整；（4）不考虑正负号，取这些离差的简单算术平均值。

这种给公式打分的方法不一定是可能采取的最准确的方法，但是对于我们的目的来说，它的准确性已经足够了，而且计算起来比

---

① 见附录 1，第 15 章第二节的注释。

最准确的方法容易得多。用这种方法得到的排序结果与使用更加精确的方法得到的结果几乎是完全一样的。这里之所以采取了第三个步骤，是基于这样的理论，即价比离散程度比较大的年份，比如说1917年，相较于价比离散程度比较小的年份，比如说1914年，各个公式的计算结果自然会有更大的差异，因此在计算任何指数与理想指数的差异时，1914年的百分比较小的差距，应该与1917年的百分比较大的差距同样计算。

第13章第一节的注释。循环检验的代数表达式。假设有三个城市或年份，分别用1、2、3来代表，令代表两两之间价格比率的指数分别为 P_{12}、P_{23}、P_{31}（当然反向的指数分别为 P_{21}、P_{32}、P_{13}）。循环检验是指，任何特定的指数，其结果都应该使得 $P_{12} \times P_{23} = P_{13}$ 或 $P_{12} \times P_{23} \times P_{31} = 1$。如果 $P_{13} = \dfrac{1}{P_{31}}$（即如果满足我们的"时间倒转检验"），这两个条件就是等价的，因为显然可以用 $\dfrac{1}{P_{31}}$ 代替第一个公式（$P_{12} \times P_{23} = P_{13}$）中的 P_{13}，再将分数的分母乘过去，结果显然就是第二个公式（$P_{12} \times P_{23} \times P_{31} = 1$）。换句话说，根据循环检验，围绕着三角形的同一个方向取的三个指数的乘积必须是1。

第13章第四节的注释 A。简单几何指数或固定权重的几何指数（9021）满足循环检验。很容易证明简单几何指数（21）或固定权重的几何指数（9021）满足循环检验。公式 9021 的表达式为

$$\sqrt[\Sigma w]{\left(\frac{p_1}{p_0}\right)^w \times \left(\frac{p_1'}{p_0'}\right)^{w'} \times \cdots},$$

其中 w、w' 等是固定权重，即对于 0、1 等所有年份，它们都是相同的。上面的公式是第"1"年相对于第"0"年的指数，即我们从第"0"年到了第"1"年。当我们从第"1"年到第"2"年的时候，指数的表达式为：

$$\sqrt[\sum w]{\left(\frac{p_2}{p_1}\right)^w \times \left(\frac{p_2'}{p_1'}\right)^{w'} \times \cdots}。$$

要完成这个循环，还要从第"2"年到第"0"年，表达式为

$$\sqrt[\sum w]{\left(\frac{p_0}{p_2}\right)^w \times \left(\frac{p_0'}{p_2'}\right)^{w'} \times \cdots}。$$

将三个表达式相乘，可以得到

416

$$\sqrt[\sum w]{(\frac{p_1}{p_0} \times \frac{p_2}{p_1} \times \frac{p_0}{p_2})^w \times (\frac{p_1'}{p_0'} \times \frac{p_2'}{p_1'} \times \frac{p_0'}{p_2'})^{w'} \times \cdots}。$$

经过约分，这个表达式可以化简为 1，因此满足循环检验。如果 $w = w' = w'' = \cdots = 1$，上面的表达式就变成了简单几何公式，它的证明可以作为一个特例包含在上面的证明当中。

简单综合指数（51）或固定权重的综合指数（9051）符合循环检验也同样容易证明。

在从 0 到 1 这一步，公式 9051 的表达式为 $\frac{\sum wp_1}{\sum wp_0}$，

在从 1 到 2 这一步，公式 9051 的表达式为 $\frac{\sum wp_2}{\sum wp_1}$，

在从 2 到 0 这一步，公式 9051 的表达式为 $\frac{\sum wp_0}{\sum wp_2}$，

这三个表达式的乘积为 1。当 $w = w' = w'' = \cdots = 1$ 时，简单综

合指数就可以作为一个特例包含在这个证明当中。

第 13 章第四节的注释 B。当应用于三个特定的日期时，满足检验 1 和检验 2 的公式可以经过修正满足循环检验。喜欢数学的读者可能会发现，事实上，不仅可以通过人为地让权重固定来使公式满足循环检验，对于**只局限于特定日期的三角形**来说，对三个不一致的比较的真实公式进行相互调整，也可以使其满足循环检验。

令原指数为 P_{01}，它可以是任何变量的指数。令它通过常用的方法根据检验 2 修正后的指数为 P_{01}'。令 P_{01}' 的时间倒转指数为 $1/P_{10}'$。我们要以这些指数为出发点推导出满足检验 1 的 P''，再以 P'' 为出发点推导出满足循环检验的 P'''（只要考虑的是三个特定的日期）。

显然，按照通常的方法，P_{01}' [①] 根据检验 1 得到的修正公式为

$$P_{01}'' = \sqrt{\frac{P_{01}'}{P_{10}'}}，将分子和分母同时乘以 \sqrt{P_{01}'}，可以化简为 \frac{P_{01}'}{\sqrt{P_{01}'P_{10}'}}。$$

同样有，$P_{10}'' = \dfrac{P_{10}'}{\sqrt{P_{10}'P_{01}'}}$。

这两个表达式的分母相同。

（将这两个表达式相乘）可以很容易证明，而且事实上以前也已经证明过，这些修正后的公式满足时间倒转检验，即

$$P_{01}'' \times P_{10}'' = 1。$$

为了表达的方便，我们可以把它叫做应用于**两个**日期的循环检

---

① 原文为 P_{01}''，疑为笔误。——译者注

验。(与下面关于三个日期的讨论不同,两个日期的检验可以应用于任何两个日期。)

接下来,**对于三个特定的日期**或地点,1、2、3,比如说格鲁吉亚、挪威和埃及,我们要确保经过进一步"修正"的 P''' 能够满足 $P'''_{12} \times P'''_{23} \times P'''_{31} = 1$。

这些要包含在等式中的公式为

$$P'''_{12} = \frac{P''_{12}}{\sqrt[3]{P''_{12} P''_{23} P''_{31}}} \circ$$

$$P'''_{23} = \frac{P''_{23}}{\sqrt[3]{P''_{23} P''_{31} P''_{12}}} \circ$$

$$P'''_{31} = \frac{P''_{31}}{\sqrt[3]{P''_{31} P''_{12} P''_{23}}} \circ$$

将上面三个等式相乘,可以得到

$$P'''_{12} P'''_{23} P'''_{31} = \frac{P''_{12} P''_{23} P''_{31}}{\sqrt[3]{\left(P''_{12}\right)^3 \left(P''_{23}\right)^3 \left(P''_{31}\right)^3}} = 1 \circ$$

结论得证。

而且,在获得满足循环检验的 P'' 的过程中,我们并没有使它们不满足对于两个日期的时间倒转检验,或不满足检验 2。在获取 P''' 的过程中同样如此。例如,对于检验 1 来说,

$$P'''_{21} = \frac{P''_{21}}{\sqrt[3]{P''_{21} P''_{13} P''_{32}}},$$

将它与上面的第一个公式相乘,可以得到

$$P'''_{12} \times P'''_{21} = \frac{P''_{12} \times P''_{21}}{\sqrt[3]{\left(P''_{12} \times P''_{21}\right)\left(P''_{23} \times P''_{32}\right)\left(P''_{31} \times P''_{13}\right)}} = \frac{1}{\sqrt[3]{1 \times 1 \times 1}} = 1 \circ$$

结论得证。

当然，如果愿意的话，我们当然可以通过重复上面的步骤和连续的替换用 P_{12} 等来表示 P_{12}'''。

因此公式 P''' 既在应用于三个特定日期时满足循环检验，也在应用于任何两个日期时满足循环检验（此时就变成了时间倒转检验）。

但是这种满足循环检验只局限于三个特定的日期。如果我们改变了日期 3，就会改变 P_{12}'''。因此，日期 1 和 2 之间的指数没有一个固定不变的值，而是每有一个不同的日期 3，这个指数就有一个不同的值。而且，如果我们试图再前进一步，发现对于四个日期满足循环检验的公式 P''''，并使它对于每三个日期和每两个日期都满足循环检验，我们就会遇到困难；因为对于 1、2、3 这三个日期满足循环检验的 P_{12}''''，和对于 1、2、4 这三个日期满足循环检验的公式是不同的。我们甚至无法获得一个单一的 P_{12}''''，使其能够应用于所有的比较，包括双重比较、三重比较和四重比较。

418   第 13 章第五节的注释。"大小相等、方向相反"的循环检验差距的意义。

令 $P_{12}P_{23}\cdots P_{n1} = 1 + a$

令 $Q_{12}Q_{23}\cdots Q_{n1} = 1 - b$

其中 a 和 b 代表循环检验"差距"，因为我们假设公式满足检验 2，所以有 $P_{12} \times Q_{12} = 1$；$P_{23} \times Q_{23} = 1$；$\cdots$；$P_{n1} \times Q_{n1} = 1$；因此有

$$(P_{12}Q_{12})(P_{23}Q_{23})\cdots(P_{n1}Q_{n1}) = 1,$$

即

$$(1+a)(1-b)=1$$

这就是当我们说偏差 a 和 b 的"大小相等、方向相反"时的意思。

也就是说，$1+a$ 和 $1-b$ 互为倒数。而且，如果像在公式 353 中那样，a 和 b 非常小，一直到小数点后很多位，它们的数值都是相等的。

第 13 章第八节的注释。对于不满足检验 1 的公式，我们是否按照同一个方向完成三角形的循环是有差异的。严格来说，当我们考察的指数不符合**时间倒转**检验时，深色的竖线衡量的就不是**循环检验**的离差——如果这个短语的意思是**沿着一个方向**走完三角形的三条边所发现的差距。在这样的情况下，1915 年的深色竖线代表的是，沿着**一个**方向（例如从 1913 年到 1914 年，再到 1915 年）走完三角形的**两条边**，并将此时到达的位置与从 1913 年开始按照**相反的方向**走**第三条边**，即从 1913 年到 1915 年，所到达的位置相比较所发现的差距。这样的情况是不满足时间倒转检验的，所以对于任何一个比较三角形，会有**好几个**差距（而不是像 353 和其他满足时间倒转检验的公式那样，只有一个差距）。取 1、2、3 三个年份，我们会有两个循环检验差距：1—2—3—1 或 3—2—1—3；还有另外几个差距：1—2—3 与 1—3 比较的差距，2—3—1 与 2—1 比较的差距，3—1—2 与 3—2 比较的差距，以及 3—2—1 与 3—1 比较的差距。但是，在**满足**时间倒转检验的情况下，所有这些差距都是相同的，只不过沿着三角形的不同方向循环，会影响数值的正负号。因此，在表 34 中，0—1—2 的三角形比率是 100.35%，而 2—1—0 的比率是 1/100.35%，即 99.65%，所以在第一种情况下，三轮比较与 1 的离差是 +0.35%，而在第二种情况下，离差是 -0.35%。

第 13 章第九节的注释。本书与费雪的《货币的购买力》中关于指数的附录的关系。本书的核心观点是，对于一个指数来说，可倒转性是最重要的检验。在我以前写的《货币的购买力》第 10 章的附录中，我使用了其他的检验。这两项研究的差别是它们强调的点不一样。我以前研究的结论没有什么需要放弃的（关于循环检验的除外），普遍来说，那项研究的结论与当前研究的结论是一致的。

419 两项研究在方法上的基本差异在于，在以前的研究中，我的注意力集中在公式的代数部分，而在现在的研究中，我更关注公式的数字计算结果。

我开始进行现在的研究，源于我试图比较代数形式不同的公式的数字计算结果。但是这些数字结果被计算出来之后，立刻揭示了一个新的研究方向，让我去研究这些结果为什么会不同或相似，这个研究方向实际上比关于公式的代数性质的研究要重要得多。

但是现在我们的新研究已经完成了，我们可以把它与原来的研究比较一下。在原来的研究中，一共考察了 44 个公式，它们原来的编号与新的编号的对应关系如下表所示：

420 在以前的研究中，我一共使用了 8 个检验，每一个检验都用两种方式应用：第一种方式是用于两两比较（只对于两个年份之间的比较），第二种方式是用来比较一系列年份。在《货币的购买力》第 418 页对面折叠的那一页表格中，一个指数如果只能在两两比较

表 56　《货币的购买力》中的公式编号与本书中使用的公式编号的对应关系

在《货币的购买力》中的编号	新的编号	在《货币的购买力》中的编号	新的编号
1	51	23	4153
2	52	24	4154
3	1	25	9
4	2	26	10
5	11	27	7
6	12	28	8
7	21	29	9001
8	22	30	省略
9	31	31	15
10	32	32	16
11	54	33	13
12	53	34	14
13	8053	35	29
14	8054	36	30
15	353	37	23
16	353	38	24
17	2153	39	27
18	2154	40	28
19	3153	41	25
20	3154	42	26
21	1153	43	省略 *
22	1154	44	省略

* 但是在附录 3 中计算了这个值。

中满足了某个检验，就给它打了个"$\frac{1}{2}$"分，如果能在一系列年份的比较中满足这个检验，就打"1"分。因为就像我们在本书的第 13 章看到的那样，某些检验只有在两两比较时在理论上是正确的，所以本书忽略了"$\frac{1}{2}$"和"1"的区别。

　　在以前的研究中，是从公式在交易方程中的应用这个角度来介绍每一个检验的，要满足这个方程，任何价格公式都必然伴随着它关于数量的因素对立公式（在那本书中简单地称为"对立公式"）。每个检验都是同时针对价格和数量的，而且这两个公式中有一个满足检验，就相当于给另一个公式，即它的因素对立公式，打上了一个肯定的标签，因为这两个因素在交易方程中像竞选伙伴一样是并行的。虽然我们现在的研究是要对公式进行修正，从而形成同样的伙伴关系，但是并不真的需要这种互相担保。因此，我们在本书中需要考虑的只是对两个因素中的一个进行检验，比如说对价格（p）进行检验，而省略了那些单独提出的对数量（q）的检验（检验 2、4、6）。

　　我们还可以省略检验 7，"基准的变化"的检验，因为本书已经充分考虑了这一点。

　　现在还剩下四个在原来的书中使用过，但是在本书中到目前为止还没有提到的检验，它们是：（1）**比例性**（proportionality）。如果价比彼此一致，则价格指数也应该与这些价比一致。（2）**确定性**（determinateness）。一个价格指数不应该由于个别价格等于 0 而等于 0、无穷大，或是不确定的。（3）**撤出或加入**。撤出或加入一个与价格指数相等的价比，这个价格指数的值应该不受影响。（4）**共量性**（commensurability）。改变任何价格或数量的衡量单位，价格指数应该不受影响。

　　最后一个检验将把附录 3 所讨论的"平均值的比例"全部排除，还会排除本书的编号体系中的公式 51，以及所有从它衍生出来的公式或依赖于它的公式，即 52 和 251。所有其他公式都符合这个检验，我们可以认为这个检验在指数理论中是非常重要的。

关于比例性的检验实际上是对平均值的定义[①]。在基本公式中，所有**奇数编号**的公式都满足这个检验，但是所有偶数编号的公式都不满足这个检验（除了拉氏公式和派氏公式，后者也同时是奇数编号的公式）。所以有 24 个基本公式满足比例性检验。

表 57 给出了每个公式是否满足上面提到的所有检验，除了已经在前面讨论过的**共量性**检验。在这个表格中，"x"代表满足检验，"–"代表不满足。

表 57　满足和不满足三个补充检验的公式

公式编号	比例性	确定性	撤出或加入	公式编号	比例性	确定性	撤出或加入
1	×	–	×	18	×	×	×
2	–	×	–	19	×	×	×
3	×	×	×	20	×	×	×
4	×	×	×	21	×	–	×
5	×	×	×	22	–	×	–
6	×	×	×	23	×	–	×
7	×	–	×	24	–	×	×
8	–	×	–	25	×	–	×
9	×	–	×	26	–	×	–
10	–	×	–	27	×	–	×
11	×	–	×	28	–	×	–
12	–	×	–	29	×	–	×
13	×	–	×	30	–	×	–
14	–	×	–	31	×	×	×*
15	×	–	×	32	–	×	–
16	–	×	–	33	×	×	×
17	×	×	×	34	–	×	–

422

423

① 因此，除了在某些条件下以外，不满足比例性检验的公式并不是真正的平均值。这样的价格指数公式只有在数量之比全都相等的时候才是价比的平均值。

公式编号	比例性	确定性	撤出或加入	公式编号	比例性	确定性	撤出或加入
35	×	×	×	121	×	−	×
36	−	×	−	122	−	×	−
37	×	×	×	123	×	−	−
38	−	×	−	124	−	×	−
39	×	×	×	125	×	−	−
40	−	×	−	126	−	×	−
41	×	×	×	131	×	×	×
42	−	×	−	132	−	×	−
43	×	×	×	133	×	×	−
44	−	×	−	134	−	×	−
45	×	×	×	135	×	×	−
46	−	×	−	136	−	×	−
47	×	×	×	141	×	×	×
48	−	×	−	142	−	×	−
49	×	×	×	143	×	×	−
50	−	×	−	144	−	×	−
51	×	×	×	145	×	×	−
52	−	×	−	146	−	×	−
53	×	×	×	151	×	×	×
54	×	×	×	152	−	×	−
59	×	×	×	153	×	×	−
60	×	×	×	154	×	×	−
101	×	−	×	201	−	−	−
102	−	×	−	203	×	×	−
103	×	×	−	205	×	×	−
104	×	×	−	207	−	−	−
105	×	×	−	209	−	−	−
106	×	×	−	211	−	−	−
107	×	−	−	213	−	−	−
108	−	×	−	215	−	−	−
109	×	−	−	217	×	×	−
110	−	×	−	219	×	×	−

公式编号	比例性	确定性	撤出或加入	公式编号	比例性	确定性	撤出或加入
221	−	−	−	351	−	×	−
223	−	−	−	353	×	×	−
225	−	−	−	1003	×	−	×
227	−	−	−	1004	−	×	−
229	−	−	−	1013	×	−	×
231	−	×	−	1014	−	×	−
233	−	×	−	1103	×	−	×
235	−	×	−	1104	−	×	−
237	−	×	−	1123	×	−	×
239	−	×	−	1124	−	×	−
241	−	×	−	1133	×	×	×
243	−	×	−	1134	−	×	−
245	−	×	−	1143	×	×	×
247	−	×	−	1144	−	×	−
249	−	×	−	1153	×	×	×
251	−	×	−	1154	×	×	−
253	×	×	−	1303	−	−	−
259	×	×	−	1323	−	−	−
301	−	−	−	1333	−	×	−
303	×	×	−	1343	−	×	−
305	×	×	−	1353	×	×	−
307	−	−	−	2153	×	×	×
309	−	−	−	2154	×	×	−
321	−	−	−	2353	×	×	−
323	−	−	−	3153	×	×	×
325	−	−	−	3154	×	×	−
331	−	×	−	3353	×	×	−
333	−	×	−	4153	×	×	×
335	−	×	−	4154	−	×	−
341	−	×	−	4353	−	×	−
343	−	×	−	5307	−	−	−
345	−	×	−	5323	−	−	−

续表

公式 编号	比例性	确定性	撤出或 加入	公式 编号	比例性	确定性	撤出或 加入
5333	−	×	−	9001	×	−	×
5343	−	×	−	9011	×	−	×
6023	×	−	×	9021	×	−	×
6053	×	×	×	9031	×	×	×
8053	×	×	−	9041	×	×	×
8054	×	×	−	9051	×	×	×
8353	×	×	−				

＊对于"撤出"的情况，只有（如果原来的项数是奇数）中值也等于两个相邻项的中值时，或（如果原来的项数是偶数）两个中间项相等时，才满足这个检验。实际上，在所有正常的情况下，这两个条件都是能够满足或近似满足的。对于"加入"的情况，则不需要这样的限制条件。

从这个表中可以清楚地看到，这些检验与正文中讨论的倒转检验有很大的不同，它们几乎不进行**定量**的区分。例如，比例性检验告诉我们，当价比彼此一致的时候，某个其他的公式也会与这些价比一致，这种一致性肯定是值得称赞的。在这种不存在离散的简单情况下，所有不同的指数都是彼此一致的。但是，在这种情况下，根本就不需要指数！当存在离散的时候，这个检验就不存在了，而不同的指数也分散开了。也就是说，这个检验只有在我们不需要它的时候才有用，而在我们需要它的时候，它就帮不上忙了。

另一方面，这个检验告诉我们，当价比彼此一致的时候，某些指数与价比**不完全**一致。这肯定是这些指数的缺陷。但是从实践上来看，我们想知道的是，这个公式与达到一致**有多大**的距离。我们发现，这种不一致在某些情况下是很大的，而在另一些情况下是可以忽略不计的，所以，仅仅表明不一致这个事实，是没有多大实际用处的。

但值得注意的是，所有被我们基于其他原因选择为"最好的"公式，都能够完美地或几乎完美地符合比例性检验。也就是说，比例性检验与我们前面得出的关于哪些公式最好的结论不存在**明显的**冲突，虽然它并不能帮我们把这些最好的公式从不好的公式中筛选出来。有趣的是，比例性检验对综合类型的公式表现出了某种偏好，而很少偏向几何类型的公式。尽管几何公式是一种**超群**的成比例的公式类型。其中的原因显然在于，几何公式的因素对立公式引入了一个不协调因素——价值比例。对于综合公式来说，价值比例会与指数值更加和谐。因此，在 353 和 5323 这两个在准确性方面可以说是最主要的竞争对手的公式中，前者符合比例性检验，而后者不符合比例性检验——最好的算术-调和公式 5307 也不符合比例性检验。因此，353 又有了一项锦上添花的优点。在符合两个主要检验的公式中，其他也符合比例性检验的公式只有 1353、2353 和 3353，它们都是综合公式。因此，严格说来，其他同时满足两个检验的公式，没有一个是真正的平均值。

关于确定性检验，能够完美通过这个检验的公式通常都是非常不好的公式，而很多最好的公式都无法通过这个检验。公式 353 和所有的综合公式都能够通过这个检验；但是 307、309、323、325、5307、5323 则无法通过。353 在这里再得一分。

关于撤出和加入检验，它和比例性检验对于基本公式的检验结果是一样的，所有奇数编号的公式都能通过这个检验，所有偶数编号的公式都无法通过（除非它同时也是奇数编号的）。但是交叉公式则很少能通过这个检验。

这三个检验都与公式在某种特殊条件下的行为有关，比如当所有价比都相等的时候，当某个价比是 0 的时候，或当某个价比与指数值相等的时候，它们作为普遍的指导性原则的价值不大。所有无法通过这些检验的好的公式，其实都是**几乎能**通过这些检验的。

所以我们会看到，这三个检验都不太重要。这也是我在正文中没有使用它们的原因。我早期的研究中唯一非常重要的部分已经在本书的正文中利用并详细叙述了。但是，这三个次要的检验虽然不重要，但是与本书的结论并不矛盾，反而能够进一步确认本书的结论。

公式 353 是我们根据其他检验选择出来的最好的公式，除了这三个次要的检验以外，它能够完美地满足所有的检验，还能够满足剩下的那个检验——撤出和加入检验——所以说它可以近乎完美地满足每一种实践需求。

它其实能满足撤出与加入检验，这显然是一个**先验的**结论，即使不进行计算也能确认这一点。因为 353 是 53 和 54 的交叉公式，而 **53 和 54 都满足这个检验，并且二者总是非常接近**。而且，如果一种新加入的商品在 1917 年的价比与 353P（353 在这种商品加入之前的指数值）相等，都是 161.558，并且如果这种商品的权重或重要性非常**小**，它显然不会对 353 的值有明显的影响；而另一方面，如果这种新加入的商品重要性很**大**，即如果它的价比会被赋予很高的权重，它会对指数值起到主导作用，使指数值几乎等于它本身的值（也是 161.558）。因此，在这两种极端的情况下，最终的指数值都会非常接近 161.558；所以在中间的点，指数值也不可能偏离这个值很远。

在 $\frac{q_1}{q_0} = 353Q$ 的条件下，公式 353 将在所有的中间点上完美地

符合这个检验。也就是说，加入一种新的商品，且有 $\frac{p_1}{p_0} = 353P$，

$\frac{q_1}{q_0} = 353Q$，则 353P 的值保持不变[①]。

如果新加入的商品的数量之比 $\frac{q_1}{q_0}$ 不等于 353Q，则这个比值距

离 353Q 越远，新的 353P 就距离原来的值越远。

我来举一个比我们在 36 种商品中遇到过的所有数量极端失常

的情况都更极端的例子，令 q_1 是 q_0 的十分之一。现在我们（1）取

353 的两个构成元素 53P 和 54P 彼此距离最远的情况（1917 年）；（2）

假设要加入的商品的**价比**等于 353P（即 $\frac{p_1}{p_0} = 1.61558$），它的**数量**

之比与 353Q 相差很远（即 $\frac{q_1}{q_0} = \frac{1}{10}$，而 1917 年的 353Q=118.98%，

即 1.1898）；看看 353P 距离满足撤出与加入检验有多远。

令 p_0=1，p_1=1.61558。我们固定除了 q_0 和 q_1 的绝对值以外的所

有条件。如果 q_0 非常小，比如说 1（所以 q_1 是 0.1），指数值受到

的影响是极小的；因为，在加入 p_0=1，p_1=1.61558，q_0=1，q_1=0.1

之前，353P 是

$$\sqrt{\frac{\sum p_1 q_0}{\sum p_0 q_0} \times \frac{\sum p_1 q_1}{\sum p_0 q_1}} = \sqrt{\frac{21,238.49}{13,104.818} \times \frac{25,191.136}{15,641.85}}$$

$$= \sqrt{1.62066 \times 1.61050} = 1.61558,$$

[①] 参见 Truman L. Kelley, Quarterly Pubication of the American Statistical Association, September, 1921, p. 835. 凯利教授给出了一个表面看起来不同的公式，但是可以化简为 353Q。

而在加入了新的商品**之后**，353P 变成了

$$\sqrt{\frac{\sum p_1 q_0 + p_1 q_0}{\sum p_0 q_0 + p_0 q_0} \times \frac{\sum p_1 q_1 \ + p_1 q_1}{\sum p_0 q_1 \ + p_0 q_1}} =$$

$$\sqrt{\frac{21,238.49 + 1.61558 \times 1}{13,104.818 + 1 \times 1} \times \frac{25,191.136 + 1.61558 \times 0.1}{15,641.85 + 1 \times 0.1}} =$$

425

$$\sqrt{1.62066 \times 1.61050} = 1.61558。$$

它与原来的 1.61558 之间的比例为 1.00000。显然，新加入的数值太小，不足以对结果产生明显的影响。

另一方面，如果 q_0 非常大（q_1 总是 q_0 的 $\frac{1}{10}$，p_0 是 1，p_1 是 1.61558），比如说 $q_0 = 1,000,000,000$，则结果为

$$\sqrt{\frac{21,238.49 + 1.61558 \times 1,000,000,000}{13,104.818 + 1 \times 1,000,000,000} \times \frac{25,191.136 + 1.61558 \times 100,000,000}{15,641.85 + 1 \times 100,000,000}}$$

$$= \sqrt{1.61558 \times 1.61558} = 1.61558,$$

这个结果与 1.61558 的比值仍然是 1.00000，这说明新的指数值虽然遮盖了原来的值，但是仍然得到了原来的结果。

在这两个极端情况之前，q_0 取某个值时会形成一个**最大的**差距，即使新的结果与原来结果的比值大于或小于 1，形成最大或最小的比值。这个比值为

$$R = \frac{\sqrt{\dfrac{\sum p_1 q_0 + p_1 q_0}{\sum p_0 q_0 + p_0 q_0} \times \dfrac{\sum p_1 q_1 + p_1 q_1}{\sum p_0 q_1 + p_0 q_1}}}{\sqrt{\dfrac{\sum p_1 q_0}{\sum p_0 q_0} \times \dfrac{\sum p_1 q_1}{\sum p_0 q_1}}}。$$

通过微分，并求解方程 $\dfrac{dR}{dq_0} = 0$ 中的 q_0，可以得到 q_0 的值。

在微分之前，我们可以去掉根号和分母，因为当比值 R 的平方

达到最大或最小值时，R 也达到最大或最小值；而当分母固定不变的时候，R 的平方又会在分子达到最大或最小值时，达到它的最大或最小值。

为了表达简便，我们令 $\sum p_0 q_0 = a$，$\sum p_0 q_1 = b$，$\sum p_1 q_0 = c$，$\sum p_1 q_1 = d$。为了方便，我们还可以称 q_0 为 x，q_1 为 kx，其中 $k = \frac{1}{10}$。

因此，我们就是要让 $\left(\dfrac{c + p_1 x}{a + p_0 x}\right)\left(\dfrac{d + p_1 kx}{b + p_0 kx}\right)$ 这个表达式达到最大。

或者，代入 $m = \dfrac{c}{p_1}$，$n = \dfrac{a}{p_0}$，$r = \dfrac{d}{p_1 k}$，$s = \dfrac{b}{p_0 k}$，

就是要让 $\left(\dfrac{m + x}{n + x}\right)\left(\dfrac{r + x}{s + x}\right)$ 最大。

微分这个关于 x 的表达式，并令结果等于 0，可以得到

$$\frac{(m + x)(s - r)}{s + x} + \frac{(r + x)(n - m)}{n + x} = 0。$$

解 x，有 $x = -\dfrac{g}{2} + \sqrt{\dfrac{g^2}{4} - h}$，

426

其中，$g = \dfrac{(m + n)(s - r) + (s + r)(n - m)}{s - r + n - m}$，

$h = \dfrac{mn(s - r) + rs(n - m)}{s - r + n - m}$。

现在就剩下计算 x 的数字结果了。

解这个方程可以得到 $x = q_0 = 45{,}134.14$，所以 $p_0 q_0 = 45{,}134.14$ 将使加入新的商品**后**的新指数值变为 1.61418，它与原来的指数值 1.61558 之间的比值是 0.99913，而不是像 q_0 非常小或非常大时比

值为 1。

换句话说，当新加入的商品在 1913 年的价值为 45,134.14 时，也就是原来的 36 种商品的总价值（13,104.818）的三倍时，新指数值与原来的指数值之比与 1 的差距最大。这样一种价值庞大的商品的价比是 161.558，与原来的指数值相等，但是它的加入还是会将指数值从 161.558 变为 161.418，因为新加入的商品的数量之比不等于原来的数量指数，是 0.1，而不是 1.1898。但是，即使是这个可能最大的差距，与 161.558 的距离也是可以忽略不计的，只有千分之一。如果新加入的商品不是如此重要，这个本来就很小的影响就会更小。因此，理想公式 353 无法满足所有检验的这个小小缺陷，实际上算不上缺陷。

第 13 章第十节的注释。表达麦考利定理的奥格本公式。奥格本教授推导出了一个有趣而简单的公式[1]，来表示使用环比法的简单算术指数和使用固定基准法的简单**算术**指数之间的差异。这个公式表明，我们总是可以通过观察一个标准来指出环比法和固定基准法的数值哪一个更大。确定这个标准的方法是：

（1）将任何给定年份中的任何价比（比如培根的价比）从这一年的指数中去除；

（2）用因此产生的差值乘以这种商品（培根）从这一年到下一年之间价格增长的百分比；

（3）将上一步得到的培根所对应的积（它当然可能是正的也可

---

① 见韦斯利·米切尔，美国劳工统计局《第 284 号公告》，pp. 88—89 脚注。

能是负的）加上大麦等清单中每一种商品所对应的积。

如果由此得到的净值是正的，则说明（在给定年份到下一年之间）环比法比固定基准法的指数值增长得更快。如果净值是负的，则相反。这个净值通常是正的；因为，如果去除的这个价比比较低，去除后产生的差值会很大，而这种商品的价格更有可能会在第二年有所恢复，所以在第二步要乘的价格增长百分比也会很大。一个已经很低的价格以后会更低是一种例外情况。

第 13 章第十一节的注释。如果一个公式对于每三个日期都满足循环检验，则它也满足四轮或任何更多轮次的循环检验。因此，₄₂₇让我们在（第 13 章第一节提到的）三座城市中再增加一个波士顿，再在头脑中将价格水平在每座城市之间的上下变化任意构成一个环路，比如：费城、纽约、波士顿、芝加哥、费城。我们要证明的是，如果在这四座城市构成的**每个三轮**比较中，循环检验都能得到满足，则在它们构成的四轮比较中，循环检验也一定能得到满足。

根据假设（即根据三角检验的假设），我们知道，沿着费城、波士顿、芝加哥、费城这个三角形比较一圈，我们会得到与出发时相同的数字，100%。但是，根据这个可以应用于这些城市构成的不同三角形的假设，我们也知道，在上面的情况下，直接与费城比较计算出的波士顿的价格水平，与经过纽约计算出的价格水平是相同的。因此，我们可以将纽约插入费城和波士顿之间，而不会影响计算结果。这就将原来由费城、波士顿和芝加哥构成的三角形，变成了由费城、纽约、波士顿和芝加哥构成的四边形，而不会影响结果，也就是说我们回到费城时得到的值与出发时相同。

用代数式表示，我们要证明的是，$P_{12} \times P_{23} \times P_{34} \times P_{41}=1$，和 $P_{12} \times P_{23} \times P_{34} \times P_{45} \times P_{51}=1$ 等等。

由于我们假设公式满足三角检验，所以我们知道 $P_{12} \times P_{23} \times P_{31}=1$。

但是我们可以用 $P_{34} \times P_{41}$ 来代替 P_{31}——因为三角检验表明 $P_{34} \times P_{41} \times P_{13}=1$，或（因为 $P_{13}=\dfrac{1}{P_{31}}$）$P_{34} \times P_{41}=P_{31}$。

进行了这个替换后，我们就得到了 $P_{12} \times P_{23} \times P_{34} \times P_{41}=1$，这就是我们在这一步要证明的等式——关于四轮循环中的四个步骤的等式。

我们可以再用 $P_{45} \times P_{51}$ 来代替上面表达式中的 P_{41}，就可以得到 $P_{12} \times P_{23} \times P_{34} \times P_{45} \times P_{51}=1$，用同样的方法代替 P_{51}，可以得到 $P_{12} \times P_{23} \times P_{34} \times P_{45} \times P_{56} \times P_{61}=1$ 等，结论得证。

由于所有这些关于四年、五年、六年的结论都是仅仅根据关于三年的结论得出的，显然，关于这个检验的基本年份数就是三年。因此，我们可以把这个检验叫做"三角检验"，而不是"循环检验"。

换句话说，所谓的循环检验实际上是从三年开始的。不能用类似上面的过程从两年开始，再引入第三年、第四年等，如果读者尝试一下，就很容易相信这个结论。

因此，三角检验与双重检验或称时间倒转检验是不一样的。双重检验适用于一个指数是因为，从本质上说，一个指数（比如 P_{12}）就是涉及两个时间，比如"1"和"2"，而不是涉及三个时间。而三角检验引入了一个指数本身并不代表的额外因素。

第 14 章第七节的注释。应用于综合指数的拼接方法。下面这段话引用自美国劳工统计局的查理斯·比尔（Charles A. Bell）先生好心地发给我的一个说明，介绍了该局使用的拼接方法：

从总体上说，劳工统计局使用的方法是这样的：当一种物品的 428 等级或质量可以代替另一种物品的时候，我们会非常关注，使新加入的这种物品尽可能与原来的物品相似。对于鞋子和纺织品等制造品来说，我们会要求提供信息的制造商来做这个选择。我们通过这种方式来尽可能避免价格的连续性被破坏。这是我们对所有类似的情况能够给出的最好建议。然后，将两个价格系列放在一起，至少要有一整年重叠的数据，详细的价格信息也是以重叠的形式公布的。连续的价比系列是以这个重叠年份为中介来构建的，这样做的假设是，用来替代的商品在以前年份的价格（如果能获得的话）的波动程度与被替代的商品是一样的。

在构建群组指数和一般指数的过程中，我们的计划是将要加入、替换或撤出商品的那一年份中所有的加权价格列成平行的两列。第一列中包含的项与以前年份的项具有严格的可比性，而第二列中包含的项与后续年份的项具有严格的可比性。当然，重叠年份的指数是基于第一列中的项计算出来的。后续年份的指数的计算方法是，加总这些年份的项，将它们转化为与重叠年份第二列中的项的总和的百分比，然后用它们乘以重叠年份的指数，从而将它们转化为基于原来的基准的指数。这就是说，实际上，是将一个环比法的体系连接在了一个固定基准法的体系上。这种做法的灵活性使我们可以引入或去掉一种商品，而不会严重破坏指数的整体结构，但是我们也做了一些努力，在合理的范围内尽量减少商品列表中商品的变化数量。当然，就像你理解的那样，劳工统计局在构建指数的过程中并不关心个别商品的价比。

第 14 章第九节的注释。（在 12 种农作物的案例中）6023 和 23 的偏差很小，因为价格和数量变动之间存在相关关系。公式 6023 的向下偏差这么小还有另外一个原因，那就是 23 本身的向下偏差就很小。这是因为价比和数量之比之间存在负相关关系。我们可以回忆一下，价格指数中存在加权偏差是因为权重中的**价格**因素。例如在公式 23 中，它的加权方法使得较高价比的权重中包含较低的**价格**因素，而较低的价比的权重中的价格因素较高，这个指数是价比在这样的加权方法下的平均值。而我们假设另一个因素，也就是数量因素，向一个方向倾斜的可能性和向另一个方向倾斜的可能性是相同的。但是如果实际情况不是这样；如果实际上每个较高的价格因素都会伴随着较低的数量因素，反之亦然，那么显然，权重本身，也就是较低的价格与较高的数量之间的乘积，或较高的价格与较低的数量之间的乘积，就可能没有偏差。如果价格和数量因素之间的相关关系达到极限，也就是 100%，那么 23 的向下偏差就会完全消失。在现在这个案例中，相关关系是 -88%，所以偏差**几乎**消失了。如果不存在这样的负相关关系，公式 6023（即拓宽基准的 23）的向下偏差显然会大得多。

第 15 章第二节的注释。关于 2153 和 353 极度接近的特别证明。在所有正常的条件下，公式 2153 与公式 353 非常接近，足以成为代替 353 的一个捷径。只有像在这篇专著中，要求最高的准确性的时候，有必要花额外的时间来计算 353。根据不同的情况，公式 2153 可能比 353 大，也可能比 353 小。我们最好能列一个表格，这样就能知道在不同的条件下二者有多么接近了。当然，如果这两个公式所平均的公式 53P 和 54P 恰好是重合的，那么这两个公式（应用于价格时，我们可以把它们称为公式 2153P 和 353P）也是重合的。（在这种情况下，公式 53Q 和 54Q 也是重合的）如果 53Q 和 54Q 恰好互为倒数，即如果一个公式在基准（即 100%）之上，而另一个以同样的比例在基准之下，则 2153P 和 353P 也是重合的。在所有其他的情况下，2153P 和 353P 都是不同的。

下面的公式 [1] 给出了 2153P 和 353P 之间的相对大小：

$$\frac{(2153P)}{(353P)} = \frac{1+(54Q)}{1+(53Q)} \div \sqrt{\frac{54}{53}} 。$$

根号下的 54 和 53 可以都是价格指数，也可以都是数量指数，二者之间存在比例关系 [2]。

读者将上面公式中的公式 53 等替换成它们的具体表达式，就可以很容易地证明这个公式 [3]。

---

① 实际上，是波拉克经济研究基金会的哈德森·黑斯廷斯教授最先向我建议了这个公式。

② 根据定义，54P=V÷53Q，同样 54Q=V÷53P；将二者相除、约分，我们就可以求出这个比例。（V 是价值之比。）

③ 读者可能也有兴趣（对应上面的 2153 的公式）构建用 353 表达的 2154、2353、8053、8054、8353 等的公式，以及用 53 和 54 表达的这些公式。这些公式包括了将 53 和 54 这两个公式用所有可能的平均值类型联合在一起的各种相互关系，即二者的算术平均值（8053）、调和平均值（8054）、几何平均值（353）和综合平均值（2153）。其中 2153 是 53 和 54 的综合平均值，即公式 53 的分子 + 公式 54 的分子，公式 53 的分母 +

从这个公式可以得出，如果

$$\frac{(54P)}{(53P)}\left(=\frac{(54Q)}{(53Q)}\right)>1,$$

而且

$$(54Q)\times(53Q)>1,$$

那么 2153P 将大于 353P；如果上面**两个**不等式都反过来，也是如此。但是如果只有上面的不等式反过来，或者只有下面的不等式反过来，则 2153P 小于 353P。

这个公式还可以写成

$$\frac{1+(353Q)\sqrt{\dfrac{54}{53}}}{1+(353Q)\sqrt{\dfrac{53}{54}}}\div\sqrt{\frac{54}{53}}。$$

从中可以看出，如果知道了 $\dfrac{54}{53}$ 和 353Q，我们就可以计算出在 $\dfrac{54}{53}$ 和 353Q 取各种不同的可能的值时这个公式的取值。显然，如果 $\dfrac{54}{53}$ 或 353Q 中有一个等于 1，这个公式就可以化简为 1。也就是说，如果（1）53 和 54 非常接近，或（2）353Q 接近 100%，**这两个条件具备其中一个**，那么 2153 和 353 就非常接近。

表 58 告诉我们，如果我们知道（1）53 和 54 距离多近或多远，和（2）它们（以及它们的平均值 353）有多大或多小，我们就能知道 2153 和 353 距离多近或多远。

公式 54 的分母，如果将这个表达式用代数式表达出来，并与原来的 2153 表达式比较，会能很清楚地看到这一点。

表 58　公式 2153P 与公式 353P 的百分比（根据$\frac{54}{53}$和
353Q 的不同取值，二者都用百分比表示）

$\frac{54}{53}$	公式 353Q					
	200	150	120	100	80	50
110	101.6	101.0	100.4	100.0	99.5	98.4
105	100.8	100.5	100.2	100.0	99.7	99.2
102	100.3	100.2	100.1	100.0	99.9	99.7
100	100.0	100.0	100.0	100.0	100.0	100.0
98	99.7	99.8	99.9	100.0	100.1	100.3
95	99.1	99.5	99.8	100.0	100.3	100.9
90	98.3	99.0	99.5	100.0	100.6	101.8

从这个表格可以看出，用公式 2153 计算的指数值总是非常接近 353，即使在表格的四个角所代表的极端条件下——这些条件在实践中是很少见的，甚至完全没有。左上角代表的条件是，$\frac{54}{53}$是 110%，也就是公式 54 比 53 大了 10%（这样的差距在实践中可能从来不会出现），而且价格水平非常高（200%）。在这两个条件下，2153P 和 353P 之间的比值是 101.6，即 2153P 比 353P 高了 1.6%。

另外三个角代表了另外三种极端的情况。这个表说明，即使两个条件中有一个是极端的，2153 和 353 这两个指数的吻合度也和不存在任何极端条件一样好。利用这个表格，我们可以说出在任何具体的情况下，利用 2153 代替 353 会导致多大的误差，以及我们是否值得为了 353 更高的准确度而承受额外的麻烦。在 36 种商品的案例中，没有一种情况需要用到 353，因为 2153 和 353 非常接近，接近度总是在 1% 的十分之一以内。因为 53 和 54 也是如此的接近。

在帕森斯关于12种农作物的统计数据中，公式53和54距离比较远。但是即使这样，也不需要使用353，除非在1890年可能需要使用。在这一年，不仅$\frac{54}{53}$比较低（94.85%），而且353Q也非常低（56.7%）。在这种情况下，公式2153P与353P之间的比例为100.8%。也就是说，二者相差了1%的四分之三。这是我在任何实际的案例中发现的最大误差了，在大多数案例中，这都是不值得考虑的。

第16章第四节的注释。用凯利教授的方法计算的"或然误差"。杜鲁门·凯利教授[1]提出了另一种衡量指数"或然误差"的方法，也就是因为取样不完整或指数中包含的商品数太小而造成的误差。他的方法是将商品清单分成两部分，（用计算全部商品的指数同样的公式）分别计算出两个部分的指数系列，计算两个指数系列（或称"分指数"）之间的相关系数为r，计算出可靠性系数R，它等于$\frac{2r}{1+r}$，计算出每个分指数系列（与这个分指数系列的均值）的标准差，计算出这两个标准差的平均值σ，再根据这个平均值，利用公式$\sigma' = \sigma\sqrt{\frac{1+r}{2}}$计算出同一时期原指数的标准差。有了$R$和$\sigma'$，他利用下面的公式[2]计算出了原来的指数的"或然误差"：

$$或然误差 = 0.6745\sigma'\sqrt{1-R}。$$

431

---

[1] "Certain Properties of Index Number", *Quarterly Publication of the American Statistical Association*, pp. 826–841, September, 1921.

[2] 他还（在第832页）给出了一个用于计算几何公式（本书中的公式21和9021）或然误差的特殊公式。

将这个公式应用于我们的200种商品，我们会发现，通过抽签的方式将这些商品分成A、B两组，每组100种商品以后，A组的标准差为0.0344，B组的标准差为0.0351，所以$\sigma = \dfrac{0.0344 + 0.0351}{2} = 0.0375$，$r=0.790$；因此$\sigma' = 0.0329$，$R=0.883$，或然误差$=0.008$。

也就是说，根据以上的计算，以200种商品为样本，用与理想状态下使用完整的商品系列的差距衡量，它给出的指数的或然误差是0.008，也就是略低于1%。

但是A和B这两个包含100种商品的清单与200种商品的清单的不同之处在于，这两个清单不是作为良好的样本而专门选择出来的。在下面这个例子中，我们将这200种商品用抽签和分类相结合的方式分为两组，每组100种商品，从而尽可能使A'和B'作为样本具有同样良好的多样性和同样的重要性或权重。我们发现A'的标准差是0.0432，B'的标准差是0.0316，所以$\sigma = \dfrac{0.0432 + 0.0316}{2} = 0.0374$，$r=0.501$；因此$\sigma' = 0.0324$，$R=0.668$，或然误差$=0.013$，即1.3%。这个结果非常接近用我自己的方法计算出的$1\frac{1}{2}$%。

用前面一种更加随机的方式来应用凯利的方法，得出了更小的或然误差，我认为这可能是一个意外。我预期的是相反的结论。

凯利教授提醒，当报价的日期彼此过于接近的时候不要使用他这种方法。"连续的指数之间的时间间隔最好比较大，以确保涉及的商品报价之间的相互独立性。"[1] 在我看来，这是这种方法的一个

---

[1]　他还（在第830页）给出了一个用于计算几何公式（本书中的公式21和9021）或然误差的特殊公式。

比较大的缺点，也是因为这个缺点，本书在正文中没有采用这种方法。在现在这个案例中，时间间隔比较短，平均不到三个月。

432   **第 16 章第七节的注释。** 对大量商品使用大致的权重仍然具有足够的准确性。证明如下：首先按照我们提议的方法来计算指数，即对于最重要的 28 种商品使用用统计方法确定的权重，对其余 172 种商品使用最接近的大致权重。因此，对于红色的 2 号商品小麦，我们计算时使用的是统计数据给出的数量 603 乘以任一时点的价格。但是对于柠檬酸，统计数据给出的数量是 3.36，但是在我们的指数中使用的数量是它最接近的大致权重 10，它距离 10 比距离 1 更近[①]。类似的，对于松脂来说，统计数据给出的数量是 53 加仑，而不是我们使用的最接近的大致权重 100。在对 172 种商品都做了类似的处理之后，我们再来计算这 200 种商品的指数。

用最接近的大致权重计算出这个指数后，接下来我们将它与使用准确的权重得出的指数值进行比较。即使在价比的分散程度像 1916 年相对于 1913 年的价比那么大，（如第 5 章表 10 所示）这么大的价比分散程度在 40 年中是很少达到的，两个指数值之间的差距仍然不到 1%。因此，我们可以依靠这种便捷的方法得到与常规方法差距不到 1% 的结果。这个不到 1% 的误差是任何指数相对于基准年份的误差。当然，在月与月之间的比较中，这个误差会更小。

---

① 我们最好把 1 与 10 之间的中点取为 $\sqrt{1 \times 10} = 3.16$，而不是用 $\frac{1}{2}(1+10)$，即 5.5，虽然使用 3.16 和 5.5 得到的结果之间的差异是微乎其微的。

第 17 章第十四节的注释。计算过的指数清单。

1. 不连续的指数

Ferguson，罗马帝国（公元 301 年）；Leber，法国（900—1847 年）；Shuckburgh Evelyn，英国（1050—1800 年）；d' Avenel，法国（1200—1790 年）；Rogers，英国（1259—1793 年）；Hanauer，法国（1351—1875 年）；Vaughan，英国（1352—1650 年）；Wiebe，英国（1451—1600 年）；Dutot，法国（1462—1715 年）；Wiebe，法国（1493—1600 年）；Gilliodts，比利时（1500—1600 年）；Carli，意大利（1500—1750 年）；Elmes，英国（1600—1800 年）；Jevons，英国（1782—1865 年）；Roelse，美国（1791—1801 年）；Flux，英国（1798—1869 年）；Hansen，美国（1801—1840 年）；Hurlin，美国（1810—1920 年）；Burchard，美国（1825—1884 年）；Juergens，美国（1825—1863 年）；de Foville，法国（1827—1880 年）；Laspeyres，德国（1831—1863 年）；Porter，英国（1833—1837 年）；Walker，美国（1834—1859 年）；Giffen，英国（1840—1883 年）；Falkner（奥德里奇参议院报告），美国（1840—1891 年）；Mulhall，英国（1841—1884 年）；Kral，德国（1845—1884 年）；Bourne，英国（1845—1879 年）；Levasseur，法国（1847—1856 年）；Paasche，德国（1847—1872 年）；Soetbeer，德国（1847—1891 年）；Denis，比利时（1850—1910 年）；Schmitz，德国（1851—1913 年）；Drobisch，德国（1854—1867 年）；Ellis，英国（1859—1876 年）；Mitchell，德国、英国和美国（1860—1880 年）；Wasserab，德国（1861—1885 年）；Atkintson，印度（1861—1908 年）；McIlraith，新西兰（1861—1910 年）；Powers，美国（1862—

1895 年); Palgrave, 英国和法国 (1865—1886 年); Jankovich, 奥地利 (1867—1909 年); Daggett, 美国 (1870—1894 年); Walras, 瑞士 (1871—1884 年); van der Borght, 德国 (1872—1880 年); Fisher (摘自日本的货币体系调查委员会报告), 中国、印度和日本 (1873—1893 年, 除了中国从 1874 年开始); Flux, 法国 (1873—1897 年); Hansard, 英国 (1874—1883 年); von Inama-Sternegg, 奥地利 (1875—1888 年); Koefoed, 丹麦 (1876—1919 年); 经济研究署, 英国 (1878—1900 年); Kemmerer, 美国 (1879—1908 年); Julin, 比利时 (1880—1908 年); Levasseur, 法国 (1880—1908 年); Conrad, 德国 (1880—1897 年); Einar Rudd, 挪威 (1880—1910 年); Waxweiler, 比利时 (1881—1910 年); Nicolai, 比利时 (1881—1909 年); Sauveur, 比利时 (1881—1909 年); Zahn, 德国 (1881—1910 年); Zimmerman, 德国 (1881—1910 年); Alberti, 意大利 (1885—1911 年); Hartwig, 德国 (1886—1910 年); O'Conor, 印度 (1887—1902 年); Eulenberg, 德国 (1889—1911 年); Hooker, 德国 (1890—1911 年); Datta 和 Shirras, 印度 (1890—1912 年); 帝国商业与工业部, 彼得格勒, 俄罗斯 (1890—1912 年); La Reforme Economique, 法国 (1891—1913 年); Flux, 德国 (1891—1897 年); Bernis, 西班牙 (1891—1913 年); Barker, 美国 (1891—1896 年); Calwer, 德国 (1895—1909 年); Fisher, 美国 (1896—1918 年); Vossische Zeitung, 德国 (1900—1912 年); Loria, 意大利 (1900—1909 年); Ottolenghi, 意大利 (1910—1918 年); Pearl (美国食品监督局), 美国 (1913—1918 年); 斯图加特统计部, 德国 (斯图加特, 1913—1919 年); Mitchell (战争工业委

员会），美国（1913—1918 年）；Foster，美国（1913—1919 年）；纽
伦堡统计部，德国（纽伦堡，1914—1920 年）。

2. 现在正在使用的指数

阿根廷　　*Revista de Economla Argentina*, Bunge，批发（进出口）。
　　　　　同上，Bunge，零售，18 种商品，公式 9001。
　　　　　同上，Bunge，生活成本，公式 9001。

澳大利亚　*Quarterly Summary of Austrlian Statistics*, Knibbs，批发，92 种
　　　　　商品，公式 53。
　　　　　Quarterly Statistical Bulletin of New South Wales，批发，100 种商品。
　　　　　Quarterly Summary of Australian Statistics, Knibbs，生活成本，
　　　　　46 种商品和租金，公式 53。

奥地利　　*Mitteilungen des Bundesamtes fur Statistik, Bundesamt fur*
（维也纳）*Statistik*，零售，23 种商品。
　　　　　同上，Paritatische Kommission，生活成本，23 种商品。

比利时　　统计部，批发，130 种商品。
　　　　　Revue du Travail，批发，209 种商品（不同时间略有增减），公
　　　　　式 21。
　　　　　同上，批发，127 种商品，公式 21。
　　　　　同上，零售，22 种商品，公式 9001。
　　　　　同上，零售，30 种商品，公式 9001。
　　　　　同上，生活成本，56 种商品，公式 1。

保加利亚　*Bulletin statistique mensuel de la Direction Generale de la Statistique*,　434
　　　　　批发。
　　　　　同上，零售，47 种商品，公式 3。

加拿大　　*Labour Gazette*, Coats，批发，238 种商品，公式 53。
　　　　　同上，Coats，生活成本，29 种主要食品、5 种燃料和照明、服
　　　　　装、租金和其他。
　　　　　Federal Reserve Bulletin，批发，101 种商品，公式 53。
　　　　　Monthly Commercial Letter, Canadian Bank of Commerce,
　　　　　Michell，批发，48 种商品。
　　　　　Toronto newspaper, Michell，批发，40 种商品，公式 1。

中国　　　*Finance and Commerce (Shanghai)*, Bureau of Markets, Treasury
（上海）　Department，批发，147 种商品。

捷克斯洛　　*Monthly Price Bulletin*, Statistical Office, Ryba，零售，25 种商
伐克　　　　品，公式 1。

丹麦　　　　*Finanstidende*，批发，33 种商品，公式 9001。

　　　　　　Statistiske Efterretninger，生活成本。

荷属东印度　*Statistical Bureau of the Department of Agriculture*，批发。

埃及　　　　*Monthly Agricultural Statistics*, Statistical Department，批 发，
　　　　　　26 种商品，公式 21。

（开罗）　　同上，零售，23 种商品，公式 9001。

　　　　　　同上，生活成本。

芬兰　　　　*Social Tidskrift*，生活成本，17 种商品、租金、燃料、日报和税金。

法国　　　　*Bulletin de la Statistique Generale de France*, March，批发，45
　　　　　　种商品，公式 1。

　　　　　　同上，March，零售，13 种商品，公式 53。

（巴黎）　　同上，March，生活成本，13 种商品，公式 53。

德国　　　　*Frankfurter Zeitung*，批发，98 种商品，公式 1。

　　　　　　Wirtschaft und Statistik, Statistisches Reichsamt，批发，38 种商
　　　　　　品，公式 3。

（哈雷）　　*Statistische Vierteljahrshefte*, Statistisches Amt der Stadt Halle，
　　　　　　零售，41 种商品。

　　　　　　Wirtschaft und Statistik, Statistisches Reichsamt，生活成本，17
　　　　　　种商品和租金。

　　　　　　Monatliche Ubersichten uber Lebensmittelpreise, Calwer，生活成
　　　　　　本，19 种商品。

（柏林）　　*Finanzpolitische Korrespondenz*, Kuczynski，最低生活成本，19
　　　　　　种商品、租金和其他，公式 53。

（柏林）　　*Die Kosten des Ernahrungsbedarfs*, Silbergleit，生活成本（食品），
　　　　　　公式 1。

（法兰克福）*Indexziffern*（Reitz and Kohler, Fankfurtam-Main 公布），Elsas，
　　　　　　生活成本，40 种商品，公式 3。

（汉诺威）　*Mitteilungen des Statistischen Amts der Stadt Hannover*，生活成
　　　　　　本，37 种商品，公式 9001。

435（科恩）　*Statistische Monatsberichte*, Statistisches Amt，生活成本。

（莱比锡）　*Statistisches Amt*，生活成本。

（路德维希）*Statistische Vierteljahrsberichte der Stadt Ludwigshafen*，生活成本。

（曼海姆）　　　*Mannheimer Tageszeitung*, Hofmann，生活成本，79 种商品、租金和其他。

英国　　　　　*Board of Trade Journal*, Flux，批发，150 种商品，公式 21。

Economist，批发，44 种商品，公式 1。

Federal Reserve Bank of New York, Monthly Review, Snyder，批发，20 种商品。

Federal Reserve Bulletin，批发，98 种商品，公式 53。

Statist，批发，45 种商品，公式 1。

Times（伦敦），Crump，批发，70 种商品，公式 21。

Labour Gazette，生活成本，41 种商品和租金，公式 9001。

匈牙利　　　　*Szakszervezeti Ertesito*，生活成本，34 种商品。

印度　　　　　*Labour Gaette*, Shirras，批发，43 种商品，公式 1。
（孟买）

（加尔各答）　*Department of Statistics*，批发，75 种商品。

（孟买）　　　*Labour Gaette*, Shirras，生活成本，23 种商品和租金。

意大利　　　　*Annuario Statistico Italiano*，批发，13 种商品，公式 1。

L' Economista, Bachi，批发，100 种商品，公式 1，环比法，公式 21。

La Riforma Sociale, Necco，批发（进出口），19 种进口商品和 12 种出口商品。

（米兰）　　　*Bollettino municipal mensile*，生活成本。

（罗马）　　　*Bollettino del Ufficio del Lavoro*，生活成本。

（佛罗伦萨）　*Ufficio di Statistica*，生活成本。

日本　　　　　*Bank of Japan*，批发，56 种商品，公式 1。

（东京）　　　*Department of Agriculture and Commerce*，批发，39 种商品。

Oriental Economist，批发。

荷兰　　　　　*Maandschrift van het Centraal Bureau voor de Statistiek*，批发，53 种商品，公式 1。

（阿姆斯特丹）　*Maandschrift van het Bureau van Statistiek*，零售，26 种商品，公式 1 和 3。

（海牙）　　　同上，生活成本。

Maandschrift van het Statistish Bureau，生活成本。

新西兰　　　　*Monthly Abstract of Statistics*, Fraser，批发，140 种商品，公式 53。

同上，Fraser，生活成本，66 种商品和租金。

同上，Fraser，出口价格。

同上，Fraser，生产者价格。

436 挪威   *Oekonomisk Revve*，批发，70 种商品，公式 1。
            Farmand，批发，40 种商品，公式 1。
            Statistiske Meddelelser，Det Statistiske Centralbyra，生活成本，
            公式 53。

秘鲁   *Dereccion de Estadistica*，批发，58 种商品，公式 1。

波兰   *Central Statistical Office*，批发，68 种商品，公式 21。
（华沙）   *Statystyka Pracy of the Central Statistical Office*，生活成本，38
            种商品和租金。

俄罗斯   *Ekonomicheskaia Zhizn*，零售，22 种商品。
（莫斯科）

南非   *Quarterly Abstract of Union Statistics*，批发，188 种商品，公式
            53。
            同上，Cousins，零售，23 种商品，公式 53。
            同上，生活成本，19 种商品和租金，公式 53

西班牙   *Instituto Geografico y Estadistico*，批发，74 种商品，公式 1。
            同上，零售，28 种商品。
（巴塞罗那） *Bulleti del Museo Social*，批发，25 种商品。

瑞典   *Goteborgs Handels-och Sjofarstidning, Silverstople*，批发，47 种商
            品，公式 53。
            Kommersiella Meddelanden，批发，160 种商品，公式 3。
            Sociala Meddelanden，生活成本，75 种商品、租金、税金和其他。

瑞士   *Neue Zurcher Zeitung*，Lorenz，批发，71 种商品，公式 9001。
（巴塞尔）   *Statistische Monatsberichte*，零售，21 种商品。
            Schweizerischere Konatsberichte，零售，41 种商品。
（伯尔尼）   *Halbjahrsberichte des Statistischen Amts der Stadt Bern*，零售，
            79 种商品。
（苏黎世）   *Statistik der Stadt Zurich*，生活成本。

美国   *Annalist*，批发，25 种商品，公式 1。
            Bradstreet，批发，96 种商品，公式 51。
            Badson，批发，10 种商品，公式 1。
            Bureau of Labor Statistics, Monthly Labor Review, Stewart，批发，
            404 种商品（有时多些有时少些），公式 53。
            Dun's Review，Little，批发，300 种左右商品，公式 53。
            Federal Reserve Bulletin，批发，104 种商品，公式 53。
            Federal Reserve Bank of New York，Monthly Review，Snyder，批
            发，20 种商品。

Gibson's Weekly Market Letter，批发，22 种商品。

Harvard Review of Economic Statistics，Persons，批发，10 种商品，公式 21。

San Diego(California) Union，Bissell，批发，60 种商品，公式 21。 ₄₃₇

Bulletin, National City Bank of New York, Austin，批发（进出口），25 种进口商品和 30 种出口商品，公式 51。

Bureau of Labor Statistics, Monthly Labor Review，Stewart，零售，43 种商品，公式 53。

同上，Stewart，生活成本，184 种商品和租金。

Massachusetts Special Commission on the Necessaries of Life，Perkins，生活成本，78 种商品，公式 9001。

National Bureau of Economic Research，King，每年支出 25,000 美元的家庭的生活成本，公式 9001。

National Industrial Conference Board Monthly Service Letters and Reports，Skecker，生活成本，90 项物品和租金，公式 53。

Federal Reserve Bulletin，农业活动，14 种商品，公式 53。

同上，矿产品，7 种商品，公式 53。

同上，制造品，34 种商品，公式 53。

Harvard Review of Economic Statistics，（农业）产量，12 种商品，公式 6023。

同上，（矿业）产量，Day，9 种商品，公式 6023。

同上，（制造业）产量，Day，33 个系列。

同上，（以上三个产业的联合）产量，Day。

同上，Aberthaw，强化混凝土工厂的建设成本。

Summary of Business Conditions in the United States，Am. Tel. & Tel. Co.，建设成本，15 种基本的建筑材料和加权平均的工资率。

Fred T. Ley & Co. (Springfield Mass.)，建筑物建设成本。

American Writing Paper Company，纸生产成本，5 种材料和劳动力，公式 1。

Federal Reserve Bulletin，外汇汇率，18 种主要货币，公式 29。（要了解其他这个类型的指数——英国、德国、瑞典、挪威——可参见 Federal Reserve Bulletin, July, 1921, p. 794。）

Annalist，股票，25 只铁路股票和 25 只工业股票。

New York Times，股票，50。

Wall Street Journal，股票，20 只铁路股票。

还有很多其他行业杂志和报纸也刊登股票指数和（或）债券指数。

要了解关于以上指数的更多信息，可参见美国劳工统计局的
《第 284 号公告》;《国际劳工评论》(*International Labour Review*)，
1922 年 7 月刊，第 52—75 页；和 Emil Hofmann, Indexziffern im
Inland und im Auslan, 127 pp. G. Braunsche Hofbuchdruckerei und
Verlag, Karsruhe, 1921。

上面的列表没有包括工资指数和很多比较不同地点的价格指
数、生活成本指数等。要了解关于工资指数的信息，读者可以参
考美国劳工统计局、国际劳工办公室和国际工业会议委员会的相
关资料。要了解关于比较不同地点的指数，可以参考 Report of an
Enquiry by the Board of Trade(British) into Working Class Rents,
Housing and Retail Prices, 1911。

除了上面列举的各种指数以外，人们还尝试使用过指数的指
数，即平均值的平均值。例如，乔治·伍德 (George H. Wood) [1]
就曾经用指数表示了英国人口消费的发展，诺依曼-斯巴拉特
(Neumann-Spallart) 用 "均值指数" 发现了一个 "衡量各国经
济和社会条件变化的指标" [2]。我们还可以将商业中使用的各种不
同行业的晴雨表纳入指数这个大标题下面，例如布鲁克米尔公
司 (Brookmire) 的指数、巴布森 (Babson) 的指数、哈佛经济研
究委员会的指数、亚历山大·汉米尔顿协会 (Alexander Hamilton
Institute) 的指数、美国金融协会的指数、标准统计公司的指数、
伦敦经济学会的指数等。

---

① George H. Wood, "Some Statistics of Working Class Progress since 1860",
Journal of the Royal Statistical Society, p. 639 et seq., esp. p. 654 et seq.

② 参见 Franz Zizek, *Statistical Averages* (Warren M. Persons 翻译), New York,
1913, pp. 95-101, esp. p. 100。

附录 2 权重的影响

第一节 引言

给指数"加权的最好方法"是人们争论了很久的一个话题。但是我们已经看到，只要随后对得到的指数进行修正，任何真正系统性的方法——无论是一号、二号、三号、四号加权法，还是交叉权重的方法，都可以作为起点。不管最开始的偏差可能有多大，修正都可以去除偏差。只有怪异的加权方法是不可救药的。

因此，本书中没有"合适的加权方法"这个主题，本书的主要论证中也不涉及这个内容。但是从关于这个主题的文献来看，为了让现有的观点与本书的结论相协调，我将这个主题包含在了本书当中，但是我将它放在了附录部分，从而不会打断正文的推理思路。在有些地方，我们需要稍微重复一下正文中的部分论述。

我们首先讨论了"简单"指数。它们经常被不太严格地称为"未加权的"指数。当然，更合适的称呼是**同等**加权的指数，即每个价比都具有相同权重的指数。

接下来我们提到了（对于除了综合指数以外的所有类型指数的）四种用价值加权的方法，即一号加权法（用基准年份的商品价值加权）、四号加权法（用给定年份的价值加权）、二号加权法和三号加权法（用某一年份的价格乘以另一个年份的数量得到的虚拟价值加权）。对于综合类型的指数，我们介绍了两种用数量为价格指数加权的方法，即一号加权法（用基准年份的数量加权）和四号加权法（用给定年份的数量加权）。

最后，在第8章，我们取了两种相反的加权方法，即一号和四号加权法，以及二号和三号加权法，权重的平均值，并用这个平均值作为新的权重。这些权重通常是用几何法平均的，但是在某些情况下是用算术法和调和法平均的，而且对于所有类型的公式都可以这样做。

现在我们可以谨慎地回答这个问题了：不同的加权方法对于最终得到的指数有什么影响？我们在第5章已经看到，有偏差的**加权方法**会使指数产生非常大的差异——和有偏差的指数**类型**带来的差异一样大。因此（除了综合指数以外）三号和四号加权法会使所有指数值升高，而一号和二号加权法会是指数值降低。为了方便起见，我们在这里可以与交叉权重指数相比较来衡量这种效果，而交叉权重指数既介于用一号和二号加权法加权的指数之间，也介于用三号和四号加权法加权的指数之间。对于算术指数、几何指数和调和指数来说，在我们使用的36种商品的例子里，在1917年（相对于1913年为基准）的指数中，三号和四号加权法带来的向上偏差和一号和二号加权法带来的向下偏差达到了5%左右。

加权方法会带来这么大的影响是因为偏差本身——例如，在四号加权法中，价比越大，它往往被赋予的权重越大；而价比越小，被赋予的权重越小。

但是，如果我们选择的加权方法在洗牌的时候没有作弊，也就是避免了偏差，我们就会发现，加权方法的差异——即使这种差异非常大——对最终得到的指数值带来的差异也非常小。

由于没有区分开加权方法中的偏差带来的影响（这是一种很重要的影响）和纯属偶然带来的影响（这种影响通常不太重要），所以人们在这个问题上出现了很多混淆，并形成了两种截然不同的意见：一种意见认为加权方法很重要，一种意见认为加权方法不重要。

第二节　简单指数与交叉权重指数的比较

本书介绍了两种没有偏差的加权方法，分别是简单加权法（所有的权重都是相等的）和**交叉**加权法（权重是一号和四号加权法的权重的平均值，或二号和三号加权法的权重的平均值）。

交叉加权法是一种经过认真区分的加权方法，每个权重都适当地考虑到了案例中所有的数据；而简单加权法是一种未经思考和不加区分的加权方法，对商品之间的区别视而不见。实际上，在交叉加权法和简单加权法这两种加权方法中，权重的差别比一号加权法和四号加权法之间的权重差别大得多，也比二号加权法和三号加权法之间的权重差别大得多。

算术公式的交叉权重公式是 1003（不是 1103），调和公式的交叉权重公式是 1013。其他交叉权重公式有 1123、1133、1143 和 1153。因此，公式 1003 是一个没有**权重**偏差的加权算术指数，但不是没有算术公式所固有的（向上的）**类型**偏差。类似的，1013 是一个加权的调和指数，它没有**权重**偏差，但不是没有向下的**类型**

偏差。

现在我们可以将这六种加权指数与对应的六种简单指数或称同等权重指数相比较了，这 12 个指数都是没有权重偏差的。

图 66P 和 66Q,67P 和 67Q 均比较了简单指数和交叉权重指数。

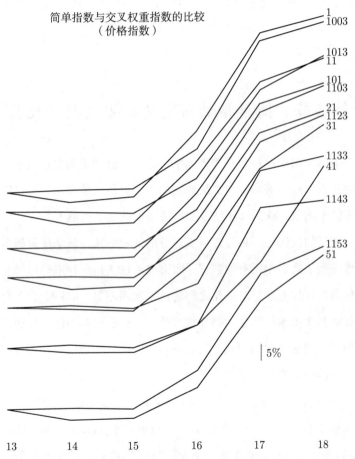

简单指数与交叉权重指数的比较
（价格指数）

图 66P 显示了当没有偏差把问题复杂化时不同的加权方法带来的差异。在算术指数、几何指数和调和指数中，这种差异都是非常类似的，但是在中值指数、众数指数和综合指数中，差异则不是非常类似。

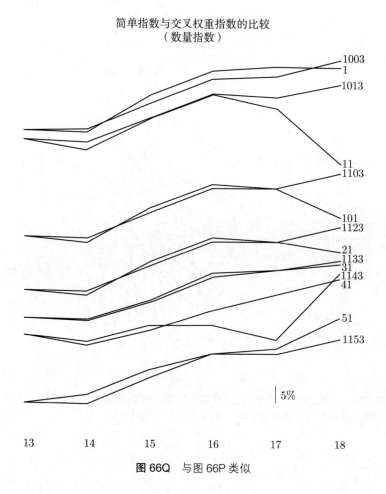

简单指数与交叉权重指数的比较
（数量指数）

1003
1
1013

11
1103

101
1123

21
1133
31
1143
41

51

1153

5%

13　　　　14　　　　15　　　　16　　　　17　　　　18

图 66Q　与图 66P 类似

简单指数与交叉权重指数的比较
（价格指数，续）

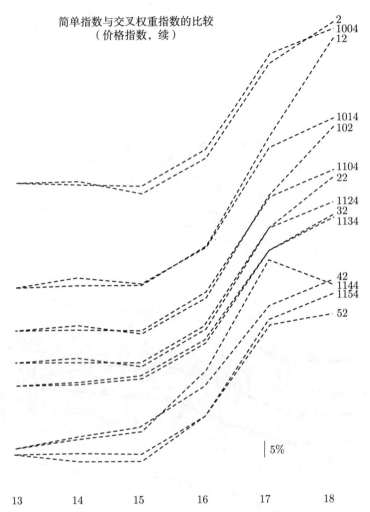

图 67P　显示了当没有偏差把问题复杂化时，不同的加权方法给图 66P 中的指数带来的差异。这些差异与图 66Q 中的差异是对应的。

简单指数与交叉权重指数的比较
（数量指数，续）

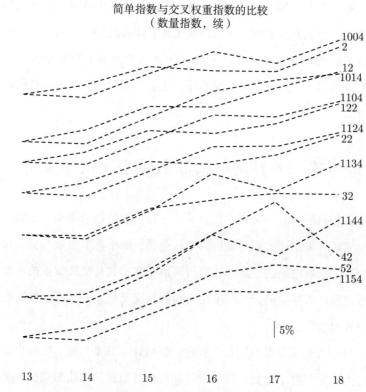

图 67Q　与图 67P 类似。这些差异与图 66Q 中的差异是对应的

第三节　差异是偶然的

在比较简单指数和交叉权重指数的时候，第一个让我们惊讶的点是，并不存在一种固定的倾向，这两个指数中的哪一个一定会在另一个的上方或下方。这两条曲线是互相缠绕的，它们的差异可能出现在两个方向上，而且出现在任何一个方向上的概率都是差不多相同的。在任何方向出现差异的机会是相同的，而不是有偏向性的。

第四节　各种类似的指数类型之间的差异

引起我们注意的第二点是，对于三种主要的指数类型，不同的加权方法带来的影响非常相似。也就是说，简单算术指数与交叉权重的算术指数之间的差异，几乎与简单调和指数与交叉权重的调和指数之间的差异相同，与简单几何指数与交叉权重的几何指数之间的差异也相同。

另外三种指数类型则各有特色，虽然并非总是如此。中值指数的行为通常与算术指数、调和指数和几何指数这三种指数类似。但是众数指数与前三种指数相比，以及彼此之间相比，都是没有什么规律的。简单综合指数有很大的误差，而交叉权重的综合指数则不是。

第五节　差异很小

在进行这些比较的过程中，让我们惊讶的第三点是，使用认真区别对待的交叉权重而不是错误的简单权重，带来的差异**小得**惊人。如果考虑到两个加权方法本身的差别有多么巨大，这个结果简直是令人震惊的。在简单加权法中，36 种商品都被当做重要性相同的商品来处理，而在交叉加权法中（例如对于 1914 年价格指数）最高权重（木材的权重）是最低权重（毛皮的权重）的 118 倍；在 1915 年，最高权重是最低权重的 134 倍；在 1916 年，最高权重是最低权重的 100 倍；在 1917 年是 130 倍；在 1918 年是 261 倍。但是，尽管存在这么大的差异（而且尽管我们只使用了 36 种商品），这些**没有偏差**的指数形式（简单指数和交叉权重指数）一致性通常达到了 5% 或 10%。实际上，在简单指数和交叉权重指数（既有价格指数也有数量指数）之间的 60 次比较中，只有 13 次差异超过了 5%，只有 5 次差异超过了 10%。在算术指数、调和指数和几何指数中，只有一次差异超过了 8%。这是 1918 年的调和指数，差异超过了 30%。

出现这么大差异的原因是，有一种商品，毛皮，从 1913 年到 1918 年数量降低到了原来的十分之一。虽然这么大的降幅与其他 35 种商品的普遍数量波动很不协调，但是它应该不会对 36 种商品的平均变化产生很大的影响，因为"毛皮"是一种非常不重要的商品。在**加权**平均值中就是这样的情况，因为"毛皮"的权重只有总权重的$\frac{1}{2,500}$。但是在简单加权法中，它的影响就是总权重的$\frac{1}{36}$，这几乎是它应该有的影响的 100 倍。

像毛皮的数量这么大的变化几乎是从来不会遇到的；真的遇到的时候，也会因为其他商品很多而被其他商品平滑掉。实际上，在现在这个只有 36 种商品的例子中，除了在使用调和法的时候，毛皮数量的巨大变化仍然被平滑掉了，而调和法会特别突出那些异常小的项。在使用指数的一般过程中，可能 100 次也不会遇到一次这样怪异的效果。

韦斯利·米切尔教授引用了很多实际的案例[1]，来说明与简单指数相比，加权方法所带来的影响。一般来说，二者之间的差异都比本书中的例子还要小，除了在 1862 年到 1878 年之间美钞标准导致的混乱情况下，差异很少达到 10%。正常情况下，简单指数与奥德里奇参议院报告中使用的采用了最好的加权方法的指数之间的差异不到 3%。

当然，对于不同类型的指数来说，加权方法的改变带来的影响是不同的。一般来说，一种给定的加权方法的改变对众数指数的影响最小，对中值指数的影响会大一些，对算术指数、调和指数和几何指数的影响则大得多。对于综合公式来说，加权过程与它在其他指数中的含义不同，只涉及数量。数量改变对这种指数的影响是比较小的。这种效果，和当只有数量改变时加权方法的变化对算术指数、调和指数和几何指数的影响差不多。因此，加权公式 53 和 59 之间的差异非常小，这个差异只取决于数量的变化——与算术公式

---

[1]　美国劳工统计局第 284 号公告，pp. 61—62。

3 和 5，或 7 和 9，或调和公式 13 和 15，或 17 和 19，或几何公式
23 和 25，或 27 和 29 之间的差异差不多，这几组公式之间都只有
权重中的数量因素不同。

　　与其他四种类型的指数相比，权重变化对于众数指数和中值指
数的影响更加不规则或没有规律。就是涉及偏差的时候也是如此。
因此，众数公式 43 和 49 之间没有明显的差异，中值公式 33 和 39
之间也只有很小的差异——而且是一种很不规则的小。算术公式
3 和 9、调和公式 13 和 19、或几何公式 23 和 29 之间的差异则大
得多。

第六节　偏差比变化带来的扰动更大

446

　　我们已经看到，对于简单权重和交叉权重这两种没有偏差的加
权方法，虽然权重的差异经常可以达到 100 倍，但是最终得出的指
数值的差异很少会超过 5%。但是有偏差的加权方式，比如说一号
加权法和四号加权法，它们的差异经常会达到 8% 或 10%，虽然它
们之间的权重差别从来不会大于两倍。

　　即使在权重差别非常小的时候，**偏差**带来的扰动也会比权重差
别很大时权重本身的**变化**带来的扰动更大——我们可以用例子来更
确切地说明这个结论。如果我们**随机**将 36 种商品分成两组，即不
管它们的 p 和 q 的重要性——比如说按照字母表的顺序来选择——
每组 18 种商品，然后将第一组商品的权重（数量）乘以 10，那么
用公式 53 计算的 1917 年（这是最可能产生扰动的一年）的指数将
变成 175.20%，而不是 162.07%，差异达到了 8%。现在我们观察一

下，如果不是将商品随机分成两个每组包含 18 种商品的组，而是**有选择**的分组，让第一组包含对于结果的提升影响最大的 18 种商品，那么会发生什么情况。当我们选择出来的这 18 种商品的重要性提升十倍的时候，结果变成了 201.33，比 162.07 高了 24%。表 59 显示了这种效果的对比：

表 59　将 36 种商品随机选取一半并将它们的重要性提高十倍，与选择影响最大的一半商品并将它们的重要性提高十倍，这两种情况下（用公式 53[①] 计算的）1917 年的指数的比较

	指数值
使用真正的权重	162.07
随机将 18 种商品的权重增加十倍	175.20
有选择地将 18 种商品的权重增加十倍	201.33

我们再来注意一下会使 36 种商品的价格偏离一般趋势最严重的商品，也就是毛皮，的权重（数量）增加**十倍**时指数受到的微小影响。例如，利用公式 1153，我们会发现以 1913 年为基准的价格指数会受到如下的影响：

表 60　当毛皮使用不同的权重时计算出的指数

权重	1913	1914	1915	1916	1917	1918
真实权重	100	100.13	99.89	114.20	161.70	177.83
真实权重的十倍	100	100.15	99.93	114.66	162.05	177.96

即使是最失常的商品的权重增加了这么多，带来的影响仍然是可以忽略不计的。

---

① 原文为公式 3，疑为笔误，此处根据上文进行修改。——译者

在这个案例中，权重变化的影响之所以很小，是因为毛皮本来的权重就非常小。因此，我又尝试寻找一种权重的增加会对指数造成最大影响的商品。这种商品似乎是干草，虽然它不像毛皮那么失常，但是它的初始权重比毛皮大得多。使用同样的公式，我们发现了下面的结果：

表 61　当干草使用不同的权重时计算出的指数

权重	1913	1914	1915	1916	1917	1918
真实权重	100	100.13	99.89	114.20	161.70	177.83
真实权重的十倍	100	100.75	101.27	104.29	159.71	184.04

这个例子是很极端的，（1）因为这种商品是很极端的，我们就是因为它对指数值的影响大才选择了它；（2）因为我们只使用了36种商品，这使它的影响被放大了；（3）因为权重的变化（扩大了十倍）是很极端的。但是，即使在所有这些极端条件联合在一起的情况下，权重的变化带来的影响也不超过3.6%，只在一个年份几乎达到了10%。

当然，刚刚描述的这种故意选出来的例子是不合理的，不能代表指数的计算者要处理的实际情况。在正常情况下，权重不准确不会产生明显的影响，因为（1）任何不准确都不可能非常大，比如100%，会远远小于十倍；（2）如果权重真的出现了这么大的不准确，也不太可能这个权重恰好属于非常重要的商品或非常异常的商品，通常这种商品的重要性和异常性都小得多；（3）如果这样的特殊情况真的同时发生了，仍然有很大的可能性在其他地方存在相反的误差，从而大大抵消它的效果；（4）即使在最糟糕的情况下，如果使用的商品数较多，这种效果也或大打折扣；在一个包含 100 种商品的清单中，一种普通的商品可以偏离一般平均值 100%，也不会对最终结果造成 1% 的影响。

第七节　权重的错误没有价格的错误重要

纠正价格指数中的权重，远远没有纠正价格本身重要。图 68 显示了用公式 3 计算的 1914 年和 1917 年的指数，并且显示了（1）如果 36 种商品中有任何一种商品的权重翻倍，而其余的权重保持不变，指数值会有什么变化；以及（2）如果任何一种商品相对于 1913 年的**价格**翻倍（其他商品的价格保持不变），指数值会有什么变化。

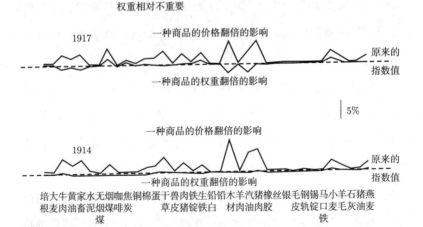

图 68　显示了如果（比如说）大麦的**权重**翻倍，1914 年的指数会略微下降，1917 年的指数或略微上升；而如果大麦的价比翻倍，这两年的指数都会**大幅度上升**

我们会注意到，权重翻倍不会使 1914 年的指数从原来的 99.93 发生大幅度改变。最大的增加是干草的权重翻倍带来的，它使指数值从 99.93 增加到了 100.54，也就是增加了 1% 的一半左右；最大 448 的下降是烟煤或生铁的权重翻倍带来的，使指数值降低到了 99.59。另一方面，价格的翻倍会使指数值发生非常大的变化，当木材的价格翻倍的时候，指数值增加到了 115.07。

同样的对比也体现在了 1917 年。权重翻倍最大可以将指数值从原来的 162.07 增加到 167.36（当烟煤的权重翻倍的时候），而当木材的价格翻倍的时候，指数值可以从原来的 162.07 增加到 179.54。权重翻倍平均[①] 可以使 1914 年的指数值改变 0.15，使 1917 年的指数值改变 1.08；而价格翻倍平均可以使 1914 年的指数值改变 2.27，使 1917 年的指数值改变 4.49。用指数值本身的百分比表示，权重翻倍会对 1914 年的指数值产生平均 0.15% 的影响，会对 1917 年的指数值产生平均 0.67% 的影响；而价格翻倍会对 1914 年的指数值产生平均 2.78% 的影响，会对 1917 年的指数值产生平均 2.77% 的影响。

因此，在 1914 年，价格翻倍产生的影响是权重翻倍产生的影响的 18 倍，在 1917 年，是 4 倍。这些数字衡量了价格的准确性与权重的准确性的相对重要性。后者相对来说没有那么重要。有选择地对权重进行大致的估计甚至猜测是可以接受的，但是有选择地对价格数据进行猜测是很危险的。但是，随着价格离散程度的增加，权重的重要性也会增加。1914 年价格的离散程度比较小，1917 年

---

① 与原来的指数值相比的变化量的简单算术平均值，不考虑变化的方向。

449 的价格离散程度比较大，所以1914年权重翻倍的影响就比1917年权重翻倍的影响小。我们可以找到一个公式将价格的离散程度与权重的影响联系起来，但是对于不同的指数来说，这个公式也是不同的。

这些结果都是具有代表性的。但是应该注意的是，在一些例外的情况下，权重翻倍产生的影响可能会等于甚至大于价格翻倍产生的影响。因此，如果一个个别的价比几乎等于0（比如说是1%），而所有价比的平均值很高（比如说是100%），那么这个价比从1%翻倍到2%对100这个平均值产生的影响显然是微乎其微的——只有1%的几分之一——而如果这种商品已经具有很高的权重，它的权重翻倍可能会将指数值拉下98%（也就是这个较低的价比与原来比较高的平均值，100，之间的差值）的很大一个比例。但是在实践中这种情况是很少会遇到的。

第八节　哪种权重是最好的？

从上面的叙述可以清楚地看到，权重可能因为本身是错误的而存在缺陷，也可能因为有错误的偏差而存在缺陷。关于前一种缺陷，所有人都同意，"简单"加权法通常是错误的，是应该尽可能避免使用的。关于偏差，就不是这么简单的问题了。我们不能直接得出交叉权重总是最好的这个结论。对于几何公式、中值公式、众数公式和综合公式来说，交叉权重是最好的；但是对于算术公式来说，最好的加权方法是有偏差的一号或二号加权法，对于调和公式来说，最好的加权方法是有偏差的三号或四号加权法，因为算术公式的向上偏差需要被加权方法中的向下偏差抵消，而调和公式的向下偏差需要被加权方法中的向上偏差抵消。

　　我们通常假设，为一个指数找到最好的公式这个问题是由两个单独的问题构成的：（1）确定最好的公式类型和（2）确定最好的加权方法。但是这两个问题是不能分开的，因为对于一种公式类型来说最好的权重不一定是对于另一种公式类型最好的权重。

　　上面的论述适用于基本公式。当我们将基本公式进行**交叉**和修正的时候，加权方法立刻就变得无足轻重了。即使是那些加权方法很荒谬的公式，比如说公式 9，将具有向上偏差的**加权方法**应用于算术公式这个已经具有向上偏差的**公式类型**，当与同样具有双重偏差的调和公式 13 进行交叉而得到修正后，会得到一个非常好的没有偏差的结果，公式 109。简言之，如果加权方法的缺点在于系统性的偏差，那么修正可以纠正它的问题。

　　但是，如果加权方法的缺陷在于这种加权方法是错误的，就像简单指数的情况那样，通过检验 1 进行修正就没有什么作用了。通过检验 2 进行修正的作用会大一些，但是也无法完全消除它的缺陷。简言之，偏差可以用偏差来中和，但是怪异性几乎是无可救药的。

　　因此，简单公式 1、11、21、31、41、51 是用怪异的方法加权的。将公式 1 和 11 交叉可以得到公式 101，它实际上和 21 是一样的。因此公式 101 和 21、31、41、51 一样，都是没有偏差的，但是是怪异的。将以上每一个公式与紧挨着它们的下一个偶数编号的公式（即 102、22、32、42、52）交叉，即与它们的因素对立公式交叉，会得到 301、321、331、341、351，与原来的公式相比只是略有改进。

第九节   总结

我们可以将这个附录中的主要观点总结如下：

（1）价格指数中包含的商品数越多，指数受到权重变化或价比变化的影响就越小。

（2）权重变化带来的影响，远远小于价比变化带来的影响。

（3）两个权重具有相反的偏差的指数之间的差异，大于简单指数与交叉权重指数之间的差异，尽管在后一组比较中权重大小的差异更大。

（4）通过使用偏差方向相反的加权方法，可以在很大程度上纠正有偏差的公式类型。

（5）修正可以使偏差消失，但是不能使怪异性消失。

附录3 指数是比例的平均值，
而不是平均值的比例

第一节 引言

指数应该是比例的平均值，而不是平均值的比例。永远存在这两种方法来对用于构建指数的数据取平均值。因此，对于36种商品来说，我们可以（1）将两年中的某一年的36个数字本身进行平均，再对另外一年的36个数字本身进行平均，然后计算这两个平均值之间的比例；也可以（2）计算每一种个别商品的数字在这两年之间的比例，或比值，然后将这36个比值平均。第一种方法是**取两个平均值的比例**，而第二种方法是**取36个比例的平均值**。

当应用于价格的时候，第一种方法告诉我们的是各种商品的**不同价格的平均值的变化**；而第二种方法告诉我们的是**价格的不同变化的平均值**。这两种方法虽然经常被弄混，但是是有很大区别的。后者是一个重要得多的概念；而前者，虽然可以被计算出来，但是一般来说，都是陷阱或圈套。原因在于，小麦、煤、布、木材等商品的价格平均值是一些**非共量的**、因此没有固定数值的值的平均值。我们可以计算这个数字，但是得到的结果完全取决于我们碰巧选择的单位。因此，这个指数是不确定的，每使用一种不同的衡量方法，就会得出一个不同的结果。如果小麦的价格是每蒲式耳 1 美元，煤的价格是每吨 10 美元，布是每码 2 美元，木材是每千板尺 20 美元，那么我们可以说这四种商品"每单位"的平均价格是 $\dfrac{1+10+2+20}{4}=8.25$ 美元。假设上面提到的四个价格是 1913 年的价格，而 1918 年的价格有所变化，如下表所示：

	1913	1918
小麦，每蒲式耳	1 美元	2 美元
煤，每吨	10	10
布，每码	2	3
木材，每千板尺	20	50
每单位的平均价格	8.25	16.25

452　　　　而指数，也就是这两个平均价格之间的比例，是 $\dfrac{16.25}{8.25}$，即 197%。但是，由于这四种商品使用的是完全无关和非共量的单位，其中任何一种商品的单位变化都不会引起其他商品的单位变化，所以显然，这个"平均价格"其实是很不稳定的。如果我们选择用英担作为衡量煤的单位，它的价格肯定就不再是 10 美元了，而是变成 50 美分，而这不需要小麦、布或木材的价格发生任何相应的变化。那么 1913 年的"平均价格"就变成了每"单位" $\dfrac{1+0.50+2+20}{4}=5.87$ 美元。而 1918 年的"平均价格"是 13.87 美元，指数为 $\dfrac{13.87}{5.87}$，即 236%。

　　　　因此，简单地随意改变衡量煤的单位，哪怕这种改变同时发生在分子和分母上，我们也把指数值从 197 变成了 236！

当将这种方法应用于 36 种商品的例子时，它们在 1913 年的平均价格是 6.636，在 1918 年的价格是 11.464，二者的比值是 172.76%，和"理想公式"的结果不一样。

上面提到的情况实际上就是我们的公式列表中的公式 51。对于这个公式来说，第"0"年的商品的平均价格显然就是 $\dfrac{p_0 + p_0' + p_0'' + \cdots}{n}$ 或 $\dfrac{\sum p_0}{n}$，其中 n 是商品数，而第"1"年对应的平均价格是 $\dfrac{\sum p_1}{n}$，所以第"1"年相对于第"0"年的指数为

$$\frac{\dfrac{\sum p_1}{n}}{\dfrac{\sum p_0}{n}}\,\text{。}$$

但是消掉 n 后，它就变成了 $\dfrac{\sum p_1}{\sum p_0}$，也就是我们的公式 51。当然，这种约分的前提在这两年里要平均的商品数是一样的。

公式 51 和它的衍生公式 52、151、152、251、351 是我们的公式列表中唯一的几个有非共量性缺陷的公式，它们是平均值的比例，会受到衡量单位的变化的影响。但是，我还是将这些公式包含在了我们的公式列表当中，部分原因在于公式 51 是布莱斯特指数实际使用的公式；还有部分原因在于，如果说有任何公式可以占据"简单综合指数"这个位置，似乎就只能是公式 51，否则这个位置就将是空缺的了。

第二节　某些简单平均值的比例

有些读者想了解不同类型的**平均值的比例**是什么样子，为此我们补充了下面的说明。我已经完成了相应的计算，因为我发现，即使是有经验的指数工作者也会对这个主题产生混淆，似乎没有意识到平均值的比例这种方法是不值得信赖的。

第"0"年和第"1"年的价格的简单调和平均值分别是

$$\frac{n}{\sum\left(\dfrac{1}{p_0}\right)} \text{和} \frac{n}{\sum\left(\dfrac{1}{p_1}\right)}$$。因此，用这两个平均值的比例构成的指数为

$$\frac{\dfrac{n}{\sum\left(\dfrac{1}{p_1}\right)}}{\dfrac{n}{\sum\left(\dfrac{1}{p_0}\right)}} = \frac{\sum\left(\dfrac{1}{p_0}\right)}{\sum\left(\dfrac{1}{p_1}\right)}$$。

和公式 51 一样，如果衡量单位选择得恰到好处，这个公式是可以使用的，但是使用它的时候是没有实物的。对于我们的 36 种商品的例子来说，它给出的是 1918 年这些商品的价格的简单调和平均值与它们在 1913 年的对应平均值之间的比例，比值是 165.67%。

价格在第"0"年的简单几何平均值为 $\sqrt[n]{p_0 \times p_0' \times p_0'' \times \cdots}$，在第"1"年的平均值只要将公式中的 0 换成 1 即可。指数就是二者之间的比例。显然，这个指数可以化简为公式 21，从而变成比例的平均值。它给出的 1918 年相对于 1913 年的价格指数为 180.12%。因此，

在简单几何法这种情况下，假设在这两年里要平均的商品数（n）相同，不管我们使用的平均值的比例还是比例的平均值，都会得到同样的结果。

价格的简单中值和简单众数的情况比简单算术法和简单调和法更加荒谬。对于中值来说，将 1913 年和 1918 年的价格按照数值大小排列以后，我们发现 1913 年的中间值价格介于大麦和橡胶的价格之间，前者为 0.6263 每蒲式耳，后者为 0.8081 每磅，我们可以取它们的（几何）均值，即 0.7110。而 1918 年的中间值价格介于大麦和羊毛的价格之间，前者为 1.4611 每蒲式耳，后者为 1.66 每磅，我们可以取它们的（几何）均值，即 1.5574。这两个均值的比值是 219.05%，这是一个荒谬的结果。

现在只剩下综合法没有讨论。这种方法很少能用于取价格或数量的平均值。它肯定完全不适用于对数量取平均值，因为数量不是比例，而用综合法取平均值就意味着使用比例，要将比值的分子、分母分别相加。至于价格，如果我们回头看看个别的价格，每个价格都可以分解为一定金额的货币与能卖这么多货币的商品数量之间的比值，所以我们当然可以把一群特定的人在所有这些商品上支出的货币加在一起作为分子，而把蒲式耳、吨、码、板尺等的数值加在一起作为分母。但是这个过程是不现实的，因为它没有用，而且具有很大的随意性。它的结果和下文要讨论的**加权算术平均价格法**一样。454

第三节 某些加权平均值的比例

如果以数量为权重，价格的加权算术平均值给出的每"1913年单位的"平均价格为 $\dfrac{\sum q_0 p_0}{\sum q_0}$。这个分数的分子是确实同质的；它们不是一些非共量的数值的总和，而是货币价值的总和。但是，这个分数的分母是一些非共量的数值拼凑起来的。因此，得出的平均值的数值取决于碰巧使用的特定衡量单位。

于是，1914年相对于1913年的"指数"为

$$\frac{\dfrac{\sum q_1 p_1}{\sum q_1}}{\dfrac{\sum q_0 p_0}{\sum q_0}}。$$

在这个公式中，$\sum q_1$ 和 $\sum q_0$ 都不是同质的，而且关键在于，它们也不相等，所以无法消掉。因此，它们降低了得出的指数的品质，而这个指数的值也取决于选择的特定单位，因此用它作为指数是荒谬的。这个公式可以化简为

$$\frac{\sum q_1 p_1}{\sum q_0 p_0} \div \frac{\sum q_1}{\sum q_0},$$

它就是我们的公式列表中的公式52，但是是最不好的公式之一。

现在让我们来计算上面这个公式代表的指数——我们的36种商品1918年的价格的加权算术平均值与1913年的价格的加权算术

平均值之间的比例。我们选取了相应的报价后得到，

1918 年的价格的加权算术平均值为

$$\frac{\sum q_5 p_5}{\sum q_5} = \frac{29,186.105}{57,219.75} = 0.510074$$

1913 年的价格的加权算术平均值为

$$\frac{\sum q_0 p_0}{\sum q_0} = \frac{13,104.818}{42,429.44} = 0.308861$$

因此，指数值为前者除以后者，即 165.14%。但是这个指数的基础是不牢固的。因为如果在我们的计算过程中，将棉花的报价从每大包的报价改为每磅的报价，谁也不能抱怨什么。我们可以举一个极端的例子，简单地改变衡量的单位，来说明用这种方法得到的结果荒谬到什么程度，假设我们用格令而不是用磅来衡量橡胶，那么

$$\frac{\sum q_5 p_5}{\sum q_5} = \frac{29,186.105}{2517,368.25} = 0.011594,$$

$$\frac{\sum q_0 p_0}{\sum q_0} = \frac{13,104.818}{852,913.64} = 0.015365,$$

455

指数值将变为 75.46%。

我们应该选择哪个指数值呢？是 165.14% 还是 75.46%？显然，这样构建的指数是不确定的，除非我们在它的使用说明中预先规定计算过程中使用的每一个衡量单位！

但是，如果我们改变一下分子，用 q_0、q_0' 等来代替 q_1、q_1' 等，这个公式将变为

$$\frac{\dfrac{\sum q_0 p_1}{\sum q_0}}{\dfrac{\sum q_0 p_0}{\sum q_0}},$$

这样 $\sum q_0$ 就可以消掉了，只剩下 $\dfrac{\sum q_0 p_1}{\sum q_0 p_0}$ ，也就是公式 53。

或者，我们也可以改变**分母**，用 q_1、q_1' 等代替 q_0、q_0' 等，那么在约分之后就可以得到公式 54。在这两种情况下，约分可以消除掉所有非共量的因素。

所以，我们的基本公式中最好的公式（即公式 53 和 54）可以被认为是价格平均值的比例，虽然它们乍一看有"非共量性"的缺陷，但实际上并没有；因为分子和分母中非共量的因素是相同的，所以这些因素在最终的结果中消失了。像 53 和 54 这样的指数**并不是**真正的两年的平均价格的比例。在分子和分母这两个数字中，只有一个（例如公式 53 的分母）可以说是某一年的真正的平均价格。另一个必然是被改变过的，以便保证最终能够将非共量的因素消除掉。如果对价格取平均值的方法在这种情况下是一种很好的方法，它在**两年**都应该是能站住脚的。

接下来我们讨论几何法。如果第"0"年的权重是 $p_0 q_0$、$p_0' q_0'$ 等，第"1"年的权重是 $p_1 q_1$、$p_1' q_1'$ 等，价格的几何平均值的比例就是

$$\frac{{}^{\sum p_1 q_1}\!\sqrt{p_1^{p_1 q_1}\, p_1'^{p_1' q_1'} \times \cdots}}{{}^{\sum p_0 q_0}\!\sqrt{p_0^{p_0 q_0}\, p_0'^{p_0' q_0'} \times \cdots}}。 \quad ①$$

---

① 原文为 $\dfrac{{}^{\sum p_1 q_1}\!\sqrt{p_0^{p_1 q_1}\, p_1'^{p_1' q_1'} \times \cdots}}{{}^{\sum p_0 q_0}\!\sqrt{p_0^{p_0 q_0}\, p_0'^{p_0' q_0'} \times \cdots}}$，疑为笔误。——译者

使用这些商品在市场报价中使用的单位，这个公式给出的
1918 年相对于 1913 年的指数值为 124.53%。但是，如果我们把木
材的报价单位从 M 板尺改为板尺，这个公式计算出的指数就变成
了 71.14%！因此，和所有其他的类型一样，几何型的平均值的比例
也存在严重的非共量性问题。为了消除这个问题，必须改变分子或
（和）分母中的 pq，使二者一致。通过这种方式，我们可以用取价
格平均值的方法得到和另一种方法（也就是取比例平均值的方法）⁴⁵⁶
一样的结果，并得到公式 23、25、27、29 和 6023。

因此，我们发现，只有在两种情况下非共量性的缺陷会消失，
也就是（1）对于具有固定①权重的价格的**几何平均值**，它们的比值
会构成我们的公式 21、23、25、27、29 和 6023；和（2）**以数量为
权重**的价格的**算术**平均值（但是要假设在两年里这些数量**是一样
的**），它们的比值会构成我们的 53、54 和 6053。

所有这些公式都不再有非共量性的缺点，因为非共量的因素被
消除了，所以它们可以化简为价格比例的平均值。而且，除了简单
几何平均值的比例（它可以化简为公式 21），其他公式在化简为比
例的平均值之前都必须做一些改变；即使是这个例外情况，也有一
个前提假设，即在要比较的两年里，选择的商品数是相同的。

简言之，所有真正的指数都是比例的平均值。而平均值的比
例，除非能够化简为比例的平均值，否则很可能随着衡量单位的每
一次变化而发生变化。换句话说，它无法通过"共量性检验"（见

---

①　指在指数涉及的两个年份之间权重是固定不变的，不一定在一系列年份都是
固定不变的。

附录 1，第 13 章第九节的注释），这是应用数学方法的基本要求，即处理同质的数据。

第四节　适合使用价格的平均值的例子

真正使用平均值的比例来构建指数，只有在一种情况下是真正合理的，这种情况就是所有商品的单位真的是共量的，或几乎是共量的。因此，**取一种特定的商品**，比如盐，在不同市场中的价格的平均值，来获得它的不同报价的指数，是完全合理的。在前面的例子中，我们必须强制性地改变分子来适应分母，或者强制性地改变分母来适应分子，但是在这样的情况下，就没有必要采取这样的预防措施了。每年的真正平均值都可以独立于其他年份获得。另一种情况是，商品属于**一个共同的品类**，比如说各种咖啡或各种燃料，例如煤和焦炭总是可以使用同样的单位，比如说吨，这样就不会出现其中一个单位变化，而另一个单位没有同时发生同等变化的情况。

但是，实践中最有趣的例子是不同但是相似的劳动力的**平均工资**，以及不同但是相似的证券的平均价格，在这些例子中，非共量性的问题仍然是存在的，但不是非常强烈。在证券市场中，股票的平均价格具有"相同的单位"，如果可以这么叫的话，这个单位就是"面值"。

第五节　结论

如果普通公众认为"价格水平"是一种可以每一年独立于其他

年份来独立计算的东西，并且为了适应这个概念，在参加某个初级
课程之前可以用某一年的"美元价值"来讨论价格这个主题，而不
是用磅、码等来讨论，也不是什么大不了的事情。但是这种偷偷改
变衡量单位的做法也引入到了价格比例里。取平均价格的比例这种
方法非常不可取，无法独立使用，总是需要依靠其他完全值得信任
的对价格比例取平均值的方法。

　　所以我们的结论是，虽然可以用先计算两个年份各自的平均
价格，再取这两个平均值的比例的方法来计算指数，但是这个过程
会有两个缺陷。要么，它得到的指数会依赖于随意选择的衡量单
位，形成一种"随意的加权方法"；要么，它要求我们篡改两个平
均值中的一个，使它与另一个匹配，从而使我们可以消掉那些"非
共量"的项；在后一种情况下，得到的公式其实就是比例的平均
值。简言之，平均值的比例要么具有随意性的缺陷，要么就是多此
一举。

附录 4　指数发展史中的里程碑 [1]

指数的完整历史还有待继续书写。这方面的数据包含在沃尔什的《衡量总体交易值》中，拉夫林（J. L. Laughlin）的《货币的原理》（*Principles of Money*）和韦斯利·米切尔的《批发价格指数》、美国劳工统计局的第 173 号公告及其修订版第 284 号公告都对此进行了总结。在这里，我的介绍会更加简短，只会提到指数发展历史中具有里程碑意义的重大事件。

1738 年，杜托公布了路易十二时期和路易十四时期的价格，使用的是本书编号为 51 的公式。也就是说，他仅仅比较了报价价格的**总和**。1747 年，就像威拉德·费雪（Willard Fisher）教授[2] 指出的那样，马萨诸塞州殖民局创建了一个列成表格的债务支付标准，用这种方法避免纸币的贬值带来的影响。1780 年，这种方法被再次使用，该州发布了一个备忘录，"5 蒲式耳玉米、$68\frac{4}{7}$ 磅牛肉、10 磅羊毛和 6 磅鞋底皮在现在的价格是 130 镑，用该州流通货币支付的本金和利息，要根据这些商品在支付当时的成本变化来支付更多或更少的金额。"这相当于使用了公式 9051，是一个使用随意选择的

---

[1]　当然，这里提到的"里程碑"是除了散落在整本书中的详细的历史事件以外的重要事件，那些事件通常在每一章的结论部分。

[2]　"The Tabular Standard in Massachusetts," *Quarterly Journal of Economics*, May, 1913.

固定权重的综合公式。

1764 年，卡里在意大利使用了公式 1，也就是简单算术平均值，来比较 1500 年和 1750 年的价格水平，使用了谷物、葡萄酒和油的价格，以表明发现美洲大陆对于货币购买力的影响。1798 年舒克伯格·伊夫林（G. Shuckburgh Evelyn）在英格兰显然是独立地使用了这个公式。1812 年，亚瑟·扬在舒克伯格的方法中引入了权重，使用了公式 9001。他把小麦计算了 5 次，大麦和燕麦计算了两次，补给品计算了四次，日间劳动计算了 5 次，羊毛、煤和铁各自计算了一次。

拿破仑战争引起的价格变化和纸币的影响让几位学者对指数进行了进一步的研究。罗威（Lowe）在 1822 年和斯克洛普在 1833 年都在英格兰使用了公式 9051；斯克洛普说，数量应该用不同商品的"成比例的消费量来确定"。罗威提出了"材料的标准"，它简化成表格的形式就是斯克洛普所说的"列成表格的标准"。这意味着用指数的方法来纠正涉及未来支付金额的合同。1853 年，普林斯·史密斯（J. Prince-Smith）开始在这个主题中使用代数公式，虽然他并不十分信任指数。

1863 年，杰文斯在英格兰使用了公式 21，简单几何公式；[459] 1865 年，他计算出了追溯到 1782 年的英格兰的价格指数。他关心的主要问题是，表明从 1849 年开始的金矿大爆发引起的"黄金价值的下跌"。他认可并强烈建议使用斯克洛普建议的列成表格的价值标准。杰文斯似乎是第一个在利息以外的主题中使用指数的人，可以被认为是指数之父。1864 年，曾在德国用公式 1 计算过汉堡的指数的拉斯拜尔，对杰文斯使用的公式 21 提出了反对意见，并提出了公式 53。

1869 年，伦敦《经济学人》杂志开始公布 22 种商品的指数。这个指数现在仍然在继续公布，是现在仍在使用的最古老的指数。它使用的是公式 1，虽然基准数是 2,200，而不是 100。最近这个指数使用的商品数翻倍了。

1874 年，派许在德国提出了公式 54，并用它计算了 1868 年到 1872 年 22 种商品的指数。

世界价格水平从 1873 年开始下降，逆转了曾令杰文斯非常感兴趣的价格上升势头，这引发了新一轮的指数研究。1880 年，意大利经济学家、统计学家莫西达力亚（Messedglia）在他的《平均值的计算及其统计应用》（*Il calcolo dei valori medii e le sue applicazioni statistiche*）中开始研究在这个主题中使用的平均值的性质。1881 年，美国铸币厂的总裁伯查德（H. C. Burchard）构建了一个应用于 1824 年到 1880 年的指数。这似乎是第一个针对美国的指数。

1886 年，索贝克向皇家统计协会提交了一篇文章，开始了他著名的指数系列，这个指数至今仍在被《统计学家》使用。他使用的是公式 1。1886 年，特贝尔（Soetbeer）开始了他的德国系列指数。1887 年和 1889 年，埃奇沃斯为英国科学进步协会写了两篇关于指数的"备忘录"，是当时对指数最全面的研究。他推荐了几种指数形式：算术平均值，包括简单的和加权的，简单中值和简单几何平均值，根据研究的主题来选择不同的形式。1890 年，韦斯特加德提出了对简单权重或固定权重的几何均值（即公式 21 或 9021）的支持意见，理由是它们能通过韦斯特加德检验，即循环检验。1893 年，福克纳（Falkner）在美国参议院的奥德里奇报告中公布了从 1840

年到 1891 年的指数，使用的是公式 1 和 9001。1897 年，布莱斯特公司开始公布它的指数，使用了公式 51，不同商品的单位都取为1 磅。

1896 年，价格水平又开始上升，并一直持续到第一次世界大战以后，这又一次刺激了指数的研究。从 1900 年左右开始，全世界都越来越多地抱怨高昂的生活成本，指数被更多地用来衡量价格的上涨趋势。1901 年，沃尔什出版了他的《衡量总体交易值》，这是到目前为止关于指数理论的最大、最好的作品，也是唯一一篇关于这个理论的一般性论文。1901 年，邓氏公司使用公式 53 的指数开始公布。1902 年，美国劳工统计局开始公布它的批发价格指数。

最早的指数都是批发价格指数，现在的大部分指数也是如此。在很长一段时间里，人们都认为零售商品的质量不够标准化，所以零售指数是不现实的。这个难题并没有被完全克服。但是，美国从1907 年开始使用食品的零售价格指数，今天零售价格指数在大多数国家都非常常见了。工资指数和零售价格指数一样，还没有得到充分的发展。

1911 年，在我的《货币的购买力》一书中，有一章和一个很长的附录是关于指数的。1912 年，澳大利亚统计学家克尼布斯基于几个原因强烈推荐公式 53，尤其是它很容易计算，并用数学方法讨论了这个主题。1915 年，米切尔出版了关于批发价格指数的专著，我们已经提到过的美国劳工统计局的《第 173 号公告》（1921 年改版为《第 284 号公告》）。

1918 年，国家工业委员会公布了一个生活成本指数。1919 年，美国劳工统计局也公布了一个生活成本指数，其中不仅包含了食品这个几乎是当时曾经在指数中出现过的唯一一个零售项目，还包含了几乎所有其他的东西。

因此，自20世纪开始以来，指数已经出现了迅猛的发展。在美国，现在有美国劳工统计局发布的各项指数、联邦储备委员会发布的各项指数、邓氏指数、布莱斯特指数、吉布森（Gibson）指数、《时代年鉴》（*Times Annalist*）编者指数、巴布森指数、国家工业委员会指数、哈佛经济研究委员会指数、麻省生活必需品特别委员会指数等许多指数。附录1中已经给出了一个指数的清单，其中尽可能完整地包含了所有国家使用的不连续的指数和现在还在使用的指数（见第17章第十四节的注释）。

我们会注意到，指数是一种非常新的发明。也就是说，虽然我们可以将它们的发明追溯到一又四分之三个世纪以前，但是它们被用于现在的用途最早也是从1869年才开始的，在1900年之后才成为一种被普遍使用的方法。实际上我们可以说，它们的应用从今天才正式开始。

就像正文中说过的那样，在英格兰，有300万工人的工资会根据指数定期进行调整。

附录 5　指数公式列表

（仅供参考）

第一节　基本代数表达式中的关键元素

p_0 和 q_0 代表一种商品在"0"时点的价格和数量，p_1 和 q_1 代表它在"1"时点的价格和数量。

p_0' 和 q_0' 代表另一种商品在"0"时点的价格和数量，p_1' 和 q_1' 代表它在"1"时点的价格和数量。

p_0'' 和 q_0'' 代表另一种商品在"0"时点的价格和数量，p_1'' 和 q_1'' 代表它在"1"时点的价格和数量。

p_0''' 和 q_0''' 代表另一种商品在"0"时点的价格和数量，p_1''' 和 q_1''' 代表它在"1"时点的价格和数量。

等等。

$\dfrac{p_1}{p_0}$、$\dfrac{p_1'}{p_0'}$、$\dfrac{p_1''}{p_0''}$ 等代表价比，它们的平均值是 P_{01}。

$\dfrac{q_1}{q_0}$、$\dfrac{q_1'}{q_0'}$、$\dfrac{q_1''}{q_0''}$ 等代表数量之比，它们的平均值是 Q_{01}。

V 是 $\dfrac{\sum p_1 q_1}{\sum p_0 q_0}$ 的缩写。

第二节　指数公式编号的要点

基本公式（编号 1—99）

公式编号		公式编号	
1	简单算术公式	2	1 的因素对立公式
3[①]	用一号加权法加权的算术公式	4[②]	3 的因素对立公式
5[②]	用二号加权法加权的算术公式	6[①]	5 的因素对立公式
7	用三号加权法加权的算术公式	8	7 的因素对立公式
9	用四号加权法加权的算术公式	10	9 的因素对立公式
11	简单调和公式	12	11 的因素对立公式
13	用一号加权法加权的调和公式	14	13 的因素对立公式
15	用二号加权法加权的调和公式	16	15 的因素对立公式
17[①]	用三号加权法加权的调和公式	18[②]	17 的因素对立公式
19[②]	用四号加权法加权的调和公式	20[①]	19 的因素对立公式
21[①]	简单几何公式	22[②]	21 的因素对立公式
23	用一号加权法加权的几何公式	24	23 的因素对立公式
25	用二号加权法加权的几何公式	26	25 的因素对立公式
27	用三号加权法加权的几何公式	28	27 的因素对立公式
29	用四号加权法加权的几何公式	30	29 的因素对立公式
31[③]	简单中值公式	32[④]	31 的因素对立公式
33	用一号加权法加权的中值公式	34	33 的因素对立公式
35	用二号加权法加权的中值公式	36	35 的因素对立公式
37	用三号加权法加权的中值公式	38	37 的因素对立公式
39	用四号加权法加权的中值公式	40	39 的因素对立公式
41[⑤]	简单众数公式	42[⑥]	41 的因素对立公式

462

公式编号		公式编号	
43	用一号加权法加权的众数公式	44	43 的因素对立公式
45	用二号加权法加权的众数公式	46	45 的因素对立公式
47	用三号加权法加权的众数公式	48	47 的因素对立公式
49	用四号加权法加权的众数公式	50	49 的因素对立公式
51[7]	简单综合公式	52[8]	51 的因素对立公式
53	用一号加权法加权的综合公式	54	53 的因素对立公式
59[9]	用四号加权法加权的综合公式	60[10]	59 的因素对立公式

① 与公式 121 相同。　　　　② 与公式 122 相同。
③ 与公式 131 相同。　　　　④ 与公式 132 相同。
⑤ 与公式 141 相同。　　　　⑥ 与公式 142 相同。
⑦ 与公式 151 相同。　　　　⑧ 与公式 152 相同。
⑨ 与公式 54 相同。　　　　⑩ 与公式 53 相同。

满足检验 1 的交叉公式（编号 100—199）
（均为用几何均值对公式进行交叉所得）

101	1 和 11 的交叉	102	101 的因素对立公式，及 2 与 12 的交叉
103①	3　　13 的交叉	104①	103 的因素对立公式，及 4　　14 的交叉
105①	5　　15 的交叉	106①	105 的因素对立公式，及 6　　16 的交叉
107	7　　17 的交叉	108	107 的因素对立公式，及 8　　18 的交叉
109	9　　19 的交叉	110	109 的因素对立公式，及 10　　20 的交叉
121	21 和 21 的交叉	122	121 的因素对立公式，及 22 与 22 的交叉
123	23 }的交叉	124	123 的因素对立公式，及 24 }的交叉
125	25 }的交叉	126	125 的因素对立公式，及 26 }的交叉
	27		28
	29		30
131	31 和 31 的交叉	132	131 的因素对立公式，及 32 与 32 的交叉

133	33 的交叉		134	133 的因素对立公式，及 34 的交叉	
135	35	的交叉	136	135 的因素对立公式，及 36	的交叉
	37			38	
	39			40	
141	41 和 41 的交叉		142	141 的因素对立公式，及 42 与 42 的交叉	
143	43 的交叉		144	143 的因素对立公式，及 44 的交叉	
145	45	的交叉	146	145 的因素对立公式，及 46	的交叉
	47			48	
	49			50	
151	51 和 51 的交叉		152	151 的因素对立公式，及 52 与 52 的交叉	
153[①]	53 的交叉		154[①]	153 的因素对立公式，及 54 的交叉	
	59			60	

463

① 可以化简为 353。

满足检验 2 的交叉公式（编号 200—299）

201	1 和 2 的交叉	231[③]	31 和 32 的交叉
203[①]	3 和 4 的交叉	233	33 和 34 的交叉
205[①]	5 和 6 的交叉	235	35 和 36 的交叉
207	7 和 8 的交叉	237	37 和 38 的交叉
209	9 和 10 的交叉	239	39 和 40 的交叉
211	11 和 12 的交叉	241[④]	41 和 42 的交叉
213	13 和 14 的交叉	243	43 和 44 的交叉
215	15 和 16 的交叉	245	45 和 46 的交叉
217[①]	17 和 18 的交叉	247	47 和 48 的交叉
219[①]	19 和 20 的交叉	249	49 和 50 的交叉
221[②]	21 和 22 的交叉	251[⑤]	51 和 52 的交叉

223	23 和 24 的交叉	253⑥	53 和 54 的交叉
225	25 和 26 的交叉	259⑥	59 和 60 的交叉
227	27 和 28 的交叉		
229	29 和 30 的交叉		

① 可以化简为 353。　　③ 与公式 331 相同。　　⑤ 与公式 351 相同。
② 与公式 321 相同。　　④ 与公式 341 相同。　　⑥ 可以化简为 353。

同时满足两个检验的交叉公式（编号 300—399）

301	1 和 11, 2 和 12 的交叉	也是 101 和 102 的交叉	也是 201 和 211 的交叉
303①	3 和 19, 4 和 20 的交叉	也是 103 和 104 的交叉	也是 203 和 219 的交叉
305①	5 和 17, 6 和 18 的交叉	也是 105 和 106 的交叉	也是 205 和 217 的交叉
307	7 和 15, 8 和 11 的交叉	也是 107 和 108 的交叉	也是 207 和 215 的交叉
309	9 和 13, 10 和 14 的交叉	也是 109 和 110 的交叉	也是 209 和 213 的交叉
321	21 和 21, 22 和 22 的交叉	也是 121 和 122 的交叉	也是 221 和 221 的交叉
323	23 和 29, 24 和 30 的交叉	也是 123 和 124 的交叉	也是 223 和 229 的交叉
325	25 和 27, 26 和 28 的交叉	也是 125 和 126 的交叉	也是 225 和 227 的交叉
331	31 和 31, 32 和 32 的交叉	也是 131 和 132 的交叉	也是 231 和 231 的交叉
333	33 和 39, 34 和 40 的交叉	也是 133 和 134 的交叉	也是 233 和 239 的交叉
335	35 和 37, 36 和 38 的交叉	也是 135 和 136 的交叉	也是 235 和 237 的交叉
341	41 和 41, 42 和 42 的交叉	也是 141 和 142 的交叉	也是 241 和 241 的交叉
343	43 和 49, 44 和 50 的交叉	也是 143 和 144 的交叉	也是 243 和 249 的交叉
345	45 和 47, 46 和 48 的交叉	也是 145 和 146 的交叉	也是 245 和 247 的交叉
351	51 和 51, 52 和 52 的交叉	也是 151 和 152 的交叉	也是 251 和 251 的交叉
353	53 和 59, 54 和 60 的交叉	也是 153 和 154 的交叉	也是 253 和 259 的交叉

① 可以化简为公式 353。

　　上述公式构成了"主系列公式"；下面的公式是"补充系列公式"。

交叉权重公式（编号 1000—1999）

（用几何均值交叉）

（1003 和 1013 不满足检验 1；1100—1199

满足检验 1，1300—1399 同时满足两个检验）

1003	3 和 9 或 5 和 7 的交叉权重公式	1004	1003 的因素对立公式
1013	13 和 19 或 15 和 17 的交叉权重公式	1014	1013 的因素对立公式
1103	1003 和 1013 的交叉公式	1104	1103 的因素对立公式
1123	23 和 29 或 25 和 27 的交叉权重公式	1124	1123 的因素对立公式
1133	33 和 39 或 35 和 37 的交叉权重公式	1134	1133 的因素对立公式
1143	43 和 49 或 45 和 47 的交叉权重公式	1144	1143 的因素对立公式
1153	53 和 59 的交叉权重公式	1154	1153 的因素对立公式
1303 1323 1333 1343 1353	1103 和 1104 的交叉公式 1123 和 1124 的交叉公式 1133 和 1134 的交叉公式 1143 和 1144 的交叉公式 1153 和 1154 的交叉公式		

465

交叉权重公式（编号 2000—4999）

（用几何法以外的方法交叉）

2153 2353	53 和 54（用算术法）的交叉权重公式 2153 和 2154 的交叉公式	2154	2153 的因素对立公式
3153 3353	53 和 54（用调和法）的交叉权重公式 3153 和 3154 的交叉公式	3154	3153 的因素对立公式
4153 4353	53 和 54（用莱尔法）的交叉权重公式 4153 和 4154 的交叉公式	4154	4153 的因素对立公式

其他公式（编号 5000—9999）

交叉公式的交叉公式（编号 5000—5999）			
5307	307 和 309 的交叉公式	5323	323 和 325 的交叉公式
5333	333 和 335 的交叉公式	5343	343 和 345 的交叉公式

拓宽基准的公式（编号 6000—6999）	
6023	和 23 类似，但是基准值是两年或多年的平均值
6053	和 53 类似，但是基准值是两年或多年的平均值

混合公式（编号 7000—7999）	
7053	用 353 计算出的每年指数的平均值

公式的算术平均值和调和平均值（编号 8000—8999）	
8053	53 和 54 的简单算术平均值
8054	53 和 54 的简单调和平均值（也是 8053 的因素对立公式）
8353[①]	8053 和 8054 的交叉公式

大致权重的公式（编号 9000—9999）[②]	
9051	将 36 个报价的小数点适当改变后，计算方法和 51 类似。

① 可以化简为公式 353。
② 对于公式 9001、9011、9021、9031 和 9041，本书都没有进行计算，可参见本附录第三节，表 62。

466

第三节 表62 指数公式

$$\left(V \text{ 是 } \frac{\sum p_1 q_1}{\sum p_0 q_0} \text{ 的缩写}\right)$$

算术类型的公式

公式的标识			公式	支持者
编号	字母	名称		
1	A	简单算术公式	$\dfrac{\sum \dfrac{p_1}{p_0}}{n}$	卡里 舒克伯格·伊夫林 《经济学人》 索贝克 《统计学家》 大多数其他人
2			$V \div \dfrac{\sum \dfrac{q_1}{q_0}}{n}$	
3[1]	A I	用一号加权法加权的算术公式	$\dfrac{\sum p_0 q_0 \dfrac{p_1}{p_0}}{\sum p_0 q_0}$	美国劳工统计局
4[2]			$V \div \dfrac{\sum q_0 p_0 \dfrac{q_1}{q_0}}{\sum q_0 p_0}$	
5[2]	A II	用二号加权法加权的算术公式	$\dfrac{\sum p_0 q_1 \dfrac{p_1}{p_0}}{\sum p_0 q_1}$	
6[1]			$V \div \dfrac{\sum q_0 p_1 \dfrac{q_1}{q_0}}{\sum q_0 p_1}$	

续表

公式的标识			公式	支持者
编号	字母	名称		
7	A III	用三号加权法加权的算术公式	$\dfrac{\sum p_1 q_0 \dfrac{p_1}{p_0}}{\sum p_1 q_0}$	
8			$V \div \dfrac{\sum q_1 p_0 \dfrac{q_1}{q_0}}{\sum q_1 p_0}$	
9	A IV	用四号加权法加权的算术公式	$\dfrac{\sum p_1 q_1 \dfrac{p_1}{p_0}}{\sum p_1 q_1}$	帕尔格雷夫
10			$V \div \dfrac{\sum q_1 p_1 \dfrac{q_1}{q_0}}{\sum q_1 p_1}$	

① 可以化简为 53。　　② 可以化简为 54。

表 62（续）

467

调和类型的公式

公式的标识			公式	支持者
编号	字母	名称		
11	H	简单调和公式	$\dfrac{n}{\sum \dfrac{p_0}{p_1}}$	科格佐尔
12			$V \div \dfrac{n}{\sum \dfrac{q_0}{q_1}}$	
13	H I	用一号加权法加权的调和公式	$\dfrac{\sum p_0 q_0}{\sum p_0 q_0 \dfrac{p_0}{p_1}}$	

续表

公式的标识			公式	支持者
编号	字母	名称		
14			$V \div \dfrac{\sum q_0 p_0}{\sum q_0 p_0 \dfrac{q_0}{q_1}}$	
15	H II	用二号加权法加权的调和公式	$\dfrac{\sum p_0 q_1}{\sum p_0 q_1 \dfrac{p_0}{p_1}}$	
16			$V \div \dfrac{\sum q_0 p_1}{\sum q_0 p_1 \dfrac{q_0}{q_1}}$	
17[①]	H III	用三号加权法加权的调和公式	$\dfrac{\sum p_1 q_0}{\sum p_1 q_0 \dfrac{p_0}{p_1}}$	
18[②]			$V \div \dfrac{\sum q_1 p_0}{\sum q_1 p_0 \dfrac{q_0}{q_1}}$	
19[②]	H IV	用四号加权法加权的调和公式	$\dfrac{\sum p_1 q_1}{\sum p_1 q_1 \dfrac{p_0}{p_1}}$	
20[①]			$V \div \dfrac{\sum q_1 p_1}{\sum q_1 p_1 \dfrac{q_0}{q_1}}$	

① 可以化简为 53。 ② 可以化简为 54。

表 62（续）
几何类型的公式

468

公式的标识			公式	支持者
编号	字母	名称		
21[①]	G	简单几何公式	$\sqrt[n]{\dfrac{p_1}{p_0} \cdot \dfrac{p_1'}{p_0'} \cdots}$	杰文斯 韦斯特加德 弗拉克斯
22[②]			$V \div \sqrt[n]{\dfrac{q_1}{q_0} \cdot \dfrac{q_1'}{q_0'} \cdots}$	尼克尔森 沃尔什
23	G I	用一号加权法加权的几何公式	$\sqrt[\sum p_0 q_0]{\left(\dfrac{p_1}{p_0}\right)^{p_0 q_0} \left(\dfrac{p_1'}{p_0'}\right)^{p_0' q_0'} \cdots}$	
24			$V \div \sqrt[\sum q_0 p_0]{\left(\dfrac{q_1}{q_0}\right)^{q_0 p_0} \left(\dfrac{q_1'}{q_0'}\right)^{q_0' p_0'} \cdots}$	
25	G II	用二号加权法加权的几何公式	$\sqrt[\sum p_0 q_1]{\left(\dfrac{p_1}{p_0}\right)^{p_0 q_1} \left(\dfrac{p_1'}{p_0'}\right)^{p_0' q_1'} \cdots}$	
26			$V \div \sqrt[\sum q_0 p_1]{\left(\dfrac{q_1}{q_0}\right)^{q_0 p_1} \left(\dfrac{q_1'}{q_0'}\right)^{q_0' p_1'} \cdots}$	
27	G III	用三号加权法加权的几何公式	$\sqrt[\sum p_1 q_0]{\left(\dfrac{p_1}{p_0}\right)^{p_1 q_0} \left(\dfrac{p_1'}{p_0'}\right)^{p_1' q_0'} \cdots}$	
28			$V \div \sqrt[\sum q_1 p_0]{\left(\dfrac{q_1}{q_0}\right)^{q_1 p_0} \left(\dfrac{q_1'}{q_0'}\right)^{q_1' p_0'} \cdots}$	
29	G IV	用四号加权法加权的几何公式	$\sqrt[\sum p_1 q_1]{\left(\dfrac{p_1}{p_0}\right)^{p_1 q_1} \left(\dfrac{p_1'}{p_0'}\right)^{p_1' q_1'} \cdots}$	联邦储备委员会

续表

公式的标识			公式	支持者
编号	字母	名称		
30			$V \div \sqrt[\sum q_1 p_1]{\left(\dfrac{q_1}{q_0}\right)^{q_1 p_1} \left(\dfrac{q_1'}{q_0'}\right)^{q_1' p_1'} \cdots}$	

① 与公式 121 相同。　　② 与公式 122 相同。

469

表 62（续）

中值类型的公式

公式的标识			公式	支持者
编号	字母	名称		
31①	Me	简单中值公式	价比的中间项	埃奇沃斯 米切尔
32②			$V \div$ 数量之比的中间项	
33	Me I	用一号加权法加权的中值公式	中间权重的那一项价比	
34			$V \div$ 中间权重的那一项数量之比	
35	Me II	用二号加权法加权的中值公式	中间权重的那一项价比	
36			$V \div$ 中间权重的那一项数量之比	
37	Me III	用三号加权法加权的中值公式	中间权重的那一项价比	
38			$V \div$ 中间权重的那一项数量之比	

续表

公式的标识			公式	支持者
编号	字母	名称		
39	Me IV	用四号加权法加权的中值公式	中间权重的那一项价比	
40			$V \div$ 中间权重的那一项数量之比	

① 与公式 131 相同。　　② 与公式 132 相同。

表 62（续）

众数类型的公式

470

公式的标识			公式	支持者
编号	字母	名称		
41①	Mo	简单众数公式	最常出现的价比	
42②			$V \div$ 最常出现的数量之比	
43	Mo I	用一号加权法加权的众数公式	权重最大的价比	
44			$V \div$ 权重最大的数量之比	
45	Mo II	用二号加权法加权的众数公式	权重最大的价比	
46			$V \div$ 权重最大的数量之比	
47	Mo III	用三号加权法加权的众数公式	权重最大的价比	
48			$V \div$ 权重最大的数量之比	
49	Mo IV	用四号加权法加权的众数公式	权重最大的价比	

续表

公式的标识			公式	支持者
编号	字母	名称		
50			$V \div$ 权重最大的数量之比	

① 与公式 141 相同。　　② 与公式 142 相同。

471

表 62（续）
综合类型的公式

公式的标识			公式	支持者
编号	字母	名称		
51①	Ag	简单综合公式	$\dfrac{\sum p_1}{\sum p_0}$	布莱斯特公司 杜托
52②			$V \div \dfrac{\sum q_1}{\sum q_0}$	卓比奇 罗森－罗森
53	Ag I	用一号加权法加权的综合公式	$\dfrac{\sum p_1 q_0}{\sum p_0 q_0}$	邓氏公司 费雪 克尼布斯 拉斯拜尔 斯克洛普 美国劳工统计局
54			$V \div \dfrac{\sum q_1 p_0}{\sum q_0 p_0}$	费雪 派许 斯克洛普
59③	Ag IV	用四号加权法加权的综合公式	$\dfrac{\sum p_1 q_1}{\sum p_0 q_1}$	

续表

公式的标识			公式	支持者
编号	字母	名称		
60④			$V \div \dfrac{\sum q_1 p_1}{\sum q_0 p_1}$	

① 与公式 151 相同。　② 与公式 152 相同。
③ 与公式 54 相同。　④ 与公式 53 相同。

表 62（续）

472

算术公式和调和公式的交叉公式

（满足检验 1 ）

公式的标识		公式	支持者
编号	名称		
	以下公式的交叉公式：		
101	简单公式	$\sqrt{1 \times 11}$	
102		$\sqrt{2 \times 12}$ ②	
103①	加权的 A I & H IV	$\sqrt{3 \times 19}$	
104①		$\sqrt{4 \times 20}$ ②	
105①	加权的 A II & H III	$\sqrt{5 \times 17}$	
106①		$\sqrt{6 \times 18}$ ②	
107	加权的 A III & H II	$\sqrt{7 \times 15}$	
108		$\sqrt{8 \times 16}$ ②	
109	加权的 A IV & H I	$\sqrt{9 \times 13}$	
110		$\sqrt{10 \times 14}$ ②	

① 可简化为公式 353。
② 也是紧挨着的前一个公式的因素对立公式，即是 $V \div$ 将 p 和 q 互换的前一个公式。

473

表 62（续）
几何公式的交叉公式
（满足检验 1）

公式的标识		公式	支持者
编号	名称		
	以下公式的交叉公式：	$\sqrt{21 \times 21}$	
121[①]	简单公式		
122[②]		$\sqrt{22 \times 22}$ [③]	
123	加权的 G I & GIV	$\sqrt{23 \times 29}$	
124		$\sqrt{24 \times 30}$ [③]	
125	加权的 G II & GIII	$\sqrt{25 \times 27}$	
126		$\sqrt{26 \times 28}$ [③]	

[①] 可以化简为公式 21。
[②] 可以化简为公式 22。
[③] 也是紧挨着的前一个公式的因素对立公式，即是 $V \div$ 将 p 和 q 互换的前一个公式。

表 62（续）
中值公式的交叉公式
（满足检验 1）

公式的标识		公式	支持者
编号	名称		
	以下公式的交叉公式：	$\sqrt{31 \times 31}$	
131[①]	简单公式		
132[②]		$\sqrt{32 \times 32}$ [③]	
133	加权的 Me I & Me IV	$\sqrt{33 \times 39}$	

续表

公式的标识		公式	支持者
编号	名称		
134		$\sqrt{34 \times 40}$ ③	
135	加权的 Me II & Me III	$\sqrt{35 \times 37}$	
126		$\sqrt{36 \times 38}$ ③	

① 可以化简为公式 31。

② 可以化简为公式 32。

③ 也是紧挨着的前一个公式的因素对立公式，即是 $V \div$ 将 p 和 q 互换的前一个公式。

表 62（续）

众数公式的交叉公式

（满足检验 1）

474

公式的标识		公式	支持者
编号	名称		
141①	以下公式的交叉公式： 简单公式	$\sqrt{41 \times 41}$	
142②		$\sqrt{42 \times 42}$ ③	
143	加权的 Mo I & Mo IV	$\sqrt{43 \times 49}$	
144		$\sqrt{44 \times 50}$ ③	
145	加权的 Mo II & Mo III	$\sqrt{45 \times 47}$	
146		$\sqrt{46 \times 48}$ ③	

① 可以化简为公式 41。

② 可以化简为公式 42。

③ 也是紧挨着的前一个公式的因素对立公式，即是 $V \div$ 将 p 和 q 互换的前一个公式。

表 62（续）
综合公式的交叉公式
（满足检验 1）

公式的标识		公式	支持者
编号	名称		
	以下公式的交叉公式：	$\sqrt{51\times51}$	
151[①]	简单公式		
152[②]		$\sqrt{52\times52}$ [④]	
153[③]	加权的 Ag I & Ag IV	$\sqrt{53\times59}$	
154[③]		$\sqrt{54\times60}$ [④]	

① 可以化简为公式 51。

② 可以化简为公式 52。

③ 可以化简为公式 353。

④ 也是紧挨着的前一个公式的因素对立公式，即是 $V\div$ 将 p 和 q 互换的前一个公式。

表 62（续）
算术公式的交叉公式
（满足检验 2）

公式的标识		公式	支持者
编号	名称		
	以下公式的交叉公式：	$\sqrt{1\times2}$	
201	简单算术公式和它的因素对立公式		
203[①]	加权的 A I 和它的因素对立公式	$\sqrt{3\times4}$	
205[①]	加权的 A II 和它的因素对立公式	$\sqrt{5\times6}$	
207	加权的 A III 和它的因素对立公式	$\sqrt{7\times8}$	
209	加权的 A IV 和它的因素对立公式	$\sqrt{9\times10}$	

① 可以化简为公式 353。

表 62（续）

调和公式的交叉公式

（满足检验 2）

公式的标识		公式	支持者
编号	名称		
	以下公式的交叉公式：	$\sqrt{11 \times 12}$	
211	简单调和公式和它的因素对立公式		
213	加权的 H I 和它的因素对立公式	$\sqrt{13 \times 14}$	
215	加权的 H II 和它的因素对立公式	$\sqrt{15 \times 16}$	
217[①]	加权的 H III 和它的因素对立公式	$\sqrt{17 \times 18}$	
219[①]	加权的 H IV 和它的因素对立公式	$\sqrt{19 \times 20}$	

① 可以化简为公式 353。

表 62（续）

几何公式的交叉公式

（满足检验 2）

公式的标识		公式	支持者
编号	名称		
	以下公式的交叉公式：	$\sqrt{21 \times 22}$	
221[①]	简单几何公式和它的因素对立公式		
223	加权的 G I 和它的因素对立公式	$\sqrt{23 \times 24}$	
225	加权的 G II 和它的因素对立公式	$\sqrt{25 \times 26}$	
227	加权的 G III 和它的因素对立公式	$\sqrt{27 \times 28}$	
229	加权的 G IV 和它的因素对立公式	$\sqrt{29 \times 30}$	

① 与公式 321 相同。

表 62（续）
中值公式的交叉公式
（满足检验 2）

公式的标识		公式	支持者
编号	名称		
	以下公式的交叉公式：	$\sqrt{31 \times 32}$	
231[①]	简单中值公式和它的因素对立公式		
233	加权的 Me I 和它的因素对立公式	$\sqrt{33 \times 34}$	
235	加权的 Me II 和它的因素对立公式	$\sqrt{35 \times 36}$	
237	加权的 Me III 和它的因素对立公式	$\sqrt{37 \times 38}$	
239	加权的 Me IV 和它的因素对立公式	$\sqrt{39 \times 40}$	

① 与公式 331 相同。

表 62（续）
众数公式的交叉公式
（满足检验 2）

公式的标识		公式	支持者
编号	名称		
	以下公式的交叉公式：	$\sqrt{41 \times 42}$	
241[①]	简单众数公式和它的因素对立公式		
243	加权的 Mo I 和它的因素对立公式	$\sqrt{43 \times 44}$	
245	加权的 Mo II 和它的因素对立公式	$\sqrt{45 \times 46}$	
247	加权的 Mo III 和它的因素对立公式	$\sqrt{47 \times 48}$	
249	加权的 Mo IV 和它的因素对立公式	$\sqrt{49 \times 50}$	

① 与公式 341 相同。

表 62（续）

综合公式的交叉公式

（满足检验 2）

公式的标识		公式	支持者
编号	名称		
	以下公式的交叉公式：	$\sqrt{51 \times 52}$	
251[①]	简单综合公式和它的因素对立公式		
253[②]	加权的 Ag I 和它的因素对立公式	$\sqrt{53 \times 54}$	
259[②]	加权的 Ag IV 和它的因素对立公式	$\sqrt{59 \times 60}$	

① 与公式 351 相同。

② 可以化简为公式 353。

表 62（续）

算术公式和调和公式的交叉公式

（同时满足两个检验）

公式的标识		公式	支持者
编号	名称		
	以下公式的交叉公式：		
301	简单算术公式、简单调和公式和它们的因素对立公式	$\sqrt[4]{1 \times 2 \times 11 \times 12}$ 或 $\sqrt{101 \times 102}$ 或 $\sqrt{201 \times 211}$	
303[①]	加权的 A I、H IV 和它们的因素对立公式	$\sqrt[4]{3 \times 4 \times 19 \times 20}$ 或 $\sqrt{103 \times 104}$ 或 $\sqrt{203 \times 219}$	
305[①]	加权的 A II、H III 和它们的因素对立公式	$\sqrt[4]{5 \times 6 \times 17 \times 18}$ 或 $\sqrt{105 \times 106}$ 或 $\sqrt{205 \times 217}$	
307	加权的 A III、H II 和它们的因素对立公式	$\sqrt[4]{7 \times 8 \times 15 \times 16}$ 或 $\sqrt{107 \times 108}$ 或 $\sqrt{207 \times 215}$	

公式的标识		公式	支持者
编号	名称		
309	加权的 A IV、H I 和它们的因素对立公式	$\sqrt[4]{9 \times 10 \times 13 \times 14}$ 或 $\sqrt{109 \times 110}$ 或 $\sqrt{209 \times 213}$	

几何公式的交叉公式
（同时满足两个检验）

编号	名称	公式	支持者
321②	简单几何公式和它的因素对立公式	$\sqrt[4]{21 \times 22 \times 21 \times 22}$ 或 $\sqrt{121 \times 122}$ 或 $\sqrt{221 \times 221}$	
323	加权的 G I、G IV 和它们的因素对立公式	$\sqrt[4]{23 \times 24 \times 29 \times 30}$ 或 $\sqrt{123 \times 124}$ 或 $\sqrt{223 \times 229}$	
325	加权的 G II、G III 和它们的因素对立公式	$\sqrt[4]{25 \times 26 \times 27 \times 28}$ 或 $\sqrt{125 \times 126}$ 或 $\sqrt{225 \times 227}$	

① 可化简为公式 353。　② 可化简为公式 221。

481

表 62（续）
中值公式的交叉公式
（同时满足两个检验）

公式的标识		公式	支持者
编号	名称		
	以下公式的交叉公式：		
331①	简单中值公式和它的因素对立公式	$\sqrt[4]{31 \times 32 \times 31 \times 32}$ 或 $\sqrt{131 \times 132}$ 或 $\sqrt{231 \times 231}$	
333	加权的 Me I、Me IV 和它们的因素对立公式	$\sqrt[4]{33 \times 34 \times 39 \times 40}$ 或 $\sqrt{133 \times 134}$ 或 $\sqrt{233 \times 239}$	
335	加权的 Me II、Me III 和它们的因素对立公式	$\sqrt[4]{35 \times 36 \times 37 \times 38}$ 或 $\sqrt{135 \times 136}$ 或 $\sqrt{235 \times 237}$	

续表

公式的标识		公式	支持者
编号	名称		
众数公式的交叉公式 （同时满足两个检验）			
341[②]	简单众数公式和它的因素对立公式	$\sqrt[4]{41\times42\times41\times42}$ 或 $\sqrt{141\times142}$ 或 $\sqrt{241\times241}$	
343	加权的 Mo I、Mo IV 和它们的因素对立公式	$\sqrt[4]{43\times44\times49\times50}$ 或 $\sqrt{143\times144}$ 或 $\sqrt{243\times249}$	
345	加权的 Mo II、Mo III 和它们的因素对立公式	$\sqrt[4]{45\times46\times47\times48}$ 或 $\sqrt{145\times146}$ 或 $\sqrt{245\times247}$	

① 可化简为公式 231。　　② 可化简为公式 241。

表 62（续）

482

综合公式的交叉公式
（同时满足两个检验）

公式的标识		公式	支持者
编号	名称		
351[①]	以下公式的交叉公式： 简单综合公式和它的因素对立公式	$\sqrt[4]{51\times52\times51\times52}$ 或 $\sqrt{151\times152}$ 或 $\sqrt{251\times251}$	
353[②]	加权的 Ag I、Ag IV 和它们的因素对立公式	"理想公式" $\sqrt{\dfrac{\sum p_1q_0}{\sum p_0q_0}\times\dfrac{\sum p_1q_1}{\sum p_0q_1}}$	费雪 庇古 沃尔什 阿林·扬

① 可以化简为 251。
② 与公式 103、104、105、106、153、154、203、205、217、219、253、259、303、305 相同。

上述公式构成了"主系列公式";下面的公式是"补充系列公式"。

算术公式和调和公式的交叉权重公式
（不满足任何检验）

编号	名称	公式	支持者
1003	衍生关系： 3 和 9 或 5 和 7 的交叉权重公式	$\dfrac{\sum \sqrt{p_0 q_0 p_1 q_1}\left(\dfrac{p_1}{p_0}\right)}{\sum \sqrt{p_0 q_0 p_1 q_1}}$	
1004	1003 的因素对立公式	$V \div \dfrac{\sum \sqrt{q_0 p_0 q_1 p_1}\left(\dfrac{q_1}{q_0}\right)}{\sum \sqrt{q_0 p_0 q_1 p_1}}$	
1013	13 和 19 或 15 和 17 的交叉权重公式	$\dfrac{\sum \sqrt{p_0 q_0 p_1 q_1}}{\sum \sqrt{p_0 q_0 p_1 q_1}\left(\dfrac{p_0}{p_1}\right)}$	
1014	1013 的因素对立公式	$V \div \dfrac{\sum \sqrt{q_0 p_0 q_1 p_1}}{\sum \sqrt{q_0 p_0 q_1 p_1}\left(\dfrac{q_0}{q_1}\right)}$	

483

表 62（续）

编号	名称	公式	
	上述公式的交叉公式（满足检验 1）		
1103	以下公式的交叉公式： A 和 H 的交叉权重公式	$\sqrt{1003 \times 1013}$	
1104	1103 的因素对立公式	$\sqrt{1004 \times 1014}$	

几何公式、中值公式、众数公式和综合公式的交叉权重公式
（满足检验 1）

编号	名称	公式	支持者
1123	衍生关系： 23 和 29 或 25 和 27 的交叉权重公式	$\sum \sqrt{p_0 q_0 p_1 q_1} \sqrt{\left(\dfrac{p_1}{p_0}\right)^{\sqrt{p_0 q_0 p_1 q_1}}} \cdots$	沃尔什
1124	1123 的因素对立公式	$V \div \sum \sqrt{q_0 q_1 p_1 p_1} \sqrt{\left(\dfrac{q_1}{q_0}\right)^{\sqrt{p_0 q_0 q_1 p_1}}} \cdots$	
1133	33 和 39 或 35 和 37 的交叉权重公式	交叉权重后价比的中间项	
1134	1133 的因素对立公式	$V \div$ 交叉权重后数量之比的中间项	
1143	43 和 49 或 45 和 47 的交叉权重公式	交叉权重后权重最大的价比	
1144	1143 的因素对立公式	$V \div$ 交叉权重后权重最大的数量之比	
1153	53 和 59 的交叉权重公式	$\dfrac{\sum \sqrt{q_0 q_1} \, p_1}{\sum \sqrt{q_0 q_1} \, p_0}$	斯克洛普 沃尔什
1154	1153 的因素对立公式	$V \div \dfrac{\sum \sqrt{p_0 p_1} \, q_1}{\sum \sqrt{p_0 p_1} \, q_0}$	沃尔什

表 62（续）

上述交叉权重公式的交叉公式

（满足检验 1 和检验 2）

标识		
编号	公式	
1301	$\sqrt{1103 \times 1104}$	
1323	$\sqrt{1123 \times 1124}$	
1333	$\sqrt{1133 \times 1134}$	
1343	$\sqrt{1143 \times 1144}$	
1353	$\sqrt{1153 \times 1154}$	

交叉权重的综合公式和其他公式

标识		公式	支持者
编号	名称		
		（满足检验 1）	
2153[①]	用算术法交叉权重的综合公式	$\dfrac{\sum \frac{q_0 + q_1}{2} p_1}{\sum \frac{q_0 + q_1}{2} p_0}$	埃奇沃斯 费雪 马歇尔 沃尔什
2154[①]	2153 的因素对立公式	$V \div \dfrac{\sum \frac{p_0 + p_1}{2} q_1}{\sum \frac{p_0 + p_1}{2} q_0}$	沃尔什
		（满足检验 1 和检验 2）	
2353[①]	上述两个公式的交叉公式	$\sqrt{2153 \times 2154}$	

① 关于其他形式，可以参见表格末尾的说明"某些公式的其他形式"。

表 62（续）

标识		公式	支持者
编号	名称		
		（满足检验 1）	
3153[1]	用调和法交叉权重的综合公式	$$\dfrac{\sum\left(\dfrac{2}{\dfrac{1}{q_0}+\dfrac{1}{q_1}}\right)p_1}{\sum\left(\dfrac{2}{\dfrac{1}{q_0}+\dfrac{1}{q_1}}\right)p_0}$$	
3154	3153 的因素对立公式	$$V\div\dfrac{\sum\left(\dfrac{2}{\dfrac{1}{p_0}+\dfrac{1}{p_1}}\right)q_1}{\sum\left(\dfrac{2}{\dfrac{1}{p_0}+\dfrac{1}{p_1}}\right)q_0}$$	
		（满足检验 1 和检验 2）	
3353	上述两个公式的交叉公式	$\sqrt{3153\times3154}$	
		（满足检验 1）	
4153[1]	用加权算术平均法交叉权重综合公式	$$\dfrac{\sum\dfrac{p_0q_0+p_1q_1}{p_0+p_1}p_1}{\sum\dfrac{p_0q_0+p_1q_1}{p_0+p_1}p_0}$$	
4154	4153 的因素对立公式	$$V\div\dfrac{\sum\dfrac{q_0p_0+q_1p_1}{q_0+q_1}q_1}{\sum\dfrac{q_0p_0+q_1p_1}{q_0+q_1}q_0}$$	莱尔
		（满足检验 1 和检验 2）	
4353	上述两个公式的交叉公式	$\sqrt{4153\times4154}$	

[1] 关于其他形式，可以参见表格末尾的说明"某些公式的其他形式"

486

交叉公式的交叉公式
（满足检验 1 和检验 2）

编号	公式	支持者
5307	$\sqrt{307 \times 309}$	
5323	$\sqrt{323 \times 325}$	
5333	$\sqrt{333 \times 335}$	
5343	$\sqrt{343 \times 345}$	

拓宽基准的几何公式和综合公式
（不满足任何检验）

标识		公式	支持者
编号	名称		
6023	将基准拓宽为1913—1914 年的几何公式	和公式 23 相同，将其中的"0"替换为 0—1，即 1913—1914	戴帕森斯
6023	同上，基准为1913—1916 年	和公式 23 相同，将其中的"0"替换为 0—1—2—3，即 1913—1914—1915—1916	戴帕森斯
6023	同上，基准为 1913 年和1918 年	和公式 23 相同，将其中的"0"替换为 0 和 5，即 1913 和 1918	戴帕森斯
6053	将基准拓宽为1913—1914 年的综合公式	和公式 53 相同，将其中的"0"替换为 0—1，即 1913—1914	
6053	同上，基准为1913—1916 年	和公式 53 相同，将其中的"0"替换为 0—1—2—3，即 1913—1914—1915—1916	
6053	同上，基准为 1913 年至 1918 年	和公式 53 相同，将其中的"0"替换为 0—1—2—3—4—5，即 1913—1914—1915—1916—1917—1918	

综合指数的算术和调和均值
（不满足任何检验）

487

编号	名称	公式	支持者
7053	以不同年份为基准的理想公式的算术均值	$[353（1913）+353（1914）+353（1915）$ $+353（1916）+353（1917）+353（1918）] \div 6$	
8053	综合公式的算术均值	$\dfrac{53+54}{2}=\dfrac{\dfrac{\sum p_1 q_0}{\sum p_0 q_0}+\dfrac{\sum p_1 q_1}{\sum p_0 q_1}}{2}$	塞奇维克 卓比奇
8054	8053 的因素对立公式	$V \div \dfrac{\dfrac{\sum q_1 p_0}{\sum q_0 p_0}+\dfrac{\sum q_1 p_1}{\sum q_0 p_1}}{2}=\dfrac{2}{\dfrac{\sum p_0 q_0}{\sum p_1 q_0}+\dfrac{\sum p_0 q_1}{\sum p_1 q_1}}$	
8353[①]		$\sqrt{8053 \times 8054}$	

① 可以化简为 353。

固定权重的各种类型的指数

标识		公式		支持者
编号	名称			
	权重为任意选取的固定值	$\dfrac{\sum w \dfrac{p_1}{p_0}}{\sum w}$	其中 w 为任意选取的固定值	邓氏公司 福克纳 亚瑟·扬
9001	算术指数			
9011	调和指数	$\dfrac{\sum w}{\sum w \dfrac{p_0}{p_1}}$	其中 w 为任意选取的固定值	
9021	几何指数	$\sqrt[\sum w]{\left(\dfrac{p_1}{p_0}\right)^w \cdots}$	其中 w 为任意选取的固定值	

标识		公式		支持者
编号	名称			
9031	中值指数	中间权重的价比		
9041	众数指数	最高权重的价比		
9051	综合指数	$\dfrac{\sum wp_1}{\sum wp_0}$	其中 w 为任意选取的固定值	罗威

488

某些公式的其他形式

很多公式可以用上面的表格中给出的形式以外的其他形式来表示。表格中的脚注指出了某些转化关系，比如公式 3 可以变形为公式 53。还有很多这样的关系。我们至少可以给出 5 种公式 2153 的不同形式，2154 有 5 种不同的形式，2353 有两种不同的形式，3153 有 5 种不同的形式，4153 有 7 种不同的形式。在大多数情况下，最容易计算的形式都不是表格中给出的形式。例如 2153 最容易计算的形式是

$$\frac{\sum (q_1 + q_0)p_1}{\sum (q_1 + q_0)p_0}$$

2154 最容易计算的形式是

$$\frac{1 + \dfrac{\sum p_1 q_0}{\sum p_0 q_0}}{1 + \dfrac{\sum p_0 q_1}{\sum p_1 q_1}}$$

3153 最容易计算的形式是

$$\frac{\sum p_1 \dfrac{q_0 q_1}{q_0 + q_1}}{\sum p_0 \dfrac{q_0 q_1}{q_0 + q_1}}$$

附录 6 数字化的数据和例子

第一节 36 种商品的价格和数量数据

表 63 36 种商品 1913—1918 年的价格

编号	商品	p_0 1913	p_1 1914	p_2 1915	p_3 1916	p_4 1917	p_5 1918
1	培根	0.1236	0.1295	0.1129	0.1462	0.2382	0.2612
2	大麦	0.6263	0.6204	0.7103	0.8750	1.3232	1.4611
3	牛肉	0.1295	0.1364	0.1289	0.1382	0.1672	0.2213
4	黄油	0.2969	0.2731	0.2743	0.3179	0.4034	0.4857
5	家畜	12.0396	11.9208	12.1354	12.4375	15.6354	18.8646
6	水泥	1.5800	1.5800	1.4525	1.6888	2.0942	2.6465
7	无烟煤	5.0636	5.0592	5.0464	5.2906	5.6218	6.5089
8	烟煤	1.2700	1.1700	1.0400	2.0700	3.5800	2.4000
9	咖啡	0.1113	0.0816	0.0745	0.0924	0.0929	0.0935
10	焦炭	3.0300	2.3200	2.4200	4.7800	10.6600	7.0000
11	铜	0.1533	0.1318	0.1676	0.2651	0.2764	0.2468
12	棉	0.1279	0.1121	0.1015	0.1447	0.2350	0.3178
13	蛋	0.2468	0.2660	0.2597	0.2945	0.4015	0.4827
14	干草	11.2500	12.3182	11.6250	10.0625	17.6042	21.8958
15	兽皮	0.1727	0.1842	0.2076	0.2391	0.2828	0.2144
16	肉猪	8.3654	8.3608	7.1313	9.6459	15.7047	17.5995
17	铁锭	1.5100	1.2000	1.3700	2.5700	4.0600	3.5000
18	生铁	14.9025	13.3900	13.5758	18.6708	38.8082	36.5340
19	铅粉	0.0676	0.0675	0.0698	0.0927	0.1121	0.1271

编号	商品	p_0 1913	p_1 1914	p_2 1915	p_3 1916	p_4 1917	p_5 1918
20	铅	0.0437	0.0386	0.0467	0.0686	0.0879	0.0741
21	木材	90.3974	90.9904	90.5000	91.9000	105.0400	121.0455
22	羊肉	0.1025	0.1010	0.1073	0.1250	0.1664	0.1982
23	汽油	0.1233	0.1200	0.1208	0.1217	0.1242	0.1695
24	猪肉	0.1486	0.1543	0.1429	0.1618	0.2435	0.2495
25	橡胶	0.8071	0.6158	0.5573	0.6694	0.6477	0.5490
26	丝	3.9083	4.0573	3.6365	5.4458	5.9957	6.9770
27	银	0.5980	0.5481	0.4969	0.6566	0.8142	0.9676
28	毛皮	2.5833	2.6250	2.7188	4.1729	5.5208	5.5625
29	钢轨	28.0000	28.0000	28.0000	31.3333	38.0000	54.0000
30	锡锭	44.3200	35.7000	38.6600	43.4800	61.6500	87.1042
31	马口铁	3.5583	3.3688	3.2417	5.1250	9.1250	7.7300
32	小麦	0.9131	1.0412	1.3443	1.4165	2.3211	2.2352
33	羊毛	0.5883	0.5975	0.7375	0.7900	1.2841	1.6600
34	石灰	1.2500	1.2500	1.2396	1.4050	1.7604	2.3000
35	猪油	0.1101	0.1037	0.0940	0.1347	0.2170	0.2603
36	燕麦	0.3758	0.4191	0.4958	0.4552	0.6372	0.7747

表 64　36 种商品 1913—1918 年的销售数量

（百万单位）

490

编号	商品	q_0 1913	q_1 1914	q_2 1915	q_3 1916	q_4 1917	q_5 1918
1	培根（磅）	1077.0	1069.0	1869.0	1481.0	1187.0	1498.0
2	大麦（蒲式耳）	178.2	195.0	228.9	182.3	209.0	256.4
3	牛肉（磅）	6589.0	6522.0	6820.0	7134.0	8417.0	10244.0
4	黄油（磅）	1757.0	1780.0	1800.0	1820.0	1842.0	1916.0
5	家畜（英担）	69.8	67.6	71.5	83.1	103.5	118.3
6	水泥（桶）	85.8	84.4	84.4	92.0	88.1	69.4
7	无烟煤（吨）	6.9	6.86	6.78	6.75	7.83	7.69
8	烟煤（吨）	477.0	424.0	443.0	502.0	552.0	583.0

编号	商品	q_0 1913	q_1 1914	q_2 1915	q_3 1916	q_4 1917	q_5 1918
9	咖啡（磅）	863.0	1002.0	1119.0	1201.0	1320.0	1144.0
10	焦炭（吨）	46.3	34.6	41.6	54.5	56.7	55.0
11	铜（磅）	812.3	620.5	1043.5	1429.8	1316.5	1648.3
12	棉（磅）	2785.0	2820.0	2838.0	3235.0	3423.0	3298.0
13	蛋（打）	1722.0	1759.0	1791.0	1828.0	1882.0	1908.0
14	干草（吨）	79.2	83.0	103.0	111.0	94.9	89.8
15	兽皮（磅）	672.0	924.0	1227.0	1212.0	1113.0	663.0
16	肉猪（英担）	68.4	65.1	76.8	86.2	67.8	82.4
17	铁锭（英担）	79.2	50.4	82.6	132.4	133.0	132.0
18	生铁（吨）	31.0	23.3	29.9	39.4	38.7	38.1
19	铅粉（磅）	286.0	318.0	312.0	258.0	230.0	216.0
20	铅（磅）	823.7	1025.6	1014.1	1104.5	1099.8	1083.0
21	木材(M板尺)	21.8	20.7	20.5	22.3	21.2	19.2
22	羊肉（磅）	732.0	734.0	629.0	618.0	474.0	513.0
23	汽油（加仑）	10400.0	11200.0	11840.0	12640.0	14880.0	15680.0
24	猪肉（磅）	9211.0	8871.0	9912.0	10524.0	8427.0	11426.0
25	橡胶（磅）	115.8	136.6	231.4	258.8	375.9	351.5
26	丝（磅）	19.1	19.1	20.0	24.4	29.4	27.1
27	银（盎司）	146.1	144.0	173.4	139.3	133.6	140.7
28	毛皮（张）	6.7	5.9	4.3	5.6	2.7	0.7
29	钢轨（吨）	3.5	1.95	2.2	2.86	2.94	2.37
30	锡锭（英担）	1.04	0.95	1.16	1.43	1.56	1.59
31	马口铁（英担）	15.3	17.3	19.7	22.8	29.5	28.0
32	小麦（蒲式耳）	555.0	654.0	588.0	642.0	605.0	562.0
33	羊毛（磅）	448.0	550.0	699.0	737.0	707.0	752.0
34	石灰（桶,300磅）	23.3	22.5	25.0	27.1	24.0	20.2
35	猪油（磅）	1100.0	955.0	1050.0	1141.0	927.0	1107.0
36	燕麦（蒲式耳）	1122.0	1240.0	1360.0	1480.0	1587.0	1538.0

第二节 例子，用表格的形式表明 如何用 9 个最实用的公式计算指数

下面的 9 个模型应用举例可以帮助想了解指数计算的实用方向和具体方向的读者。这 9 个公式包括第 17 章第八节提到的全部 8 个公式，它们都是在实际应用中最推荐使用的公式，还有一个公式是 8053，它可以作为 353 的简易替代品。公式 53、54 和 8053 是最先给出的，其余的公式则是按照在第 17 章第八节中提到的顺序给 $_{491}$ 出的。在用每一个公式进行计算的时候，使用的数据都是前面两个表格中给出的 36 种商品的数据。

公式 53　拉氏公式，用一号加权法加权的综合公式，$P_{01} = \dfrac{\sum p_1 q_0}{\sum p_0 q_0}$

（关于这个公式的讨论见英文原书第 56—60 页，第 131—132 页，第 237—240 页）计算 $\sum p_0 q_0$

	每单位	百万单位

1（培根）；　$p_0 = 0.1236$ 美元；$q_0 = 1,077$；$p_0 q_0 = 0.1236 \times 1,077$
$$= 133.117$$

2（大麦）；　$p_0' = 0.6263$ 美元；$q_0' = 178.2$；$p_0' q_0' = 0.6263 \times 178.2$
$$= 111.607$$

3（牛肉）；　　　　　　　　　　　　$p_0'' q_0'' = 0.1295 \times 6,589$
$$= 853.276$$

4　　　　　　　　　　　　　　　　$0.2969 \times 1,757$
$$= 521.653$$

......

......

36 $\qquad$ $0.3758 \times 1,122$

$=421.648$

（相加）$\sum p_0 q_0 = \qquad 13,104.818$

计算 $\sum p_1 q_0$

1 $\qquad p_1=0.1295$ 美元；$q_0=1,077$；$p_0 q_0=0.1295 \times 1,077$

$=139.47$

2 $\qquad p_0' q_0'=0.6204 \times 178.2$

$=110.56$

3 $\qquad 0.1364 \times 6,589$

$=898.74$

......

......

36 $\qquad$ $0.4191 \times 1,122$

$=470.23$

（相加）$\sum p_1 q_0 = \qquad 13,095.78$

因此

$$P_{01} = \frac{\sum p_1 q_0}{\sum p_0 q_0} = \frac{13,095.78}{13,104.818} = 99.93\% = 1914 \text{ 年的指数}$$

类似的，有

$$P_{02} = \frac{\sum p_2 q_0}{\sum p_0 q_0} = \frac{13,061.84}{13,104.818} = 99.67\% = 1915 \text{ 年的指数}$$

类似的，有

$$P_{03} = \frac{\sum p_3 q_0}{\sum p_0 q_0} = \frac{14,950.13}{13,104.818} = 114.08\% = 1916 \text{ 年的指数}$$

类似的，有

$$P_{04} = \frac{\sum p_4 q_0}{\sum p_0 q_0} = \frac{21,238.49}{13,104.818} = 162.07\% = 1917 \text{ 年的指数}$$

类似的，有

$$P_{05} = \frac{\sum p_5 q_0}{\sum p_0 q_0} = \frac{23,308.95}{13,104.818} = 177.87\% = 1918 \text{ 年的指数}$$

以上是用**固定基准法**计算的过程。

如果使用环比法，我们有

492

$$P_{01} = \qquad = \frac{13,095.78}{13,104.818} = 99.93\%$$

$$P_{12} = \qquad = \frac{13,059.052}{13,033.034} = 100.20\%$$

$$P_{23} = \qquad = \frac{16,233.560}{14,280.976} = 113.67\%$$

$$P_{34} = \qquad = \frac{25,388.869}{17,789.440} = 142.72\%$$

$$P_{45} = \qquad = \frac{27,690.677}{25,191.136} = 109.92\%$$

因此，通过连续相乘，可得

$$P_{01} = 99.93$$

$$= 99.93\% = 1914 \text{ 年的指数}$$

$$P_{01} P_{12} = 99.93 \times 100.20$$

$$= 100.13\% = 1915 \text{ 年的指数}$$

$$P_{01} P_{12} P_{23} = 99.93 \times 100.20 \times 113.67$$

$$=113.82\%=1916 \text{ 年的指数}$$

$$P_{01}P_{12}P_{23}P_{34}=99.93 \times 100.20 \times 113.67 \times 142.72$$

$$=162.44\%=1917 \text{ 年的指数}$$

$$P_{01}P_{12}P_{23}P_{34}P_{45}=99.93 \times 100.20 \times 113.67 \times 142.72$$

$$=178.56\%=1918 \text{ 年的指数}$$

公式 54　派氏公式，用四号加权法加权的综合公式，$P_{01} = \dfrac{\sum p_1 q_1}{\sum p_0 q_1}$

（关于这个公式的讨论见与公式 53 相关的页码，尤其是 131—132 页）

计算 $\sum p_1 q_1$

1　　　　　$p_1=0.1295$ 美元；$q_1=1,069$；$p_1 q_1 = 0.1295 \times 1,069$

$$=138.436$$

2　　　　　　　　　　　　　$p_1' q_1' = 0.6204 \times 195.0$

$$=120.978$$

3　　　　　　　　　　　　　$0.1364 \times 6,522$

$$=889.601$$

……

……

36

计算 $\sum p_0 q_1$　　　　（相加）$\sum p_1 q_1$　　$=\dfrac{519.684}{13,033.034}$

1　　　　　　　　　　　　　$p_0 q_0 = 0.1236 \times 1,069$

$$=132.13$$

2　　　　　　　　　　　　　0.6263×195.0

$$=122.13$$

……

……

36

因此　　　　　　　　（相加）$\sum p_0 q_1$　　$=\dfrac{465.99}{12,991.81}$

$$P_{01} = \frac{\sum p_1 q_1}{\sum p_0 q_1} = \frac{13,033.034}{12,991.81} = 100.32\% = 1914 \text{ 年的指数}$$

$$P_{02} = \frac{\sum p_2 q_2}{\sum p_0 q_2} = \frac{14,280.976}{14,266.81} = 100.10\% = 1915 \text{ 年的指数}$$

493

$$P_{03} = \frac{17,789.440}{15,557.52} = 114.35\% = 1916 \text{ 年的指数}$$

$$P_{04} = \qquad\qquad 161.05\% = 1917 \text{ 年的指数}$$

$$P_{05} = \qquad\qquad 177.43\% = 1918 \text{ 年的指数}$$

我们也可以按照前一个例子的方法，通过连环相乘，推导出对于这个公式和后面的例子的环比法计算。因此有 $P_{01}P_{12}P_{23} = 100.32 \times 100.01 \times 114.45 = 114.83\% = 1916$ 年的指数。

$$\text{公式 8053,} \quad P_{01} = \frac{(53)+(54)}{2} = \frac{\dfrac{\sum p_1 q_0}{\sum p_0 q_0} + \dfrac{\sum p_1 q_1}{\sum p_0 q_1}}{2}$$

（关于这个公式的讨论见英文原书第 174—177 页）

$$P_{01} = \frac{99.93 + 100.32}{2} = 100.12 = 1914 \text{ 年的指数}$$

$$P_{02} = \qquad\qquad 99.89 = 1915 \text{ 年的指数}$$

等等。

公式 353，"理想公式"，$P_{01} = \sqrt{(53) \times (54)} = \sqrt{\dfrac{\sum p_1 q_0}{\sum p_0 q_0} \times \dfrac{\sum p_1 q_1}{\sum p_0 q_1}}$

（关于这个公式的讨论见英文原书第 220—229 页、第 234—242 页）

$P_{01} = \sqrt{99.93 \times 100.32} = 100.12 = 1914$ 年的指数

$P_{02} = \qquad\qquad\qquad 99.89 = 1915$ 年的指数

等等。

我们可以"手动"开平方，用对数表求平方根，或者（最快）用计算器求平方根。用计算器的话，（用固定基准法）计算 5 个数字一共需要 14.3 小时。但是我们很少需要真的求平方根，因为根号下的两个数字总是非常接近，所以实际上可以使用上一个公式8053（需要用 14.1 小时计算）来代替它。

如果公式 53 和 54 的结果相差不超过 1%（通常都是这样的情况），8053 和 353 的结果在小数点后两位都是一致的。而 53 和 54 是否有这么大的差异是一目了然的。万一二者的差异大于 1%，而计算者仍然想避免开平方的过程，他可以以 8053 为基础，通过"试错法"同样迅速地得到最终的结果。

因此，设 53=101.22%，54=104.26%。它们的差距是 3.04，大于 1%（1% 应该是 1.0122）。我们发现 8053 为 $\dfrac{101.22+104.26}{2} = 102.74$。我们要计算的是 53 和 54 的几何均值，我们知道它会比 8053 略小。因此，我们可以试试 102.73 是不是正确答案，将它的平方（$[102.73]^2 = 105.535$）与应该的取值（即 $101.22 \times 104.26 = 105.532$）相比较。这个平方值略大于 105.532，但是它比 107.72 的平方值（105.514）与 105.532 更加接近。因此，102.73 就是我们要找的结果。

避免开平方计算的第二种方法，也是更加系统性的方法，是计算公式 $8053 = 102.74$ 和公式 $8054 = \dfrac{2}{\dfrac{1}{(53)} + \dfrac{1}{(54)}} = \dfrac{2}{\dfrac{1}{101.22} + \dfrac{1}{104.26}} =$ 102.72。这两个数字的几何均值必然等于 353[①]；但是这两个公式（8053 和 8054）彼此的差距总是在 1% 以内，（哪怕原来的公式 53 和 54 之间的差距高达 25%），所以它们的算术均值（在这个例子中是 102.73）的前两位小数总是准确的。

公式 2153：埃奇沃斯 – 马歇尔的综合公式，$P_{01} = \dfrac{\sum(q_0 + q_1)p_1}{\sum(q_0 + q_1)p_0}$

（关于这个公式的讨论见英文原书第 194—195 页、第 401—407 页、第 428—430 页）

公式 2153 通常[②]足够准确，可以作为 353 的替代品，并且它只需要 9.6 小时的计算时间，而 8053 需要 14.1 小时，353 需要 14.3 小时。

计算 $\sum(q_0 + q_1)p_1$

1	$(q_0+q_1)p_1 = (1{,}077 + 1{,}069) \times 0.1295 =$	277.9070
2	$(178.2 + 195.0) \times 0.6204 =$	231.5333
	……	
	……	
36	$=$	989.9142
	（相加）$\sum(q_0 + q_1)p_1$	$= 26{,}128.814$
	（类似的）$\sum(q_0 + q_1)p_0$	$= 26{,}096.628$

因此，$P_{01} = \dfrac{26{,}128.814}{26{,}096.628} = 100.12\% = 1914$ 年的指数。

---

① 见附录 1（第 4 章第一节的注释）。

② 见附录 1（第 15 章第二节的注释）。

同样，P_{02}=99.89%=1915 年的指数。

等等。

公式 6053（讨论见英文原书第 312—313 页和第 318—320 页）（假设 1913 年—1914 年为拓宽的基准）的计算与上面的 2153 完全相同，只不过在计算五年的指数时，始终要使用 q_0+q_1，而不是计算 P_{02} 等时改为使用 q_0+q_2。如果使用 1913—1914—1915 年作为拓宽的基准，则在计算时使用 $q_0+q_1+q_2$。

公式 53 已经举例计算过了。

公式 9051，$\dfrac{\sum wp_1}{\sum wp_0}$（讨论见英文原书第 198 页、第 327—328 页和第 348 页）和 53 类似，但是用 w 代替了 q，并且使用的是大致的数字（1、10、100 等）。这些因数只会改变 p 的小数点的位置，所以公式 9051 实际上就是进行了这样的改变的 51，每次都是改变为对真正因数的最接近的大致猜测。

495	1	$p_1=0.1295$；w=1,000；wp_1=1,000×0.1295=129.5
	2	$p_1'=0.6204$； 100×0.6204=62.04
	3	0.1364 1,364
	……	
	……	
	36	419.1

（相加） $\sum wp_1 =$ 12,697.242

类似地，有 $\sum wp_0$ 12,487.4043

因此，$P_{01}=\dfrac{12,697.242}{12,487.4043}=$ 101.68

类似的，有 $P_{02}=$ ⟨⟨⟨103.10⟩⟩⟩

等等。

公式 21　简单几何公式，$P_{01} = \sqrt[n]{\dfrac{p_1 p_1' p_1''}{p_0 p_0' p_0''} \cdots}$

（关于这个公式的讨论见第 33—35 页、第 211—212 页、第 260—264 页）

1　　$\log p_1 = \log 0.1295 = \overline{1}.11227$

2　　$\log p_1' = \log 0.6204 = \overline{1}.79267$

3　　　　　$\log 0.1364 = \overline{1}.13481$

4　　　　　　　　　$\overline{1}.43632$

　　　……

　　　……

36　　　　　　　$\overline{1}.62232$

（相加）$\sum \log p_1$　　2.13755

类似，有 $\sum \log p_0$　　$\overline{2}.81385$

（相减）　　　　　$1.32370 = 35.3237 - 36$

（除以 $n=36$）　　　　　　　$0.98122 - 1 = \overline{1}.98121$

这个值是 $P_{01} = 95.77\%$ 的对数

类似，有 $P_{02} = 96.79\%$

等。

避免求对数。很多使用指数的人希望避免计算对数和几何均值，例如公式 21，他们可以使用公式 $\dfrac{(1) + (11)}{2}$。这个公式与公式 101 几乎是重合的，所以也与公式 21 重合。

当我们面对的问题是，如果不使用对数，在取两个或更多个价比的平均值时，或取两个或更多个已经计算好的指数的平均值时，如何最好地利用大致的权重，答案也是差不多的。例如，假设我们希望将现有的（1）批发商品价格指数，（2）零售商品价格指数，（3）股票交易所的股票价格指数，和（4）工资指数联合起来，计算一个代表"一般价格水平"的指数，并且假设这四个指数值分别为 200、150、250、125，它们的大致权重（比如说，代表它们在一系列年份中的大致估计的交易价值）分别是 10、5、3、1，则利用算术公式可以得到

$$\frac{10 \times 2.00 + 5 \times 1.50 + 3 \times 2.50 + 1 \times 1.25}{10+5+3+1} = 1.9079,$$

（这实际上就是公式 1003）这个计算是不恰当的，因为 200、150、250、125 这几个值的离散程度很大，所以算术公式具有明显的向上偏差；调和公式为

$$\frac{10+5+3+1}{10 \times \dfrac{1}{2.00} + 5 \times \dfrac{1}{1.50} + 3 \times \dfrac{1}{2.50} + 1 \times \dfrac{1}{1.25}} = 1.8387,$$

（这实际上就是公式 1013）由于相反的原因，这个计算也是不恰当的；而几何公式

$$\sqrt[19]{(2.00)^{10} \times (1.50)^{5} \times (2.50)^{3} \times (1.25)}$$

是最好的计算方法，但是需要取对数；采用综合公式是不现实的，因为我们使用的权重是价值，没有办法转化为数量。那么，我们可以计算前面两个公式的平均值——这实际上就是公式 1103，即取上面的算术平均值和调和平均值，也就是 1.9079 和 1.8387，然后取它们的算术平均值，得到 1.8733。或者，如果我们不满足于这个结果，可以再进行一个步骤（虽然通常不值得这么做），再取 1.9079

和 1.8733 的调和平均值，然后再取两个结果（1.8733 和 1.8727）的算术平均值，得到 1.8730；如果愿意的话，可以一直重复这个过程，从而使结果与 1.9079 和 1.8387 的几何均值达到我们希望的接近程度。

公式 31　简单中值公式，价比 $\dfrac{p_1}{p_0}$、$\dfrac{p_1'}{p_0'}$… 的中间项

（关于这个公式的讨论见第 35—36 页、第 209—212 页、第 260—264 页）

1　$\dfrac{p_1}{p_0} = \dfrac{0.1295}{0.1236} = 104.77\%$

2　$\dfrac{p_1'}{p_0'} = \dfrac{0.6204}{0.6263} = 99.06\%$

将 36 个价比按照大小顺序重新排列，我们发现

最低的价比（咖啡）是	73.32%
次低的价比（橡胶）是	76.30%

……

……

第 18 位　（大麦）	99.06%
第 19 位　（铅粉）	99.85%

……

……

最高的价比（小麦）是　114.03%

中值介于最中间的两项之间，即在第 18 项和第 19 项之间，即 $_{497}$ 99.06 和 99.85 之间，最简单的方法是取二者的算术均值（虽然最恰当的方法是取它们的几何均值），有　$P_{01} = 99.45$

类似地，有　$P_{02} = 98.57$

等。

　　还有一个稍微能节省一点时间的做法，即不将各项重新排列顺序，而是从原来的清单中任意去掉一对数值，去掉一个非常高的，对应去掉一个非常低的，从而确保它们位于中值的两侧；同样再去掉另外一对极端的数值，即看上去肯定分别位于中值两侧的数值，一直到只剩下很少的项，中值就非常明显了。

　　另一个比较实用的指数，部分是用公式53计算的，部分是用9051计算的，我们已经在第346页介绍过了。我们在第15—24页用公式1（简单算术公式）进行了举例，但是我们不推荐在实践中使用这个公式。公式3（用基准年份的价值加权的算术公式）在计算之前最好化简为公式53。

附录 7

表 65 在固定基准法（在值得注意的情况下）和环比法下
用 134 个价格公式计算出的指数
（1913=100）

虽然这里只给出了价格指数，但是在正文的图中已经计算和利用了在
固定基准法和环比法下用全部 134 个公式计算的价格指数和数量指数。

基本公式（1—99）

得出这些数值的公式不满足任何检验。

算术公式

编号	基准	1914	1915	1916	1917	1918	在准确性、计算速度、公式的简单性和满足循环检验方面是否排在前 20 位 [1]
1	固定基准 环比法	96.32 *96.32*	98.03 *97.94*	123.68 *125.33*	175.79 *175.65*	186.70 *193.42*	计算速度排名第 3 简单性排名第 3
2	固定基准 环比法	100.18 *100.18*	95.93 *95.47*	109.71 *107.83*	152.75 *152.42*	177.13 *177.69*	计算速度排名第 15
（3）		（必然）与公式 53 相同					
（4）		（必然）与公式 54 相同					
（5）		（必然）与公式 54 相同					
（6）		（必然）与公式 53 相同					
7	固定基准	100.55	101.77	117.77	180.53	186.98	
8	固定基准	99.02	97.36	111.45	152.42	167.06	
9	固定基准 环比法	100.93 *100.93*	102.33 *102.10*	118.29 *122.41*	180.72 *180.40*	187.18 *205.56*	

编号	基准	1914	1915	1916	1917	1918	在准确性、计算速度、公式的简单性和满足循环检验方面是否排在前 20 位 [1]
10	固定基准	98.70	96.97	111.10	154.96	169.27	

[1] 以第 16 章第九节修正后的结果为准。

499

表 65（续）
调和公式

编号	基准	1914	1915	1916	1917	1918	在准确性、计算速度、公式的简单性和满足循环检验方面是否排在前 20 位 [1]
11	固定基准 环比法	95.19 *95.19*	95.58 *95.64*	119.12 *117.71*	157.88 *158.47*	171.79 *167.76*	计算速度排名第 3 简单性排名第 9
12	固定基准 环比法	103.48 *103.48*	101.31 *101.97*	115.35 *117.72*	172.11 *172.55*	243.67 *217.65*	计算速度排名第 15
13	固定基准 环比法	99.26 *99.26*	97.84 *98.45*	111.01 *108.19*	147.19 *148.14*	168.59 *157.78*	计算速度排名第 8
14	固定基准	101.81	102.41	116.80	168.37	189.80	
15	固定基准	99.65	98.11	111.02	144.97	166.85	
16	固定基准	101.34	101.98	116.63	168.60	189.38	
（17）				（必然）与公式 53 相同			
（18）				（必然）与公式 54 相同			
（19）				（必然）与公式 54 相同			
（20）				（必然）与公式 53 相同			

[1] 以第 16 章第九节修正后的结果为准。

表 65（续）
几何公式

500

编号	基准	1914	1915	1916	1917	1918	在准确性、计算速度、公式的简单性和满足循环检验方面是否排在前 20 位 [1]
21		（必然）与公式 121 相同					
22		（必然）与公式 122 相同					
23	固定基准环比法	99.61 *99.61*	98.72 *99.28*	111.45 *110.91*	154.08 *155.03*	173.30 *166.93*	计算速度排名第 17 简单性排名第 18
24	固定基准	101.02	101.32	115.64	164.85	182.84	
25	固定基准	99.99	99.07	112.58	152.45	172.37	
26	固定基准	100.60	100.88	115.42	165.37	182.61	
27	固定基准	100.25	100.67	115.82	170.82	182.45	
28	固定基准	99.65	98.82	112.98	157.09	172.27	
29	固定基准	100.63	101.17	116.26	170.44	182.41	
30	固定基准	99.29	98.41	112.67	158.70	173.60	

① 以第 16 章第九节修正后的结果为准。

表 65（续）
中值公式

501

编号	基准	1914	1915	1916	1917	1918	在准确性、计算速度、公式的简单性和满足循环检验方面是否排在前 20 位 [1]
31		（必然）与公式 131 相同					
32		（必然）与公式 132 相同					

续表

编号	基准	1914	1915	1916	1917	1918	在准确性、计算速度、公式的简单性和满足循环检验方面是否排在前 20 位 [1]
33	固定基准环比法	100.34 *100.34*	99.39 *99.70*	107.17 *106.80*	156.12 *150.22*	169.14 *173.34*	计算速度排名第 16
34	固定基准	101.20	104.66	117.57	165.53	181.97	
35	固定基准	100.48	99.41	107.37	160.18	169.14	
36	固定基准	100.97	104.01	117.62	165.49	182.16	
37	固定基准	100.61	99.65	108.77	163.84	188.25	
38	固定基准	100.57	102.07	116.74	157.84	179.74	
39	固定基准	100.75	99.97	109.08	163.84	178.12	
40	固定基准	100.52	101.78	116.85	159.90	180.33	

① 以第 16 章第九节修正后的结果为准。

502

表 65（续）
众数公式

编号	基准	1914	1915	1916	1917	1918	在准确性、计算速度、公式的简单性和满足循环检验方面是否排在前 20 位 [1]
41		（必然）与公式 141 相同					
42		（必然）与公式 142 相同					
43	固定基准	101.	100.	108.	164.	168.	
44	固定基准	103.	106.	132.	196.	180.	
45		与 43 数值相同					

续表

编号	基准	1914	1915	1916	1917	1918	在准确性、计算速度、公式的简单性和满足循环检验方面是否排在前 20 位 [1]
46	与 44 数值相同						
47	与 43 数值相同						
48	与 44 数值相同						
49	与 43 数值相同						
50	与 44 数值相同						

[1] 以第 16 章第九节修正后的结果为准。

表 65（续）
综合公式

503

编号	基准	1914	1915	1916	1917	1918	在准确性、计算速度、公式的简单性和满足循环检验方面是否排在前 20 位 [1]
51	（必然）与公式 151 相同						
52	（必然）与公式 152 相同						
53[2]	固定基准 环比法	99.93 *99.93*	99.67 *100.13*	114.08 *113.82*	162.07 *162.44*	177.87 *178.56*	计算速度排名第 4 简单性排名第 5
54[3]	固定基准 环比法	100.32 *100.32*	100.10 *100.33*	114.35 *114.83*	161.05 *162.02*	177.43 *178.43*	计算速度排名第 13 简单性排名第 6
59	（必然）与公式 54 相同						
60	（必然）与公式 53 相同						

[1] 以第 16 章第九节修正后的结果为准。
[2] 53＝3、6、17、20、60。
[3] 54＝4、5、18、19、59。

504

表 65（续）

交叉公式（100—199）

得出这些数值的公式只满足检验 1。

算术公式和调和公式的交叉公式

编号	基准	1914	1915	1916	1917	1918	在准确性、计算速度、公式的简单性和满足循环检验方面是否排在前 20 位 [1]
101	固定基准 环比法	95.75 *95.75*	96.80 *96.78*	121.38 *121.46*	166.60 *166.84*	179.09 *180.13*	计算速度排名第 9
102	固定基准	101.81	98.58	112.50	162.14	207.75	
103		（必然）与公式 353 相同					
104		（必然）与公式 353 相同					
105		（必然）与公式 353 相同					
106		（必然）与公式 353 相同					
107	固定基准	100.10	99.92	114.35	161.78	176.63	
108	固定基准	100.17	99.64	114.01	160.31	177.87	
109	固定基准	100.09	100.06	114.59	163.10	177.64	
110	固定基准 环比法	100.24 *100.24*	99.65 *100.18*	113.91 *114.14*	161.53 *162.06*	179.24 *178.52*	

[1] 以第 16 章第九节修正后的结果为准。

505

表 65（续）

几何公式的交叉公式

编号	基准	1914	1915	1916	1917	1918	在准确性、计算速度、公式的简单性和满足循环检验方面是否排在前 20 位 [1]
121 （21）	固定基准 环比法	95.77	96.79	121.37	166.65	180.12	计算速度排名第 6 简单性排名第 10 符合循环检验排名第 1
		（必然）与固定基准法相同					

续表

编号	基准	1914	1915	1916	1917	1918	在准确性、计算速度、公式的简单性和满足循环检验方面是否排在前 20 位 [1]
122 (22)	固定基准环比法	101.71	98.62	112.60	161.88	194.14	计算速度排名第 18
		（必然）与固定基准法相同					符合循环检验排名第 1
123	固定基准环比法	100.12 *100.12*	99.94 *100.24*	113.83 *114.63*	162.05 *162.75*	177.80 *178.87*	准确性排名第 15
124	固定基准环比法	100.16 *100.16*	99.85 *100.23*	114.25 *114.26*	161.74 *162.18*	178.16 *178.50*	准确性排名第 17
125	固定基准环比法	100.12 *100.12*	99.87 *100.24*	114.19 *114.33*	161.37 *162.18*	177.34 *178.36*	准确性排名第 14
126	固定基准环比法	100.12 *100.12*	99.85 *100.22*	114.20 *114.56*	161.18 *162.54*	177.36 *178.81*	准确性排名第 16

① 以第 16 章第九节修正后的结果为准。

表 65（续）
中值公式的交叉公式

编号	基准	1914	1915	1916	1917	1918	在准确性、计算速度、公式的简单性和满足循环检验方面是否排在前 20 位 [1]
131 (31)	固定基准环比法	99.45 *99.45*	98.57 *99.33*	118.81 *117.50*	163.81 *155.86*	190.92 *180.07*	计算速度排名第 10 简单性排名第 4
132 (32)	固定基准	100.11	102.20	116.01	162.15	183.54	
133	固定基准	100.54	99.68	108.12	159.93	173.57	
134	固定基准	100.86	103.21	117.21	162.69	181.15	

编号	基准	1914	1915	1916	1917	1918	在准确性、计算速度、公式的简单性和满足循环检验方面是否排在前 20 位 [1]
135	固定基准	100.54	99.53	108.07	162.00	178.44	
136	固定基准	100.77	103.04	117.18	161.62	180.95	

[1] 以第 16 章第九节修正后的结果为准。

表 65（续）

众数公式的交叉公式

编号	基准	1914	1915	1916	1917	1918	在准确性、计算速度、公式的简单性和满足循环检验方面是否排在前 20 位 [1]
141 （41）	固定基准 环比法	98. *98.*	98. *95.*	108. *104.*	135. *131.*	190. *151.*	计算速度排名第 12
142 （42）	固定基准	104.	108.	125.	167.	183.	
143		与 43 数值相同					
144		与 44 数值相同					
145		与 43 数值相同					
146		与 44 数值相同					

[1] 以第 16 章第九节修正后的结果为准。

表 65（续）

综合公式的交叉公式

编号	基准	1914	1915	1916	1917	1918	在准确性、计算速度、公式的简单性和满足循环检验方面是否排在前 20 位 [1]
151（51）	固定基准	95.88	96.29	107.70	146.90	172.76	计算速度排名第 1 简单性排名第 1 符合循环检验排名第 1
	环比法	（必然）与固定基准法相同					
152（52）	固定基准	97.12	97.18	114.55	158.65	165.15	计算速度排名第 5 简单性排名第 20 符合循环检验排名第 1
	环比法	（必然）与固定基准法相同					
153		（必然）与公式 353 相同					
		（必然）与公式 353 相同					

① 以第 16 章第九节修正后的结果为准。

交叉公式（200—299）

得出这些数值的公式只满足检验 2。

算术公式的交叉公式

编号	基准	1914	1915	1916	1917	1918	在准确性、计算速度、公式的简单性和满足循环检验方面是否排在前 20 位 [1]
201	固定基准	98.23	96.97	116.43	163.87	181.85	
203		（必然）与公式 353 相同					
205		（必然）与公式 353 相同					
207	固定基准	99.78	99.54	114.56	165.88	176.74	

续表

编号	基准	1914	1915	1916	1917	1918	在准确性、计算速度、公式的简单性和满足循环检验方面是否排在前 20 位 [1]
209	固定基准	99.81	99.61	114.63	167.35	178.00	

[1] 以第 16 章第九节修正后的结果为准。

508

表 65（续）
调和公式的交叉公式

编号	基准	1914	1915	1916	1917	1918	在准确性、计算速度、公式的简单性和满足循环检验方面是否排在前 20 位 [1]
211	固定基准	99.24	98.40	117.22	164.84	204.60	
213	固定基准	100.53	100.10	113.87	157.42	178.88	
215	固定基准	100.49	100.03	113.79	156.34	177.76	
217	（必然）与公式 353 相同						
219	（必然）与公式 353 相同						

[1] 以第 16 章第九节修正后的结果为准。

表 65（续）
几何公式的交叉公式

编号	基准	1914	1915	1916	1917	1918	在准确性、计算速度、公式的简单性和满足循环检验方面是否排在前 20 位 [1]
221	（必然）与公式 321 相同						

编号	基准	1914	1915	1916	1917	1918	在准确性、计算速度、公式的简单性和满足循环检验方面是否排在前 20 位 [1]
223	固定基准	100.31	100.01	113.52	159.37	178.01	
225	固定基准	100.29	99.97	113.99	158.78	177.42	
227	固定基准	9.95	99.74	114.39	163.81	177.29	
229	固定基准	99.96	99.78	114.45	164.47	177.95	

[1] 以第 16 章第九节修正后的结果为准。

表 65（续）
中值公式的交叉公式

509

编号	基准	1914	1915	1916	1917	1918	在准确性、计算速度、公式的简单性和满足循环检验方面是否排在前 20 位 [1]
231	（必然）与公式 331 相同						
233	固定基准	100.77	101.99	112.27	160.76	175.44	
235	固定基准	100.72	101.69	112.38	162.81	175.53	
237	固定基准	100.59	100.85	112.69	160.81	183.94	
239	固定基准	100.63	100.87	112.90	161.86	179.22	

[1] 以第 16 章第九节修正后的结果为准。

表 65（续）

众数公式的交叉公式

编号	基准	1914	1915	1916	1917	1918	在准确性、计算速度、公式的简单性和满足循环检验方面是否排在前 20 位[①]
241	（必然）与公式 341 相同						
243	固定基准	102.	103.	119.	179.	174.	
245	与 243 数值相同						
247	与 243 数值相同						
249	与 243 数值相同						

① 以第 16 章第九节修正后的结果为准。

表 65（续）

综合公式的交叉公式

编号	基准	1914	1915	1916	1917	1918	在准确性、计算速度、公式的简单性和满足循环检验方面是否排在前 20 位[①]
251	必然与 351 相同						
253	必然与 353 相同						
259	必然与 353 相同						

① 以第 16 章第九节修正后的结果为准。

交叉公式（300—399）
同时满足两个检验
算数公式和调和公式交叉

编号	基准	1914	1915	1916	1917	1918	在准确性、计算速度、公式的简单性和满足循环检验方面是否排在前 20 位 [1]
301	固定基准	98.73	97.68	116.82	164.35	192.89	
303		（必然）与公式 353 相同					
305		（必然）与公式 353 相同					
307	固定基准	100.13	99.78	114.17	161.04	177.25	
309	固定基准	100.17	99.85	114.25	162.31	178.44	

① 以第 16 章第九节修正后的结果为准。

表 65（续）
几何公式的交叉公式

编号	基准	1914	1915	1916	1917	1918	在准确性、计算速度、公式的简单性和满足循环检验方面是否排在前 20 位 [1]
321 （221）	固定基准 环比法	98.70	97.70	116.91	164.25	187.00	符合循环检验排名第 1
		（必然）与固定基准法相同					
323	固定基准 环比法	100.13 *100.13*	99.89 *100.23*	113.99 *114.45*	161.90 *162.47*	177.98 *178.69*	准确性排名第 9 符合循环检验排名第 10
325	固定基准 环比法	100.12 *100.12*	99.85 *100.23*	114.19 *114.45*	161.28 *162.36*	177.35 *178.58*	准确性排名第 8 符合循环检验排名第 9

① 以第 16 章第九节修正后的结果为准。

表 65（续）

中值公式的交叉公式

编号	基准	1914	1915	1916	1917	1918	在准确性、计算速度、公式的简单性和满足循环检验方面是否排在前 20 位 [1]
331（231）	固定基准	99.78	100.37	117.40	162.98	187.19	
333	固定基准	100.70	101.43	112.59	161.31	177.32	
335	固定基准	100.65	101.27	112.53	161.81	179.69	

[1] 以第 16 章第九节修正后的结果为准。

512

表 65（续）

众数公式的交叉公式

编号	基准	1914	1915	1916	1917	1918	在准确性、计算速度、公式的简单性和满足循环检验方面是否排在前 20 位 [1]
341（241）	固定基准	100.96	102.88	116.19	150.15	186.47	
343	与 243 数值相同						
345	与 243 数值相同						

[1] 以第 16 章第九节修正后的结果为准。

表 65（续）

综合公式的交叉公式

编号	基准	1914	1915	1916	1917	1918	在准确性、计算速度、公式的简单性和满足循环检验方面是否排在前 20 位 [1]
351（251）	固定基准环比法	96.50	96.73	111.07	152.66	168.91	计算速度排名第 11
		（必然）与固定基准法相同					符合循环检验排名第 1
353 [2]	固定基准环比法	100.12 *100.12*	99.89 *100.23*	114.21 *114.32*	161.56 *162.23*	177.65 *178.49*	准确性排名第 1 简单性排名第 17 符合循环检验排名第 2

[1] 以第 16 章第九节修正后的结果为准。

[2] 353=103、104、105、106、153、154、203、205、217、219、253、259、303、305。

表 65（续）

交叉权重公式（1000—4999）

算术公式和调和公式的交叉权重公式

1000—1099 不满足任何检验

编号	基准	1914	1915	1916	1917	1918	在准确性、计算速度、公式的简单性和满足循环检验方面是否排在前 20 位 [1]
1003	固定基准	100.45	100.93	116.02	170.81	182.54	
1004	固定基准	99.47	98.60	112.84	158.01	173.03	
1013	固定基准	99.81	98.91	112.53	153.51	173.02	
1014	固定基准	100.83	101.10	115.54	165.24	182.94	

上述公式的交叉公式 1100—1199 只满足检验 1

编号	基准	1914	1915	1916	1917	1918	在准确性、计算速度、公式的简单性和满足循环检验方面是否排在前 20 位 [1]
1103	固定基准	100.13	99.91	114.26	161.93	177.72	
1104	固定基准	100.15	99.84	114.18	161.58	177.92	

[1] 以第 16 章第九节修正后的结果为准。

514

表 65（续）

几何公式、中值公式、众数公式和综合公式的交叉权重公式

编号	基准	1914	1915	1916	1917	1918	在准确性、计算速度、公式的简单性和满足循环检验方面是否排在前 20 位 [1]
1123	固定基准	100.14	99.89	114.17	161.62	177.87	准确性排名第 18
	环比法	*100.14*	*100.24*	*114.24*	*162.06*	*178.40*	
1124	固定基准	100.12	99.91	114.28	161.78	177.73	准确性排名第 19
	环比法	*100.12*	*100.24*	*115.05*	*163.36*	*179.70*	
1133	固定基准	100.52	99.57	108.39	162.63	170.85	
1134	固定基准	100.75	103.33	117.53	162.59	182.15	
1143		与 43 数值相同					
1144		与 44 数值相同					
1153	固定基准	100.13	99.89	114.20	161.70	177.83	准确性排名第 12
	环比法	*100.13*	*100.23*	*114.30*	*162.21*	*178.37*	简单性排名第 14
1154	固定基准	100.12	99.90	114.24	161.73	177.76	准确性排名第 13

[1] 以第 16 章第九节修正后的结果为准。

表 65（续）
各种类型公式的交叉公式或交叉权重公式（1300—1399）
同时满足两个检验

编号	基准	1914	1915	1916	1917	1918	在准确性、计算速度、公式的简单性和满足循环检验方面是否排在前 20 位 [①]
1303	固定基准	100.14	99.88	114.22	161.75	177.82	
1323	固定基准	100.13	99.90	114.23	161.70	177.80	准确性排名第 5
	环比法	*100.13*	*100.24*	*114.65*	*162.71*	*179.05*	符合循环检验排名第 6
1333	固定基准	100.63	101.43	112.87	162.61	176.41	
1343		与 243 数值相同					
1353	固定基准	100.13	99.89	114.22	161.71	177.79	准确性排名第 4
	环比法	*100.13*	*100.23*	*114.33*	*162.27*	*178.45*	符合循环检验排名第 5

① 以第 16 章第九节修正后的结果为准。

表 65（续）
其他交叉权重公式（2000—4999）
2100—2199

编号	基准	1914	1915	1916	1917	1918	在准确性、计算速度、公式的简单性和满足循环检验方面是否排在前 20 位 [①]
2153	固定基准	100.12	99.89	114.23	161.52	177.63	准确性排名第 10 计算速度排名第 14
	环比法	*100.12*	*100.23*	*114.34*	*162.25*	*178.52*	简单性排名第 8 符合循环检验排名第 11
2154	固定基准	100.14	99.90	114.21	161.69	177.72	准确性排名第 11
	环比法	*100.14*	*100.24*	*114.31*	*162.38*	*178.65*	

编号	基准	1914	1915	1916	1917	1918	在准确性、计算速度、公式的简单性和满足循环检验方面是否排在前20位 [1]
				2300—2399			
2353	固定基准环比法	100.13 *100.13*	99.89 *100.23*	114.22 *114.22*	161.60 *162.31*	177.67 *178.58*	准确性排名第2 符合循环检验排名第3
				3100—3199			
3153	固定基准	100.15	99.88	114.23	162.11	176.94	
3154	固定基准	100.12	99.92	114.28	161.77	177.78	
				3300—3399			
3353	固定基准环比法	100.14 *100.14*	99.90 *100.24*	114.35 *114.28*	161.94 *162.14*	177.36 *178.39*	准确性排名第20
				4100—4199			
4153	固定基准环比法	100.12 *100.12*	99.97 *100.25*	114.44 *114.55*	162.40 *162.45*	178.26 *178.79*	
4154	固定基准环比法	100.14 *100.14*	99.88 *100.24*	114.08 *114.20*	161.16 *161.96*	176.79 *178.14*	
				4300—4399			
4353	固定基准	100.13	99.92	114.26	161.78	177.52	

① 以第16章第九节修正后的结果为准。

表 65（续）

其他公式（5000——9999）

交叉公式的交叉公式（5000—5999）

517

编号	基准	1914	1915	1916	1917	1918	在准确性、计算速度、公式的简单性和满足循环检验方面是否排在前 20 位[1]
5307	固定基准	100.15	99.82	114.21	161.67	177.84	
5323	固定基准环比法	100.13 *100.13*	99.87 *100.23*	114.09 *114.45*	161.59 *162.42*	177.67 *178.64*	准确性排名第 3 符合循环检验排名第 4
5333	固定基准	100.68	101.35	112.56	161.56	178.50	
5343		与 243 数值相同					

拓宽基准的公式（6000—6999）

编号	基准	1914	1915	1916	1917	1918	在准确性、计算速度、公式的简单性和满足循环检验方面是否排在前 20 位[1]
6023（1913—1914）		100.12	99.50	112.25	153.53	173.45	简单性排名第 19 符合循环检验排名第 1
6023（1913—1916）		99.93	99.88	113.61	156.61	175.32	同上
6023（1913—1918）		99.45	99.12	114.23	159.93	179.54	同上
6053（1913—1914）		100.12	100.09	113.89	161.26	177.73	计算速度排名第 1 简单性排名第 7 符合循环检验排名第 1
6053（1913—1916）		100.02	100.04	113.99	161.88	178.24	同上
6053（1913—1918）		99.79	99.85	114.04	161.59	177.88	同上

① 以第 16 章第九节修正后的结果为准。

518

表 65（续）

编号	基准	1914	1915	1916	1917	1918	在准确性、计算速度、公式的简单性和满足循环检验方面是否排在前 20 位 [1]
分别以 6 年为基准的 353 的结果的平均值（7000—7999）							
7053		100.09	99.96	114.03	161.53	177.90	
综合公式的算术均值和调和均值（8000—8999）							
8053	固定基准 环比法	100.12 *100.12*	99.89 *100.23*	114.21 *114.33*	161.56 *162.24*	177.65 *178.50*	准确性排名第 6 简单性排名第 15 符合循环检验排名第 7
8054	固定基准 环比法	100.12 *100.12*	99.89 *100.23*	114.21 *114.32*	161.56 *162.23*	177.65 *178.49*	准确性排名第 7 简单性排名第 16 符合循环检验排名第 8
8353	（以上两个公式的交叉公式）=353						
大致权重的公式（9000—9999）							
9001 [2]							简单性排名第 11
9011 [2]							简单性排名第 12
9021 [2]							简单性排名第 13 符合循环检验排名第 1
9051	固定基准	101.68	103.10	113.63	160.37	182.07	计算速度排名第 2 简单性排名第 2 符合循环检验排名第 1

[1] 以第 16 章第九节修正后的结果为准。
[2] 未计算。见原书第 348 页表 47 的脚注。

附录 8　部分参考书目

1863.　William Stanley Jevons. *Investigations in Our Currency and Finance*, Sections II-IV, pp. 13–150. London, 1909（在 1863 年发表的若干文章的重印版本。）

1887–1889.　F. Y. Edgeworth.（英国科学发展协会）为了考察确定和衡量货币本位的价值变化的最好方法而成立的委员会的报告。该协会 1888 年出版的报告的第 254—301 页，1889 年出版的报告的第 188—219 页，1890 年出版的报告的第 133—164 页。

1901.　Correa Moylan Walsh. The Measurement of General Exchange Value. 580 pp. Macmillan, 1901.

1903.　H. Fountain. "Meamorandum on the Construction of Index Numbers of Prices," 出自 Report on Wholesale and Retail Preces in the United Kingdom in 1902, House of Commons Paper No. 321 of 1903, pp. 429–452. Darling & Son, 1903.

1911.　Irving Fisher. The Purchasing Power of Money, pp. 198-234, pp. 385–430, Macmillan, 1911.

1912.　G. H. Knibbs. Prices, Price Indexes, and Cost of Living in Australia. 联邦人口普查和统计局，劳工和工业分局，1 号报告，附录。McCarron, Bird & Co., Melbourne, December, 1912.

1915.　Wesley C. Mitchell. Index Numbers of Wholesale Prices in the United States and Foreign Coungries. 美国劳工统计局第 284 号公告, 1921 年 10 月。(1915 年 7 月第 173 号公告的修改版)

1916. Fredereick R. Macaulay. "Making and Using of Index Numbers." American Economic Review, pp. 203–209, March, 1916.

1916. Wesley C. Mitchell. "A Critique of Index Numbers of the Prices of Stocks." Journal of Political Economy, pp.625–693, 1916 年 7 月。

1918. G. H. Knibbs. Price Indexes, Their Nature and Limitations, the Technique of Computing Them, and Their Application in Acertaining the Purchasing Power of Money. 联邦人口普查和统计局, 劳工和工业分局, 9 号报告, 附录。McCarron, Bird & Co., Melbourne, 1912.

1919. A. L. Bowley. "The Measurement of Changes in the Cost of Living." Journal of the Royal Statistical Society, pp. 343–361, May, 1919.

1920. A. C. Pigou. The Economics of Welfare, pp. 69–90. Macmillan, 1920.

1921. G. E. Barnett. "Index Numbers of the Total Cost of Living." Quarterly Journal of Economics, pp. 240–263, February, 1921.

520 1921. Irving Fisher, "The Best Form of Index Number." Quarterly Publication of the American Statistical Association, pp. 533-551, March, 1921.

1921. A. W. Flux. "The Measurement of Price Changes." Journal of the Royal Statistical Society, pp. 167–215, March, 1921.

1921.　Correa Moylan Walsh. The Problem of Estimation. 139pp. P. S. King, London, 1921.

1921.　Warren M. Person. "Fisher's Formula for Index Numbers." Review of Economic Statistics, pp. 103–113, May, 1921.

1921.　Allyn A. Young. "The Measurement of Changes of the General Price Level." Quarterly Journal of Economics, pp. 557–573, August, 1921.

1921.　Truman L. Kelley. "Certain Properties of Index Numbers." Quarterly Publication of the American Statistical Association, pp. 826–841, September, 1921.

1921.　Lucien March. "Les modes de mesure du movement general des prix." Metron, pp. 57–91, September, 1921.

要了解完整的参考书目，可参考国会图书馆随时发布的参考书目。

索　引

索引内所标页码为英文版页码，即中文版边码。

图书在版编目（CIP）数据

指数的编制：指数的种类、检验及可靠性研究 /
（美）欧文·费雪著；廉晓红译 . —北京：商务印书馆，
2024
　（费雪文集）
　ISBN 978-7-100-23380-4

　Ⅰ.①指… Ⅱ.①欧…②廉… Ⅲ.①经济统计—指
数—文集　Ⅳ.① F222.1–53

中国国家版本馆 CIP 数据核字（2024）第 041660 号